教育部人文社会科学研究规划基金项目
《智慧型学校的实践研究与理论分析——依托大学与中小学合作的学校改进的行动研究》
（项目批准号：12YJA880057）核心成果

Zhihuixing Xuexiao
Chuangjian Jingying yu Fazhan

智慧型学校
创建、经营与发展

孔凡哲 等著

北京大学出版社
PEKING UNIVERSITY PRESS

图书在版编目(CIP)数据

智慧型学校：创建、经营与发展 / 孔凡哲等著 .—北京：北京大学出版社，2015.7

ISBN 978-7-301-26041-8

Ⅰ.①智… Ⅱ.①孔… Ⅲ.①中小学 – 学校管理 – 研究 Ⅳ.① G637

中国版本图书馆 CIP 数据核字 (2015) 第 151552 号

书　　名	智慧型学校：创建、经营与发展
著作责任者	孔凡哲　等著
责任编辑	陈　静　刘婧婷
标准书号	ISBN 978-7-301-26041-8
出版发行	北京大学出版社
地　　址	北京市海淀区成府路 205 号　100871
网　　址	http://www.pup.cn　　新浪微博：@ 北京大学出版社
电子信箱	zpup@pup.cn
电　　话	邮购部 62752015　发行部 62750672　编辑部 62767857
印 刷 者	北京宏伟双华印刷有限公司
经 销 者	新华书店
	730 毫米 ×1020 毫米　16 开本　23.5 印张　400 千字
	2015 年 7 月第 1 版　2015 年 7 月第 1 次印刷
定　　价	59.00 元

本书编委会

本书作者：孔凡哲（首席作者）

（以下作者排名不分前后）

万胜明　刘海明　刘　佳　刘　帅　汲长艳　朱其亚　张佳欣　祝　鸣

周　勇　田东晓　孙琳珍　钱振宇　陆惠芳　路晓霞　李　颖　宗　锋

王丽华　于胜男　寇雅静　王怡苹　穆闫琨　苏　芳　白　冰　刘　贺

项洪丽　沈剑军　朱志英　陈为为　张燕茹　李金晏　张艳丽　周　舵

彬　彬　周立志　张　旭　曾金炳　芮冬贤　蔡卫娟

目　录

中　经营篇

文化熏陶、机制创新、专业引领、智慧凝聚

下　发展篇

发展为本、智慧为魂、务实为根、创新为源

序

师范院校如何更好地为基础教育服务，是包括东北师范大学在内的众多师范院校应当解决的问题，也是东北师范大学提升教育教学质量、凸显特色发展的成功策略。

几十年来，东北师范大学坚持走“长白山之路”，为东北地区中小学校送去专业指导、谋求共同发展。与此同时，东北师范大学努力创建国内一流的附属小学、附属中学。经过十多年的努力，东北师范大学的附属小学、附属中学已经成为国内一流的中小学名校。

然而，东北师范大学从未异地合作创办附属中小学校，这个遗憾终于在2010年10月10日得以化解。在浙江省嘉兴市南湖区人民政府的诚意相邀下，东北师范大学与南湖区人民政府在长春签署合作创办东北师范大学南湖实验学校的协议。

作为大学委派的东北师范大学南湖实验学校首任校长，孔凡哲教授白手起家、从零起点开始创建东北师范大学南湖实验学校。一切都是新的，从校舍的规划、设计、实施开始，无论合作办学机制，还是师资队伍建设、硬件配置等等。而我作为东北师范大学的时任校长，受聘担任东北师范大学南湖实验学校名誉校长。

在文化底蕴深厚、基础教育发达的江浙地区，一所新建学校如何实现迅速发展，没有现成的道路可走，也没有更多的办学经验可供参考。正是一腔热血、正是“走陶行知之路”的教育情怀，东北师范大学南湖实验学校教职员工传承东北师范大学“尊重的教育”理念，确立“智慧的教育”办学理念，经过五年的努力，按照“理念先导、设计前瞻、文化融合、物化入地”的创建模式，采取“文化熏陶、机制创新、专业引领、智慧凝聚”的经营策略，形成“发展为本、智慧为魂、务实为根、创新为源”的发展方略，闯出一条全新的发展道路，为大学与地方政府合作创办中小学校创出一种新型合作模式——“UGS”模式，不仅提前一年达成创建省级义务教育Ⅰ类标准化学校的初期办学目标，而且，成功创建中小学数字化校园地市级示范学校、地市级中小学标准化实验室，学校教育教学质量跃居当地优质学校前列，成为当地老百姓心目中的名校和智慧型学校。

东北师范大学南湖实验学校之所以能够取得这样的合作办学成效，在于有一名好校长，在于有一支同心同德、锐意进取、乐于奉献、热爱教育的教师团队，在于有地方政府与大学的精诚合作。

创建一所名校实属不易，而经营一所名校、使其不断发展则更加艰难。

在东北师范大学与南湖区人民政府合作创办东师南湖校签约五周年即将到来之际，在教育部人文社科基金项目《智慧型学校的实践研究与理论分析》即将结题之际，寥寥数语，寄托心思。期待东北师范大学南湖实验学校的创建、经营和发展的经验、教训，能给国内更多的中小学校以启发和参考，更期望国内有更多的中小学校能成为智慧型学校，践行智慧的教育，启迪学生终生受用的智慧。

中国教育学会学术委员会主任
东北师范大学教授 史宁中
2015年4月22日

前　言

中小学校如何选择适宜的发展策略、实现快速发展？

对此，无论理论界，还是实践领域，令人信服的经验和理论都是十分鲜见的。特别是，如何解决现代教育理念与中小学教育教学实践相对分离的焦点、难点问题，始终是制约我国中小学校发展的最大障碍之一。

带着“服务基础教育”、“走陶行知之路”的教育情怀，东北师范大学热衷中小学实践研究的学者史宁中教授、马云鹏教授、孙鹤娟博导、熊梅教授、李帧博导（特级教师）、孔凡哲教授、史亮博导（特级教师）、于伟教授、邬志辉教授等，长期扎根中小学开展“顶天立地”式的研究，在成功打造东师附中、东师附小，扶持辽宁鞍山铁东区10所小学、初中快速发展的基础上，东北师范大学与浙江省嘉兴市南湖区人民政府联合创建了一所九年义务教育学校——东北师范大学南湖实验学校（简称“东师南湖校”）。

本书稿是这所学校成长历程的缩影，对于寻求快速发展的中小学校，具有鲜明的借鉴意义，对于致力于中小学校改进的理论工作者和实践操作者，具有重要参考价值。

书稿努力突出五个特点：

一是全方位展现中小学校创建、经营和快速发展的智慧、策略和实用招数。全书以智慧型学校及其构成要素、智慧型学校的创建思路、经营策略和发展路径的系统阐述为主线，采用典型个案分析为主、理论阐述为辅的写作手法，鲜活地呈现基于“智慧的教育”现代教育理念的实践探索，以及基于鲜活的现实问题解决基础之上的理论提升。

二是全面展示办学理念显性化、如何将办学理念变成学校现实的具体策略、方法。全书贯穿“智慧的教育”办学理念及其显性化，以一所九年一贯制学校为典型个案、辅以其他学校的经典案例。

三是UGS合作的典范。针对国内外学校改进领域的代表模式——UGS模式，即大学（即U）、政府（即G）、中小学（即S）三方合作模式，国内已有研究集中分析了老牌学校改进的区域性策略、案例，而尚未涉及具体的一所学校的改进，也未触及新兴学校的创建策略、快速发展的具体方式方法。

特别是，如何有效发挥大学对于基础教育帮扶的优势、如何体现政府在联合创办新学校过程中的特殊作用、如何凝聚硕博团队与骨干教师团队等各方力量，大量实践智慧鲜活地体现在这本书稿之中。同时，书稿再现一位从师任教32年的大学教授，倾力创办中小学校、从大学学者“蜕变”为学者型中小学校长的心路。

四是策略的实用性、案例的代表性。凸显基于现代理念的实践探索的研究风格。

五是学术性。书稿聚焦智慧型学校的创建、经营和发展，针对“智慧的教育”办学理念的物化、智慧型校园文化塑造、智慧型教师培养、智慧型课堂打造和智慧型学生培养，进行理论阐述和典型案例分析，努力揭示智慧的教育践行的普适规律，为更多的中小学校走向智慧型学校提供实用的经验和参考。

书稿也是作者承担的教育部人文社科基金项目“智慧型学校的实践研究与理论分析：依托大学与中小学合作的学校改进的行动研究”的核心成果、主体成果，是大学与地方政府合作共同创建中小学校（即 UGS 合作）的成功案例。

本书稿是集体智慧的结晶。全书的撰写遵循学术著作的写作风格，同时，凸显实践性，针对中小学校长、教师，切实提高针对性、可读性，努力在学术性和通俗性之间寻找一个平衡点——即主体结构突出学术风格，具体章节以案例性、实践性的风格予以呈现。全书稿由我策划、组织和实施撰写任务，由全校 30 余教师与我指导的博士彬彬执笔撰写，最后由我修改、定稿。

孔凡哲

2015 年 4 月 23 日

上　创建篇

理念先导、设计前瞻、文化融合、物化入地

任何一所中小学校，都要经历创建、运作、发展，而每所学校既是富有个性的个体，又是具有共性规律的群体中的一员。

在教育大变革、大发展，特别是，在机遇与挑战并存的今天，如何切实寻找中小学校健康、快速和可持续发展的道路，是每一位中小学教育工作者无法回避的问题，更是每一位中小学校长必须思考并加以解决的难题。

作为大学与地方政府合作创办的九年一贯制学校，东师南湖校经历了理念设计先导、南北文化融合、高标准快速度发展等一系列蜕变过程，遵循创建、经营、发展的三部曲，正在从义务教育省级Ⅰ类标准化学校、地市级中小学数字化示范学校，走向优质特色的智慧型学校。

本篇以东师南湖校发展的**“理念先导、设计前瞻、文化融合、物化入地”**为例，详述中小学校创建的基本规律。

第一章 “智慧的教育”脉络

第一节 走向“智慧的教育”[①]

这不是激情的产物,恰恰相反,这是避免激情的产物。

思考教育,希望能够究其原本,在此基础上进行抽象的和推理的思考。思考的结果,或许会对现实教育的反思提供一些参考和依据。

教育一词出自《孟子·尽心上》,其曰:“得天下英才而教育之,三乐也。”由此而见,孟老先生是一位充满热情的教育家。而在英语、法语和德语中,教育一词均源于拉丁词语 educare,含有引出和引导之意。当然,名词本身的溯源是没有实质意义的,重要的还在于这个词所表述的现象和过程。

教育与人对世界的感觉和认知是紧密相连的。从教育所涉及的内容考虑,人对世界的感觉和认知大概可分为三个层次:经验、知识和智慧。

经验和知识是可表述的,我们可以认为是实体。智慧潜在于经验和知识中,又作用于其上。三者之间是无法截然分开的,是你中有我,我中有你。

另一方面,教育是一个信息传递过程。这种信息传递的最大特点是,信息的发射体和接收体都是动态的,因此,信息的增容、衰减以及失真是普遍存在的。原则上,这种传递是有目的,是单向的,我们从先哲们最初对这个词的创造中,也能体会到这一点。这种信息传递的反馈是比较久远的,正如《管子·权修》所说:“十年树木,百年树人。”

与上面谈到的三个层次相对应,我们分别考虑经验信息的传递、知识信息的传递和智慧信息的传递。为了讨论的方便,分别称之为原始教育、现代教育和未来教育。可以看到,我们的兴趣并不在于讨论教育的时代划分,而在探讨教育与信息传递的关系,探讨教育的自身发展过程。

---

① 本节主要出自东师南湖校名誉校长史宁中教授关于“智慧的教育”的相关研究成果。史宁中.关于教育的哲学[J].教育研究.1998年,(10):9—13,44.

一、原始教育:经验信息的传递

要追溯教育的原本,就必须从生物的生存意识谈起。因为教育不可能凭空产生,必然要有其雏形,其雏形孕育在生物进化之中,而生物进化的根本动力在于生物的生存意识。这种生存意识应当是存在的,因为我们似乎感觉到了这种存在。斯宾诺莎是感觉到了,但还不十分清晰。他说:“任何物体,只要它还是它自身,都会尽力延续自己的存在,而一个物体所作的延续自身存在的努力,就是这个物体实际的本质。”

叔本华[①]明确把这种生存意识称为意志。他强调了种族的意志,建立了关于意志的哲学。“大部分生物是不具备意识的,但它们按本性行事,即它们的意志。”而对于人,他认为意志是人的本质,甚至肉体和大脑都是意志的产物。人们自以为被自己看到的东西引向前,可实际上,他们是被自己的感觉——朦胧、下意识的本能所驱使。现在有一首流行歌曲,叫做《跟着感觉走》,歌手们或许感觉到了一些召唤,可是叔本华说:“实际上,他们是从后面被推着走。”一个更高的境界应当是,认识功能的发展远远大于意志的需求,最大的奇迹不是征服世界,而是征服人自己。但是,叔本华是一个悲观主义者,他认为最高的智慧在于涅槃,因为世界的意志比我们的意志更加强大,我们应当屈从。于是,只有知识留下,意志完全消失。这真是天大的矛盾,人的本质最终消失了,那么,残留下躯体干什么呢?

叔本华以后的哲学家,几乎都谈论了这种生存意识。为了解释意志,善于机械思维的斯宾塞把问题搞得更为复杂,他说,意志是一抽象术语,表示我们主动的冲动之总和。意志是行动的起始,行动是意志的终结。在他看来,理智与本能、思维与生命,皆为一体。他的假设和推理是令人困惑不解的,于是,杜兰特评价,斯宾塞在这方面的论述是白费了笔墨。疯狂的尼采[②]把意志论推到了顶峰,他认为,人类最好的素质就是意志、强力和永恒的激情,最后的结论便是超人。尼采没有论证任何东西,他只是在揭露,在抨击,在宣告。还是研究自然科学出身的柏格森更为深刻,他几乎说出了问题的本质,“本能是现成的,能够对世世代代都会碰到的那些情况做出决定性的,通常也是成功的反应。”经验主义的杜威不相信叔本华的意志和柏格森的冲动,他说了老实话:“这些东西可能存在,但是没有必要崇拜它们。”

不管怎么说,自叔本华以后,人们似乎清晰地感觉到这种生存意识的存在,甚至有时还会感觉到这种意识的强大和激烈。那么,这种生存意识到底存在于

---

① 亚瑟·叔本华(Arthur Schopenhauer,1788—1860),德国哲学家,开创了唯意志主义及生命哲学流派。

② 弗里德里希·威廉·尼采(Friedrich Wilhelm Nietzsche,1844—1900),德国著名哲学家、思想家。

哪里呢？它是像康德的先验的东西那样，飘荡在虚无之中，还是飘荡在生物体内？更进一步，这种生存意识为什么会出现？它是变化的还是永恒的？

首先飘荡的假设是不成立的，生存意识也必须有一个载体。这就像要分析运动一样，爱因斯坦告诉我们，首先要确定一个惯性系，否则将定义不了“同时”这个概念。如果说明不了同时，则说明不了过去与将来，一个有序的时间将不存在。如果没有了有序的时间，那么，这个世界将会是多么的混乱。

生命显然是一种运动。牛顿已经清楚地告诉我们，一个物体在不受外力的作用时，要保持原来的运动状态，这便是惯性定律。如果我们给这个物体赋予生命，那么，原来的状态就意味着顽强地活下去。可惜的是，生命有其诞生，也必将有其死亡。取而代之，种族的繁衍战胜了死亡，表现了永生。因此，从物的角度来考虑，生存意识是自然规律在生命中的反映。事实上，生命来自于大自然，则必然也只能够体现对自然某些准则的复制。

那么，生存意识是怎样存在的呢？为了生存，先祖的生存经验是极为宝贵的，其中包括但不仅仅是生存意识，更主要的是对生存环境的适应，这是种群不灭绝的根本保证。于是，这些经验就作为信息记忆下来，通过遗传密码储存在DNA中。DNA是一种核酸，是地球上的生物经过40亿年的进化才产生出来的高级分子。这些分子储存着生物体应当怎样活动的全部信息。DNA具有复制功能，能够把储存的信息传递给后代，这是一种经验信息的传导。新的信息产生于突变，是因为DNA在复制过程中出现的差错，虽然这种差错出现的概率是极小的。新的信息是否能够传递下去则依赖于自然选择，一个生物个体的遗传基因产生了突变，那么，就看这种突变是否适于生存，适则保留，否则灭绝。因此，在地球上一定存在过生存意识薄弱的生物，但是灭绝了。

可以看到，生存意识确确实实存在，它作为先祖的生存经验存在于DNA中，并且能够传递下去，通过实变和自然选择不断深化。

这种经验信息的传递过程显然说不上是教育，因为这种信息传递是盲目的，是无方向性的，并且在本质上是一种无失真的传递。但是，我们在其中是否体会到了教育的意蕴，是否可以看到教育的雏形呢？

不难想象，这种传递的无目的性，必然导致信息系统的庞杂和重复。越是高级的生物，其DNA储存的信息量越多。病毒的信息非常简洁，只有10^4个信息单位，相当于一页书稿所传递的信息量。而人身体的每一个细胞中，都携带着一个庞大的先祖经验的信息系统，其信息量为5×10^9个信息单位，可以折合成1000册500页的书。为此，人能够应付许多危难。但是，绝大多数信息是用不上的，这也像我们的图书馆一样，许多书是没人看的。这些信息是无法消除的，在无目的的原则下，消除比产生要困难，还要危险。这种无目的性，还有一个致命的弱点，就是生物后天的经验完全是外在之物，是得不到保留和传递的。

无论是波澜壮阔的,还是温情脉脉的生活过程,将随着时间的流逝而消失,丰富的生活经历将随着个体的死亡而消亡。于是,一个有目的后天经验也能传递的过程,是必要的,是更加适合在我们这个地球上生存的。或许是偶然的原因,或许是受大自然的启迪,在偶然中产生了必然:地球上出现了脊椎动物,赋予了脑,出现了哺乳类动物,赋予了大脑皮层,最后演变出能够思维的动物——人。

自从有了大脑,教育也随之产生。因为此时,尽管是单一的经验信息的传递,但是这种传递已经是有目的,有方向的了,我们称这种教育为原始教育。传递方式或者通过语言,或者通过动作,或者通过某些只能意会不能言传的心灵感应。我们能够明确地观察到动物中的这种教育,其中有捕食的经验,有逃敌的方法,有作巢的技巧,其中有许多是令我们人类叹为观止的。可以想象,人类最初的教育,比动物也高明不了多少。至今为止,在原始部落中还能看到类似的教育。

当然,对于现代化来说,这种教育实在是简单,几乎不应当费任何笔墨。可是这种教育经历的年头,比人类的文明历史要长久得多,要深远得多。特别是在信息大爆炸、知识大爆炸的今天,在全球范围内实施全民教育的今天,我们应当回过头来想当初,我们是否能够在其中找到朴素而合理的内核呢?我们不希望返璞归真吗?

二、现代教育:知识信息的传递

语言是在生存斗争中产生的,是为了更好地传递经验信息而产生的。我们知道,在出现语言之前,原始教育所传递的信息是几代先祖经验的积累,还仅仅是个体实践的结果。无论如何,有了语言之后原始教育才进入了教育的实质。

语言具有抽象能力,信息一旦脱离了经验而独立存在,就产生了知识。语言是个体大脑之间的桥梁,于是个体的经验融于种族的经验,一代的经历汇于万代的经历之长河,生存的形式变得丰富多彩,辉煌的时刻代代传颂。出现了古代中国盘古开天地的神话,古希腊荷马史诗,地中海沿岸伊甸园的传说。

即使如此美妙,这个水平的教育依然是原始教育,虽然教育的内容已经不仅仅局限于生存经验的传递。这是因为语言不是信息可靠的载体,关于这一点,很多人有过深刻的体会。因此,这种载体上的知识是支离破碎的,甚至是经不起推敲的。只有出现了文字,信息的储存才有了可靠的保障。在此基础上,信息才能够系统地被加工和整理,甚至创造,最后形成规律。规律反过来又能指导人们的实践,这些规律就是系统的知识。知识来源于经验,但比个体的经验更具有一般性,在大多数的情况下,又具有超前性。由于文字的出现,教育内容必将发生本质的变化,由经验信息传递过渡到知识信息传递,我们称这种教育为现代教育。当然,知识信息的传递要借助于经验信息的传导。

教育必然要走向社会的教育。我想强调的是,不是因为社会的需要才产生了教育,教育产生于生物的生存意识。而教育成熟为现代教育之后,就自然而然地要走向社会的教育。教育不是被动的,恰恰相反,教育是生机勃勃的,是主动的行为。

数学中的数理统计方法可以证明,在自然选择的原则下,集团行为是最为安全可靠的,虽然惰性也最强。游离的被称为异常值,甚至可能被认为不在这个总体之内。新的东西,很可能就产生在这些异常值上。柏格森告诉我们:“总的来说,生命的进化也和人类社会及个人命运的发展一样,最大的冒险才能换得更大的成功。”但是每一个单独的个体,总是不情愿去冒这个风险。这种集团行为在信息社会的今天,表现得更为明显,各种莫名其妙的流行就是其佐证。而精明的商人,则抓住这一点大做文章。

因此,在集团行为下,现代教育走向社会的教育是不可避免的。显然,按照自然的逻辑推理,社会教育的本质是每一个人都应当受到现代教育。可惜的是,这个逻辑的推理被阶级社会粉碎了,这个逻辑推理是需要条件的。

在这一定的生产力下,集团行为导致阶级的出现也是必然的。事实上,由数学中的拓扑学方法可以证明,在一定的条件下,生产资料的相对集中是资源分配的最佳方案,因为这时存在稳定点。如果生产资料相对集中在个人手中,便出现了阶级。因此,实质意义上的社会教育被粉碎也是必然的。正如马克思和恩格斯所说:“一个阶级是社会上占统治地位的物质力量,同时也是社会上占统治地位的精神力量。支配着物质生产资料的阶级,同时也支配着精神生产的资料。”于是就出现了这种情况:一部分人得到了现代教育,而另一部分人得到的依然是原始教育。这种现代教育最终要变为政府行为,正如柏拉图和亚里士多德希望的那样。这种政府行为,在西方是国家或者财团办的学校,而在古代中国,更大程度上是通过科举制度来实现的。

有趣的是,至少到文艺复兴为止,政府行为的教育没有留下多少佳话,恰恰是私学创造了辉煌的业绩。那是从公元前500年左右开始,历经三百余年。

或许是历史的巧合,在那个时代,在爱琴海沿岸和黄河之滨这两个相隔遥远的地域,同时创造了影响深远的思想文化,而且都是与教育有关,并且是私学。

苏格拉底可能没有真正办过学校,他是一个懒散的人。但是有一群人跟着他,并且自称是他的弟子,其中包括柏拉图。吸引这些人的是苏格拉底的智慧和深刻的思想。柏拉图办起了自己的学园,致力于数学、思辨及政治哲学的教育。据说亚里士多德在柏拉图门下学习了20年。亚里士多德的学校名为吕克昂,是他在53岁时办起来的,倾向于自然科学,包括生物学。这三所学校,或者说这三位哲人的信仰和文化影响之深远,是不可比拟的。用罗素的话说,整个中世纪是亚里士多德的思想,而文艺复兴的思想基础则是从对柏拉图的重新认识开始的。

比起爱琴海岸的哲人,黄河之滨的孔子[①]办学更为认真。他有弟子三千,可见盛大。他主要教授伦理学、道德和政治。他有成形的教材,特别是有一套完整而实用的教育思想,这些深深地影响着中国以及其他使用汉字的国家,直到现在。他创立的儒学是东方伦理道德的经典。与孔子同时代的还有老子、庄子和孟子等哲人。

中国古代的哲学一直没有得到西方的重视,甚至也没有得到国人的发扬光大。一方面是因为中国人从古代起就比较务实,对形而上学和认识论不感兴趣。另一方面,我们的先哲们过于言简意赅,常常简单到没有定义,没有推理,只有结论,使人难于理解。其实中国古代哲学博大精深。据说莱布尼兹看到《易经》后兴奋不已,后来发明了二进制,这是现代计算的语言,也是现代信息的计量标准。不知道黑格尔是否看到过《易经》,他的辩证法中的"思维或事物的每一状态必然导致其对立面,然后与对立面结合,成为更高级、更复杂的整体"这一思想,与老子"道生一,一生二,二生三,三生万物。万物负阴而抱阳,冲气以为和"的思想如出一辙。

上述的私学,之所以能够在教育史上写下如此光辉的篇章,是有着合理的内核的。无论是教育者还是被教育者,都是自愿组合到一起的,这保证了学习过程中的兴趣和热情。这种教育方法是以自学为主,而讲授过程更多的是自由讨论甚至辩论。于是在自由的气氛中产生了深刻的思想。但是他们的教育过程都有一个致命的弱点,就是脱离实践。或许那时,人们刚刚体会到思维脱离经验的快感,于是想脱离得更远一些。可是脱离了实践,思想可能是深刻的,但不一定是正确的。无论怎样,上述私学,是人类最初的最为成功的尝试,是我们今天教育的一面镜子。

前文说过,现代教育走向实质意义上的社会的教育是需要条件的,这个条件就是生产力的发展。在生产力还是较为低下的情况下,许多人依然接受原始教育这一事实,并没有深刻的影响种族的生存危机,也没引起种族内部不可调和的矛盾。

但是,生产资料相对集中的原则,并不是指它们必须集中在少数人手中,这只是一个极端的情况。另一个极端情况,便是集中在国家。那会怎么样呢?事实上,很可能会导致两种情况,一是无人管理,体现不出集中的原则;一是转为少数人的垄断。中庸的办法,也就是现在普遍实践的办法,就是生产资料的集团集中,其表现形式便是股份制,是一种不等权的集体所有制。在现阶段,这可能是一个较好的方法。而在这种情况下,阶级阵线将不十分明显,因此实质意

① 孔子(公元前551年——公元前479年),名丘,字仲尼,鲁国人,大思想家,创立了儒家学派。

义上的社会的教育是有可能的。

更为重要的原因,生产力的发展将会带来大量的就业机会,并且对劳动者的素质提出了较高的要求,这些要求靠原始教育是根本实现不了的。因此,生产力的发展决定了教育地位的提高,也决定了教育的社会性。现在几乎所有国家都认识到,全面提高国民的素质,是国富民强的根本,也是这个国家能够生存的根本。而这种素质的提高,只能依赖于实质意义上的社会的教育。我们的社会,应当走到这一步了。

三、未来教育:智慧信息传递

教育是一种信息传递过程,信息的接受体是人。与机器不同,人是具有思维的,是处于运动状态的。信息接收的程度依赖于个体,依赖于每一个人的特性。如果信息传递的频率与人自身的频率协调,则接收正常,否则将会接收不正常。因此,调频工作或者说调频的设计是极为重要的。那种事先做好一个模子,硬性来塑造人的办法是不自然的,也是不合逻辑的。

对于教育,人的特性中有一点是共同的,就是人都有教育的欲望,也都有受教育的欲望。受教育的欲望最初可能表现在模仿上,这是经验的学习。然后就是怀疑和思考,想搞清楚自己的生存环境。孩子们的好奇心,经常会使大人难堪就充分说明了这一点。这种求知欲望是先天就有的,不是后天教化的结果。因为教育是主动的,教育产生于生存意识。因此,这些人所共同的特性应当是教育调频的基本准则。

如果不注意到这一点,就容易走向两个极端:严加管教和利益诱惑,教育就成为被动的了。必要的管教是应当的,但核心还是引导,特别是在儿童阶段。棍棒出人才的说法是没有道理的,往往会适得其反。教育者会说,这是为孩子着想。可是不注意规律,好心可能带来更大的恶果。同时,过早地引入竞争机制也是不合适的,容易损伤孩子的自尊心和信心。一个人如果失去了自尊心,其后果是不堪设想的。如果真是为孩子着想,就应当站在人的特性的角度来考虑问题。对孩子也是一样,理解才是最大的幸福。

几乎所有的国家,在小学或者中学都会有这样的作文题目:你长大以后干什么?从小立志似乎是很重要的。一般说来,教育者希望孩子们有远大的抱负,他们认为利益诱惑是增强学习动力的好方法,甚至会认为利益越大,诱惑力越强,则学习动力越大,于是帮着孩子们建立不切实际的理想。可是教育者心里可能也明白,那些远大理想真能实现的可能微乎其微。在这个时候,他们恰恰忘记了,人的痛苦往往产生于他认为应当得到而没有得到。对于人实施不能到的利益诱惑,其动力只是暂时的,最后将转化为失望或者愤怒。人们往往会认为不公正,或许与此有关。公正是一种身心的感觉,如果这种感觉是和谐的,则是公正,否则就是不公正。如果许多人都感觉不公正,这个社会还会安定吗?

因此，在教育过程中，必须考虑到受教育者的主动性，必须考虑到受教育者自身的学习欲望和能量。协调的教育，只能是引导这种欲望并且激发其能量。另外，从现代信息论的角度考虑，行为的结果越是接近目标，则信息量越大。所以，学习的根本动力在于个人的兴趣与学习内容的和谐，在于奋斗的激情与阶段性目标的和谐，在于个人的需要与生存环境的和谐。

同时，注意到受教育者的主动性，利于受教育者树立信心和责任感，利于受教育者的独立思考。在信息社会中，大量的各种信息，强制性或者娱乐性地传播着，这些严重地分散人的集中力，使人懒于思考，增加依赖性。这种依赖性不仅仅影响到服装和打扮的流行，更影响到对艺术和美的欣赏，对道德和风俗的评价，甚至影响到人的自制力和价值观的形成。因此，在信息社会，必须注意到受教育的主动性。

人的特性的差异表现在运动机能、性格和对事物的反应等等方面。每一个人自身的频率都不相同，逻辑上应当是因人施教。但至少在现阶段这是不可能的，花费太大，投入与产出不成比例。对于这种情况，数学上通常的处理方法是归类。归类的原则是，在归类数一定的情况下，尽可能使类内的差别小一些，类与类之间的差别大一些。参照各类的频率进行调频是切实可行的，这便是孔子所说的因材施教。

在人的特性这里我们至少看到了两点：学习欲望是共同的，因材施教是可行的。

下面谈教学内容。现在我们的教育，本质上是知识信息的传递，一本本教科书上传授的是各种各样的知识，从小学开始，我们就记忆和理解这些知识。而我们的先辈们又太聪明，把这些知识就像搭积木一样组合起来，形成体系。不学好前面的，就难于理解后面的，而不学习后面的，又往往不知道前面为什么要讲那么多东西。

我们已经感到知识包袱的沉重。中国发明的纸和印刷术，曾经为知识的传播和创造注入了活力。现在，由于电视机的出现，由于计算机网络的出现，知识和信息真像爆炸一样，四处散开。一个有价值的新闻，第二天就会家喻户晓；一个新发现，很快就会被全世界的同行知道。于是知识就像滚雪球一样越滚越大。与此同时，新的学科，新的分支不断出现，一个比一个精细，使人目不暇接。知识再也不是一个整体，知识之间出现了裂痕。每一个学科都遵照循序渐进的原则，建立了自己深厚的基础。为了要掌握一个学科的知识，就不得不舍去其他学科哪怕是常识性的知识，这种状况似乎还在不断深化，走出了大学，来到了中学。这真像走在崎岖的小路上，越走越窄。这种知识灌输得越多，包袱就越重。更为严重的是，并不是每一个人，我们的社会也不需要每一个人，都在这条小路上走到底。那么走到半路该怎么办呢？

我们应当重新思考以传递知识信息为主体的现代教育。知识是什么？知识在本质上是一种结果，可以是经验的结果，也可以是思考的结果。因此，现代教育的核心是使受教育者掌握和理解一些结果。那么，书本作为其信息的主要载体是合适的，以课堂为主，以教师为主也是合适的。在这个意义上，出现上面所谈到的现象也是可以理解的。为了改变这种现象，我们认真地分析计算机所带来的活力是有益处的，或许会引出我们新的思路。计算机，特别是建立在计算机之上的多媒体，传递的是什么信息？是知识信息吗？不是。是升华了的经验信息。多媒体集音、像、文字于一身，与语言不一样，与书籍也不一样，所传递的信息是能被感官直觉所接收的，是立体的，是有背景的。这方面的未来发展，就是尽可能地使人进入到计算机设计的世界中去。因此，这个世界传递量之大是前所未有的，一个简单的多媒体软件所携带的信息量，要远远超过一本辞海的信息量。信息的传递已经回归，回归到一个更高的层次。由于文字的出现，教育从原始走向现代，从经验走向知识。现在信息的传递已经回归，我们的教育是不是也应当回归，或者说是升华？教育应当从知识信息的传递，走向智慧信息的传递，我们称这种教育为未来教育。

对于智慧，教育家谈的不多，甚至哲学家也没有过多的论述。智慧不是实体，智慧体现在过程之中。在本质上，智慧并不表现在经验的结果上，也不表现在思考的结果上，而表现在经验的过程，表现在思考的过程。再究其原本，在生存过程中，智慧表现于对问题的处理，对危难的应付，对实质的思考以及实验的技巧等等。与教育有关，智慧也表现于对信息的获取。恰恰是这些，体现了在生存过程中人与其他动物最为深刻的区别。生产力的发展必然会把人的实质表现得更加充分。

如果上述过程都可以称为实践的话，那么智慧是经验的一种升华。因为实践应当是有目的、有计划的经验过程。当然，智慧在很大程度上依赖于知识，本质上却不依赖于知识的多少，而依赖于对知识的理解，依赖于对各种知识之间相互关联的掌握，依赖于利用知识指导实践的经验，依赖于动手实验的能力。因此，在智慧信息传递的教育中，经验与知识将会同等重要，也就是说感官直觉地接收与书本讲解地接收将会同等重要。这当然要充分利用现代化手段，充分利用实验和实践。知识内容本身，将过渡到知识产生的过程；知识体系的把握，将过渡到知识的关连和共性；对知识的记忆和理解，将过渡到对知识的思考和创新。当然，这个过渡是艰难的，这个过渡也将是智慧的表现。

进一步，从性格方面考虑，智慧的学习与知识的学习也有本质的不同。知识学习依赖于结果，因而更多地依赖于耐力和理解；智慧的学习依赖于过程，因而更多地依赖于活力和创造。因此，未来教育不仅仅是一个进步的过程，而更多地表现为一个变化的过程。现在人们经常谈到教育的超前性。从上面的分析可以看到，知识的超前性根本体现不了教育的超前性。这样，我们回到了教育最初的产生。可以看到，这不是简单的回归，这是一个大跨度的升华，是与生产力的发展相适应的，也是与信息的发展相适应的。教育是为了使人能够适应社会的发展，反过来，又对社会做出应有的贡献。

［评注］张楚廷先生在其专著《课程与教学哲学》[①]第十一章“社会主义与课程”第六部分“教育是为统治阶级的”中指出，“教育不是被动的，恰恰相反，教育是生机勃勃的，是主动的行为”，“今天的事实（当然，它又是明天的历史）也在普遍地证明史宁中先生的话，当一个村的村长想为村民们办一所小学的时候，你也许能看到社会的影子，但更易见到的是人，是人的需要（催促他这样做）……”

第二节　何谓“智慧的教育”[②]

经历了新世纪初启动、正在走向深化阶段的基础教育课程改革，中国基础教育究竟该走向何方？对此，《国家中长期教育改革和发展规划纲要（2010～2020）》等政策性文件给出了宏观思路，而作为中小学校的实践者、理论研究者，更期望能有更为细致、可操作的改革内容。

一、从知识的教育、到过程的教育发展为智慧的教育是历史的必然

（一）教育的重要目的在于启迪学生终生受用的智慧

教育的根本目的在于促进人的可持续发展。教育作为传承人类文明的重要载体，随着时代的变迁而发生根本性变化：从最初的知识传递（发生在知识更新速度十分缓慢的农耕时代），发展为（知识爆炸时代）海量信息四处扩散，教育内容与方式亟待变革。与其同时，教育还承担着育人的功能，从最初的知识储存，到知、情、意、行与人格的协调发展。教育应当包括“知识信息的传递和智慧信息的传递”[③]，“理想的教育应该服从人的身心发展规律，特别是大脑的发育规律”[④]。

进入新世纪以来，我国基础教育从知识的教育走入了过程的教育，从关注基础知识、基本技能的教育，进入知识与技能、过程与方法、情感态度价值观[⑤]“三位一体”的教育。

然而，学生经历了过程，未必就能真正感悟过程之中所蕴含的智慧；记住了

① 张楚廷. 课程与教学哲学[M]. 北京：人民教育出版社，2003 年 12 月.

② 孔凡哲执笔撰写。

③ 史宁中. 关于教育的哲学[J]. 教育研究. 1998，(10)：9－13，44.

④ 史宁中. 试论教育的本原[J]. 教育研究. 2009，(8)：3－10.

⑤ 教育部颁布. 基础教育课程改革纲要（试行）[EB/OL]. http://www.moe.gov.cn/publicfiles/business/htmlfiles/moe/moe_309/200412/4672.html. 2001－06－08 印发.

事实性知识，未必就能提炼出知识发生发展过程中的智慧。(而)智慧潜藏于经验和知识之中，又作用于其上[1]。

从而，教育应当从知识信息的传递，走向智慧信息的传递。[2]

（二）智慧与智慧的教育

追求人的智慧发展，是当代教育变革的一种基本的价值走向。

所谓“智慧”，《辞海》的解释是：“一是人作为个体存在所具有的属性，即聪明；二是人在行动中所表现出来的处理问题的能力，即判断力和创造力。”《新华字典》[3]的解释是：“智慧(wisdom，wit)是指对事物能迅速、灵活、正确地理解和解决的能力。”维基百科(http://zh.wikipedia.org)给出的解释是：“智慧(狭义的)是高等生物所具有的基于神经器官(物质基础)一种高级的综合能力，包含有：感知、知识、记忆、理解、联想、情感、逻辑、辨别、计算、分析、判断、文化、中庸、包容、决定等多种能力。与智力不同，智慧表示智力器官的终极功能。智慧使我们做出导致成功的决策。”

从哲学角度审视，“智慧”代表了人思维的最高能力。我国哲学家冯契(1997)认为：“智慧是对宇宙人生的某种洞见，它和人性自由发展有着内在的联系。”英国哲学家罗素在《教育与美好生活》(1999)一书中认为，“智慧主要指人的求知的好奇心和求知的能力”。而一般地认为，智慧就是文化进程中独创的执行力。

我们认为，当人面对一个问题时，能够充分利用现有的各种资源、信息，创造性地选择最佳的策略、方法，这种独创的能力就是**智慧**。

在人的生存过程中，智慧表现于对问题的处理。在本质上讲，智慧并不表现在经验的结果上，也不表现在思考的结果上，而表现在经验的过程之中，表现在思考的过程之中。

作为智慧的一种特殊形式，教育智慧“在教育教学实践中，主要表现为教师对于教育教学工作的规律性把握、创造性驾驭和深刻洞悉、敏锐反映及灵活机智应对的综合能力”[4]。

所谓“智慧的教育”，意指，以教师的智慧成长为基点，以学生的智慧生成为目标，以打造“智慧型教师”、培养“智慧型学生”、塑造“智慧型校长”、构建“智慧型校园”、造就“智慧型家长”为基本途径，引领师生在学校教育中获得终生可持续发展的智慧的学校教育。

这里的“**智慧**”，特指，人在接受教育阶段获得的终生受用的智慧，包括思维

---

① 史宁中，柳海民．素质教育的根本目的与实施路径[J]．教育研究．2007，(8)：10－14，57．

② 史宁中．关于教育的哲学[J]．教育研究，1998，(10)：9－13，44．

③ 商务印书馆组编．新华字典(第10版)[M]．北京：商务印书馆．2004年1月．

④ 田慧生．时代呼唤教育智慧及智慧型教师[J]．教育研究．2005，(02)：50－57．

方式方法、能够因势利导、随机应变、随机生成的机制等,是建立在丰富的活动经验及对经验的提纯、升华,才能获得的。也就是说,智慧存在于活动过程之中,存在于思考过程之中,存在于人的主动参与之中,仅仅死记硬背,绝对不能获得"智慧"的。

所谓"**智慧型学校**",意指以"智慧的教育"作为办学理念的学校。这意味着,在传承知识技能、发展能力、培养情感态度、塑造人生观、世界观、价值观的同时,传承使学生终生可持续发展所必需的智慧。因而,这种学校由"智慧型教师"[①]"智慧型课堂""智慧型课程""智慧型校园"及其配套措施等要素而构成,最终培养出"智慧型学生"。

二、实施智慧的教育的意义和价值

(一)启迪学生终生受用的智慧能够更好落实国民素养提高的教育总目标

当今时代是高速发展的时代,是网络时代,也是知识爆炸、信息海量增长的时代。不断创新、快速变化,成为这个时代的显著特征。

单纯传授知识的教育只是一种结果的教育、继承的教育,现代社会的发展更多地源于创新,而创新的教育更多地表现为过程的教育、智慧的教育。

在本质上,智慧并不表现在经验的结果上,也不表现在思考的结果上,而表现在经验的过程,表现在思考的过程。在这些过程中,智慧表现为对问题的处理、危难的应对、实质的思考等,智慧是对经验的一种升华。从而,培养智慧的教育是一种创新的教育。

但是,**智慧并不排斥知识,而是在很大程度上依赖于知识,本质上却不决定于知识的多少,而决定于对知识的理解,决定于对各种知识相互关联的掌握**。知识的学习依赖于结果,因而,更多地需要耐力和理解;智慧的学习依赖于过程,因而更多地需要活动和创造。从而,从注重知识的教育,走向注重智慧的教育与知识的教育的并重,或者在知识的教育中更加凸显智慧的教育,这是信息与网络时代对于教育的必然诉求。而作为以提高国民素养为根本目的的基础教育,只有顺应当今社会的时代需要,才能培养出未来社会的合格公民,才能在国际化竞争中处于有利地位。从而,启迪学生终生受用的智慧,能够更好地落实提高国民素养的教育总目标。

(二)实施智慧的教育能够化解教育改革发展中的诸多难题,明确改革发展大方向

1. 实施智慧的教育有助于理清"发霉的奶酪之争"[②]的症结所在

众所周知,自2001年实施基础教育课程改革以来,相关的学术论争一直持

---

① 田慧生.时代呼唤教育智慧及智慧型教师[J].教育研究.2005,(02):50-57.

② 王策三.认真对待轻视知识的思潮[J].北京大学教育评论.2004,(3):5-23.
钟启泉,有宝华.发霉的奶酪[J].全球教育展望.2004,33(10):3-7.

续不断。其中,国内教育名家王策三教授与钟启泉教授之间的“发霉奶酪之争”是最具代表性的论争。争论双方都是国内学术界元老、名家。

细细品来,不难发现,“发霉奶酪之争”的核心在于持什么样的知识观。对此,这个争论似乎仍在持续,似乎尚无定论①②等。

在我们看来,跳出狭义的知识观,上升到“知识、信息、智慧”的视角,可以发现:

当代社会已经不能仅仅停留在知识时代,教育的功能更不能仅仅局限于传递人类已有的知识(无论是狭义的知识,还是广义的知识)。从知识的传递发展为知识的教育、智慧的教育并存,是历史的必然。

2. 实施智慧的教育,有助于明辨教育发展之路

从上个世纪以知识为本的教育时代,到本世纪前十年倡导的注重过程、关注创新精神和实践能力的变革,中国基础教育走过了跨越式发展之路。对于教育的未来发展,从知识的教育到知识、智慧并存的教育,特别是,在知识、技能的形成过程之中,如何切实实现智慧信息的传递,给教育的未来发展,提供了可能的发展之路。

(三) 实施智慧的教育,有助于减轻中国中小学生过重的课业负担,引领中小学教师进一步完善自己的教育观念,回归教育本原

中小学生过重的课业负担,一直是基础教育历次改革无法回避的难题。究其原因,虽然其影响因素多种多样,但是,过分关注显性的结果性内容而漠视过程性内容,是其重要原因。而作为义务教育课程目标之一的“过程与方法”究竟应包含哪些可操作的目标与内容,其含糊不清的表述,确实是招致众多批评和激烈论争的重要原因之一。将“过程与方法”中的“智慧”明晰出来、并物化在课程教学之中,实现启迪学生终生受用的智慧之目的,是一种切实可行的路径。

例如,在数学概念教学中:

知识为本的教学主张全面呈现严密、规范的数学概念,特别是,明确概念的内涵和外延,并将概念放置于其所在的概念逻辑体系,成为概念教学的核心。

而关注知识与技能、过程与方法、情感态度价值观的教学,主张让学生经历数学概念的形成过程,特别是,经历概念内涵中的关键属性的概括过程,让学生体会概念的形成过程,感受数学学习的快乐。

---

① 钟启泉.概念重建与我国课程创新[J].北京大学教育评论.2005,(1):48—57.

王策三.留下一点反思的历史记录——《基础教育改革论》前言[J].教育学报.2005,(1):6—11.

② 王策三,孙喜亭,刘硕.对教育改革的深度思考[J].基础教育外语教学研究.2011,(9):58—62.

王策三.对“新课程理念”介入课程改革的基本认识——“穿新鞋走老路”议论引发思考[J].基础教育外语教学研究.2012,(6):49—58.

刘坚.新课改:回顾与反思——新世纪课程变革:亲历者的视角[J].北京大学教育评论.2013,(4):1—19.

在智慧的教育观念下，开展数学概念的教学，主张师生一同经历数学概念的抽象过程。不仅获得概念抽象过程中的直接的经验和体验，更要感悟概念抽象的普适方法，并与相关数学概念的抽象过程进行适当比较，进而体会数学概念抽象的特点，丰富数学概念学习的积极的情感、态度。亦即，不仅经历数学概念抽象的完整过程，获得针对数学概念的本质属性的理解性掌握，而且，体会数学概念抽象的基本特点和普适方法(诸如，从若干个特例出发，归纳、概括，验证、确认、正例、反例、明确概念的内涵外延等)，从而积淀终生受用的智慧。

三、实施智慧的教育、创建中小学智慧型校园的基本策略与途径

在中小学校，实施智慧的教育、创建智慧型校园，必须将理念物化为学校教育教学的具体行为，细化为全校师生共同的价值追求，依托课程载体、课堂载体和文化载体，营造智慧成长的校园文化，辅以相应的运行机制、领导机制和评价机制，启迪学生终生受用的智慧，进而培养智慧型学生。

(一) 追求智慧的教育，成为全校师生共同的价值诉求

智慧的教育并不否定知识的教育，而是主张用智慧的教育统领知识的教育，主张以知识的教育为载体，再现知识发生发展的过程、再现学生进行学科思考的过程，帮助学生感悟过程之中的智慧。

从而，智慧的教育的核心理念在于，启迪学生终生受用的智慧(即“大智慧”，而不是使用范围狭窄的“小智慧”)。相对学生而言，倡导智慧地学习；相对教师而言，倡导智慧地施教；而其相应的教育教学特色在于，把握学科本质、平时学得轻松、考试发挥水平。

对于一所学校而言，必须采取“自下而上”或“自上而下”的方式，让智慧的教育成为全校师生共同的价值追求，并将这种理解贯穿于学校的办学理念、建筑设计和办学规划等各项工作之中，并辅以大量案例、从生物学原理和教育发展的必然，通俗易懂地诠释教育的内涵。同时，全校师生按照打造智慧型校园的目标、从硬件、软件，全方位开展创建工作。

必须将“启迪学生终生受用的智慧”深深印在全体师生(尤其是骨干教师、学校运作的组织者、实施者)的潜意识之中，成为每位师生共同的价值追求，“坚信每位学生都能成才、相信每位教师都能成功”成为每位教职员工的信念。而家长与学校、校园内外、各类宣传渠道等的和谐统一，为家长、社会对于智慧的教育办学理念的认同，提供切实的帮助。

(二) 智慧的教育办学理念需要课程载体、课堂载体，需要细化为每门课程、每个课堂都可以实践操作的方式方法

智慧其实是人基于知识学习、经验习得和人生历练的基础之上，从知性、理性、情感、实践等多个层面上，生发出来的应对人生、应对社会和应对自然的一种综合素养和能力。**当人面对一个问题时，能够充分利用现有的各种资源、信**

息，创造性地选择最佳的策略、方法，这种独创的能力就是智慧。[①]

中小学校将启迪智慧作为课堂教学的重要目标，是实施智慧的教育必不可少的重要途径。而启迪智慧既要依附一定的课程载体，也要细化在课堂教学的日常环节之中。

1. 学校可以专门设立《快乐数学》、《科学殿堂》等梳理课程、启智类课程

这些课程编入每天的课程表、每周开设，其内容是将每周前几节课所涉及的学科思想、重要方法，用生动有趣的情境贯穿其中，真正落实课程标准提出的基本思想、基本活动经验的教学目标。

此外，学校每学期开设两次学法指导专题课程，由专家型名师授课，帮助全体学生把握学科学习的科学方法。

配合上述两类活动，各班每两周召开一次以学习方法为主题的专题班会，有效落实“淡化差、尊重异”[②]，实现全体同学的共同发展。

正是专门的课程载体、活动载体，才使得打造智慧型课堂成为可能。

2. 打造智慧型课堂，需要给教师提供典型案例以便“有模可仿”

课堂教学智慧，一方面指教师施教的智慧，使得学生更容易学会，即教师依据自身对教学现象和教学理论的感悟，充分利用现有的各种资源、信息，创造性地选择最佳的策略、方法，使学生学会并深刻理解教学的本质内涵，这种教也可以称之为“智慧地教”，这类教师就是智慧型教师；另一方面则是指，教师借助教学内容启迪学生智慧，亦即，教师不仅教会学生新知，更要启迪学生终生受用的智慧，为学生的一生奠基。

对一线教师而言，经典案例是“活化石”。从而，以典型案例为载体，开展课堂教学智慧生成的课例研究，就成为每月都需要开展的常态工作。

3. 将课堂教学智慧显性化

课堂教学智慧有很多种具体的表现形式，既有来自教师“智慧地教”而产生的智慧，也有来自教学内容本身所蕴含的智慧；同时，也有“用恰当的方式很智慧地表现学科内涵”而渗透出的智慧，以及课堂信息呈现中的智慧等等。

而追求课堂教学智慧，就必须密切结合基础知识、基本技能的常态教学，充分利用各种教学资源，积极创造良好的教学氛围，调动学生学习的积极性，并让学生经历猜测、归纳、抽象、推理、建模等思维过程，获得直接经验和体验，最终提升学生的学科素养，形成良好的学科直观。

---

① 孔凡哲. 追求智慧的课堂——智慧型课堂教学案例解读[J]. 小学教学（数学版）. 2013，(7－8)：11－14.

② “差异”，一般的解释是“差别、不同；奇异、反常”。事实上，“差异”至少包含两层含义，即“差”与“异”，前者的含义在于“一个不如另一个”，即“差别”，后者的含义在于“不同”。“淡化差、尊重异”旨在倡导淡化学生之间的“差”，即不宜轻言“谁不如谁”，尊重学生之间的“异”，即尊重学生的个性特征。

(三)“智慧的教育”办学理念需要体现在学校校园文化之中

打造智慧型校园成为东师南湖校办学的核心目标。正如苏霍姆林斯基所言,“智慧要靠智慧来培养”①。为此,首先学校必须倾力营造智慧型校园的匹配文化,将“启迪学生终生受用的智慧”贯穿于校园文化(物质类、环境类文化等等)的各个主题之中。

其次,以活动课程为载体,营造丰富多彩的社团活动,以启迪学生的生活智慧、社会智慧为主旨。

最后,学校确立“以智慧生活、自主管理”的德育工作主线,并开展“我的情绪我做主”“智慧生活、科学学习”“自我管理、我是学校主人”等常态化的主题活动,并将各类社团活动纳入校本课程系列,成为学校常态运行机制的一个环节。

(四)“智慧的教育”办学理念需要与之匹配的评价机制

为此,学校需要聚焦学生终生受用的智慧,摒弃仅仅关注结果的评价机制,建立旨在促进学生终生可持续发展的评价新体系。

首先,有效发挥课堂评价的及时性作用,将启迪智慧与获取新知,融合在课堂教学的各个环节之中。其次,关注学法评价和过程性评价,提高结果性评价的思维含量和学科思维水平。最后,建立与课堂评价相匹配的课外活动评价,将评价的重点定位在由“浓厚的学习兴趣、良好的学习习惯、科学的学习方法、健全的身心、积极的社会责任感和创造的激情”等组成的绿色评价新体系,并形成与之匹配的情境评价、活动测试等方式方法。

(五)建立科学决策、民主管理的领导机制,不断提升校长的领导力和领导团队的凝聚力

以办学理念作为学校一切教育教学行为的统领,并物化在课程建设、智慧型课堂营造、校园文化营造、特色建设,以及领导团队建设、师资队伍建设、运行机制建设、教辅队伍建设等各个领域,尤其是,聚焦教师、课堂、课程、评价,最终服务于培养智慧型学生、启迪学生终生受用的智慧这一终极目标。

总之,只有感悟教育的智慧,智慧地理解教育,智慧地驾驭课堂、调控课堂,逐步培育职业情操、强化职业认同,智慧地悦纳教育,不断改变教育教学行为,智慧地实施学校实践,努力使中小学教师的教学行为不断走向智慧,从而逐步形成智慧的教学方式;使课堂教学形态不断走向智慧,从而逐步形成智慧的课堂教学;使学生的学习不断融入智慧,从而逐步形成智慧学习的方式方法;使学校管理不断走向科学民主,从而逐步形成智慧的管理方式。只有这样,我们才能真正实现智慧的教育。

① 肖甦主编译.苏霍姆林斯基教育智慧格言[M].北京:人民教育出版社,2014年第一版.

第三节 中小学办学理念显性化的研究述评①

四年前，笔者作为大学教授，受聘于长三角地区某县级区的督学，至今已连续四年遍访当地小学、中学，对诸多名校的办学感触颇多，尤其是，对于各校的办学理念更是五味杂陈——“办学理念墙上挂挂、做做样子给人看看”成为校长们的口头禅。

其间，应教育部直属业务部门之邀，前往西南某省会城市进行“教育现代化示范区”验收评估，对于所访学校的办学理念有更深入的了解，在感叹我国中小学校在改革大潮中的变迁（或一举成为名校、或数年间从名校走向“没落的贵族”）之余，深感忧虑——当前的中小学校的办学理念凌乱、理念与实践“两张皮”现象严重。

无独有偶，“高中办学理念何以如此趋同”的报道②佐证了笔者针对义务教育的判断，湖南省政府教育督导室 2012 年对长沙市实验中学等 21 所省示范性普通高中进行了督导评估，湖南省公布了对 21 所高中的办学理念与办学行为的分析报告。报告显示：“21 所省示范性普通高中，其中 5 所学校的办学理念是‘为学生发展奠基’，有 7 所学校是‘以人为本’或‘以学生为本’，办学口号存在趋同化倾向。”

一、现象再现

当前，中小学校的办学理念“存在过度超前、形式主义、缺乏个性、刻板僵化和缺乏整合等问题”③，而这些问题往往具体表现为高高在上、缺乏积淀等诸多方面。

表现 1：办学理念高高在上，在具体行为上却是各行其是

正如许多一线教师的戏言“办学理念墙上挂挂”“该怎么做还是怎么做”。办学理念与办学行为的严重分离，不仅在小学、初中表现严重，而且，在高中依然如此。

表现 2：办学理念善变多变，学校文化缺少继承和文化积淀

许多中小学的办学理念“如同时装一样不断变换、永追新潮”。

一方面，校长的频繁更换导致每换一任校长，总要出“新花样”、制定一组所谓的新举措，其标志之一就是提出一种所谓“新”的理念。但是，由于缺乏深入思考，特别是，对该校必须传承的文化缺乏足够认识，只能频繁换花样，以显示

---

① 本节内容曾公开发表：
孔凡哲. 如何走出“办学理念”误区[J]. 人民教育，2015，(8)：6－8.

② [记者]阳锡叶. 高中办学理念何以如此趋同[N]. 中国教育报，2013 年 4 月 12 日：第 1、4 版.

③ 罗欣，郑金洲. 办学理念：问题探寻与改进策略[J]. 上海教育科研，2011，(06)：30－32.

其"创新"举措,导致学校工作的执行者疲于奔命。

另一方面,有的学校虽然没有频繁更换校长,但是校长自己"无主心骨"。今天听这位专家一个报告、提出一个"理想观点",校长于是心血来潮、马上想出一个"新理念";过了不久,某一次外出参观,看到某学校的改革举措,校长又有一个新的灵感诱发"新理念"产生。最终导致办学理念时常更换,日常工作"涛声依旧"。

表现 3:办学理念与其子项目前后冲突,甚至自相矛盾

如,某校以"做一个有责任的人"作为办学理念,细化为"学会做人、学会读书、学会心畅、学会健体、学会博趣、学会求知",细细品来,"做一个有责任的人"与"学会做人""学会读书""学会心畅""学会健体""学会博趣""学会求知"之间既不能相互包含,又存在相互交叉,也就是说,用"学会做人""学会读书""学会心畅""学会健体""学会博趣""学会求知",来诠释、细化"做一个有责任的人",是无法完成的。

后来,这所学校的办学理念修改为:"做一个有责任感的人",细化为学会做人,能负责;学会读书,勤思考;学会心畅,善交流;学会健体,爱运动;学会博趣,长发展;学会求知,会创新。

即使如此,"有责任感的人"也不能涵盖"能负责的人""勤思考的人""善交流的人""爱运动的人""长发展的人""会创新的人",如果说"负责的人"与"有责任感的人"有必然的联系,那么,"勤思考的人""善交流的人""爱运动的人""长发展的人""会创新的人"与"有责任感的人"都几乎没有什么关联。

表现 4:办学理念抄袭、趋同现象严重

湖南省 21 所省示范性普通高中,其中的 5 所学校的办学理念是"为学生发展奠基",有 7 所学校是"以人为本"或"以学生为本",这其实是典型的办学理念相互抄袭。

纵观全国各地的中小学校,办学理念趋同现象其实非常严重。这种现象的背后,其实传递着这样一种信息——从经验办学到教育家办学,的确还有很长的路要走。

表现 5:办学理念不伦不类、既缺乏科学依据又无法付诸实施

东北某省会城市的一所小学,自 2010 年新上任一位校长,从周边某城市一所名校倡导的"主动发展教育"之中,她深受"启发"——将"主动"作为办学理念,称之为"主动教育",将其解释为"让学生主动接受教育",并将其细化为"每天让每位学生主动接受教育管理者的管理、每天让每位学生主动接受任课教师的课堂教学、让每位学生主动接受班主任的教育"等等。

其实,这位小学校长有着二十多年的教学、管理经验,对杜朗口中学的课堂方式变革也深感认同,她迫切期望实施基于学生本位的学校管理方式,变被动学习为主动发展。但是,其“主动教育”从学理上就是站不住脚的,实属不伦不类,而其实际实施的办学行为就是“以学生自我管理为中心”,与其初衷相距甚远。

二、原因分析

从学理上讲,每一位教育工作者都有自己潜在的教育理念(虽然未必明白地表达,但却时常自觉地践行自己的认识),校长亦如此。

无论是官员式(“空降”产生)的校长,还是基层出身(实践磨炼出来)的校长,无论是学者型的校长,还是名师出身的校长,都有自己固有的教育理念和管理理念。有的校长能够清楚地表达、自觉地践行、表里如一;而更多的校长或不能清楚表达但默默实践,或既不能清楚表达也不能始终如一,或理念与现实“两张皮”——“说一套做一套”。反思这些现象,背后其实存在着诸多的必然。

(一)口号式、拿来主义

“问题”学校的办学理念仅仅是一种口号语,不是源自学校长期积淀的文化,也不是校长自己根深蒂固的教育理解,而是从别处直接拿来的。

的确,从以往的经验办学到今天倡导的理念办学、走教育家办学之路,我国中小学校长整体水平大幅提升。但是,当前某些校长的教育观念依然严重滞后(但又不甘落后),于是,仅凭自己的一念之词、选择一个华丽的辞藻作为“办学理念”。诸如某小学将“自我赏识教育”作为其学校的“办学理念”,该校教师戏称“如此一来,小太阳的自我意识更加合理化”;某学校将“主动教育”作为办学理念,其自我诠释是“让每个学生都主动接受教育”。其实,这些口号式的“办学理念”都是拿来主义,并非源自学校长期成功办学的文化积淀和合理升华。

据报道[①],一所农村薄弱校由合并走向强校,其中的缘由在于“让每一位师生与成功有约”的办学理念——按照作者的诠释,“该校的师生绝大部分来自农村的薄弱学校,他们大多缺乏自信心,缺乏成功体验”,为此,校长“想方设法要让每一位师生都有尊严地在校内教学和生活”“每一位教师都应成为学校的形象大使”“每位教师都是提高教学质量的责任人”“在平凡的工作中享受教育的幸福”等等。

我们认同这篇报道的说法。的确,理念塑造文化,而恰当的价值表达及恰当的传递方式,才可能有效提升教师的道德影响力、执行能力、服务学生的能力、团队协作能力,才会有美好的校园文化。

① 吴志翔.理念引领文化氤氲——解读一所学校由弱走强的故事[N].浙江教育报,2013-12-06:第四版.

切实提升校长自身的教育认知水平，及时用现代教育观念更新自己对教育本质的认识，成为当前中小学校长不容忽视的重要任务之一。

（二）学校文化断断续续，无法积淀，也得不到及时的升华

由于频繁更换校长导致学校文化积淀时断时续，学校的办学思路、政策无法合理延续，短期内无法用好的理念统领学校已有的成功实践。

正如一些家长在其博客中的感慨："一中又换校长了吗？如此频繁地更换校长，对于学校的发展，学生的成长有什么积极意义吗？各机关单位任职几乎都有一任的规矩，难道教育连一任的时间都当不了？换句话说，学校的发展是三年一个周期，一中的校长就任貌似还未到一任，他对于一中的发展起到的是推动还是制约，还没有一个结果出来，就更换了校长。实在不妥。既然试了就应该试出一个结果之后再下台。"

事实上，长期以来，我国对于中小学校长的管理一致采取行政管理（而非专业管理）的方式，亦即，仅仅将"校长"作为一个领导岗位而非专业岗位来管理。

但是，校长也是一个专业，校长必须要"懂行"的人来担任，**强化校长的专业职能而适当弱化校长的行政职能，是提升校长领导力的关键**。

为此，教育部颁布了**《义务教育学校校长专业标准》**（教师[2013]3 号文件[①]），明确规定了"国家对义务教育学校合格校长专业素质的基本要求"，全面、彻底地执行上述标准、切实将"校长"作为一个专业看待，不断提升校长的专业水准，是当前刚刚启动的一项亟待解决的任务。

（三）理念墙上挂挂，无法物化

先进的办学理念无法真正物化为学校教育教学的行为，导致办学行为与办学理念严重割裂。

办学理念之所以不能物化为具体的办学行为，有的是因为"办学理念"的根基建立在沙滩之上，缺乏科学依据；有的则是"办学理念"仅仅是"墙上挂挂"，学校教育教学是另外一回事。但是，现实中也的确存在"先进的办学理念"对实践起不到理论引领的应有引领作用——戏称"高射炮打蚊子"。

江浙地区某名校将"幸福教育"列为办学理念，自我诠释为"让每一个学生都享受学校教育的幸福和快乐"。理念的确很美好、很前卫。但是，数年实践下来，始终无法走出瓶颈——"上不去下不来"，其中的根本原因在于，无法将"幸福"落实在课堂教学、特别是学科课堂教学之中（而仅仅体现在课外活动之中——堕入了"课外轰轰烈烈、课内扎扎实实"的误区）。在进行专家现场会诊之后，笔者给出妙方——让每位学生在每节课中充分感受学科思维的魅力，感

① 教育部文件（教师[2013]3 号）：教育部关于印发《义务教育学校校长专业标准》的通知. 发文机构：中华人民共和国教育部. 教育部网站 http://www.moe.edu.cn/publicfiles/business/htmlfiles/moe/s7148/201302/xxgk_147899.html. 2013－02－16 发布，2015 年 4 月 7 日星期二引用.

受学科学习的幸福和快乐，而幸福作为一种心理感受应该进行广义的诠释。如此一来，问题迎刃而解。

与此类似，东北某中学将生物学科的“生命教育”列为学校的办学理念，将其诠释为“珍爱每个生命体”。“关爱师生”自然行得通，但是，如何让“鲜活的思维过程”“鲜活的思考过程”以及师生思维的碰撞、情感的互动交流，成为体现生命活动的显著特征，就成为破解问题的关键。

（四）校长需要“顶天立地”

就当前的中小学而言，校长的素养亟待提升，时代呼唤“顶天立地”式的校长，时代呼唤陶行知式的教育家。

当前，我国中小学校有相当一批校长是典型的实践家，其理论修养十分薄弱，仅仅处在原理的应用层面，而尚未达到娴熟运用的境界（更无法上升到自我创新的层次）。

陶行知作为20世纪上半叶我国优秀知识分子的杰出代表，做过多所学校的校长，在陶行知看来，“一个好校长也就意味着一所好学校”，校长是学校的精神支柱，“是一个学校的灵魂”“学校的好坏，和校长最有关系”。① “做一个学校校长，谈何容易！说得小些，他关系千百人的学业前途；说得大些，他关系国家与学术之兴衰”“一个真正有使命感的校长，一个真正一流的教育家，一定是‘敢探未发明的新理’和‘敢入未开化的边疆’的人”，以及“校长要有自己独立的学校观，要做一个行动的校长”，这些观点②对今天的校长依然具有显著的借鉴意义。

如何改进我国中小学校校长的培养和培训机制，成为解决上述难题的一个关键。对此，教育部在《关于印发义务教育学校校长专业标准的通知》（教师[2013]3号文件）中指出，“要将《专业标准》作为义务教育学校校长管理的重要依据，进一步完善校长任职资格条件和考核评价指标。要依据《专业标准》调整校长培训课程计划，编写校长培训教材，将《专业标准》作为义务教育学校校长培训的重要内容。”

当然，究竟如何产生校长？应该采取什么样的科学机制？每一任究竟多长？对此，国内外尚无令人信服的结论。一些学者针对大学实际，提出“校长任期太短，行政官员的任期制不利于大学的发展”“校长没有自主权，是现在大学的一个大问题”等观点③。在一定层面上反映出大学校长行政化、官员化的实际，也折射出校长作为一个特定的职业，无论中小学校、还是大学，都需要凸现校长的专业属性，也需要给校长的专业成长提供切实的引领。

---

① 陶行知. 我之学校观[A]. 陶行知教育名篇[C]. 北京：教育科学出版社，2005：71.

② 苏令. 陶行知眼中的理想校长[N]. 中国教育报，2006年7月11日第5版.

③ 记者冰宁. 议事厅：官员式的任期“养”不出真正的大学校长[DB/OL]. 新民网，2011—01—17.

三、改进对策

在我国,主张“走向理念办学”[①]始于 20 世纪 90 年代,主张“学校不能拘泥于陈旧的管理模式和满足于短期的规模效益,而应确立一个全新的办学理念来指导办学活动和规范办学行为”,由于符合我国实际、有助于改变多年以来经验办学的困境,而深受全国各地学校的普遍支持和积极响应。

然而,办学理念并非是对学校具体工作的描述,而是集中体现一所学校的办学理想和教育价值追求。要形成一所学校全体师生共同的教育价值追求、并由理念走向学校实践,的确有相当长的路要走。从这个角度讲,出现办学理念的种种现象也就不足为奇了。共同的价值追求毕竟不是一朝一夕就能实现的。为此,我们提出如下改进建议:

(一) 中小学校呼唤“顶天立地”式的办学理念设计

即,根植于本校长期的实践积淀,在有效而科学的实践积淀基础之上进行适当的理论提升,并恰当切入现代教育理念。

“科学办学理念建设高水平大学”,是大学给中小学校的启示。对大学而言,“办学理念是大学人对学校发展的理性认识和理想追求,本质上乃是要把一所大学办成什么样的大学,而其核心则是培养什么样的人和如何培养人”[②]。这是非常贴切的刻画。其实,这种描述对于中小学校依然适用。

为此,建议各级校长培训机构,切实加强校长对于现代理念的系统学习,基于现代教育理念提炼学校的办学理念,使其能够“站得住脚根”;同时,学校办学理念的设计、提炼,需要科学规范,诸如召开科学论证会,广泛征求理论工作者、成功校长等专家的意见和建议。特别要,在科学规范梳理学校办学传统的基础上,广泛征求本校教师、学生的意见和建议,切实将办学理念提炼的过程,演变成全体教职员工统一思想、达成共识的过程,为办学理念的物化奠定坚实的认识基础、思想基础。

(二) 选择恰当的研究策略

“基于理论的实践探索”与“基于实践的理论提升”是相对合理的有效策略。

对此,提升校长的理论水平、走教育家办学之路是切实可行的策略。

当前,事务的繁忙,尤其是,每天“灭火机式”的工作方式(即每天忙于处理各类应急性问题、突发事件),使得校长几乎无暇顾及自身理论水平的提升。

为此,建议依据学校实际,选择恰当的策略方法,或者开展基于理论的实践探索,或者开展基于实践的理论提升。

此时,建立一支能够横跨理论与实践两大领域的研究团队至关重要。

---

① 文孟君.走向理念办学[J].中国成人教育,1997,(9):13.

② 王迎军.科学办学理念建设高水平大学[N],中国教育报,2012—11—06:第 4 版.

对于"基于理论的实践探索",选择恰当的理论、并从学校实际出发制定切实可行的理论应用方案,是其核心。

而对于"基于实践的理论提升",寻找理论专家的学术支持、诚邀专家光临学校"下马观花",临床诊断、实地考察,指点理论提炼的思路,是其关键。

(三) 合作凝聚力量

即广泛开展大学(科研机构)与中小学校伙伴合作研究。

自上个世纪末,香港地区率先开展"优质学校计划"[①]、广泛开展大学中小学伙伴合作关系的实践研究以来,中国大陆陆续开展大学(科研机构)与中小学伙伴合作研究[②③],而来自大学(科研机构)的专家、学者,走进中小学校、与中小学师生一起开展行动研究,学校改进确实有效。东北师范大学与全国许多地方政府合作、扶持中小学发展的 UAS 模式[②]就是一种成功的尝试。其中,U 即大学,A 即政府,S 即中小学。在这种日趋成熟的合作新模式下,三方都得到了实惠[④],都得到了显著发展,对中小学校而言尤其如此[⑤]。

(四) 立足实际、及时提炼升华

即,寻找符合自己教育观的理论依据,及时梳理自己成功的办学经验、管理经验,并用恰当的理论贯穿其中。

办学理念是统领学校教育教学行为的纲领,必须物化在学校的教育教学行为之中。

1. 中小学校的办学理念必须与培养目标相吻合,也可以是细化和具体化的培养目标

一所学校的办学理念实际上是对正确科学的培养目标,进行的一种梳理和升华,是更有利于学校培养目标达成的一种理论约定,这种约定更有利于学校培养目标细化和具体化。

2. 办学理念必须是学校办学特色的高度概括

一旦一所学校的办学理念得到社会承认或在社会上广为传播,它就会使学校从众多同类学校中脱颖而出,成为独树一帜的品牌学校。从这个意义上来说,办学理念其实是一种"软实力"。

---

① 卢乃桂."照顾学习差异":走向优质的时代命题——基于香港实施"优质学校改进计划"15 年的视角[J].上海教育,2012,(10):60.

② 李宋昊,肖正德.国内大学与中小学伙伴合作研究进展[J].全球教育展望,2010,(05):64-67.

③ 马云鹏,欧璐莎,金宝.从双方合作到三方合作:学校改进模式新探索——以鞍山市铁东区为例[J].中国教育学刊,2011,(04):25-28.

④ 马云鹏,金宝等著.三方合作与支持:学校改进的 U-A-S 模式探索[M],北京:教育科学出版社,2013.

⑤ 孔凡哲,张新慧,梁红梅.问诊学校发展的焦点:解决常态问题的行动研究[J],东北师大学报(哲学社会科学版),2012,(3):153-157.

它虽然不同于学校中的硬件设施等办学条件，只是一种观念性的办学软件。但是，却正是这种理念，会在将来的学校硬件条件相差无几的竞争中，起到决定性的作用，发挥它愈来愈巨大的威力。从而，一所学校的办学理念实际上是学校办学特色的高度概括，这种办学特色已经被具体化为学校教育教学的各个方面。

3. 办学理念必须有一定的教育理论作为支撑

办学理念不仅仅表现为一句话，不只是用于应付领导检查、招生宣传的一句时髦口号，而是在这句话的背后蕴涵着有关教育的理性认识和价值追求。正所谓"办学理念可以体现出学校文化的核心价值观，它是校园文化的核心，是学校决策者对办学目标和特色的取向所做出的选择，并为全体师生所接受的共同观念"①；"办学理念是学校文化的灵魂和核心，它能把学校的办学宗旨、办学目标、办学原则、行为规范等整合成一个有机整体"②。

总之，办学理念是对办学各方面的精炼表述，而其背后蕴含着坚实的教育理论支撑。

第四节　"智慧的教育"办学理念的校园物化③

我国现行的中小学校中，个别学校或多或少地涉及"智慧的教育"所具有的先进性与未来性，并在自己的办学理念中无意识地渗透了这一理念，诸如以"培养有智慧的人""启迪智慧，润泽生命，为每一个孩子的终生幸福奠基""智慧育人，育智慧人""让每一位师生增强自我有效感，让智慧伴随成长"等为学校办学理念，以"智慧教育、活力校园"等为办学思想，也有以智慧为中心的校风，诸如"合作凝智慧、创新润英才"等。但是，准确理解、明确界定"智慧的教育"理念本身的丰富内涵并解决理念与实践转换问题的学校，尚属鲜见。

东师南湖校作为东北师范大学与浙江省嘉兴市南湖区政府合作创建的一所义务教育学校，传承东北师范大学"尊重的教育"理念，结合义务教育特点，将其细化为"智慧的教育"，努力打造智慧型学校。

一、共塑远景

即追求智慧的教育，成为全校师生共同的价值诉求。

智慧的教育并不否定知识的教育，而是主张用智慧的教育统领知识的教育，主张以知识教育为载体、再现知识发生发展的过程、学生进行学科思考的过

① 朱华伦．办学理念体现出学校文化的核心价值观[J]．湖北教育(时政新闻)．2008，(7)：14－16．

② 董云．办学理念是学校文化的灵魂和核心——浸润科学和人文精神的办学理念[J]．湖北教育(时政新闻)．2008，(6)：23－25．

③ 由孔凡哲撰稿．

程，帮助学生感悟过程之中的智慧，实现知识传承与智慧启迪的和谐统一。

智慧的教育其核心理念在于，启迪学生终生受用的智慧。其相应的教育教学特色在于，把握学科本质、平时学得轻松、考试发挥水平。

东师南湖校自筹建时期就开展智慧的教育的深入研究，名誉校长史宁中教授依托自己多年的研究结晶[①]，为学校办学理念设计提供了大量建设性意见；同时，以《什么是智慧的教育》为题亲自培训全体师生，并以大量案例为例、从生物学原理和教育发展的必然，通俗易懂地诠释教育的内涵。全校师生按照打造智慧型校园的目标、从硬件和软件全方位开展创建工作。两年的筹建、三年的运行，启迪学生终生受用的智慧，已经深深地印在师生的潜意识中，成为每一位师生共同的价值追求；坚信每位学生都能成才、相信每位教师都能成功，成为每一位教职员工的信念。而家长学校、校园文化、各类宣传渠道的和谐一致，为家长、社会对于智慧的教育办学理念的认同，提供了切实的帮助。

二、办学理念需要课程课堂载体

即“智慧的教育”办学理念需要课程载体、课堂载体，需要细化为每门课程、每个课堂都可以实践的操作方法。

智慧其实是人基于知识学习、经验习得和人生历练的基础之上，从知性、理性、情感、实践等多个层面上生发出来的、应对人生、应对社会和应对自然的一种综合素养和能力。**当人面对一个问题时，能够充分利用现有的各种资源、信息，创造性地选择最佳的策略、方法，这种独创的能力就是智慧。**[②]

东师南湖校将启迪智慧作为课堂教学的重要目标，是实施智慧的教育必不可少的途径。而启迪智慧既要依附一定的课程载体，也要细化在课堂教学的日常环节之中。为此，应做到：

（一）特色课程助推办学理念物化

东师南湖校实施学法指导课程化的实践探索，并设立《快乐数学》、《科学殿堂》等梳理课程，每周开设，将每周前几节课所学的学科思想、重要方法，用生动有趣的情境贯穿其中，真正落实课程标准所提出的基本思想、基本活动经验的教学目标。以《快乐数学》中的“单元梳理课”为例，该类课程旨在帮助学生整理每周、每单元、每学期所学的知识，使学生将微观的零散的知识形成宏观的整体的知识网络，使学生通过梳理一方面巩固复习已学的内容，同时了解知识发生发展脉络，帮助学生在“学会”基础之上“会学”。

---

① 史宁中. 关于教育的哲学[J]. 教育研究. 1998,(10):9－13,44.

② 孔凡哲. 追求智慧的课堂——智慧型课堂教学案例解读[J]. 小学教学(数学版). 2013,(7－8):11－14.

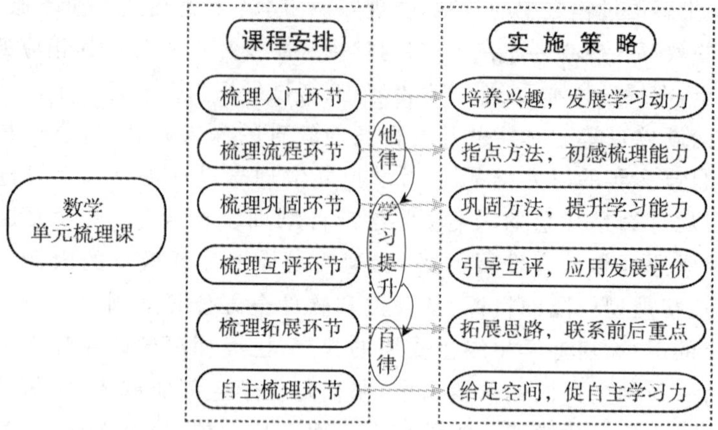

图 1－1 数学单元梳理课程体系

单元梳理课程的最终目标就是让学生从他律到自律，最后达到自律梳理，即学生自己梳理并互相评价与修改，教师只需作为"后援团"的身份出现，只是对于学生难以解决的问题进行引导，最后将通过单元梳理课程培养学生善于梳理和归纳的思维能力。

除此外，学校每学期常态开设学法指导系列专题课程。例如，每学期两次的学法指导课，通过专家型名师亲自授课，帮助全体学生把握学科学习的科学方法。而各班配合两类活动，每两周召开一次以学习方法为主题的专题班会，有效地"淡化差、尊重异"。

正是专门的课程载体、活动载体，才使得打造智慧课堂成为可能。

（二）打造智慧课堂需要给教师提供典型案例以便"有模可仿"

课堂教学智慧，一方面指教师施教的智慧，使得学生更容易学会，即教师依据自身对教学现象和教学理论的感悟，充分利用现有的各种资源、信息，创造性地选择最佳的策略、方法，使学生学会并深刻理解教学的本质内涵，这种教也可以称之为"智慧地教"。另一方面指教师借助教学内容启迪学生智慧，亦即，教师不仅教会学生新知，更要启迪学生终生受用的智慧，为学生的一生奠基。

对一线教师而言，经典案例是"活化石"。以典型案例为载体，开展课堂教学智慧生成的课例研究，就成为每月都需要开展的常态工作。

（三）将课堂教学智慧显性化

课堂教学智慧有很多种具体的表现形式，既有来自教师"智慧地教"而产生的智慧，也有来自教学内容本身所蕴含的智慧，同时，也有"用恰当的方式很智慧地表现学科内涵"而渗透出的智慧、课堂信息呈现中的智慧等等。

而追求课堂教学智慧，就必须在确保教给学生基础知识、基本技能的前提下，充分利用各种教学资源积极创造良好的教学氛围，调动学生学习积极性并让学生经历猜测、归纳、抽象、推理、建模等思维过程，获得直接经验和体验，最终提升学生学科素养，形成良好的学科直观。

三、“智慧的教育”办学理念需要物化在学校校园文化之中

打造智慧型校园成为东师南湖校的学校改进的核心目标。而智慧型学校需要智慧型校园文化与之相匹配，而校园文化的创建需要体现在物质类文化、环境类文化、活动类文化等系列文化。为此，学校做了以下努力：

首先，学校倾力营造智慧型校园的匹配文化，将“启迪学生终生受用的智慧”贯穿于校园文化——物质类、环境类文化的各个主题之中。

其次，以活动课程为载体，营造丰富多彩的社团活动，启迪学生的生活智慧、社会智慧。

最后，学校确立“以智慧生活、自主管理”的德育工作主线，并开展“我的情绪我做主”“智慧生活、科学学习”“自我管理、我是学校主人”等常态化的主题活动，将各类社团活动纳入校本课程系列，成为常态运行机制的一个环节。

四、“智慧的教育”办学理念需要与之匹配的评价机制

为此，学校聚焦学生终生受用的智慧，摒弃仅仅关注结果的评价机制，建立旨在促进学生终生可持续发展的评价新体系。

首先，有效发挥课堂评价的及时性作用，将启迪智慧与获取新知融合在课堂教学的每个环节之中。

其次，关注学法评价和过程性评价，提高结果性评价的思维含量和学科思维水平。

最后，建立与课堂评价相匹配的课外活动评价，将评价的重点定位在“浓厚的学习兴趣、良好的学习习惯、科学的学习方法、健全的身心和积极的社会责任感、向上的精神”，并形成与之匹配的情境评价、活动测试等方式方法。

五、建立科学决策、民主管理的领导机制

领导机制是学校发展的核心。为此，需要不断提升校长的领导力和领导团队的凝聚力。

以办学理念作为学校一切教育教学行为的统领，并物化在课程建设、智慧课堂营造、校园文化营造、特色建设，以及领导团队建设、师资队伍建设、运行机制建设、教辅队伍建设等各个领域，尤其是，聚焦教师、课堂、课程、评价，最终服务于培养智慧型学生、启迪学生终生受用的智慧这一终极目标。

总之，只有智慧地理解教育，智慧地驾驭课堂、调控课堂，逐步培育职业情操、强化职业认同，智慧地悦纳教育，不断改变教育教学行为，智慧地实施学校实践，努力使中小学教师的教学行为不断走向智慧，从而逐步形成智慧的教学方式；使课堂教学形态不断走向智慧，从而逐步形成智慧的课堂教学；使学生学

习过程不断走向智慧,从而逐步形成智慧的学习方式;使学校管理不断走向科学民主,从而逐步形成智慧的管理方式。只有这样,我们才能真正实现智慧的教育。

总之,破解中国基础教育发展迷茫的一个重要思路是走向智慧的教育。从知识的教育、到过程的教育,发展为智慧的教育,是历史发展的必然,也是当今时代发展的根本要求。中小学校实施智慧的教育,其核心在于构建智慧型校园、打造智慧型学校。为此,必须建立全校师生共同的价值追求,依托课程载体、课堂载体和智慧型教师、智慧型学生,营造智慧成长的校园文化,辅以相应的运行机制、领导和评价机制,启迪学生终生受用的智慧,培养智慧型学生。

智慧型学校是我国中小学校发展的时代选择。

第二章 智慧型学校概述[①]

"对个体而言,智慧是人生的一种品质状态和境界;对教育而言,教育智慧则首先体现为教育的一种品质状态和境界","教育智慧应当渗透、内化于包括教育目的、教育价值、教育过程、教育环境、教育管理在内的学校教育活动的一切方面"。[②]

智慧型学校是催生教育智慧的特殊场地,更是启迪学生终生受用的智慧的优良环境和文化氛围。打造智慧型学校、塑造智慧型校长,就成为中小学校的核心追求。

第一节 智慧型学校的基本要素

所谓"智慧型学校",意指以"智慧的教育"作为办学理念并得以物化、理念实践化的学校。这意味着,在传承知识技能、发展能力、培养情感态度、塑造人生观、世界观、价值观的同时,启迪学生终生受用的智慧。因而,这种学校由智慧型教师、智慧型课堂、智慧型课程、智慧型学生、智慧型学校文化及其配套措施等要素构成。

从整体而言,智慧型学校由若干基本要素组成,这些要素包括以"智慧的教育"为核心的办学理念,智慧型教师团队,智慧型校长带领下的领导团队,启迪学生智慧的课程教学体系,充满智慧的校园文化,特色鲜明的办学特色(特色课程、管理特色、文化特色),以及针对学生智慧成长、可持续发展的评价体系。

一、先进的办学理念:智慧的教育

(一) 智慧与学校教育的关系

教育的根本目的在于促进人的可持续发展。教育作为传承人类文明的重要载体,随着时代的变迁而发生根本性变化:从最初的知识传递(发生在知识更新速度十分缓慢的农耕时代),发展为海量信息无法及时传递,教育内容与方式

---

① 本章第一节、第二节由孔凡哲撰写。

② 田慧生.提升教育品质 呼唤智慧型校长[N].中国教育报.2012-01-16.

亟待变革(知识爆炸时代)。与其同时，教育还承担着育人的功能，从最初的知识储存，到知、情、意、行与人格的协调发展。教育应当包括知识信息的传递和智慧信息的传递[①]。理想的教育应该服从人的身心发展规律，特别是大脑的发育规律[②]。

进入新世纪以来，我国基础教育从知识的教育走入了过程的教育，从关注基础知识、基本技能的教育，进入知识与技能、过程与方法、情感态度价值观[③]“三位一体”的教育。

然而，学生经历了过程，未必就能真正感悟过程之中所蕴含的智慧；记住了事实性知识，未必就能提炼出知识发生发展过程中的智慧。(而)智慧潜藏于经验和知识之中，又作用于其上[④]。

从而，教育应当从知识信息的传递，走向智慧信息的传递。教育在人类智慧形成过程中具有不可替代的作用，这是人们关于教育与智慧关系的一个基本看法。尽管如此，却不能简单地得出教育能自然地开发人类智慧的结论。因为不同类型、不同品质的教育，对智慧开发的意义和价值大不相同。良好的教育能最大限度地启迪和开发人的智慧，不良的教育、违背规律的教育则会扼杀人的智慧。对个体而言，智慧是人生的一种品质状态和境界；对教育而言，教育智慧则首先体现为教育的一种品质状态和境界。高品质、高境界的教育，必定是包含智慧的、富有智慧的。因为正是在智慧的影响之下，教育才具备了高的品质和境界，教育的品质、境界与教育智慧互为因果、互为表里。教育智慧在一定程度上就是教育品质的标志。我们看教育是不是具有高的品质，实际上同时在作这样一个判断，即教育是不是富有智慧的教育，具体表现为教育的一种自由、和谐、开放和创造的状态，表现为真正意义上尊重生命、关注个性、崇尚智慧、追求人生幸福的境界。

在教育教学实践中、学校日常管理中，教育智慧主要表现为：教师和校长对于教育教学及学校管理工作的规律性把握、创造性驾驭和深刻洞悉、敏锐反应以及灵活机智应对的综合能力。

(二)“智慧的教育”的具体内涵

追求人的智慧发展，是当代教育变革的一种基本的价值走向。智慧是人类完善自我的永恒追求，也是教育的永恒话题。让智慧回归教育，让智慧唤醒课堂，让智慧引领教师专业成长，是教育的追求，是时代的呼唤。

---

① 史宁中.关于教育的哲学[J].教育研究.1998,(10):9—13,44.

② 史宁中.试论教育的本原[J].教育研究.2009,(8):3—10.

③ 教育部.基础教育课程改革纲要(试行)[EB/OL]. http://www.moe.gov.cn/publicfiles/business/htmlfiles/moe/moe_309/200412/4672.html.2001—6—8日印发.2014—02—24引用.

④ 史宁中,柳海民.素质教育的根本目的与实施路径[J].教育研究.2007,(8):10—14,57.

所谓“智慧”,《辞海》的解释是:“一是人作为个体存在所具有的属性,即聪明;二是人在行动中所表现出来的处理问题的能力,即判断力和创造力。”《新华字典》[1]的解释是:“智慧(wisdom,wit)是指对事物能迅速、灵活、正确地理解和解决的能力。”维基百科(http://zh.wikipedia.org)给出的解释是:“智慧(狭义的)是高等生物所具有的基于神经器官(物质基础)一种高级的综合能力,包含有:感知、知识、记忆、理解、联想、情感、逻辑、辨别、计算、分析、判断、文化、中庸、包容、决定等多种能力。与智力不同,智慧表示智力器官的终极功能。智慧使我们做出导致成功的决策。”

从哲学角度审视,“智慧”代表了人思维的最高能力。我国哲学家冯契(1997)认为:“智慧是对宇宙人生的某种洞见,它和人性自由发展有着内在的联系。”而英国哲学家罗素在《教育与美好生活》(1999)一书中认为:“智慧主要指人的求知的好奇心和求知的能力。”而一般认为,智慧就是文化进程中独创的执行力。

我们认为,当人面对一个问题时,能够充分利用现有的各种资源、信息,创造性地选择最佳的策略、方法,这种独创的能力就是智慧。

在人的生存过程中,智慧表现于对问题的处理中。在本质上讲,智慧并不表现在经验的结果上,也不表现在思考的结果上,而表现在经验的过程,表现在思考的过程中。

所谓“智慧的教育”,意指,以教师的智慧成长为基点,以学生的智慧生成为目标,以打造“智慧型教师”、培养“智慧型学生”、塑造“智慧型校长”、构建“智慧型校园”、造就“智慧型家长”为基本途径,引领师生在学校教育中获得终生可持续发展的智慧的学校教育。

这里的“智慧”,特指人在接受教育阶段获得的终生受用的智慧,包括思维方式方法、能够因势利导、随机应变、随机生成的机制等,是建立在丰富的活动经验基础之上,并对经验进行提纯、升华,才能获得的。也就是说,智慧存在于活动过程之中,存在于思考过程之中,存在于人的主动参与之中,仅仅死记硬背,绝对不能获得“智慧”的。

所谓“智慧型学校”,意指以“智慧的教育”作为办学理念,并将理念物化为学校教育教学行为的学校。这意味着,在传承知识技能、发展能力、培养情感态度、塑造人生观、世界观、价值观的同时,传承使学生终生可持续发展所必需的智慧。因而,这种学校由“智慧型教师”[2]“智慧型课堂”“智慧型课程”“智慧型校园”及其配套措施等要素而构成,最终培养出“智慧型学生”。

---

① 商务印书馆组编.新华字典(第10版)[M].北京:商务印书馆.2004年1月.

② 田慧生.时代呼唤教育智慧及智慧型教师[J].教育研究.2005,(02):50－57.

(三) 实施智慧的教育的意义和价值

1. 启迪学生终生受用的智慧，能够更好地落实提高国民素养的教育总目标

当今时代是空前发展的时代，是一个网络的时代，是知识和信息的时代，不断创新、快速变化，成为这个时代的显著特征。

而单纯传授知识的教育，是一种结果的教育、继承的教育，现代社会的发展更多地源于创新，而创新的教育更多地表现为过程的教育。

在本质上，智慧表现在经验的过程之中，表现在思考的过程之中。在这些过程中，智慧表现为对问题的处理、危难的应对、实质的思考等，智慧是对经验的一种升华。从而，培养智慧的教育是一种创新的教育。

但是，**智慧并不排斥知识，而是在很大程度上依赖于知识，本质上却不决定于知识的多少，而决定于对知识的理解，决定于对各种知识相互关联的掌握**。知识的学习依赖于结果，因而，更多地需要耐力和理解；智慧的学习依赖于过程，因而更多地需要活动和创造。从注重知识的教育，走向注重智慧的教育与知识的教育的并重，或者在知识的教育中更加凸显智慧的教育，这是信息与网络时代对于教育的必然诉求。而作为以提高国民素养为根本目的的基础教育，只有顺应当今社会的时代需要，才能培养出未来社会的合格公民，才能在国际化竞争中处于有利地位。因此，启迪学生终生受用的智慧，能够更好地落实提高国民素养的教育总目标。

2. 实施智慧的教育能够理清当前教育改革发展中的诸多难题，明确改革发展的大方向

(1) 实施智慧的教育，有助于理清“发霉的奶酪之争”[①]的症结所在

众所周知，自2001年实施基础教育课程改革以来，相关的学术论证一直持续不断。其中，国内教育名家王策三教授与钟启泉教授之间的“发霉奶酪之争”是最具代表性的论争。争论双方都是国内学界元老级的名家。

细细品来，不难发现，“发霉奶酪之争”的核心在于持什么样的知识观。对此，这个争论似乎仍在持续，似乎尚无定论[②③]。

在我们看来，跳出狭义的知识观，上升到“知识、信息、智慧”的视角，可以发现：当代社会已经不能仅仅停留在知识时代，教育的功能更不能仅仅局限于传递人类已有的知识(无论是狭义的知识，还是广义的知识)。从知识的传递发展

① 王策三. 认真对待轻视知识的思潮[J]. 北京大学教育评论. 2004,(3):5—23.

② 钟启泉. 概念重建与我国课程创新[J]. 北京大学教育评论. 2005,(1):48—57.

③ 王策三，孙喜亭，刘硕. 对教育改革的深度思考[J]. 基础教育外语教学研究. 2011,(9):58—62.

王策三. 对“新课程理念”介人课程改革的基本认识——“穿新鞋走老路”议论引发思考[J]. 基础教育外语教学研究. 2012,(6):49—58.

刘坚. 新课改:回顾与反思——新世纪课程变革:亲历者的视角[J]. 北京大学教育评论. 2013,(4):1—19.

为知识的教育、智慧的教育并存，是历史的必然。

(2) 实施智慧的教育，有助于明辨教育发展之路

从上个世纪以知识为本的教育时代，到本世纪前十年倡导的注重过程、关注创新精神和实践能力的变革，中国基础教育走过了跨越式发展之路。对于教育的未来发展，从知识的教育到知识、智慧并存的教育，特别是，在知识、技能的形成过程之中，如何切实实现智慧信息的传递，给教育的未来发展，提供了可能的发展之路。

3. 实施智慧的教育，有助于减轻中国中小学生过重的课业负担，引领中小学教师进一步完善自己的教育观念，回归教育本原

中小学生过重的课业负担，一直是历次改革无法回避的难题。究其原因，虽然其影响因素多种多样，但是，过分关注显性的结果性内容而漠视过程性内容，是其重要原因。而作为义务教育课程目标之一的"过程与方法"，其中究竟应该包含哪些可操作的目标与内容，其含糊不清的表述，确实是招致众多批评和激烈论争的重要原因之一。将"过程与方法"中的智慧明晰出来、物化在课程教学之中，实现启迪学生终生受用的智慧之目的，是一种切实可行的路径。

例如，在数学概念教学中：

知识为本的教学主张全面呈现严密、规范的数学概念，特别是，明确概念的内涵和外延，并将概念放置于其所在的概念逻辑体系，成为概念教学的核心。

而关注知识与技能、过程与方法、情感态度价值观的教学，主张让学生经历数学概念的形成过程，特别是，概念核心内涵中的关键属性的概括过程，让学生体会概念的形成过程，感受数学学习的快乐。

在"智慧的教育"观念下，开展数学概念的教学，主张师生一同经历数学概念的抽象过程，不仅获得概念抽象过程中的直接的经验和体验，更要感悟概念抽象的普适方法，并与相关数学概念的抽象过程进行适当比较，进而体会数学概念抽象的特点，丰富数学概念学习的积极的情感、态度。亦即，不仅经历数学概念抽象的完整过程，获得针对数学概念的本质属性的理解性掌握，而且，体会数学概念抽象的基本特点和普适方法(诸如，从若干个特例出发，归纳、概括，验证、确认、正例、反例、明确概念外延等)，从而积淀终生受用的智慧。

(四)"智慧的教育"办学理念的具体物化

东北师范大学与南湖区合作创办东师南湖校(该校是东师首次异地办学)，理应当秉承大学的办学理念和大学精神，根植于当地的文化和地域特色，将"智慧的教育"作为明确的办学理念。以尊重人、激发人，启迪人为基点，以启迪人的智慧、开发人的心智为方向，办师生智慧发展的教育。

东师南湖校经过两年的精心准备，融合大学与政府的优质资源，将启迪学生终生受用的智慧，作为学校教育实践的核心，力图寻找大学与地方政府联合

办学的一种新模式,即 U-G-S 模式(U 即 University,G 即 Government,S 即 School),同时,将精通中小学实践的大学学者与优秀的中小学管理者组合,搭建九年一贯制学校团队,努力探索“教育家办学”的可行模式。

【典型案例 2—1】东师南湖校办学理念

1. 办学理念

智慧的教育

2. 工作理念

作为学校,秉承东北师范大学“尊重的教育”理念,坚信每位学生都能成才,相信每位教师都能成功。

作为教师,启迪学生终生可持续发展的智慧,为学生的一生奠基。

作为校长,要走教育家办学之路,勇于承担社会责任,让每位教师得到长足的专业成长,让每位儿童拥有一个幸福的童年,得到家长乃至社会的认同与赞誉。

3. 教风、学风与校训

校训:志存高远,诚意修身,求真致知①,智慧成长。

教风:奉献崇高,相信每位学生都能成才;

知行合一,坚信每位教师都能成功。

学风:学会求知,省悟自律,求真致知,智慧发展。

4. 办学目标

近期目标(三～五年左右):把学校建成当地家长普遍认同的省级标准化学校;

中期目标(七～八年左右):把学校建成在省内有一定影响的优质学校;

远期目标(十年左右):打造在国内有一定影响的优质特色学校。

二、智慧型教师团队

智慧型学校的最核心部分是智慧型教师团队。

智慧型学校的创建、经营与发展,都需要智慧型教师团队。在这个团队中,既要有起核心引领作用的智慧型的骨干教师,又要有融专业引领、同伴互助和激活反思为一体的校本研究机制。

(一) 智慧型教师的成长需要特殊的环境和条件

智慧型教师是具有较高教育智慧水平的教师。智慧型教师的教育智慧,是教育科学和艺术高度融合的产物,是教师在探求教育教学规律基础上长期实

① 致知:达到完善的、深刻的理解。出于《礼记·大学》:“欲诚其意者,先致其知;致知在格物”。另,“格物致知”是古代中国儒家思想的一个重要概念。

践、感悟、反思的结果，也是教师教育理念、知识学养、情感与价值观、教育机智、教学风格等多方面素质高度个性化的综合体现。①

正如已有研究②指出的，智慧型教师应有两层含义：一是这种教育主张是自己深信、坚守的个性化观点和看法；二是自己的教育主张要体现在自身教育教学实践之中，并获得预想的教育教学效果。

从而，智慧型教师作为教师职业发展的一个新境界，具有这样的特性：

一是对教师职业本身的高度认同，把个人生活与教育生活融为一体，使职业生活充满自由的快乐和创造的幸福；

二是与教育智慧相连，使智慧渗透于教育生活的各个方面。

因此，智慧型教师是教师教育生活的理想追求，对教师的成长提出了更全面的要求和更高的发展境界。以“智慧型教师”来对教师职业发展方向进行新的界定，从客观上对教师的专业素质提出了更全面的要求，使教师的专业发展向更协调、更完整、更全面的方向发展。

（二）智慧型教师团队的形成需要智慧型校长的点拨、引领，更需要学校精心孵化

智慧型教师团队的形成，离不开智慧型校长。一名好的校长、智慧型校长，除了有思想之外，还必须谋划学校发展、谋划具体工作，对各种事物做出决断，对学校的工作进行组织；与各种各样的人群进行沟通。这就需要校长具有基本的研究能力。

更为重要的是，智慧型教师团队的形成需要智慧型校长的专业引领。

正如《义务教育学校校长专业标准》明确要求的，“义务教育学校校长要成为教师专业发展的促进者”，在促进教师专业发展过程中，校长要履行好“引领教师专业成长”职责，这就是“校长的专业引领”，这种专业引领具体表现为如下五个方面③：

首先，校长必须具备“引路人”的专业素养。作为校长，要履行好“引领教师专业成长”之职责，其自身必须是一个专业发展水平较高的教师和管理水平较高的指挥者，拥有教育者和管理者应该具有的专业知识与专业能力。

其次，校长要积极创设促进教师专业发展的良好社会环境。作为一名校长，应该懂得尊重、理解和准确评价教师的角色活动，创设有利于中小学教师专业成长的良好社会环境。特别是，保障其享有良好的工作、学习和生活条件。

再次，营造引领教师专业发展的良好校内氛围。重建学校管理体制，为教

① 田慧生．丛书序：时代呼唤教育智慧及智慧型教师．载于：傅敏、田慧生著．课堂教学叙事研究：理论与实践[M]．北京：教育科学出版社，2009．序 1—18．

② 李润洲．智慧型教师的动态审视[J]．中国教育学刊，2014，(06)：78—80，88．

③ 艾述华，吴霓．校长引领教师专业发展要解决哪些基本问题[N]．中国教育报．2013—12—27．

师专业发展提供制度保障。

第四，构建民主、和谐的校园文化氛围，为教师专业发展提供良性支持环境。中小学校长应该努力建设民主和谐、多元参与、积极进取的学校文化氛围，让学校形成良好的组织学习文化和真诚、信任的人际关系，为教师专业成长提供良性的外部支持环境。一是建立开放、公正的教师奖励机制，营造重视骨干、鼓励创新的氛围，为教师快速成长和脱颖而出创造条件；二是积极构建以专业教师为主体的文化自觉组织，完善优秀教师传帮带的团队协作机制，让教师在专业文化氛围中自主地实现个人的专业成长；三是积极建构和谐的师生关系，增加教师与学生的交往频率和深度，让教师因为学生对他的爱戴、尊敬而更加倾心于从事教育教学工作，从而想方设法促进自身的专业发展。

最后，引领教师自我赋权，提高教师专业发展的自觉性。特别是，引导教师提升专业学习能力，保障教师专业发展的选择权；引领教师建造多元表达平台，充分保障教师的话语权。

不仅如此，我们的实践表明，有思想、有见解的智慧型校长，更需要清楚地了解一线教师的心声，特别是，**其专业发展的技术需求，努力搭建校内外专业引领的平台**，不仅帮助教师因人设计适合其快速发展的道路、方法和策略，而且，更需要精心谋划智慧型教师团队的整体结构，努力优化师资的学缘结构、学历结构，尤其是骨干教师、优秀教师与高学历的中青年教师队伍的配搭与融合，分层设计、实施教师专业发展的道路。

（三）智慧型教师的培养需要特殊的途径

从某种程度上讲，人的全面发展的实质就是人的智慧地发展，使学生从“知识人”走向“智慧人”的教育，是智慧型学校建设的目标所在。其中，最重要的核心要素之一就是智慧型教师的培养。

1. 培养智慧型教师需要学校系统规划

培养智慧型教师需要学校系统规划、统筹安排。对此，各地中小学校有诸多成功的做法，例如，北京东城一所小学的实践探索发现，“智慧型教师生成的核心是师德，途径是教师的专业阅读，保障是教师的探究反思活动，条件是教师学习氛围、校园文化的建设。”①这里的师德包括教师的教育信念和教师对学生的爱，而阅读是教师教育智慧生成的途径，探究反思是教师教育智慧生成的保障。而校园文化内涵是教师教育智慧生成的条件，教师的学习氛围是最重要的一种校园文化。

2. 课堂是智慧型教师生成的主渠道

课堂是教师专业的主渠道，也是教师专业成长的必需土壤。而课堂教学是

---

① 袁丽，蔡沁知．智慧型教师：智慧学校的基石——访北京市东城区板厂小学冯雅男校长[J]．中国教师．2014，(19)：29－31.

实施素质教育的主阵地。抓住课堂，聚焦学生，是教师专业成长不容忽视的要素。

一个有智慧的人总是充满活力，这是一个人区别于他人的重要表征。从具体的形成过程看，智慧总是和每个个体所生活的社会文化心理背景密切相关。同时，智慧是在知识、经验习得的基础上，在知性、理性、情感、实践等多个层面上生发出来的，并且需要在知识、经验习得的基础上得到提升。然而，智慧不简单地等同于知识，亦不简单地等同于经验。智慧的构成是一个复合体，它包含知性、理性、情感、实践等多方面的内容并且在这些层面上予以表现。

课堂是不断变化、纷繁复杂的，无论教师的本领多么高超，他也无法丝毫不差地预测课堂上实际发生的一切。对于课堂出现的各种突发事件、突发情况，一位教师能不能敏锐地反应、灵活机智地应对，就看他们是否拥有相应的教育智慧。有智慧的教师能把一个突发事件、一些极其不利的消极因素，迅速地转化为有利的教育条件和教学因素，这就是教育智慧的反映和表现。

课堂教学智慧，一方面指教师施教的智慧，使得学生更容易学会，即教师依据自身对教学现象和教学理论的感悟，充分利用现有的各种资源、信息，创造性地选择最佳的策略、方法，使学生学会并深刻理解教学的本质内涵，这种教也可以称之为“智慧地教”；另一方面指教师借助学科教学内容启迪学生智慧，亦即，教师不仅教会学生新知，更要启迪学生终生受用的智慧，为学生的可持续发展负责。

其实，课堂教学智慧作为一种特殊的专业性智慧，具体表现在由认识智慧转化为实践智慧、由理念智慧转化为行为智慧、由自身智慧转化为学生智慧的过程之中，这意味着课堂教学中的智慧因素的不断生成，智慧含量的不断增加，智慧体系的不断严密，智慧境界的不断提升。

在中小学课堂教学中，课堂教学智慧既包括教师“智慧地教”中的智慧，即，让学生通过独立思考，获得归纳、概括抽象、推理、建模等的直接经验和体验，最终形成良好的学科直观、提升学科素养；同时，也包括来自学科本身的智慧，特别是，学科发生发展过程中的智慧。对于前者，需要教师深刻感悟、不断提炼升华方能形成，这属于典型的实践本领，只可意会不可言传的能力，只能在课堂实践中加以生成。而后者需要精通学科思维特点、并能够采取恰当方式加以课堂再现的专业人士来操作——不精通学科思维特点，无法揭示其中蕴含的智慧，而洞察了其中的学科智慧、无法选择恰当的渠道方法加以呈现依然无法将学科智慧显性化，也就无法让绝大多数学生所感悟到——此时，只有极个别富有天赋的学生才能领悟到其中的学科智慧。

三、智慧型校长带领下的领导团队

正如著名教育家陶行知先生所言，“一个好校长也就意味着一所好学校。”

现代学校需要智慧型校长。一个有智慧的校长能够运用他的智慧领导、管理好学校,使之成为处处充满智慧的学校。而智慧型校长具有若干重要特征①:

首先,必须有思想。作为校长,必须有自己独到的教育见解和认识,要对教育的最基本问题有自己的判断,这是一名好校长的最起码标准。

其次,有能力。思想来自何处,来自对实践的不断发现、探索和研究。一名校长不可能仅靠借鉴经验、照搬模式就把工作做好,一定要具备独立的研究能力。

第三,有胸怀。一名好的校长、智慧型校长,不仅要有非常强的能力,而且要有宽广的胸怀。其实,在很多情况下,多一点对立面,多一点不同声音,多一点另类的东西,对学校的发展来说不见得就是坏事,因为这些不同见解恰恰能促进我们更全面地思考问题。所以,有胸怀是一名智慧型校长的重要品质。

最后,有个性。所谓校长的个性,主要体现在管理上,即管理要有特色,有与众不同的地方,在长期的治校过程中追求个人管理风格的形成。真正有智慧的校长,一定是有魅力的校长。

如果说校长是一所学校领导团队的灵魂的话,那么,领导团队中的其他成员则是这支团队的载体。

作为一所智慧型学校的领导团队,一个起码的要求就是,理念上志同道合,能力上优势互补,性格性别上彼此合理搭配,而工作上彼此信任。

四、启迪学生智慧的课程教学体系

作为义务教育学校,其课程教学体系自然要遵循国家教育部对于义务教育课程教学的基本要求,亦即,必须严格执行国家课程。但是,对于地方课程、校本课程,则需要有效利用各类课程资源,实现国家课程校本化,在国家课程二次开发过程中实现学校的特色化发展。

智慧的教育理念主张"学知识、长智慧",实现知识教育与智慧启迪并举。聚焦学校特色发展,在学校常态发展前提下,可以将"智慧的教育:启迪学生终生受用的智慧"全面物化在课程教学之中。

(一)将"启迪学生智慧、不仅学会更要会学"作为国家课程实施的基本原则

实现可持续发展是人类的共同追求,中小学校教育的根本宗旨都在于促进学生终生可持续发展。而"以知识信息传递为主体的教育过程根本不可能实现教育的超前性",很难为学生可持续发展提供必需的智慧、基本素养和基本能力。当前,中小学更多地关注自主学习,实现"学会",而对于"会学"和潜质激发的关注仅仅是下意识的。毕竟"学会"侧重学习结果,而"会学"则侧重学习过程。只有启迪学生终生受用的智慧,实施"智慧信息传递的教育",才能真正促

① 田慧生.提升教育品质 呼唤智慧型校长[N].中国教育报.2012-01-16.

进学生可持续发展。

因此，启迪学生智慧，将学会与会学融入国家课程实施的各个阶段，就成为启迪学生智慧的课程教学体系的基本宗旨。为此，应做到：

1. 追求智慧课堂，倡导学生乐学、能学、会学

智慧课堂聚焦学生未来可持续发展的长期目标，须做积极准备，不仅关注学生是否拥有可持续学习的能力，而且关注学生能否选择更智慧、更恰当的方法进行学习，能否追求智慧的发展方式实现快速发展。

在此要求下，不仅需要教师的课堂教学设计必须渗透“学知识、长智慧”并举的原则，而且，将引导学生智慧学习作为常态的课堂教学要求，切实实现乐学、能学、会学的目标要求。其中，乐学是开展一切学习活动的必要前提，既包含学习动机和学习意识，也包含学习情感；能学既包括能坚持学习（具备必要的学习毅力），也包括具备必需的学习能力，能够完成学习任务；会学不仅涵盖具备学习的策略方法，而且涵盖针对学习的反思意识、能力。

2. 实施学法指导课程化

采取每周梳理、每月提炼、每学期自我提升的系列措施，帮助学生构建良好的认知结构，将知、情、意、行与人格塑造融为一体。

为此，必须培养与评价并举。帮助学生逐步养成每节、每天、每周、每月、每学期都能将新知系统化、条理化，养成自觉优化学法的习惯和意识，注重思维方法、思考方法的系统诠释，尤其是，培养学生在解决问题中主动寻找最优方法、最佳途径的潜意识和能力。而学校也需要有计划开展学法小组交流、班内学法擂台、全校学法展示等活动，为学生优化学法、积淀学习经验、分享学习成效，搭建有力平台①。

3. 有效利用地方资源进行课程教学实施，不断提升国家课程、地方课程的适应性

事实上，开发和有效利用地域性课程资源，达成理想的课程实施效果，是当前中小学课程领域的焦点和难点问题。其中的关键点之一在于教师智慧。

教师开发利用课程资源的智慧，一方面表现在教师从理念智慧转化为行为智慧，由认识智慧转化为实践智慧的过程之中，即教师依据自己对课程资源相关理论和自身的实践经验，充分利用身边的各类资源，创造性地选择与有效设计各类资源，并利用资源合理施教的智慧，即“智慧地教”；另一方面表现在，由教师自身智慧转化为学生智慧的过程之中，即教师通过开发和有效利用课程资源帮助学生更容易学会和会学，引领学生立足已有的经验和素材，进行学科思考，提升学科思维水平和学科素养，即“启迪智慧”。

---

① 孔凡哲.从评价“学会”走向评价“会学”[J].小学教学(数学版).2015,(3):卷首语.

作为地处江浙腹地的东师南湖校，学校对于江南水乡的丰厚资源非常关注，每学期定期举行走遍嘉兴社会实践，有效利用博物馆、科研基地、经典景点等，进行国家课程的地方化、地域特色化。

【典型案例 2－2】小桥、流水、人家：东师南湖校 2014 学年第一学期社会实践活动展

2014 年 12 月 3、4 日下午，全校中小学生分赴嘉兴各文化基地进行探访。经过前期的筛选和探访，学校确定了 16 处文化场所作为此次“走遍嘉兴”探访活动的文化基地，分别为嘉兴博物馆、南湖革命纪念馆、梅花洲、沈钧儒故居、朱生豪故居、范蠡湖公园、铁哥们、廉政文化园、粽子博物馆、小南湖等。这些基地都带有浓厚的嘉兴地域特色，可以说此次活动为学生带来一次规模宏大的文化盛宴。下面的游记是 703 班孙泥撰写的真实感受：

漫步在青石铺成的街道上，一阵阵扑鼻的小吃的香味，混着月河的花鸟市场特有的花草的清香，在被月河这条古街熏陶得诗情画意的空气中会合，就像在你的鼻腔里跳着欢快的迪斯科。

4 日下午，载着将要去月河参加社会实践活动的东师南湖校学子的大巴顺利到达目的地。开了车门，同学们便像飞出笼子里的小鸟一般，张开双臂，拥抱端庄、典雅、娴静的月河古街，就像小鸟拥抱着碧蓝的天空。一时间，小吃摊贩的吆喝声，同学们的欢呼声，还有带队老师声嘶力竭整顿队伍的声音，都在一瞬间爆发，仿佛冥冥之中有人在发号施令。

“哗啦，哗啦”，站在月河的石桥上，脚下流淌着的是一条谦卑的不起眼的小河，清澈的河水中，又藏着哪些古老的秘密？抬头，举目，满眼的灰瓦白墙，仿佛刷上去的不是油漆，而是历史的厚重感和深厚的人文底蕴。

“吱嘎，吱嘎”，踩在青石路上，时常默默地猜想，或许曾经的曾经，也有哪位伟人与我走在同一条街道，又是谁叩开了街边那一扇扇紧闭着的、带着无限神秘幻想的木门？

月河知道。

咦？那被重重花木掩映着的小巧的房屋里面，又藏着哪些不为人知的秘密？哦，是陶艺制作。

这座屋子的内部布置十分精致，白底红花的壁纸，将江南水乡人们的细致入微诠释得淋漓尽致。淡黄色的陶泥，在同学们的手中频繁地变化着模样，一会儿是姿态稚拙的小白兔，一会儿是和蔼可亲的雪人，一会儿又是端庄典雅的女子，化成的一缕寂寞……

走出陶泥馆，清新的空气扑面而来。忽然间，我清晰地意识到：精致的陶泥不是月河，潺潺的流水不是月河，古典的房屋不是月河，飘香的小吃不是月河，各色的植物也不是月河，但似乎，这里的一草一木都是月河。月河，你虽然古

老，但你却古老得优雅，古老得悠闲，古老得别致，古老得别有一番韵味，你的古老，值得后人细细品味。

正是有了上述案例的特殊经历，语文教师再进行语文教学，就变得轻松自如了，例如，参加《语文地方课程》中的"嘉兴文化名人"系列活动后，再学习金庸、茅盾、丰子恺、徐志摩、巴金、王国维等人的文学作品，就变得水到渠成了。

（二）规范特色课程

当前的中小学校开展课程教学的实际，不仅需要对国家课程进行校本化处理、存在二次开发的空间，而且应拥有开发具有本校特色的校本课程的权利。正如浙江省教育厅新近颁布实施的《浙江省教育厅关于深化义务教育课程改革的指导意见》①指出的："义务教育课程分为基础性课程和拓展性课程。基础性课程指国家和地方课程标准规定的统一学习内容；拓展性课程指学校提供给学生自主选择的学习内容。"其中的"拓展类课程分为知识拓展、体艺特长、实践活动等类"，就赋予学校相对宽松的课程自主权。

为了更好地达成"智慧的教育"办学目标，必须依托国家课程、地方课程、校本课程的有利平台，将学校拥有的课程自主权的功能最大化。为此，利用国家课程校本化、校本课程的空间，东师南湖校开设学法指导类特色课程，并将乐学、能学、会学作为特色课程的核心目标。

事实上，只有学生会学，才有可能自主学习，进而终生学习。"杜郎口模式"就是其中的代表之一，其改革亮点似乎在其"形"——课堂教学设计，而其本质却在其"魂"——学法指导。从根本上说，学法指导就是要改善学生的学习行为，优化学习过程，从而启迪学生的学习智慧。

东师南湖校以教育教学实践为基础，从学校层面建构系统化的学法指导课程，持续开展学法指导课程化的实践尝试，构建了系统完整的实践操作方案并付诸实施，其中的学法指导系列课程包括：学法指导专题讲座、学法指导校本课程、学法指导渗透式教学、学法指导主题班会、心理疏导类课程、学法指导个案诊断等，而这类系列课程的核心目标在于乐学、能学、会学。

其中，"乐学"既包含学习动机、学习意识问题，也包含学习情感问题。前者涉及学习动机及其激发、学习自信心及其培养，后者主要涉及积淀学习经验、丰富学习情感等内容。如何结合中小学学科的教学，激发学生的学习兴趣、感受学科魅力、体验学习快乐、增强学习自信心，成为学生智慧地发展、进而可持续发展的必要前提。乐学的根本在于解决**学习动力问题。**"能学"既包含能够完

---

① 浙江省教育厅．浙江省教育厅文件（浙教基［2015］36号文件，编号ZJSP04－2015－0002）：浙江省教育厅关于深化义务教育课程改革的指导意见［S］．浙江省教育厅办公室2015年3月27日印发．参见：浙江省教育厅网站 http://www.zjedu.gov.cn/news/142778441751261711.html，2015－03－31 14：43：50发布，2015年4月7日引用．

成学习任务的基本能力，也包含能够坚持不懈，特别是，能够经历“山重水复疑无路，柳暗花明又一村”的学习经历、思考过程，具备一定的学习毅力。**能学最终是为了解决学习能力问题。**具备学习的能力，仍需要采取科学合理的方式方法，更好地完成学习任务，这就是“会学”问题。而“会学”的核心在于解决学习策略、方法和学习操作细则。将“会学”课程化、学法指导常态化，就是学法指导课程化的核心目的。

（三）开设供学生自主选择的课程，为学生的智慧成长、个性化发展提供保障

作为启迪学生智慧成长的自主课程系列，“淡化差、尊重异”是基本的价值取向。

为此，开足、开齐国家课程，切实落实“基础性课程”的同时，切实物化“体艺特长拓展性课程”，“帮助学生培养兴趣爱好，养成良好的生活习惯和高雅的生活情趣”[①]，实现学生的个性化发展。

正如《**教育部办公厅关于在义务教育阶段中小学实施“体育、艺术2+1项目”的通知(教体艺厅[2011]4号)**》[①]指出的，“体育、艺术2+1项目”是培养学生运动技能和艺术特长的有效载体，是一项学生欢迎、家长支持、社会赞同、惠及亿万中小学生的素质教育工程，对于提高中小学生的体育素质、审美情趣和人文素养，营造健康向上的校园育人环境，具有重要作用。实施“体艺2+1项目”就是让每一个学生能在小学阶段学习至少掌握2项体育技能，一项艺术特长，为学生的全面发展奠定良好基础。

东师南湖校在全面实施“体育、艺术2+1项目”的同时，进一步丰富“体育、艺术2+1项目”中供学生自选活动的类别，通过“体育、艺术2+1项目”、阳光体育、社团活动、体育俱乐部等渠道，细化为“体育、艺术2+1项目”与社团活动，包含四个层次，每天总计60分钟以上，切实有效实施“体艺特长拓展性课程”：

1. 晨跑

第一层次是每天的晨跑(即早操，初中部在田径场跑步800米，小学部在篮球场慢跑三圈计400米)，这是全校统一要求，除病假外，全体学生必须参加的活动。

2. 大课间活动

第二层次是体育大课间活动，每天中午按照小学部、初中部分别进行，其中，《七彩阳光》广播操是大课间活动的必做项目。

小学部的阳光体育是每天上午8:00—8:30的常态活动，其目的在于，丰富

① 中华人民共和国教育部网站 http://www.moe.gov.cn/publicfiles/business/htmlfiles/moe/s7059/201407/171748.html，2011—04—26由教育部办公厅发布，2015年4月7日引用.

学生体育文化生活，整体推进学校体育工作发展，展示东师南湖校学生良好的体育风貌，培养学生课余爱好。活动的必做项目是广播操。同时，每学期根据季节的特点，分别组织推铁环、跳绳、健美操、踢毽子、跳跳球、手指操等系列活动，供各班、各年级自选。丰富多彩的活动为学生的个性化发展提供了广阔平台。

初中部的阳光体育安排在每天上午 9:30～10:00，即上午第 2 节课与第 3 节课之间，一般将广播操、健美操班级展示、国旗下的讲话、团队活动等融合在一起。

阳光体育大课间活动的开展，使学生的精神面貌焕然一新，学生的综合素质得到提高，身心更加健康，积极向上，学习努力；另一方面，师生关系、班风、校风也有了明显的改善，使学校智慧的教育更上一个台阶。

3. 个性化的体育活动

这类活动分两类，一类是每天的体育自选活动，时间包括中午午饭之后至下午上课之前的时间段，以及晚饭后至晚自习前的时间段。学生根据自己的爱好，选择篮球、足球、排球、徒步等进行自由活动。

另一类就是**每周固定时间的"体育俱乐部"活动**。学校成立独立法人的"南湖区东师青少年体育俱乐部"，明确"强身育人"为目标，不仅有效利用学校现代化的体育场馆，发挥田径、篮球、排球、足球、乒乓球、羽毛球、跆拳道、轮滑、车模、船模、健身操体育舞蹈、体育音乐等项目的师资优势，而且，为群众性体育活动与竞技体育的完美结合提供了很好的平台，为学生在体育上的个性化发展提供了有利平台。东师南湖校青少年体育俱乐部根据小学部、初中部的具体情况，遵循学生自愿选择的原则，每周课余的固定时间在专业教师的指导下进行专项活动，诸如轮滑、健美操、跆拳道、足球等，深受学生欢迎，而师资不仅包含本校获得世界跆拳道冠军、担任全国大学生篮球赛冠军队主力等具有极高专业素质的本校的专业教师，还包含来自本地的体育力量，包括前国家女子足球队主力队员、省乒乓球队主力队员等在内的校外专业人士，这些师资为学生在体育上的个性化、个别化发展提供了有力保障。

4. 社团类活动

学校遵循学生身心发展规律，充分利用学校现有的师资，分年级开设社团活动，除了鼓励教师充分发挥自己的专长外，也对社团活动进行规范管理，制定翔实的管理方法，诸如"每学期期末开展优秀社团学员展评活动，将学生的相应作品或才艺融入到学校各项主题活动中去"等等。而社团活动类别也丰富多彩，诸如自七年级开始开设、至今已持续三年的社团活动包括国学社、歌舞社、科学探索社、民间体育社、书法社、棋牌社、旅游社、篮球社、音乐剧社、女红社总计 10 个社团，活跃至今，极大地丰富学生的课外生活，为学生个性化、个别化发展提供舞台。其中，“国学社”是学习、品味中华经典诗词，进行经典诵读，丰富学生的传统文化内涵，从而提高学生文化、文学素养。“歌舞社”为有音乐特长的学生提供学习专业知识和音乐表演的平台，培养学生的审美意识和美感，参与校内外各类文艺活动，参与学校大型文艺活动的编排和表演。“科学探索社”在老师的指导和带领下开展科学探索实践活动。“民间体育社”进行花样踢毽、花样跳绳、抖空竹等活动。“音乐剧社”在于欣赏世界著名音乐剧，学唱英文歌曲，在培养音乐修养的同时，提升英语口语。而“女红社”学习十字绣、手工编织、剪纸等女红，在传承民族文化的同时，培养学生的动手能力。

（四）创建良好的激励机制，营造学生智慧成长的隐性课程

1. 设立智慧奖学金、睿智奖学金，发挥激励文化作用。

根据学校实际，学校设立睿智奖学金与智慧奖学金。两类奖学金分别拥有不同的条件和内涵。智慧奖学金是对学生期末统考中的优秀学生予以奖励，从学校办学以来持续设立；睿智奖学金针对新入学的新生奖励，开始于2014年，目的在于鼓励学生持续保持良好的学习状态，对学生有一定的鞭策作用，如获奖学生能一直保持优秀态势，在八、九年级中可持续获得睿智奖学金。

每学期休业仪式上，学校对于优秀学生的颁奖仪式显得格外隆重，举行智慧奖学金和睿智奖学金的颁奖仪式，目的很明确，“让优秀成为一种习惯”，用先进来引领学生。而每学期的奖学金颁奖活动，隆重而热烈，当获奖者接过这份奖状时，内心深处的自豪感、自信感、成就感油然而生，颁奖对其他同学也产生良好的辐射影响作用。智慧奖学金和睿智奖学金不仅仅是一份荣耀，更是一份责任和担当，他们承担的是一种引领的责任，一种榜样的力量。

2. 用智慧学习文化，统领和整合国家课程的校本化实施，形成优质高效、注重实效长效、倡导激活灵气的课堂学风。

如众所知，好的教育有利于人的智慧的发展，只有好的教育才能培养出有智慧的人。对学生的学习而言，需要倡导智慧学习文化。

所谓**智慧学习文化**，意指启迪学生终生受用的智慧的学校学习文化，就是通过智慧型教师的教育教学智慧，创建、激发富有生命力、灵动的课堂，实施充满教育智慧的课程，从而形成一种对于生命的理解、关怀与尊重，形成开放、自由、和谐、智慧的课堂文化、学习文化，进而提升师生的课堂生命质量和价值。

正是智慧学习文化的启智特征，将乐学、能学、会学融入课程教学实施之中，达到学知识长智慧、学新知悟人生，进而实现智慧成长、可持续发展的目标；同时，形成一种内在的素质聚合力，促进其人格的形成。

与其同时，学校逐渐形成“把握学科本质、启迪教育智慧、平时学得轻松、考试发挥水平”的办学思路，初步形成与之配套的教学管理措施，并逐步常态化。

3. 坚持不懈的全校晨跑活动，确保每天精神抖擞

健康的身体是愉快学习、智慧成长的基石。东师南湖校自建校伊始就将学

生拥有“健全的身心”作为学生成长的目标之一。在日常晨跑活动中，校长、行政值班领导、班主任等每周亲临学校400米田径场与学生一同迎着朝阳跑步。坚持不懈的每日晨跑，不仅锻炼了每位学生的意志与体魄，使学生在长跑体质测试中成绩优异，同时，也是培养学生良好的习惯、建设阳光班级的重要手段。

五、充满智慧的校园文化

学校的办学理念是学校文化的核心价值观，是校园文化的核心，是学校决策者对办学目标和特色发展所做出的选择，并为全体师生普遍认同的共同观念。

正如苏霍姆林斯基所言，“智慧要靠智慧来培养。”[①]为此：

首先，学校必须倾力营造智慧校园的匹配文化，将“启迪学生终生受用的智慧”贯穿于校园文化（物质类、环境类文化等等）的各个主题之中。

其次，以活动课程为载体，营造丰富多彩的社团活动，启迪学生的生活智慧、社会智慧。

第三，学校确立“以智慧生活、自主管理”的德育工作主线，并开展“我的情绪我做主”“智慧生活、科学学习”“自我管理、我是学校主人”等常态化的主题活动，将各类社团活动纳入校本课程系列，成为学校常态运行机制的一个环节。

不容忽视的是，校园文化内涵是教师教育智慧生成的条件，教师的学习氛围是最重要的一种校园文化。为此，东师南湖校强调要创设积极的学习氛围，从学校管理层面开辟专门的学习场所，提供更多的学习时间，通过多样的学习形式和丰富的学习活动调动教师学习的积极性，使教师主动参与其中。

最后，必须建立科学决策、民主管理的领导机制，不断提升校长的领导力和领导团队的凝聚力。亦即，以办学理念作为学校一切教育教学行为的统领，并物化在课程建设、智慧型课堂营造、校园文化营造、特色建设，以及领导团队建设、师资队伍建设、运行机制建设、教辅队伍建设等各个领域，尤其是，聚焦教师、课堂、课程、评价，最终服务于培养智慧型学生、启迪学生终生受用的智慧这一终极目标。

六、鲜明独到的办学特色

办学特色是学校发展的生命线。倡导鲜明独到的办学特色，是中小学校发展的新举措。

（一）办学特色的含义

所谓特色，是指事物所表现出来的独特形态、色彩和风格。

办学特色是学校在长期的办学实践中所形成的独特的个性风貌和风格。

---

① ［苏联］B. A. 苏霍姆林斯基著，杜殿坤编译. 给教师的一百条建议［J］. 北京：教育科学出版社，2000年1月第二版：第88条建议“教师们的教育观点的一致”.

它包括特色教材、课程设置、教学方法、培养目标、管理模式、管理风格、教育教学组织运作形式、校园文化等。

而特色学校就是在先进的教育思想指导下,从本校实际出发,经过长期的办学实践,形成了独特的、优化的、稳定的办学风格与优秀的办学成果的学校。

中小学校特色这一概念的内涵是特指中小学教育优质的规定性。中小学在教育改革中追求学校特色,就是追求学校教育整体优质的规定性。

事实上,形成办学特色是大多数优质学校的重要办学目标,而办学特色则是校园文化个性化建设的主要结果。同时,凝练颇具特色的办学优势、打造独特的校园文化,是学校稳定可持续发展的关键。

(二) 办学特色的基本特征

对中小学校而言,办学特色不仅意味着独特,更是意味着超越,是其他同类学校一时难于达到的。特色体现优势,优势代表质量。特色是使学校产生社会影响并为社会认可的标志,是形成学校品牌的重要内容。

1. 独特性

这是办学特色的基本属性,也是办学特色的决定因素。由于社会对人才需要的多层次性,人的身心发展的差异性;同时,由于各地区教育发展的不平衡,教育环境和条件的差异,历史文化传统的不同,以及受教育者对教育的特殊需要,必然要求学校在办学实践中,形成个性化的教育观点,独特的教育内容、教育方法和教育途径,做到"人无我有,人有我优"。

2. 稳定性

办学有特色的学校是成熟的学校,它有稳定的办学思想和办学目标,有稳定的办学机制和办模式,有一套相对稳定的组织结构、规章制度和领导班子。在长期的不断积累、调整、充实和发展中,学校在物质设施、规章制度、观念精神等各个层面上,逐步形成浑然一体的稳定的学校文化特色和学校的传统,并最终能稳定前进和发展。而那种随风倒、赶潮流的流行式办学方法,不能被称为真正的办学特色。

3. 优质性

一是体现在有一个优秀的专家型校长。校长是特色学校的核心,既要有独特的办学思想,先进的教育理念,还要能使自己的办学理念被全体教职工所认同,转化为教职工共同的奋斗目标,形成学校的整体改革方案,落实到各项工作中。二是体现在有一支业务精良的科研型教师队伍。教师是创办特色学校的力量源泉和重要保证。一所学校教师的群体特长,是他们教育教学经验的积累和升华,这是创办特色学校的真正财富。三是体现在学生的个性得到充分发展,拥有一批特长生。办学特色与培养学生特长既有联系,又有区别。一所学校办学有特色,那么这所学校的学生应普遍有特长;如果一所学校的学生普遍有特长，那么这个学校的特色就会表现得越充分。区别在于，特色学校是指在办学全局上，或是在学校主要工作有特色，而学生特长则是从个体是否得到充分发展来说的，是特色办学成果的一种体现。

4. 先进性

一是有先进的理论作为支撑。没有理论指导的办学特色往往是肤浅的和短暂的。二是符合学生发展规律，符合素质教育的办学方向。以学生为主体，积极转变教师的教学方式、学生的学习方式、师生互动方式和教学内容的呈现方式，将信息技术整合到教育教学之中，积极开展新课程推广实验，提高学生的实践能力，加快创新人才的培养。创建特色学校是深化教育改革，全面推进素质教育的必然产物。三是必须加强教育科研，围绕办学特色制定科研课题、科研规划，并有一系列实施措施，只有这样，才能保证办学特色的先进性。没有先进的教育思想、办学理念的支撑，就难以形成特色学校。比如，把中小学办成专业式的“艺术学校”“体育学校”“书法学校”，这不是特色学校。

5. 整体性

特色是一根主线，应贯穿于学校工作的全局之中。创建特色学校，学校首先要分析自身的优势所在。根据现有条件，形成一个完整的办学思路，制定一个切实可行的整体改革方案，将特色落实到学校的常规管理、教育教学、课程和活动之中，有组织、制度、条件、师资等方面的保障，使学校工作的方方面面都能落实整体改革方案的要求，体现整体改革的成果。不是在全局上而是在某个或几个学科教学上有特色，只能说某学科的“教学特色”。

6. 生成性

特色学校的形成，一般不外乎两种情况，一种是在学校传统优势项目基础上发展起来的，一种是根据教育改革的发展趋势和学校的自身优势确定一个特色研究课题，制定中长期发展规划，并逐步实施，形成特色。无论是哪一种情况，办学特色应该是学校在有目的、有计划、有步骤的改革实验的基础上逐渐形成的，这个特色应该具有可操作性，是可以重复的，而不是自发形成的。即使特色是由传统优势项目发展而来的，也必须加以提炼，赋予其新的、合乎时代要求的内涵，形成整个学校的办学理念，体现到学校的全局工作之中。

（三）办学特色形成的基本要素

1. 一位富有创新意识和开拓精神的校长

办学特色并非凭空创造，办学特色需要一个富有创新意识的校长。为了使学校办出特色，学校的工作人员，特别是校长，必须具备战略眼光和创新意识，学会从宏观上思考问题，分析情况，确定自己学校的“位置”和“角色”，正确定位。每所学校的校长都有自己独特的出身、师承、经历、习惯，有自己区别于他人的个性。校长的个性总会自觉或不自觉地体现在对学校的领导和管理上，给学校打上他自己的烙印，愈是个性鲜明的校长，这种烙印也愈加深刻。实践证明，凡是学校特色的形成都因为有一个性鲜明的校长。在特色办学中，校长既是一位总设计师，又是一位总工师。校长要形成自己独特的教育思想，关键就是要具有现代教育思想，有明确的办学方向，树立更高的办学目标。只有这样，才能带领全校师生把学校办出水平、办出特色，不断开创学校工作的新局面。

2. 一个良好的常规基础和宽松的外部环境

特色办学是一种创新。这种创新通常表现在以下几个方面：一是教育观念和办学指导思想有新意；二是办学措施、办学途径有创新性；三是办学成效有新气象、新面貌。创新并不等于花样翻新，更不能不顾实际地生搬硬套外校经验，各校都需要充分分析自己学校的办学基础即学校常规。特色办学是在学校常规的基础上改革发展、提炼升华而形成的。

特别地，特色办学需要相对宽松的外部环境，需要上级主管部门赋予学校应有的办学自主权。政府部门要增加教育投入，为学校改善办学条件，使其能够根据社会和个人的发展要求，从学校实际出发，发挥自身优势，自主地追求特色办学。

3. 一支有特色的富有创新意识的教师队伍

正所谓好的设计付诸实施才能真正变成现实。如果没有一支业务精湛、师德高尚、团结协作的教师队伍，校长再富有特色的办学设计也不能化为学校教育现实。

事实上，只有具备了具有特殊才能的师资，采取颇具特色而符合教育规律的教育教学策略，才有可能培养出具有特殊才能的学生，才能逐渐形成办学特色。

4. 文化积淀与文化张力是凸显学校办学特色的最本质的东西

一定的文化环境孕育一定的学校文化。从本质上说，就是学校独特的文化积淀与文化张力的内隐与外显的过程。学校文化是学校成员通过教学、科研和文化实践活动而创造出来的文化财富的结晶。它包括学校群体的价值观和准则、群体道德规范、心理行为方式、作风、习惯、语言符号和校史传统等。现在很多学校的办学理念之所以千篇一律，就在于没有自己独特的学校文化。任何一所中小学一旦形成自己特有的文化，就会成为一种无形的精神力量，使学校全体成员在共同的办学价值观念、行为准则和工作作风统率下，个性化地为贯彻党和国家的教育方针而努力。

“办学特色”只有上升到“学校文化”的高度，才能显现出它独树一帜、卓尔不凡的魅力，即只有以文化为内核，让文化产生一种巨大的张力，使其同化为学生和教师的素质，内化为学校的品质。

（四）智慧的教育理念下的办学特色

智慧的教育并不否定知识的教育，而是主张用智慧的教育统领知识的教育，主张以知识教育为载体、再现知识发生发展的过程、学生进行学科思考的过程，帮助学生感悟过程之中的智慧。

智慧的教育其核心理念在于，启迪学生终生受用的智慧。其相应的教育教学特色在于，把握学科本质，平时学得轻松，考试发挥水平。

打造智慧型校园是东师南湖校办学的核心目标。正如苏霍姆林斯基所言的“智慧要靠智慧来培养”。为此，应做到：

首先，学校倾力营造智慧型校园的匹配文化，将“启迪学生终生受用的智慧”贯穿于校园文化——物质类、环境类文化的各个主题之中。营造绿化、美化、净化、艺术化、教育化、人文化的校园环境；营造文明、和谐、拼搏、创新的校园文化氛围；营造博爱、民主、严谨、合作的教师工作氛围。而学校的校园环境文化建设，既包括教室文化、走廊文化、办公室文化、操场等，也包括宽敞明亮的教室、干净整洁的校园环境。

其次，以活动课程为载体，营造丰富多彩的社团活动，以启迪学生的生活智慧、社会智慧为主旨，营造乐学、自主、活泼、奋进的学生学习气氛，把学校打造成人文校园、书香校园、活力校园。

最后，学校确立“以智慧生活、自主管理”的德育工作主线，并开展“我的情绪我做主”“智慧生活、科学学习”“自我管理、我是学校主人”等常态化的主题活动，而各类社团活动纳入校本课程系列，成为常态运行机制的一个环节。这些活动促进了学生的健康成长，推进了学校的整体建设，创建特色学校，从而实现学校的活力校园、生态校园，进而实现学生的智慧成长、持续发展。

七、学生可持续发展的评价体系

学校教育之所能发挥作用，不仅在于学生具有先天的存在，而且在于后天良好的外在环境，在适度刺激之下实现学生先天基因的充分表达。

从而，教育的根本在于促进学生全面、健康、和谐、可持续发展，其关键在于可持续发展，既包括学生对于可持续发展的内在愿望与自我诉求，也意味着学生必须拥有可持续发展的能力。而针对“智慧的教育”的评价，其核心在于激发学生的个体潜质、营造激发潜质的外在环境。

在中小学教育中，**学生可持续发展的潜质更多地体现为乐学、能学、会学：**

其中，乐学是开展一切学习活动的必要前提；能学则既包括能坚持学习（具备必要的学习毅力），并具备必需的学习能力，能够完成学习任务；而会学不仅表现为，具备学习的策略和方法，还应具备针对学习的反思意识与反思能力。

“智慧的教育”理念下的学生评价，其核心目的在于，检测学生对于终生受用的智慧的把握状况，而不仅仅局限于检测、评估学生对于知识技能的掌握状况。智慧蕴含在知识技能的生成过程之中、师生深层次的学科思考过程之中。

因此，针对学生各科学业的评价，必须聚焦于学生学科学习的可持续发展，必须切实融合在学生学科学习过程之中，而不仅仅局限于学生对于学科知识技能的现实掌握状况。亦即，既要关注学生学科学习的结果，也要关注学生学科学习的过程，更要关注学生学科学习的潜质（即未来发展的可能）；其最重要的目的在于促进学生在学科上的可持续发展（既包括未来进一步学习学科的需要，也包括未来成为合格的现代公民所必需的学科素养的需要）。

当然，学生在学科学习上的可持续发展，在不同学段其具体表现有所不同。对于小学而言，可持续发展更多地表现为愿意学习学科、能学习学科、会学习学科；对于初中高段、高中高段而言，可持续发展既包含具备进一步学习学科的信心、兴趣和能力（对于继续进行学科学习的人，尤其要关注这一点），更包括愿意主动接触学科、能够从学科的视角分析处理日常生活、未来工作之中的相关问题（对于即将走向社会的学生，更强调后者）。

基于学生可持续发展的评价，具体包括七个要素，即浓厚的学习兴趣、良好的学习习惯、科学的学习方法、健全的身心、向上的精神、积极的社会责任感、创造的激情。这七个要素，既是可持续发展评价的基本要素，也是学生可持续发展细化后的具体内涵。

就小学而言，评价更多地集中在浓厚的学习兴趣、良好的学习习惯、科学的学习方法、健全的身心、初步的社会责任感、向上的精神。对初中、高中而言，不仅需要以上几方面的评价，还应该包含创造的激情。对此，我们将在第九章“智慧型学生及其评价标准、保障措施”中进行专门阐述。

总之，只有感悟教育的智慧，智慧地理解教育，智慧地驾驭课堂、调控课堂，逐步培育职业情操、强化职业认同，智慧地悦纳教育，不断改变教育教学行为，智慧地实施学校实践，努力使中小学教师的教学行为不断走向智慧，从而逐步形成智慧的教学方式；使课堂教学形态不断走向智慧，从而逐步形成智慧的课堂教学；使学生的学习不断融入智慧，从而逐步形成智慧学习的方式方法；使学校管理不断走向科学民主，从而逐步形成智慧的管理方式。只有这样，我们才能真正实现智慧的教育。

第二节　智慧型校园文化的组成要素

学校的办学理念是学校文化的核心价值观，是学校决策者对办学目标和特色取向所做出、并为全体师生所接受的共同观念，自然构成校园文化的核心。

正如苏霍姆林斯基所言，“智慧要靠智慧来培养。”智慧型校园文化是智慧型学校的核心内涵和重要组成之一。

在充盈教育智慧、启迪智慧的氛围中，地域文化、校园硬件设计、师生的教育观念、价值追求等，组成智慧型校园①文化的核心和主体。

一、校园文化的组成要素

在学校教育中，校园文化占据至关重要的位置。对于校园文化的组成要素，比较有代表性的观点，诸如“校园中的师生、校园文化环境、校园文化活动、校园精神及校园组织制度等，是校园文化的主要构成要素”②，以及“从结构上看，可以将学校文化结构氛围无生命的几何模型和有生命的树模型两类。生态树模型对学校文化的要素和结构提供了一个合理的描述”③；也有一线教师认为“学校文化的构成要素主要包括教师文化、学生文化、师生共同的创造活动”。

上述观点虽未达成共识，但是，却分别从不同视角诠释校园文化，都在一定程度上丰富了校园文化的内涵。

一般来说，学校文化由三个要素构成，即物质文化、制度文化、精神文化。这种分类更贴近中小学校的实际，其操作性更强。

（一）物质文化是校园文化的基础

校园物质文化主要包括物质生活资料，主要指学校的教室、走廊、操场、厕所、食堂、课桌、墙壁、黑板等。它是校园文化的物质载体，是校园文化发达程度的外部标志。

校园物质文化蕴含着文化价值、设计理念，传递着一定的历史传统与社会价值，其独特之处就在于，校园是特定的育人场所，育人的目的性要求这种物质文化本身包容丰富的教育意义与教育价值。

事实上，学生不仅通过物质景观掌握一定群体的环境知觉，同时从外在景观中领会特定文化的设计理念、传递着特定的价值观，其影响是无形的、潜移默化的。从校园整体规划布局，到具体的校舍建筑风格、式样，从一个雕塑制作到一块标语牌的设计，从一条路的命名到一个小园林的风格，都应遵循这种原则，使整个校园洋溢着温馨、高雅、和谐、向上的气息，从而提高校园文化生活的品质。

（二）制度文化是校园文化的保障

制度文化指学校的一切规章制度。规章制度是学校针对师生的言行举止、行为规范的基本约束和合理要求。

---

① 最近几年，国内出现“智慧教育”“智慧校园”的概念，这是应“构建智慧教育环境”、“智慧学习环境的构建”等而出现的名词，本质上指“智能校园”以及学校教育的智能化，这与本书稿的观点差距甚大.例如，如下专著就是“学校教育的智能化”的典型观点：

何锡涛，沈坚. 智慧教育[M]. 北京：清华大学出版社，2012 年.

② 路琳. 论校园文化的要素与结构[J]. 河南师范大学学报（哲学社会科学版）. 1998，(4)：109－111.

③ 李亦菲. 对学校文化的要素与结构的分析[J]. 天津师范大学学报（基础教育版）. 2008 年 3 月，9(1)：11－16.

校园制度文化包括规章制度、道德规范、人际交往方式、文娱活动方式等,是校园文化的生命力所在。

建立协调一致、相互制约、有机发展的校园文化制度,是一项复杂的系统工程。在现代社会,制度完善、公正本身就体现着一种文明,而遵纪守规也已成为现代人的基本素养。

在校园文化建设中,既要强调宣传教育,也要认真加强制度建设。

(三)精神文化是校园文化的核心

精神文化指师生的学习和生活习惯,是一个学校本质、个性、精神面貌的集中反映。

校园精神文化是校园文化的核心内容,也是校园文化的最高层次。它主要包括校园历史传统和被全体师生员工认同的共同文化观念、价值观念、生活观念等意识形态。校园精神文化又被称为"学校精神",并具体体现在校风、教风、学风、班风和学校人际关系上。

1. 校风

校风实际上就是校园精神的集中体现。校风作为构成教育环境的独特的因素,体现着一个学校的精神风貌。校风集中体现在校训、校歌、校徽和校旗上。

好的校风具有深刻感染力和导向性,身临其中不仅受到一种特定文化的感染,而且也使身心的行为时刻感受到一种无形的引导,诱发其趋同,形成集体成员心理特性最协调的心理相容状态。

好的校风,不仅对学校成员内在动力具有激励、鞭策作用,而且对学校成员的心理发展具有保护作用,对不良的心理倾向和行为具有矫正功能,可以有效排除各种不良心理和行为的侵蚀和干扰。

2. 教风

一所学校的教风,是这所学校的教师群体,在长期教育实践活动中形成的教育教学的特点、作风和风格,是这个教师群体的道德水准、文化水平、教育理论修养、教育本领等的综合体现。

通常情况下,教风不仅特指教师处理课堂教学问题的作风,而且泛指教师从事学校教育教学工作的作风。

优良的教风往往能够体现管理育人、教书育人、服务育人的功效。没有良好的工作作风和教风就难以形成良好的学风。

3. 学风

一所学校的学风,是指这所学校的学生群体在学习过程中所表现出来的学习态度、方法、习惯等,涵盖学习习惯、生活习惯、卫生习惯、行为习惯等。

学风像校风、教风一样,直接影响着学生的发展。其中,良好学风与班风之间相互促进。毕竟,班级是学校的细胞,是学生学习、活动的主要场所。教师倡导和培养班级核心及骨干队伍,通过内部团结一致、认识一致、行动一致形成坚强的学习集体。集体舆论对每一个成员都有熏陶、感染和约束作用,是一种集体的凝聚剂。

同时,学风对学生的自我管理、良好的行为习惯都有重要影响。学生是学校最活跃的群体,学生自主管理是构成学校文化的主体文化之一。良性的自我管理、行为习惯,为学生学习和生活提供了动力,也是学生文化活动的生动呈现,为学生文化的发展奠定了基础。

4. 人际关系

学校人际关系包括学校领导之间的关系、领导与教职工之间的关系、师师关系、师生关系、生生关系。

良好的学校人际关系,有助于广大师生员工和谐统一、提升凝聚力,更好地发挥整体效应。事实上,真正的校园文化建设,都是师生共同参与的结果。学校文化中的许多内涵都与师生有关,都是师生共同参与、共同创造、共同提炼而成的。学校文化更多的是师生共同创造活动的融合。这种共同的文化,形成了学校文化的共同体。

二、智慧型校园文化的主要组成要素

作为一种特定的校园文化,智慧型校园文化以智慧为文化的核心,处处凸显教育智慧。这种充满智慧的校园文化,无论是组成要素、还是经营策略,都需要充分考虑。

东师南湖校经过数年的努力,逐渐探索出智慧型校园文化的核心组成要素,这就是文化融合、启智建筑、颜色文化、以人为本。

(一) 文化融合凸现育人理念

作为东北师范大学与浙江省嘉兴市南湖区人民政府合作创建的学校,东师南湖校必须将东师文化与江南水乡文化融为一体,凸显“融东师之魂、汇南湖之灵”。

1. 学校标志体现南北文化融合、启迪学生扬帆远航

东师南湖校传承东北师范大学的优秀文化,而东北师范大学文化的核心在于“尊重的教育”理念[①],即:

“尊重教育规律;尊重人才成长规律;尊重受教育者的人格人性;尊重教育者的劳动成果。”

事实上,“东北师大的办学特色是为基础教育服务”。东北师范大学从本校及基础教育实际出发,浓缩多年的办学经验,提出“尊重的教育”理念。其中的

① 史宁中、盛连喜等.尊重的教育:东北师大的教育理念[N].光明日报.2001—01—06:专版.

四个含义分别是：

“尊重教育规律”，主要指教师在教育教学中按教育规律而不是按个人主观愿望去实施每一项教育活动；“尊重人才成长规律”，主要指善于发现人才，创造条件重点培养，使更多的学生早日成才；“尊重学生的人格人性”，主要指创造和谐的教育环境，消除师生对立，尊重学生的个性发展以及他们的独立性、选择性和创造性；“尊重教育者的劳动成果”，主要指教育活动要建立在相互尊重基础之上，学生不仅需要尊重教师的教育教学成果，而且也需要尊重管理者、服务者的劳动。毕竟，在学校中，教书育人、管理育人、服务育人。

而浙江省嘉兴市是典型的江南水乡，具有丰厚的文化传统和历史底蕴。

为此，学校精心设计了校标（如图 2－1 所示）：

图 2－1　校标

其蕴意是：将东北师范大学、嘉兴市南湖区的相关元素融合在一起，充分体现东北师范大学与嘉兴市南湖区联合创建的特征：

- 外围以东北师范大学校标为基底，标志着学校将秉承东北师范大学优良传统；
- 校标的中心图案由“帆”、“人”和“船”组合而成。

校标中心图案虽简洁明了，但意蕴深远。“船”蕴含着学校将立足于嘉兴南湖文化，弘扬中国共产党的“红船”精神；“帆”寓意扬帆起航、破浪前行之意，契合南湖实验学校的办学目标及发展愿景；“人”意味着学校将以学生发展为本，关注教师的成长。

帆船的下部呈字母“e”是“实验”的英文 experimental 的首字母，重点突出“实验学校”自身的办学特色，突出这所学校是东北师范大学在长三角地区的教育实验基地的特殊地位；“e”的上半部分是一位扬帆起航的人的形象，不仅体现了人的元素，而且体现出不懈进取、勇往直前的精神意志，既体现学校全体师生奋发向上的精神风貌，也体现学校不断进步、创新的精神象征。

标志下半部分是由字母“N”变形而来的流水形状，“N”即是“南湖实验学校”英文的首写字母，也是“东北师范大学”英文的首写字母，通过这一元素将两所学校自然地结合在一起。撑起的帆呈现"H"状，是"湖"字拼音的首字母。南湖是嘉兴的标志性景观，以水为设计元素直接体现了出嘉兴本土深厚的文化底蕴，同时也直接指明了学校所处的行政区域——嘉兴市南湖区。

整个标志意味着，学校将传承东北师范大学教育理念，融合嘉兴南湖的教育、文化底蕴，扬帆远航。

与其同时，学校依据东北师范大学的校徽设计了学校校徽（如图 2－2 所示）：

东北师范大学南湖实验学校

Nanhu Experimental School Attached To Northeast Normal University

图 2－2　校徽

其中，东北师范大学的校徽特征是：学校徽志为椭圆形，外围由学校的中英文名称环绕，中间是以笔尖、五星、书籍和表示学校建立年份的数字"1946"组成的图案。中文为郭沫若字体。学校标准色为深蓝色。[①]

东师南湖校校徽的含义诠释是：沿用东北师范大学的校徽，保留东北师范大学的校体字。

2. 学校建筑传承东师建筑文化、融合水乡风格

（1）整体布局充分体现人性化的风格

学校按照义务教育省级标准化学校Ⅰ类标准建设，体现"以学生发展为本"的设计理念，校园环境优美、布局亲切、结构科学。小学部与初中部相对独立，教学区、生活区、运动区等场所布局合理。拥有中心景观河、文化广场、标准运动场、沿河休闲区等。特色化专用教室设施先进，配有先进的微格教室、生态园等；学生公寓设施齐全，配有独立卫生间、空调、热水供应等设施。

（2）体现北方风格为主、江南风格为辅的建筑风格

作为北方的高等学府，东北师范大学的建筑充分体现了北方建筑豁达、宽敞、气势宏伟的特点，其建筑特点深受东北亚建筑的影响，同时，又能兼容欧洲巴洛克建筑和哥特式建筑的优势，以钟塔为中心，外形自由，追求动态，穿插曲面造型。

虽然学校的整体建筑特点，凸显北方建筑的豪放风格，但在细节上有传统江南水乡的以曲为美的特点，无论是弓形、桥文化的巧妙运用，还是窗子采取江南窗棂的风格，将以曲为美的江南建筑特色体现得淋漓尽致。

学校在选址时特意选择了一条河的两岸，将江南水的灵气、柳的翠绿、草的

---

① 引自：《东北师范大学章程》第八章，2015 年 3 月 24 日引自 http://www.nenu.edu.cn/nenulist.php? cid=1&id=39.

茂盛、花的多姿融在一起。将自然景观、人文景观巧妙地结合在一起。正是优美的自然环境、先进的教学设施、良好的食宿条件、和谐的人文氛围,成为每位学生健康成长、全面发展的乐园。

3. 学校办学理念传承“尊重的教育”理念、融合地域文化

东师南湖校秉承东北师范大学的办学理念和优良传统,根植于嘉兴地域文化,将东北师范大学“尊重的教育”理念细化为适合中小学校的办学理念,确立“智慧的教育”办学理念,启迪学生终生受用的智慧,以教师的智慧成长为基点,以学生的智慧生成为目标,以经营“智慧型课堂”、打造“智慧型教师”、培养“智慧型学生”、构建“智慧型校园”、塑造“智慧型校长”为基本途径,使学生学会做人、学会求知、省悟自律、持续发展,进而创建智慧型学校。

在这里,**智慧**就是文化进程中独创的执行力。亦即,当人面对一个问题时,能够充分利用现有的各种资源、信息,创造性地选择最佳的策略、方法,这种独创的能力就是智慧。

(二) 温馨校园启迪智慧人生

东师南湖校作为高校与地方政府合作创办的学校,采取专家治学、民主管理、人文关怀、专业团队、科研兴校为基本策略。同时,作为以寄宿制为主、走读为辅的九年一贯制学校,温馨校园、启智文化成为学校文化的重要内容和主要载体之一。

在这里,温馨校园凸显以人为本、关爱为重,特别是,对于小学生而言,一、二、三年级学生大部分寄宿,每周五天的时间在学校生活、学习,更需要亲情沟通、关爱无缝对接。而“启智文化”凸显启迪智慧的宗旨,无论是建筑的设计,还是走廊设施的布设,无论是宿舍管理,还是教室的设计,无论是课程的设计,还是师资的安排,充分体现启迪学生智慧、给学生提供独立思考、自我管理、个性发展的空间和平台。

(三) 红白蓝色孕育教育本真

作为东北师范大学的附属学校,东师南湖校继承东师对于学校文化的诠释。

1. 沿用东师标准色,即深蓝色。

深蓝色是大海的颜色、天空的颜色,采用深蓝色作为标准色,体现了学校旨在培养海纳百川、具有宽广胸怀的现代人;同时,也蕴意着学校传承东方文明、充分吸收西方文明中的优秀成分,培养具有国际视野的社会人。

2. 学校建筑的主颜色采取枣红色,意味着“教育需要积淀”。

积淀,不仅针对教师,而且针对学生,更涵盖学校:

对于教师而言,教育积淀意味着,教师的专业本领来自自己长期的教育经验的积淀及积淀之上的反思、升华。只有这样,才能产生教育智慧,提炼自己独

具个人魅力的教育教学艺术。

对学生而言，教育积淀意味着，教育是在学生先天基础上经过后天的教化而完成的。这个过程既是学生潜质得以激发的过程，也是个人社会化的进程，更是自我构建我与他人、我与社会、我与自然等价值观的过程，正是学校教育教学活动的点点滴滴的不断积淀，学会做人、学会生存、学会求知、学会发展，就在其间得以实现。

对学校而言，学校的底蕴是多少年的积淀才能具备的，而不是一朝一夕的。就本质而言，学校教育的厚度在于积淀！学校文化如此，学校的教育教学质量依然是如此。

3. 学校建筑的辅颜色为单一的白色，意味着，教育需要留白——学校教育需要为学生留下一定的空间，让学生自己去书写、规划和创造。

事实上，建筑楼群要留有一些空地给绿树、给花草、给阳光、给空气；铺筑路面，每到一定的距离，便要留下缩水线，以免路面以生膨胀。文字留白，是给读者留下思考的余地；图画留白，是给观赏者留下想象的空间……而教育也是如此，学校教育更需要留白。

对学校而言，教育的留白，一方面表现为，**教育要给学生留下独立思考、亲身实践、感悟体验的时间和空间。**课堂教学如此，学校的课外活动依然如此，学校管理如此，甚至是教学任务的设置也是如此，“老师请你从神圣的讲台上走下来”“(教师)伏下身子与学生平等对话”“把课堂的话语权还给学生”“学生的作业怎么做？学生自己确定”等等做法，其实都是给学生留下时间和空间，就是教育的留白。

教育的留白还表现为一种方法和艺术，此时，教育留白更有一种无法言传的妙意：延迟评价，给人留下反思矫正的空间；含蓄批评，给人留下改过自新的机会；含蓄表扬，给人留下继续进取的余地。

(四) 人人成功缔造人人成才

东师南湖校的教风秉承东师文化之精髓，确立“奉献教育，坚信每位学生都能成才；知行合一，相信每位教师都能成功”的教风，确立“学会做人，学会求知，省悟自律，持续发展”的学风。

其中，“奉献教育”阐述教师师德的底线，而“相信每位学生都能成才”清楚地表达了每一位教师都应该秉承的教育理念(特别是学生观)，这与“没有教不好的学生、只有不会教的教师”的观点不谋而合。

而“知行合一”正是沿用明朝思想家王守仁提出来的观点。这里的“知”是指科学知识，“行”是指人的实践，知与行的合一，既不是以知来吞并行，认为知便是行，也不是以行来吞并知，认为行便是知，而是强调认识事物的道理与实行其事是密不可分的一回事。这也是传承陶行知先生提出的“知行合一”“教学做合一”的思想，强调“亲知”，即从“行”中得来，亲身得来，而不仅仅是“闻知”，从师得来，或从书本得来。

“相信每位教师都能成功”表达对于教师专业成长的认识，而“知行合一，相信每位教师都能成功”既包含在知行合一的前提下，每位教师都能走向成功，也包含了对每位教师走向专业人士、乃至独具个人魅力教学艺术的专家、教育家的期盼、信任和自信。

“学会做人，学会求知，省悟自律，持续发展”，不仅蕴含着学生的发展包含着做人、求知的内涵，也包含着省悟的要求，同时，倡导学生的自律，进而实现终生可持续发展。

与其同时，“奉献教育，坚信每位学生都能成才；知行合一，相信每位教师都能成功”的教风，与“学会做人，学会求知，省悟自律，持续发展”的学风又构成前提与结论的关系，在“奉献教育，坚信每位学生都能成才；知行合一，相信每位教师都能成功”的教风之下，自然能孕育“学会做人，学会求知，省悟自律，持续发展”的学风。

（五）博士硕士名师俯首甘为孺子牛

作为东北师范大学与地方政府合作创办的义务教育学校，由国家211重点大学的东北师范大学提供优秀的硕士、博士毕业生，以及具有特殊专长的优秀本科生，高学历师资的优势自然突出，这既是合作办学的优势，也是互利互惠的合作目标之一。

而学校的发展也离不开骨干教师，东师南湖校赖以发展的重要基础之一，就是拥有一支能引领本地区小学、初中各学科教育教学发展方向的学科带头人、教学能手等组成的名师队伍，而且，硕博团队能与骨干教师团队真正融合在一起，实现优势互补、资源共享、携手发展。

（六）淡化差尊重异强调个性发展

如何看待学生的个体发展与群体发展的关系、个性发展与普适要求之间的关系，是每所学校无法回避的问题。

“差异”一词英文是 difference、divergence、diversity，一般的解释是“区别、不同”。

事实上，“差异”一词既包括“差”的含义，也包括了“异”的含义。前者的含义与“行、能、会、厉害”等词的词义相反，属于真正意义上的差、“笨蛋”等，而后者的含义则是“异”，即“不同、差别”等。

在对待每一位学生的全面发展上，更需要教师淡化差、尊重异①，而不是采取统一化的、单一的教学方式方法。否则，这些单一化的方式方法、素材等等，

① 孔凡哲．“导学案”与“先学后教”异化现象及其问题诊断[J]．教育科学研究．2012，(9)：27－30．人大报刊复印《中小学教育》2013年第1期全文转载。

仅仅对思维敏捷性好的那些学生有利，而对于慎思型的学生而言，则是极其不公平的——一旦教师采取放羊式方式，仅凭这些学生的自学，是很难“跟”上课堂教学步伐的，当堂快速的层次训练和学生自评，最终导致为数甚多的学生学习自信心的急剧下降。

淡化差、尊重异，进而实现每一位学生的个性发展，是现代教育理念的最新反映，更是被最近几年来的中国中小学课堂改革尝试所证实的成功做法，也是东师南湖校一贯倡导的学生发展的准则之一。

总之，文化是学校的灵魂。其中，**价值观和愿景**是学校文化的根基，其核心在于观念文化（精神文化）建设；**符号、建筑和颜色**是学校文化的象征，其核心在于物质文化建设；**仪式、活动和典礼**是学校文化的载体，其核心在于规范文化（制度文化）建设；而**队伍和观念是**学校文化的创造者。

智慧型校园的核心在于营造智慧型校园文化，将启迪学生终生受用的智慧物化到学校教育教学的每个角落、每个环节。

第三节　智能校园[①]

智能化校园建设是将现代科学技术成果和现代管理思维应用于学校的“教”与“学”，以及学校相关的校务管理之中。智能化校园（即智能校园）建设既是教育信息化的重要载体，也是学校对外展示交流的重要窗口。东师南湖校将智能校园建设作为学校发展的重要工程，列入首批重点建设项目，在建设智慧型校园、书香校园、美丽校园的同时，切实贯彻实施《浙江省教育信息化十二五规划》，积极探索智能校园建设的途径，走出一条全新的发展道路。

学校将智能校园建设列为三个发展阶段：第一阶段，完成学校网站建设与硬件一体化；第二阶段，达成中小学数字化校园地市级学校标准；第三阶段，创建中小学数字化校园省级学校。经过三年的努力，目前已经完成第一、二阶段的任务，正在走向第三个发展阶段。

现将第一阶段、第二阶段的发展进行简要阐述。

作为新建学校，由于设计之初就将教学设备现代化、硬件设施现代化列为与基础建设同步发展的工程。因此，在学校基建的一年间，教学设备、各类硬件设施以及网站建设同步实施，至学校正式揭牌（正式运行）之日，此项工程全部完成，实现智慧校园建设的基础性工作。

根据智能校园建设的总体要求，如何在学校教育教学、日常管理等各项工作中，真正实现智能管理、智慧运行，就成为努力的核心目标。

---

① 本节由钱振宇执笔完成。

为此，学校在教育教学管理领域分步引入智能化：

尝试以招生入学管理、教师梯队建立、教研组基础管理、班级基本管理等模块，开发智能管理平台，开创了学校智能管理从无到有、从小到大的良性局面。

同时，运用"学籍、校安、校产、图书管理"等系统软件，基本实现学校各项管理工作的智能化。

全校在编教师人手一台高配置笔记本电脑，所有教学班都配备多媒体白板设备，全部接入校园网。

微格教室采用全新的现代化设施，实现课堂教学录像全程化、网络直播、学校电视台同步直播、学校广播站在线同步直播。

经过不懈努力，学校已基本实现行政办公无纸化、后勤管理网络化、科研管理过程化、班级管理日志化和教师成长目标引领化的"五化"智能化平台管理效能。

一、完善机构管理，健全组织管理网络

根据信息化工作的特殊性，我们以"一严"（即严格要求）、"三高"（即高标准、高起点、高效益）为管理目标，建立三级领导小组：校级（校长、副校长、副书记）；科室长（校务办公室、教务处、教师发展处、教科室、德育处、总务处、团委、少先队）；学科组（教研组长），负责对校园信息化工作进行整体规划和领导。学校加强信息化建设骨干队伍的建设，成立了信息网络中心，主要负责全校网络维护、网站维护、资源建设，以点带面，引导教师积极参与信息化建设。

在建设智能化校园的过程中，学校建立与之相适应的、开放的、动态的管理制度，实行分级管理，是智能校园建设的长效保障。网站投入使用后，由信息中心直接负责网络安全、网站的制作与维护、资源库的建设、网络中心的管理及终端的维护等。由于分工明确、责任到人，出现问题能及时解决，自使用至今从未出现任何大的事故，保障了网络畅通。这一切为信息技术服务于教学，打下了坚实的物质基础，为打造智能校园建设提供了有力支撑。

二、提升装备设施，奠定智能校园基础

资金的落实和制度的建设，是智能校园建设的重要保障。为此，学校多方筹集资金，在市、区教育（文化体育）局领导的指导和帮助下，为在编教师配置了笔记本电脑，所有班级配备了多媒体白板设备，并全部接入校园网，真正实现校内"班班通"，教师"人人通"。

（一）建设校园网络

东师南湖校网络拓扑图如图 2－3 所示。

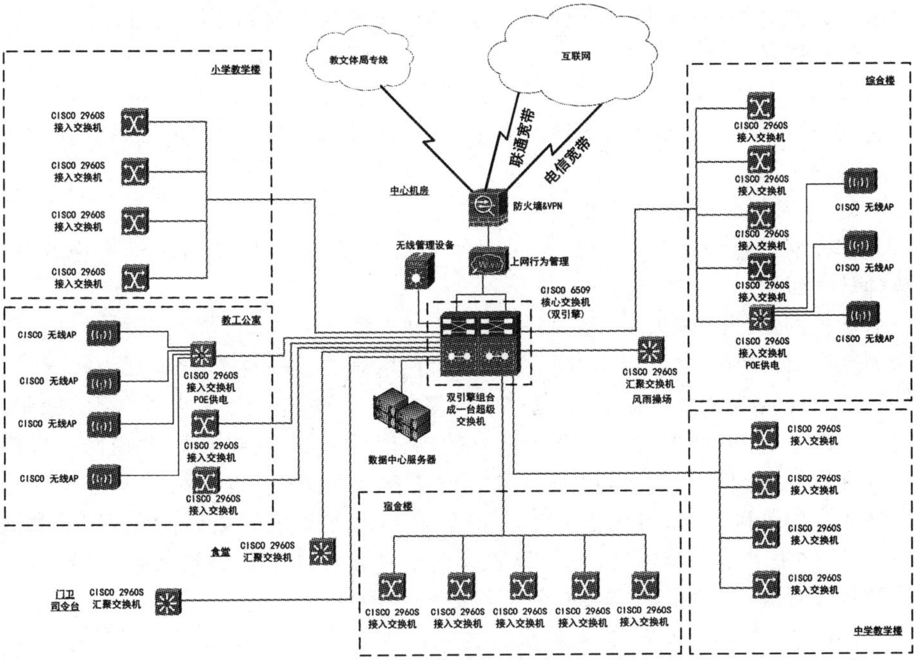

图 2—3　东师南湖校网络拓扑图

校园网是利用先进的建筑综合布线技术构架安全、可靠、便捷的计算机信息传输系统；利用成熟、领先的计算机网络技术规划计算机综合管理系统的网络应用环境；利用全面的校园网络管理软件、网络教学软件，为学校提供教学、管理和决策三个不同层次所需要的数据、信息。今天的校园网（Campus Network）已经成为智能化学校发展的重要基础设施，是提高学校教学和科研水平不可缺少的支撑环境，也是衡量学校学术水平和管理水平的重要标志。一个理想的校园网解决方案能够为学校的教学、管理，提供一个开放且易于操作的平台，保证投入运行的校园网与学校的日常教育、办公活动融为一体，切实发挥出信息化的共享、高效等优势。

（二）完善智能化教学设施

学校以义务教育省级一类标准建设规划，高起点规划学校现代设施工程。建设规划学校中心机房 1 间，信息点覆盖校内所有办公室和教室。配置计算机专用教室 4 间，专用多媒体教室 4 间，微格教室 1 间，教学班和所有专用教室都配有固定的多媒体教学设备，包括电子白板一块、数字展台、中央集成控制中心、控制台和计算机。为教师配制专用笔记本、办公用台式机，计算机数量的生机比和师机比严格按照省级标准化学校要求。

三、丰富网站资源，服务学校教育教学

从教育发展方向来看，网络化教育、无纸化办公、学校资料的数据化云平台建设等，都需要进行校园网的建设。从目前的情况来看，教育城域网已经初步

建成。为此，学校进一步加强校园网建设，形成与之匹配的校园网络。

学校网站初建于2010年，历经两次改版。现有“走进新校、信息动态、党团建设、教育前沿、德育天地、教学管理、科研园地、服务之窗、招师招生、家校互联、视频之窗”十一大栏目，下设相应子栏目，另外挂视频点播、考试系统及其他校园内网子系统等。

（一）网站建设指导思想

学校网站建设宗旨在于服务，即为教育教学管理服务，为学生学习服务，为教师教学服务。

学校网站已经成为学校与家长、教师、社会联系的桥梁，成为学校对外宣传的闪亮窗口。在日常运行中，网站建设以市、区教育现代化建设规划为指导，以学校信息化发展规划为依据，以坚持“统筹规划，分步实施，人人参与”的原则，坚持突出重点、合理配置、注重效益、分层推进，逐步到位的方针；学校网站以现代教育思想和理论为指导，以改革教育教学模式为关键，以网络和其他信息化设施建设为基础，以教育信息化资源的开发和人才对伍的培养为重点，不断提高教师、学生对信息技术的应用，以教育的信息化带动教育的现代化，切实做好网站建设管理工作，搭建学校对外交流的一个平台。

（二）网站管理机构、制度健全

网站由学校信息化工作小组直接领导负责，由校长担任组长，并由学校信息中心全面管理，设管理员二名，负责网站维护及网络管理。

信息工作组人员实现全校骨干全程参与：

组长：孔凡哲

副组长：王丽华　周勇　万胜明

信息员：刘　佳（负责行政条线信息工作）

穆闫琨（负责初中部教学条线信息工作）

李金晏、王怡苹（负责初中部德育、团委条线和音美学科信息工作）

董小荣、张玉芳（负责小学部教学条线信息工作）

陆惠芳、宗　锋（负责小学部德育工作和音美学科信息工作）

江　丹（负责招生宣传信息发布）

刘海明（负责教师发展信息宣传工作）

刘　帅（负责科研信息宣传工作）

周　舵、董世军（负责总务后勤、体育活动信息宣传工作）

各年级部主任（负责所属年级部各条线信息工作）

各教研组、备课组组长（负责所属学科相关信息工作）

王丽华、刘　佳（负责党建信息宣传工作）

刘　薇、白　冰（负责师生健康、保健防疫的宣传工作）

南湖区教育信息通讯员：刘　佳

南湖晚报信息通讯员：李金晏

南湖区教育工会信息通讯员：于胜男

东北师范大学南湖实验学校
Nanhu Experimental School Attached To Northeast Normal University
首页
走进新校
信息动态
党团建设
教育前沿
德育天地
教学管理
科研园地
服务之窗
招师招生
家校互联
视频之窗
智慧的教育
——构建智慧型学校
学校公告
更多>>
新闻动态 NEWS
视频之窗
校长访谈（上）
走教育家办学的道路
省义务教育标准化学校、市中小学数字化校园
招生招师
教育前沿
德育天地
党团建设
教学管理
服务之窗
友情链接
上级部门
部分兄弟学校
其它常用网站
学校风景

图 2—4　学校网站首页

在日常管理中,学校条线信息员积极关注学校开展的各项教育教学活动,按要求及时撰写新闻稿件,及时修改信息工作组以外教师执笔撰写的信息稿,实现信息稿报送、审核规范化、自动化,确保信息发布准确、迅速、翔实。

为了保障学校网站建设管理能,确实为教育教学服务,学校选派业务能力强、有一定网络管理经验的教师担任网络管理员,负责网站的日常管理维护,并经常对其他成员进行培训,指导网站信息发布和网页完善。同时,制定网站管理制度、用户管理制度、设备维护制度、管理员培训制度、网站应急响应预案等相应的管理制度,真正做到了网站管理科学有效。而每年一定额度的资金,能够确保学校网站日常维护和升级之需。

(三) 网站内容科学合理

网站设计之初,就统筹规划学校刚性的工作需求,以及特色发展的潜在需要,从栏目设计到网页效果,从信息发布到资源建设都进行了合理详细的规划。网站频道及栏目的内容定位清晰、有统一的分类标准,栏目名称准确,做到了简明、直观、易管理。首页布局结构清楚合理,重点内容突出,相关链接适合师生获取信息需要,信息发布及时,有完备的审核功能。网站为师生提供了先进的成果发布渠道和资源交流平台,具有完整的资源上传、审核、发布、查询、统计功能。网站有统一色彩风格,充分体现学校网站的特色,有统一的LOGO设计,页面整齐、美观大方,形式效果与主题相应,能够充分体现"智慧的教育"校园文化风采。

(四) 网站技术先进安全

学校网站建立了一套完善的管理和工作制度,包括网络安全工作制度及校园网络安全管理制度。网站通过上级各行政部门的备案,备案号:浙ICP备12002916号—2。

在网站安全方面,除日常维护外,每周都有整站数据备份,每周更新不少于5次;在网站维护过程中,通过与来自不同地区的网络黑客较量中,网站不断改进并日趋完善。

网站采用ASP.net动态网站建设技术,内容管理系统和sqlserver的数据库管理相结合,后台构架完整、科学、合理、逻辑关系清晰,有利于管理网站内容。网站技术构架安全、稳定,在宽带环境或城域网环境下能保证用户浏览速度,有监控制度和监控记录,有网站管理的日志记录,能按时进行日志查看。网站安全措施得力,应用软件和网络设备能够及时应用正确、有效的安全策略,制定了相应的应急响应预案,能对网站进行定期维护,有防止数据受侵入和破坏的灾难恢复措施,数据库实现了定时备份,安全措施及时有效。

(五) 显现智能化使用效果

1. 实现WEB浏览。能通过Internet网,让所有人进行浏览,既是学校形象的一个窗口，又能有更多机会与各地的名校进行强强联合。

2. 实现教育资料的分类综合管理。发动全体教师自制或上网收集各学科所需要的相关资源，然后按类别存放在数据库中，以达到拥有一个能实际应用于教学的教育资源库的目的。

3. 实现 VOD 在线播放及视频会议等功能。通过 RealServer 等进行常用视频格式的在线播放（包括教育相关视频、科普视频及学校活动视频等），通过硬件手段实现校内视频的转播。

4. 实现 FTP 功能。为教师和学生开放适当的网络存储空间，通过 FTP 上传，为教师建网、班级建网及学生制作电子小报等创造条件。

5. 实现教育管理的数据化。从学生档案、成绩到文件通知等，存入数据库，减轻各部门在管理资料方面的困难，也为无纸化办公系统创造条件。

网站建设和管理是学校智能化建设的一项重要内容，是信息化应用的重要平台，是信息交流、对外宣传、家校联系和服务社会的有效途径。学校将在整体规划、内容管理、技术保障、使用制度等方面继续加强网站的建设和管理，不断完善各个栏目的内容及功能，提升网站功能，高质、高效地为学校教育教学服务。

四、管理应用高效，助力学校教育转型

在智慧型学校的创建、经营与发展中，智能化校园建设只是一种手段，其最终目的是提高学校教育的质量和效益，其落脚点在于提高教育教学工作的运行效率。

（一）建立智能化的教育环境

学校本着“统筹规划、不断投入、持续前进、滚动发展、注重实效”的指导思想，建设高效、实用的智能化教育环境。除添置必需的各种设施之外，重点抓好学校资源库建设，形成颇具“存得进、取得出、跑得动、能重组”特点的相对完备的数据库管理资源系统，使其能支持各种多媒体数据的收集、管理、存储、提取和编辑重组。其素材包括图片、视频、音频、动画、文本等格式文件。

在服务器中，设立教师公用区，以主页的形式为每位教师划出专用空间，存储、备份可供共享的个人教学资料；同时，特设学生专用区，供学生自由读取存储学习资料。公共资源分视频库、动画库、音频库、图片库、文本库和学术论文库等。为确保数据库安全，普通用户限用只读方式访问。

（二）形成基于智能化的教学流程

运用现代教育技术，积极探索适合本校实际的教学模式，改革教学内容和教学方法，充分发挥多媒体教学优势，化复杂为简单、化隐形为显形、化抽象为具体、化静态为动态、化无声为有声，积极探索互联网在教学中的应用，逐步形成多媒体网络环境下的个别辅导、讨论学习、探索学习、协作学习、自主学习等

教学模式。

（三）促进网络环境下的校本教研

学校将“校本教研”与网络连接，开辟学校论坛，实行集体电子备课，开展网上读书沙龙、班主任经验交流等，实施网络教研，更好地推进有效教学研究，在思维、观念碰撞中促进教师专业化成长。

为探究校本教研的新途径、新方法，实现课堂教学的有效性，东师南湖校将校本教研与网络连接，开展网络教研。在校园网站上开通了教育前沿版块，分设语文、数学、英语、科学、科研园地、班主任等分版块。教师在网上交流心得，探讨问题，共享资源，实现了传统教研与网络教研的互补。同时，随着微格教室的大量使用，在线课堂成为校园网的可行途径，教师不仅可以在不干扰师生课堂上课的前提下，自由观察课堂、研究学生的课堂变化，而且，也可以在办公室实现在线课堂，极大地发挥出网络教研便捷高效的优势。

（四）实现智能化的管理模式

图 2—5　学校内网数字管理平台

学校建立网络管理平台，把学校的常规管理、德育管理、教学管理从地面搬到网上，实行在线管理（如图 2—5 所示）。借助网络的高速快捷，直接进行端对端的沟通，把校务公开内容及上级有关文件、学校各类通知、工作安排等，及时通过网络发布，对各项工作的现状，也通过网络进行及时的检查、反馈，以保证教师能在第一时间了解相关信息。

与此同时，借助网络手段，学校持续开展学生对任课教师认同程度的匿名调查，为学校教学管理、决策提供了宝贵信息。图 2—6 就是借助“问卷星”专业问卷调查平台进行的“2014 学年第一学期学生发展、教育教学情况学生问卷调查”的部分结论。

第 20 题　班级任课老师中，最受你欢迎的老师是(可多选)：[多选题]

选项	小计	比例
A. 语文	390	71.17%
B. 数学	399	72.81%
C. 英语	326	59.49%
D. 科学	412	75.18%
E. 历、社	403	73.54%
F. 音乐	266	48.54%
G. 体育	393	71.72%
H. 美术	273	49.82%
I. 信息	342	62.41%
J. 劳技	311	56.75%
本题有效填写人次	548	

图 2—6　学生发展、教育教学情况学生问卷调查

正是凭借网络平台，学校领导与教师之间、师生之间、学校与社会、学校与家长沟通合作的渠道得以畅通无阻，学校教育、家庭教育与社会教育得以有效整合，不仅学校决策、教师日常教学都能从中获得宝贵资料，为改进教育教学、完善学校管理、提高教师自身的素质水平，提供了准确信息，而且，学校的正能量(特别是学校智慧的教育办学理念、关于家庭教育的正确观念等)也通过家校合作、学习型组织得到广泛传播，师生家长都获益颇多。

(五) 提高师生的网络应用水平

师生的网络技术水平与智能平台优势的发挥是相互促进的。提升师生的网络技术水平也是建设智能校园进而打造智慧型校园的前提和必备条件。为此，东师南湖校将普及网络知识作为重要手段，除组织教师积极参加全市“继续教育”培训外，学校开展了以“网络应用”为目标的系列校本培训，专门进行“网络资源库的使用”“网站信息发布”“个人主页设计”“课件的制作和使用”等参与式培训，让全体教师都能将信息技术用于教育教学工作之中。与此同时，信息中心负责组织全体信息技术教师，利用信息技术课对学生进行网络环境下的学习辅导，帮助学生初步把握网络资源的使用方法、技巧，并对学生和家长进行网络安全的专门指导。

总之，与智慧型学校创建的其他要素相比，智能校园建设能突破显性“围墙”的束缚，实现教学资源与教学成果的社会化、教学方式个性化，以及学校管理科学化、自动化、规范化。而学校的管理理念、方式也将因此发生巨大变化。在做好硬件、软件及资源建设的同步发展的同时,立足运用,进一步强化教师信息技术运用能力的培训,实现教育教学的全面转型,加大投入、优化管理,用更加敏锐的眼光,瞄准信息时代的“制高点”,进一步推动智慧校园的深度发展。

第三章
聚焦核心价值、共筑教育信念[①]

常言道，黄沙似海，找不到完全相同的两颗沙砾。中小学校的发展也是如此。

事实上，学校发展有多种模式，有的名校采取“多年经验探索、名家协助提升”模式，有的名校采取“历任校长不断积淀、一任校长适时提升”，而有的新校采取“理念先导、设计前瞻”模式。东师南湖校就是后者。这种模式的重要一环就是共筑教育信念。

中小学校的发展模式千差万别，但名校之所以发展，其中的核心缘由之一，即在于师生员工共同的教育信念、核心价值观产生合力，促使学校先进的办学理念得以物化。

第一节　启迪学生终生受用的智慧

追求人的智慧发展，是当代教育变革的一种基本价值走向。

一、教育的根本在于启迪学生终生受用的智慧

（一）素质教育的根本在于培养现实的人、人性的人、智慧的人、创新的人

深化基础教育课程改革、全面实施素质教育，是我国最近几十年以来的普遍趋势。正如史宁中教授、柳海民教授指出的[②]：我国目前素质教育中所使用的“素质”一词，其具体内涵应当是：人通过合适的教育和影响而获得与形成的各种优良特征，包括学识特征、能力特征和品质特征。对学生而言，这些特征的综合统一构成了他们未来从事社会工作、社会活动和社会生活的基本素养或基本条件。学识特征主要指基础知识、基本技能、基本思想和基本活动经验；能力特征主要指发现与提出问题的能力和分析与解决问题的能力，能力的集中表现是智慧，智慧的基础是演绎思维与归纳思维两种思维方法的交融；品质特征主要

① 本章由孔凡哲执笔撰写。

② 史宁中，柳海民．素质教育的根本目的与实施路径[J]．教育研究．2007，(8)：10－14，57.

指道德修养、精神境界和个人品位。

素质教育旨在把教育过程中的学生培养成现实的人、人性的人、智慧的人、创新的人。实施素质教育的根本目的,一方面是为了学生更好地发展,另一方面则是为了社会更好地发展。而一个人能够做创新性工作,至少需要三个条件,即意识、能力和机遇,前两个条件恰恰是在基础教育阶段养成的。

(二) 启迪学生终生受用的智慧是学校教育的核心价值追求

智慧有很多区分,既有小智慧,也有大智慧。

大智慧就是指对未来高瞻远瞩、超越具体事物之上的理性的智慧。这种智慧对于全人类而言,是使人类世世代代都受益的智慧,有神论者将其视为“神的智慧”;对个体而言,这种智慧能使学生终生受益。不仅如此,拥有这种大智慧,个体才能为社会做出更大贡献。一般说来,那些志存高远、心胸开阔的人才能利用自己的大智慧为社会做出重大贡献。

小智慧通常是指,选择恰当的方式方法和策略,恰当地利用现有资源,创造性地解决某具体问题的能力,或指人的灵性。

对学生而言,不仅需要小智慧,智慧地处理工作、生活和学习中遇到的各类问题,而且,也需要大智慧,主动寻找开启大智慧的钥匙;同时,需要启迪大智慧与树立远大的志向融为一体。而学生的自我反思,特别是,多思考天、地、人之间的和谐关系,安静地读书,深入地思考,学会眼光长远地谋划,都是培养大智慧的有效策略、方法。

二、实施“智慧的教育”是信息爆炸社会的必然

从人类发展的视角分析,人对世界的认知大概可以分为经验、知识和智慧三个层次。其中,经验和知识是能够表述的,可以认为是实体,而智慧则潜藏于经验和知识之中,又作用于其上。

同时,教育是一个信息传递过程。知识教育虽然在奠定学生的发展基础方面做出历史性贡献,但“应试教育”下的知识传递方式和传递动机,却禁锢了学生的思维和发展,那种习惯于省略过程、省略活动,习惯于知识提炼和应用过程被严重挤压的教育,虽然可以帮助学生把知识基础变得更加坚实,但无益于学生综合运用知识能力的提高和创造力的激发。为了改变这种状况,在知识爆炸、信息海量增长的当今社会,教育必然要走向知识信息与智慧信息传递并重的教育,否则,教育将严重滞后于时代发展之需求。

三、启迪学生终生受用的智慧可以在学校日常教育教学中完成

(一) 启迪学生终生受用的智慧是学校教育的根本目的之一

自20世纪50年代直到2000年,我国中小学校一直坚持“以传承知识为主”的基本思路,秉承知识为本的教育理念,从发展的角度看,这是时代的选择,无可厚非。

随着“以人的发展为本”教育理念的确立，我国中小学校于21世纪初开展第八次基础教育课程改革，“重视过程、倡导以人为本”的学校教育逐渐兴起，并被我国中小学校普遍认同。“以人的发展为本”教育理念的核心在于促进学生全面、健康、和谐和可持续发展。究竟如何做才能真正促进每一位学生的发展？我国小学、中学的众多理论研究者和实践工作者都在苦苦思索，正如方展画(2010)的观点。“实施素质教育最大的障碍并非来自教育外部，而是来自传统教育体制本身以及适应了此种体制的教育者，尤其是校长。”这是不无道理的。教育的功能是“育人”而非“造人”，其终极取向是因材施教。

学校呼唤“智慧”，时代呼唤“智慧型学校”“智慧型校长”，时代需要教育家办学。智慧型学校是社会转型期对学校教育的新诉求，既是对陈腐落后的传统教育的理念性反思，也是对全面推进素质教育的制度性探索。

(二)“智慧的教育”可以融入基础知识、基本技能的日常教学之中

课堂是学校教育的核心渠道和主要载体。追求智慧课堂是实现学生智慧成长、可持续发展的重要保障。为此，需要关注两个要点：

一方面，立足学生智慧发展，实施“双基”教学与启迪智慧并举、注重思维方法与“双基”同步发展的课堂教学。

【典型案例3－1】平方差公式的归纳式教学

初中数学采取传统做法由$(a+b)\cdot(m+n)=am+an+bm+bn$直接导出$a^2-b^2=(a-b)\cdot(a+b)$，的确能节省时间，也能迅速落实运算技能。但是，多数学生并不真正认同这个公式，也使学生丧失一次思维水平提升的良机！

采取归纳方式，从($b=1,a=2$)、($b=1,a=4$)、($b=2,a=7$)等特例出发，分别讨论算式a^2-b^2能否分解、进而归纳概括实施教学，却有质的差异，亦即，由

$2^2-1^2=3=(2-1)\cdot(2+1)$

$4^2-1^2=15=(4-1)\cdot(4+1)$

$7^2-2^2=45=(7-2)\cdot(7+2)$

不难发现，两个数的平方差可以分解为这两个数的差乘以这两个数的和。

进而可以猜想，上述结论对于一般情况下的a、b也成立，亦即，$a^2-b^2=(a-b)\cdot(a+b)$。

但是，这种情况究竟成立吗？

其实，只需要确认左右两边的代数式$(a-b)\cdot(a+b)$与a^2-b^2是否相等即可，而由已经学过的多项式乘法公式$(a-b)\cdot(a+b)=a^2-b^2$却可以轻松解决。

上述过程，在帮助学生在获得新知的同时，经历从归纳发现到演绎确认的思维过程，获得“个案1、…、**个案**n→**归纳出一个共性规律，猜测→验证自己的猜测→得出一般结论**”的直接经验和体验，经历一次“数学家式”的思考过程，感受智慧产生的过程，体验创新的快乐，实现思维水平的提升，同时，又能确保基

础知识、基本技能的常规教学。

将智慧的教育融入基础知识、基本技能的常态教学之中的另一方面,则在于充分体现课堂中的思维灵动,将学生在课堂中的智慧成长与教师智慧施教自然融为一体。

为此,首先必须注重课堂问题的原发性,即课堂中的主要问题是学生自己提出的、发现的,而不是教师事先预设的。其次,教师要善于创设认知冲突,注重在认知冲突化解之中帮助学生构建新知。第三,注重知识梳理的自觉性,强调学生学习的自我管理,即,帮助学生逐步养成每节、每天、每周、每月、每学期都将新学结果系统化、条理化,自主建立相对完善的认知结构,形成自主学习能力和良好的反思习惯。第四,注重思维方法、思考方法的系统诠释,尤其是,在解决问题之中,培养学生主动寻找最优方法、最佳途径的意识和能力。最后,有计划开展"学法小组交流"、班内学法擂台、全校性的学法展示等活动,为学生积淀学习经验、提炼学习体验、分享学法成效,搭建有力平台。

(三)"智慧的教育"最终目的在于学生的终生可持续发展

在中国当下的中小学教育中,实现学生的智慧成长、可持续发展,需要在战术上注重智慧成长,在战略上关注可持续发展。

在日常的、短期的教育教学活动中,强调课堂智慧、教育智慧;从长远出发,必须关注学生的终生可持续发展,不拘泥于"一城一地的得失",而在于关注潜质激发、学习能力提升和兴趣培养。

为此,不仅需要智慧型教师,而且需要营造充满智慧的课堂文化;不仅需要生成课堂智慧、让课堂充满生命力,体现脑风暴和创新思维,而且需要教师智慧利用课程资源,智慧地设计实施课堂教学,并适时评价;不仅需要教师与学生一起实现可持续发展,而且需要细化学生可持续发展的具体内涵并付诸实施。

只有将学生的可持续发展放置于学校教育系统之中加以系统培养、综合评价,才能更好地实现学生的智慧成长、可持续发展。

第二节　智慧成长与可持续发展

如众所知,实现可持续发展是人类的共同追求。教育要使"每一个人都有机会获得可持续发展未来所需要的价值观、能力、技能和知识"[①]。无论发展性评价,还是"绿色评价",其根本宗旨都在于促进可持续发展。"可持续发展教

① 2014年11月20日引自:联合国教科文组织中国可持续发展教育(ESD)项目网站(http://www.esdinchina.org/).原文系王咸娟2012年3月25日编译自联合国教科文组织网站。

育……是一种必然"[①]。有效实施学生可持续发展的教育，恰恰能扭转我国中小学教育发展的偏颇，更好地实现教育的可持续发展。

一、智慧发展与可持续发展

学生智慧地发展（即智慧发展），才有可能逐步实现可持续发展。

学生的智慧发展一方面表现在，当下的发展需要选择更加智慧的方式、方法，亦即，追求更智慧的发展方法、途径；另一方面则在于，正确协调当前发展与未来发展的关系，聚焦学生发展的可持续，更加关注学生未来发展的潜能，以及选择适合自己的方式、方法开展学习活动、实现快速发展，逐步强化可持续发展的自我诉求、树立可持续发展的愿望与目标、拥有可持续发展的相应能力，而不是仅仅停留在短期的、"立竿见影"式的发展。

对此，以学为中心实施中小学教育[②]是必需的，但仍不够——不仅需要关注学生的"学会"，也要关注"会学"和潜质激发，"学会"侧重学习结果，而"会学"则侧重学习过程。毕竟学生的发展是可持续的动态发展过程，不可顾此失彼。

二、制约学生可持续发展的内部因素

相对于学生而言，"乐学、能学、会学"是学生智慧发展、进而可持续发展的必要前提。

事实上，发展建立在个体自觉自愿基础之上。兴趣是最好的老师，学生的可持续发展首先需要乐学——这是开展一切学习活动的必要前提。

其次是能学，既包括能坚持学习（即具备必要的学习毅力），而且具备必需的学习能力，能够完成学习任务。

最后是会学，不仅具备学习的策略、方法，而且具备针对学习的反思意识、反思习惯与反思能力。

（一）乐学：保障学习的动力

"乐学"既包含学习动机、学习意识，也包含学习情感。前者涉及学习动机及其激发、学习自信心及其培养，后者主要涉及积淀学习经验、丰富学习情感等内容。如何结合中小学学科教学，激发学生的学习兴趣、感受学科魅力、体验学习快乐、增强学习自信，成为学生智慧发展、进而可持续发展的必要前提。

（二）能学：保障学习的能力、毅力

"能学"既包含能完成学习任务的基本能力，也包含能坚持不懈，特别是，能经历"山重水复疑无路，柳暗花明又一村"的学习经历、思考过程，具备一定的学

① 亚历山大·莱希特，王咸娟．联合国可持续发展教育十年（2005－2014）国际实施计划：迈向2014年及以后[J]．教育科学研究，2013，(6)：25－29．

② 陈佑清．建构学习中心课堂——我国中小学课堂教学转型的取向探析[J]．教育研究，2014，(03)：96－105．

习毅力。

为此，解决“能学”问题，既要提高学习的基本能力，也要增强学习毅力。学习能力一般指在正式(或非正式)学习环境下自我求知、做事、发展的能力，包括注意力、观察力、记忆力、思维力、想象力、创造力、理解力、语言表达、操作能力、运算能力，听觉、视觉、知觉能力等成分，其核心在于阅读理解能力、数字计算能力、分析解决问题的综合能力。

毅力也叫意志力，是人为达到预定目标而自觉克服困难、努力实现的一种意志品质；毅力刻画了人的心理忍耐程度，当它与人的期望、目标结合起来，就会发挥巨大作用；毅力是一个人敢不敢自信、会不会专注、是不是果断、能不能自制和有没有忍受挫折等的集中体现。而学习毅力更多地反映学生在学习活动中的意志品质，对顺利完成学习任务具有不可缺少的特殊作用(甚至是决定作用)。

(三) 会学：保障学习的方法、策略

具备学习的能力，仍需要采取科学合理的方式方法，更好地完成学习任务，这就是“会学”问题。而“会学”的核心在于保障学习策略、方法和学习操作细则。

长期以来，我们很少关注“会学”，而是聚焦“教会”与“会教”。随着“以学定教”、“以学促教”理念的深入人心，学为中心的课堂教学正在全面铺开。但是，针对学生的学习，目前的中小学更多地关注自主学习，实现学会，而对于“会学”仅仅是下意识的、支离破碎的看法，零乱而不系统，起不到应有的作用。将“会学”课程化、学法指导常态化，成为“智慧的教育”实践的必然选择。

第三节　智慧学习、可持续发展的学校保障要素

智慧型学校的核心办学目标在于培养智慧型学生，而智慧型学生的核心特征就是智慧学习、可持续发展。

一、学生的“智慧学习、可持续发展”

学生的智慧学习、可持续发展包含两方面的含义：

一方面，当下的发展需要选择更加智慧的方式、方法，亦即，追求更智慧的发展方法、途径。

另一方面，正确协调当前发展与未来发展的关系，聚焦学生发展的可持续。更加关注学生未来发展的潜能，以及选择适合自己的方式、方法开展学习活动、实现快速发展，逐步强化可持续发展的自我诉求、树立可持续发展的愿望与目标、拥有可持续发展的相应能力，而不是仅仅停留在短期的、“立竿见影”式的发展。

智慧蕴含在知识技能的生成之中、师生深层次的学科思考和思维碰撞之中。因此，必须把学生看作动态持续发展的个体，着眼于学生的未来潜能，聚焦学生学科学习的可持续性，而不是仅局限于当下知识技能的掌握程度或达标情况。其重要目的在于促进学生在学科上的可持续发展，既包括未来进一步学习的需要，也包括未来成为合格的现代公民所必需的学科素养。

二、保障学生可持续发展的学校要素①

学生的智慧学习、可持续发展，需要良好的外在环境作为必需的保障。这种保障，既有来自物质条件因素，诸如校园的硬件设施，更有来自非物质因素，以校园文化为主体的保障。

同时，"为了每位学生的发展"几乎是当下每所中小学的共识。而"关注学生的可持续发展"却并非如此，同时，也不是所有的常态措施都能见效的。保障学生的可持续发展，需要若干基本保障，既包括新型的校风、教风与学风，也包括一系列特殊措施。

（一）新型的校风、教风与学风

在学校教育中，实现学生的可持续发展需要一系列保障条件，这些保障条件涉及新型的校风、教风与学风，而校风的核心是学校的教育价值追求、办学理念。

就"校风"而言，师生崇尚坚持学生为本，坚守专业道德，坚持团队精神、合作同心。

就"学风"而言，学生具有高动机、高参与、高展示和高期望。

就"教风"而言，教师具有多参考、多尝试、多协作、多分享和多探究的机制。

将学生利益放在首位、坚信每位学生都能成才，是关注学生可持续发展的重要表现，而专业素养、合作同心恰恰确保了每位教职员工自觉履行岗位职责、注重可持续发展。作为学生主动发展的外部特征，高参与、高展示体现出学生强烈的主动发展的行为，而高动机、高期望则体现出学生对于学习的内在动力，以及追求未来目标（理想）的原始渴望。对学生可持续发展而言，"低耗""高效"的课堂教学是最重要的，而实践中的有效教学策略恰恰具有"认知参与、参与兴趣偏好、外控动机调节"等实践特征②。

（二）学生要素

在学校教育中，学生的智慧成长、可持续发展，也需要诸多内在条件。就源头而言，需要学生"乐学、能学、会学"；就外在行为而言，需要学生高动机、高参

① 孔凡哲，汲长艳，田东晓，刘佳. 学生可持续发展的评价标准及其保障措施[J]. 中国教育学刊，2015，(03)：44－49.

② 赵树贤，刘龙珊，张春德. 有效教学策略的实践特征分析[J]. 教育科学研究，2014，(01)：26－39.

与、高展示和高期望。而积极参与、交往互动、共同发展，恰恰构成新型的课堂教学观的核心内涵①。

（三）特定内涵的文化熏陶、隐性课程

学生的可持续发展需要良好的教育环境、文化氛围，其主体是校园文化和隐性课程。

1. 凸显启智的校园文化

在“智慧的教育：启迪学生终生受用的智慧”校园文化下，坚信每位学生都能成才、相信每位教师都能成功，学校的场馆设施、校容校貌、走廊文化、教室文化等等，充分体现启迪智慧的设计理念，而课堂教学更加强调基础知识、基本技能的教学之中凸显基本思想（学科的基本思维方式）、积淀学科的基本活动经验，强调揭示知识技能产生过程中的智慧，实现“学知识而且长智慧”的良效。

2. 渗透于学校文化之中的教育信念

关注学生的智慧成长、可持续发展，不仅需要显性的课程载体、日常的课堂教学，而且需要隐性课程。与显性课程相比，隐性课程对于启迪智慧往往更有奇效。诸如学校的学生管理机制、师生关系等就是一种隐性课程，是否关注每位学生、智慧地因材施教，对学生的智慧成长、可持续发展往往至关重要。此时，师生的教育信念、价值追求（诸如“学校教育中什么东西最重要”等）往往默默发挥奇效。

对此，东师南湖校初中科学课任课教师苏芳女士讲述了她的教育故事：

【典型案例 3－2】开学初，班主任介绍他的情况“能及格就不错了”——这是他给我留下的第一印象。科学课第一次阶段性评价，他 72 分，我倍感欣慰——因为及格了（虽然仍是班级最后一名）。分发试卷时，我对他轻声提了一句“分数及格了，但还要努力”，期待第二次。“72 分，有进步”，可在班级中……下课后我将他叫到办公室：

“你觉得科学好玩吗？”“好玩，因为有很多实验。”“明天上课时老师想请你帮忙完成一个实验，敢吗？”“我行吗？”“我觉得你行，要不试试？”“那好吧。”

第二天上课时，他一反常态、很认真地听课，并协助我完成实验，得到同学们的掌声。下课后又来问我，“老师，我今天的任务完成得怎样？”“很好，谢谢你帮助我”“老师，如果下次再需要帮忙，你尽管找我。”……

第三次他摆脱了最后一名…第四次他进入了班级前 20 名…马上要期中测试了。“期中测试你紧张吗？”“紧张，我怕科学考不好。”“就这几次的情况看，你的科学课没问题，只要答卷细心一些，肯定能上 90 分，老师相信你。”期中测试

① 孔凡哲. 从理念到行为把握方法最重要[N]. 中国教育报，2012－03－08：第 7 版.

结束了……(不止一次来问我：老师，成绩批阅出来了吗?)拿到成绩单的那一刻，他激动了，我感动了！离开时，他自信地说："老师，我现在最喜欢科学(课)，每天都想上科学课。"

他的"蜕变"让我重新认识到，教师真正的教绝不仅是教知识，而是激发兴趣，让学生喜欢你，才能帮助学生喜爱这门功课、自觉"亲近"它——对于后进生转化，尤其如此。

3. 营造学生个性发展的启智机制

启迪学生终生受用的智慧，仅仅依靠零散的渗透是远远不够的，必须开设专门的显性课程(以学法指导系列课程为主体)、个性化的选择性课程，以及激励学生个性发展的启智机制。对此，不仅需要学校在国家课程之中融"会学""学会"于一体，而且需要开设有效利用地域资源、符合学校实际的校本课程；同时，需要在学校制度上给予倾斜，为个别化、个性化的课程教学提供制度保障、组织保障、师资保障和硬件设施等保障。

对此，将"个别学习、小组学习、集体学习三种教学组织形式有机组合、优化统整"[①]是成功做法，而开设专门的学法指导系列课程、发挥学校教育系统的整体优势更是不可缺少。

长期以来，受应试教育、功利主义的影响，我国中小学教师习惯于"教会"，学生习惯于"学会"。但是，教育的根本目的在于促进学生的终生可持续发展，为此，"会学"比"学会"更重要。不少学生学习差，可能不是太懒，或者太笨，而是找不到科学的学习方法——"不怕学什么，就怕不知道怎么学"。从根本上说，学法指导就是要改善学生的学习行为，优化学习过程，从而启迪学生的学习智慧。已有研究表明，"学法指导是学生主动学习的核心"[②]，"学习方法是可教的"[③]。学法指导是学生由"学会"到"会学"必不可少的有效途径，杜郎口中学、洋思中学等的改革亮点似乎在其"形"——教学模式创新，而其本质却在其"魂"——学法指导。

在我国，学法指导兴起于20世纪70年代末80年代初，20世纪90年代后，随着国外学习理论传入国内，学法指导被渗透在中小学若干学科教学之中，不仅有研究者认为"学法渗透课是亟待关注的教学研究领域"[④]，而且有研究者提出"在理解研讨学习法的基础上，学会运用研讨学习法进行学习，实现学会的同

① 熊梅，卜庆刚.个性化教学组织形式的实践探索[J].中国教育学刊，2014，(07)：42—47.

② 孙富强.初中数学教学五种指导策略探究[J].上海教育科研，2010，(04)：80—81.

③ 刘晓明，迟毓凯.学习策略研究与学法指导内容的重构[J].中国教育学刊，1999，(01)：49—51.

④ 张相学.学法渗透课：亟待关注的教学研究领域[J].教育理论与实践，2012，32(34)：56—59.

时达到会学、乐学”①以及“元认知能力是学法指导的核心”②等观点。这些理论思考层面的研究相对零散、难以物化在中小学实践之中。

为了切实营造“平时学得轻松”“智慧学习、快乐成长”的学风，帮助学生“会学”“学会”，东师南湖校统筹设计学法指导系列课程（参见图3—1），并与国家课程、地方课程融为一体，在学校层面全面推行学法指导系列课程，包括：学法指导专题讲座、学法指导校本课程、学法指导渗透式教学、学法指导主题班会、心理疏导类课程、学法指导个案诊断等。

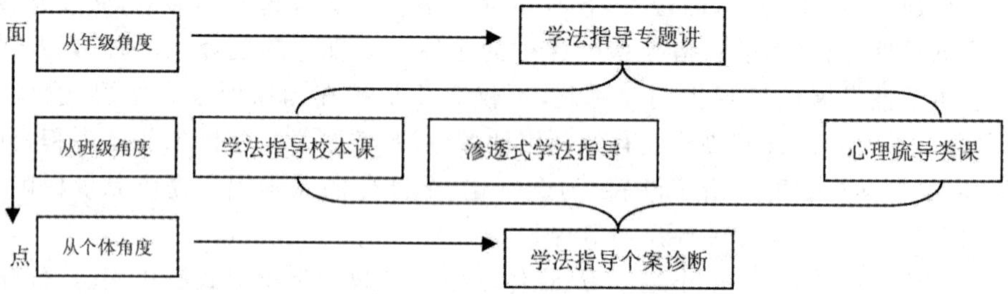

图3—1　东师南湖校学法指导系列课程

其中，学法指导专题讲座从全年级层面解决学法指导的共性问题。

学法指导校本课程、渗透式学法指导、学法指导主题班会、心理疏导类课程，则是常态开设课程，从班级层面保障多学科学法指导的有序进行。

学法指导个案诊断则是从“淡化差、尊重异”的角度对个体进行学法指导，满足学生个性发展需要。

三类课程之间相互协调，共同组成“会学”与“学会”兼顾的新型课程体系。

东师南湖校对学法指导系列课程已持续开展了三年的学校实践，结果表明，学校统筹规划、全面实施是落实的关键，“淡化差、尊重异”且帮助学生优选学法是实施的要领，结合特点、分类落实是实施的手段。

三、保障学生可持续发展需要恰当的策略

学生智慧成长、可持续发展需要课程教学保障。这里的课程保障，既包括涵盖国家课程、地方课程在内的常规课程，也包括涵盖部分校本课程在内的特设课程。东师南湖校开设的学法指导系列课程就是一种成功尝试。

作为旨在启迪学生智慧、保障“会学”的课程载体，学法指导系列课程包括学法指导系列专题讲座、列入课程表常态开设的学法指导校本课程、渗透式学法指导、学法指导主题班会、心理疏导类课程、学法指导个案诊断等等。其中，

① 陈伟，谢铁丽．基于研讨式五步教学法的学习方法指导[J]．兰州教育学院学报，2012，28(3)：61—62.

② 庞超波，蒋振宇．学法指导与学生元认知能力[J]．才智，2011，(14)：150.

东师南湖校开设了整学期常态运行、列入课程表的学法指导校本课程《快乐数学》《梳理课程》《科学殿堂》等，并与常规课程数学、语文、英语等并行，每周开设。而学法指导系列专题讲座则是在每学期的开始、期中、期末定期开设，并形成相对系统的体系。渗透式学法指导表现为，启智与基础知识、基本技能的日常教学同步，并融为一体，达成“学知识、启心智、长智慧”之功效。学法指导主题班会、学法指导个案诊断则是针对学生学法指导的个体问题、小群体的共性问题，排忧解难。心理疏导、心理健康是确保学生轻松学习、健康生活的重要保障。同时，尊重学生的合理需求、保护学生的自信、“淡化差、尊重异”是其关键。

总之，只有具有共同的教育理想、拥有共同的价值追求的教师群体彼此同心，才能合力打造具有共同教育理念的学校。

第四章　共塑学校愿景[1]

学校发展需要志同道合的教职员工，也需要共同的教育愿景、发展规划。而学校愿景的塑造，既要凸现学校办学理念的灵魂统领，更要体现科学规划、智慧发展的战略要求。

第一节　科学合理规划学校发展

东师南湖校作为东北师范大学与嘉兴市南湖区人民政府合作创办的九年一贯制学校，是大学与地方政府合作创办中小学校的UGS[2]办学模式的典型代表，由年富力强的现职大学教授担任中小学校校长，坚持走教育家办学之路。学校办学获得成功的重要原因之一，就在于先于实践探索的理论研究的前瞻性，即学校发展路径的预先规划。

一、身未动、心已远——办学理念研讨会确立学校发展蓝图

东师南湖校于2010年10月投资兴建，2012年9月正式运行。两年间，校区建筑拔地而起、廊桥亭台日新月异，高质高效完成了占地127.5亩校园的整体建设。随着校区的逐步落成，学校发展的蓝图也在校长孔凡哲教授的头脑中日渐明朗。

2011年11月16日，在校长的精心策划、组织下，南湖区政府在嘉兴博雅酒店举行东师南湖校办学理念研讨会，合作办学的双方领导、三位知名的外地专家、多家社会媒体参加了研讨。经过来自北京、杭州、长春和嘉兴本地知名专家、学者们的反复论证，正式确立东师南湖校“智慧的教育”办学理念，以及学校办学三个阶段的预期目标，实现了办学理念的理论认可和办学目标的科学规划。

“智慧的教育”办学理念体现了学校对东北师范大学“尊重的教育”优良传统的承载。而“智慧的教育”意指，在素质教育前提下，以教师的智慧成长为基

---

① 本章由刘佳执笔。

② U-G-S模式，U即University，G即Government，S即School，亦即，大学与地方政府合作创办中小学校的合作模式。

点，以学生的智慧生成为目标，以打造“智慧型教师”、培养“智慧型学生”、构建“智慧型校园”、造就“智慧型家长”为基本途径，引领师生在学校教育中获得终生可持续发展的智慧。同时，形成“志存高远、诚意修身、求真致知、智慧成长”的校训，形成“奉献崇高、坚信每位学生都能成才；知行合一，相信每位教师都能成功”的校风，及“学会做人、学会求知、省悟自律、智慧发展”的学风。

精细筹备、科学规划、经得起学术推敲的顶层设计，成为学校办学方式的亮点，也区别于同类学校的常规发展之路。亦即，在学校正式招生运行之前，预先设计好学校的发展路径、规划出学校的发展蓝图。在明确目标和方向的基础下，有的放矢、埋头实干，一步一个脚印地实施智慧型校园的创建工作。

正是由于“智慧型学校的实践研究”作为全国中小学校亟待探索的学术前沿问题，一直是国内学术界和中小学领域普遍关注而尚未解决的实践难题。2011 年 12 月，孔凡哲教授牵头、率本校硕博团队力量，组织申报教育部人文社科基金项目《智慧型学校的实践研究与理论分析》，2012 年 2 月获得批准，成为嘉兴地区以一所中小学校力量独立申报并获得成功的为数不多的国家级科研项目。

二、头顶天、脚立地——分步践行学校发展目标

“智慧的教育”作为顺应信息爆炸时代的新要求，具有先进性和理论创新性，“智慧型教师”①作为时代的强烈呼声成为中小学教师的实践目标，自 2006 年开始逐步从理论走向实践。智慧型学校是一个全新的话题，从先进的理念走向实践现实，需要一步一个脚印拓荒前行。同时，学校办学的成功，具有普遍意义上的外在标准，这些外在标准也是印证学校能否成功走出一条创新之路的一个重要指标。

正是基于东师南湖校的前瞻顶层设计，辅以专家们的科学论证，才得以在 2011 年 11 月 16 日在博雅酒店举行的办学理念研讨会上确立东师南湖校发展“三步走”的重要策略：

1. 近期目标(3～5 年左右)：把学校建成嘉兴当地家长普遍认同的省级标准化学校。

这意味着，学校在建筑设施、图书装备、师资队伍、课程建设等诸多方面达到浙江省义务教育基准标准(争取达到 I 类、II 类、III 类标准)，成为一所在省级层面上办学规范、运行完善的九年一贯制学校。

2. 中期目标(7～8 年左右)：把学校建成省内有一定影响的优质学校。

相对于近期目标，学校仍将目标放在省级层面，但眼光聚焦于学校办学成效的优质，学校办学品牌在嘉兴打响、在浙江闻名，促进地区交流。

---

① 田慧生. 时代呼唤教育智慧及智慧型教师[J]. 教育研究. 2005,(02):50－57.

3. 远期目标(10 年左右):打造在国内有一定影响的优质特色学校。

作为基础教育学校,发展的十年目标定位在全国范围内,追求优质的办学成效的同时,倾力打造学校特色,争取成为国内基础教育界广泛关注,学术界充分认同、社会各界普遍信赖的品牌学校。

三、心付出、辛果实——学校办学的近期成效

俗话说"万事开头难",难在面对复杂问题千头万绪而无处下手。虽然办学实践路途艰辛,"公办保障、民办运行"的创新体制无模可仿。但是,运行前一年多的酝酿、规划,着实为学校第一阶段的发展目标指明了方向。

(一) 紧扣省标准化学校基准标准拓荒而行结硕果

紧扣《浙江省义务教育标准化学校基准标准》,快速度、快节奏推进"以评促建、快速发展",提前一年实现"三年内创建省标准化学校"的办学目标,学校于 2013 年 11 月迎接浙江省教育厅组织的现场验收评估,以优异的成绩达到浙江省义务教育 I 类标准。

1. 紧扣基准标准,认真应对、齐心协力创办名优

自 2012 年 9 月正式运行以来,经过一年多紧扣标准的层层规划,紧扣目标逐一落实。此时,学校已经具备参评浙江省义务教育标准化学校的基本条件(仅仅达到"基准标准"),并具有诸多的"先天优势"。经过 2 个多月的精心准备,2013 年 11 月 25 日下午,学校迎接浙江省标准化学校专家组进行现场验收评估。2014 年 1 月评估结果正式公示,除骨干教师比例稍低于优秀标准(在合格以上,达到良好),其余各项指标全部优秀,顺利通过验收,提前一年达成办学近期目标。

2. 以评促建凝聚人心,评建结合赢得发展

学校全体总动员、齐心合力,以评估为契机,评建结合,切实起到"我为学校添光彩、我为学校做贡献"的效果,学校的凝聚力和团队意识得以大大提升,而作为新建学校,其来自五湖四海的全校师资得到实质性融合,尤其是教师的观念意识、学校教育教学的执行力等,距离践行"智慧的教育:启迪学生终生受用的智慧"的需求越来越近。

(二) 依托国家级课题开展办学实践,科研强校成果显著

2012 年 9 月正式运行到 2015 年 5 月,全体教师立足教育教学实践提炼总结,公开发表以及在区级、市级、省级获奖论文共计 168 篇,出版论著 3 部,承担各级各类课题 40 项,已结项 16 项。

"智慧型学校的实践研究与理论分析"课题组于 3 年内在国内权威学术期刊《中国教育学刊》《教育发展研究》《全球教育展望》等公开发表学术论文 20 篇,出版著作两部。其中,国内核心期刊论文(CSSCI、PKU 论文)17 篇。论文《巧用课堂中的典型错误提升课堂效率的若干策略》《我国小学数学纸笔测试题

存在的问题及对策研究》还在2014年12月被嘉兴市人民政府授予嘉兴市第十九届社会科学优秀成果奖。

值得一提的是，课题组取得的核心成果《学生可持续发展的评价标准及其保障措施》等在国内学术领域公开发表后获得积极反响，从理论与实践两个层面印证了一种新型的合作办学模式的成功，不仅对周边学校起到良好的辐射作用，起到了“鲇鱼效应”，更在国内中小学校运行机制领域闯出一条新路，即“公办保障、民办运行”。同时，智慧型学校文化建设、特色课程建设的诸多成果，也被分享到周边的更多学校，既包括本地级市，也包括杭州市的多个区、永康市等，还包括辽宁省、吉林省的许多学校。

（三）优质高效的教学、专业的科研团队与骄人业绩赢得社会美誉

1. 学校发展性评价实践得到国内学术同行的普遍关注与学术认同

现今，学校办学成效获得国内同行的广泛认可，评价特色逐步凸显。学校小学数学团队的系列研究成果入选首届华人数学教育大会评价专题主题报告之后，2014年6月发表的一组（五篇）文章，其中的两篇被人大报刊复印全文转载（创国内转载率纪录），备受国内同行关注，也为嘉兴教育界争得荣誉！

2. “把握学科本质、平时学得轻松、考试发挥水平”的办学特色日趋成熟

几年来，学校教学质量快速发展。东师南湖校在2013学年获得快速发展，办学质量、学校品位得以迅速提升，学生学业综合成绩顺利跻身所在县级区19所学校的前列，“保五争三”的目标得以实现。在2014学年全区初中统考统批期末考试中，学校再上新台阶，优秀率取得新突破，全校状元列全区第14名。在全区19所学校综合排名中，四项指标（平均分、优秀率、及格率、后20%）的位次提升显著，跻身前四名。未来一年中，学校将以“跻身区内前三甲”为目标，努力打造智慧校园，早日实现合作办学预设的“利用5～8年的时间打造省内有良好影响的优质特色学校”的目标。

学校融东师之魂、汇南湖之灵，有效发挥理念引领、专家治校、文化互补的优势，逐步形成“把握学科本质、平时学得轻松、考试发挥水平”的办学特色。目前，科研强校、硕博团队与骨干教师团队相互融合、特色强校，已成为该校办学的三大亮点。正所谓，合作办学激活优质资源，专家治学孕育智慧文化，科研兴校助推师生成长，专业团队创造专业成效。

第二节　创建省级标准化学校

标准化学校创建是学校发展的指标性任务，也是第三方专家以固定评价标准、遵照相对全面的细化指标，对学校办学水平的终结性达标评价，是相对静态和客观的一种评价。能否通过浙江省义务教育标准化学校评估，直接影响学校

近期目标的达成状况。

一、“先天优势”携师资配比成功助推省级标准化学校创建

标准化学校评定是学校提升品位、促进自身发展的重要任务，也是推进教育标准化建设进程的重要举措。为此，学校专门成立“标准化学校申报”工作组，自 2012 年 10 月开始着手浙江省义务教育标准化学校的筹备申报工作，并严格按照《浙江省义务教育标准化学校基准标准》的要求，积极开展自查自评。由首任校长孔凡哲教授全程设计、实施合作办学项目，零起点创建学校，筹建之初便以义务教育标准化学校Ⅰ类标准，规划校舍、配置装备，先天优势让学校的申报评估信心倍增。毕竟建校运行伊始，班级规模小，青年教师比例大，骨干教师职称比例偏低，与标准化学校指标要求存在一定差距。

2013 年 10 月起，在学校正式运行一年之际，学校再次着手浙江省第二批义务教育标准化学校的申报工作，成立标准化学校申报工作组。由校长孔凡哲统一规划、副校长张凯统筹组织、校务办公室牵头负责、各科室密切配合、全体师生共同努力，严格按照《浙江省义务教育标准化学校基准标准》的要求，精心梳理学校现已达成的方面，调整随年上升的数据，增配高职称的骨干教师选拔入职，以提升职称标准。经历一年的酝酿、两个多月的筹备，学校在规模和建设标准、师资队伍、教育技术装备、校园环境和安全四个方面的三十四条标准，完全达标，于 2013 年 11 月顺利通过浙江省义务教育标准化评估院专家团的现场评估。

2014 年 1 月 29 日《浙江省教育厅办公室关于公布 2013 年第二批浙江省义务教育标准化学校名单的通知》（浙教办计〔2014〕10 号）公布，东师南湖校成为嘉兴市南湖区参评学校中唯一达标的义务教育学校（全省序号 180，达到Ⅰ类标准），标志着东师南湖校提前 1 年完成“学校近期办学目标”。

2013 年 12 月，学校顺利达成浙江省嘉兴市标准化实验室的审定、验收，成为地市级中小学标准化实验室。

2014 年 12 月，学校迎接嘉兴市教育局专家组的现场评估、验收，在南湖区的申报学校中脱颖而出，顺利成为地市级的中小学数字化校园示范学校。

二、标准化学校创建的“三维收获”成就参与者文化认同

概括而论，学科教学要遵循课程标准的“三维目标”，简单地说就是“知识与技能”“过程与方法”“情感、态度、价值观”三方面的目标。创建工作亦是如此。创建省级义务教育标准化学校，既是学校达成目标的一个过程，也是全体教职员工、学生和家长自我学习、提升，进而实现文化认同、观念统整的过程，收获的不仅是达到省级标准化学校实力的评估结果，而且包含参与者对工作组织的成功经验，更有形成于创建工作背后对于管理体系的文化认同。

（一）顺利达成的结果性目标——获评省级标准化学校

通过逐条对应标准化学校基准标准要求，梳理已达成的条目并用一定的方式呈现出来，这个过程既是自我盘点、自我评价、自我修正完善的过程，也是学校快速发展的过程。

学校经过计划明确、分工细致、监督周密的全方位自查，发现学校各项条件均达到浙江省规定的义务教育基准标准，基本符合浙江省义务教育标准化学校I类或II类标准要求。在校舍用房建设方面，其类型、数量、面积、设施、规格等均达到浙江省I类标准要求；在师资队伍建设方面，编制设置符合规定配备标准，具有优质的教师学历和职称结构，教师培训制度稳定，专项培训经费足额保障，均达到浙江省基准标准要求；在教育技术装备方面，学校图书、教学仪器、多媒体、计算机配备标准高，校园网络系统设置科学，信息管理与应用高效，均达到浙江省I类标准要求；在校园环境和安全方面，校内设施完善，绿化达标，体育、健康、卫生方面安全合理，安全防范和保障工作在人员和设施上均达标，校外周边交通环境良好，在符合浙江省标准要求的基础上，在生均占地面积、绿化面积、活动场地、教学设施配备等多方面标准均高于要求，达到优秀。

（二）在创建过程中实现参与者行为统合，形成协同的工作策略

创建工作既是相互磨合的过程，也是提炼、总结评估组织经验的过程。而这些经验都是核心组织者对工作流程深入思考、精心设计而形成的。这些经验的产生，不仅使评估组织在调整中寻求更加简捷高效的筹备方式，而且对于学校未来的各类评估，积淀良好的经验，产生同等效应的积极影响。

简言之，当学校成功地经历了一次整体的、多方面的项目申报，活动组织者对于申报迎检的组织工作，获得了胸有成竹、运筹帷幄的直接经验，逐渐形成一套通顺的工作流程和迎评技巧，活动的参与者同时形成了配合组织者完成局部工作的一套流程。

这种宝贵经验，特别是一套相对成熟稳定的应评策略、应评机制，对于学校未来将要面对的各类新挑战，都是宝贵财富。

当然，迎检工作也有诸多技巧，诸如，备查佐证材料的整理要清晰鲜明、重点突出、图文并茂；台账整理条目清晰、分类分块目录细致，便于专家查阅，既要全面清楚也要人性化、简捷明了；汇报演示稿需要图文并茂，汇报思路需要顺应评估标准的条目线索，便于评估专家作出准确判断、科学评估。

（三）在创建过程中统合参与者认知，催生全校共识的组织文化

反思标准化学校创建过程，创建工作的成功开展，不仅仅收获成功获评的结果，而且收获了东师南湖校组织团队相互磨合的经验，而创建工作背后所隐含的情感、态度等认知上的收获，则更具价值。

那些成长、成熟于工作过程中的策略，是参与者共同磨合的经历，自然被

所有参与者认同。毕竟,一致的策略就是处理问题的类似方式,是参与者相互统合的认知,而这些认知会使所有参与者在面对类似问题的时候,产生相似的思考角度,催生相似的处理策略,这种一致的价值取向,便成为学校特有的组织文化。这种对于文化的认同,就像每个人不同的生活经历,成就其独有的交际风格和气质类型,蕴藏于参与者的头脑之中,显露于日常工作的方式方法之中。

此外,一项重要工作目标的圆满完成,鼓舞了所有的参与者、组织者,帮助他们收获自我效能感,在共同工作中,领悟了众志成城的团队力量,也使学校形成了一支特别能战斗的组织管理队伍,学校管理团队精神得以凝练,组织文化建设得以快速发展。

第三节　规划、制订、实施三年发展规划

三年发展规划的制定萌发于学校发展的内在需要,成熟于上级主管部门的外在要求。三年发展规划的制订与实施,既是上级督导部门对学校办学的发展性评价与增值性评价,也是支持学校实现近期甚至中期办学目标的具体抓手。三年规划承载着校园建设的方方面面,成为智慧型学校创建工作落实的显性标准。

一、三年发展规划从何而来

教育领域评价改革已然畅行多年,却仍然充满探索与尝试的空间。改革最难不过评价关,合乎学术理解的评价标准、贴近实践操作的评价方法,不仅可以评估学校创新发展的成效,而且可以凸显评价本身对于推进发展的突出价值。

学术领域倡导发展性评价,即用动态的眼光、依据进步的程度,对学校发展的增量进行纵向评价,淡化横向比较,聚焦自我定位、自我成长与自我目标的达成。

学校之所以制定三年发展规划,一是源于自身发展的需要,毕竟一所新学校需要有目标,更需要显性指标自我评估、目标驱动;二是恰逢区内学校评价改革大环境,浙江教育走在全国前列,教育均衡又是嘉兴市义务教育阶段办学的突出特征,区内督导部门也在思考如何参与改革,激励学校自我提升的意愿,更加科学合理地全面评价一所学校的发展情况。毕竟学校是育人的场所,不比市场经济用 GDP 说话,也不能沿袭旧规,唯分数论,亦不可贪图表面浮华,一心只专注于文体特色的耀眼,为了特色而特色。学校的成长是隐性的,充满了文化的积淀和感悟,或许走进一所学校,它的物质风貌、人文风貌都是评价学校发展需要考量的方面。学校的成长如同人的成长,有血有肉、有经历、有体验,都具备其独有的发展历程以及刻画其飞跃式发展的关键事件。

东师南湖校的校长孔凡哲教授作为长期研究评价的全国知名的评价专家，对发展性评价情有独钟，在与上级部门的沟通合作中一定程度上促成了区内学校发展性评价从理念走向实践，从而在几十所中小学全面铺开。

二、三年发展规划什么样

（一）三年发展规划预设目标的内部解构

为了更好地促进和指导学校未来三年的发展，提高学校工作的目的性、计划性，在广泛征求教职员工意见的基础上，东师南湖校制定 2012 年 9 月—2015 年 8 月三年发展规划。

三年发展规划分为基础指标和发展项目两部分。基础指标主要包括办学条件、队伍建设、学校管理。发展项目属于学校根据上级规划而自选项目，属于学校发展的自我设定，主要涉及课程建设与教学质量、学校特色与文化建设、评价机制与师生发展、教育管理与教学创新以及自定项目，具有很大的开放性。东师南湖校的自定发展项目“智慧型校园创建”，也在一定程度上反映了学校发展预期目标的要求，并与学校承担的国家级课题《智慧型学校的实践研究与理论分析》的研究相统一。

每个具体项目的目标预设，都需要明确项目目标、实施策略与措施、推进计划（按学年度分解）、达成标志，同时，需要各项目标之间协调统一，任务清晰、目标明确，易于操作检验。

（二）科学规范制定学校三年发展规划

作为新办学校，首个三年发展规划于 2012 年 12 月顺利通过区教育文化体育局评估验收，并获得与会专家的一致好评，特别是，在同类的三所学校中获得赞誉。

三年发展规划的制定工作由校长室领衔、校务办牵头负责，其制定过程经历了“成立工作小组——解读上级文件——研讨一期目标——分条线征集目标——全校规划统合——反馈修订一期目标——设定目标分解原则——分条线规划二期、三期目标——全校再次统合、修订规划——反馈征集意见——完成修订工作——规划初稿出台”等一系列过程，期间多次召开校长办公会和中层干部会议，为学校三年发展规划的制定出谋划策。真正做到顶层设计、集思广益、理念引领、自下而上，最终将三年发展规划的制定演变为全体员工共谋三年发展前景、统一思想、聚焦力量的良性互动过程。

（三）学校内部评价外部评价一起抓，落实举措周密有序

按照三年发展规划，每学年都进行一次中期检查，既是全方位的学校自评，也是做好内部建设、增进条线理解、巩固团队凝聚力的有利时机。外部评价由区督导组完成，督导组专家由有关学校的知名校长、专家组成。从全区层面上，督导评价检测也是一种互评，更为校际之间的学习交流搭建了一个互动平台。

每次中期检查前，学校由校办牵头、提前一个月筹备迎检工作，针对规划目标进行自评。其间，学校召开专题性的校长办公会，布置自评工作；学校各部门召开专题座谈会，对照各学年度实施计划表中的各处室相关工作的具体目标和任务，认真检查、自评，相关人员通过查阅已有累积资料、进行现状调查等方式，对各项工作完成情况进行细致的检查、评估，特别是，对于日常的档案材料、原始素材等进行加工整理。在计划实施过程中，各部门负责人不断反思、调整、完善，围绕学校既定的3至5年的近期办学目标，结合目前现有的办学条件积极推进学校工作，最大限度地有效利用现有资源，融东师之魂、汇南湖之灵。

形成性评价中，学校校办提前整理相关材料，向落实具体工作的各处室提供责任条线学年实施计划以及任务说明，集中布置，随时督办，做好统筹。学校各处室的负责人由于经历多次迎检筹备工作，业已形成相互配合、协同完成复杂任务的工作流程，在处理问题时，有条不紊、胸有成竹。工作中，各条线逐一对各自目标、任务和落实实际进行自评，并针对重点工作和存在问题，精心化难、完善不足。与其同时，对于实施过程中出现的新情况、新问题，及时进行对策研究，及时快捷地化解问题、推进学校快速有效地发展。而团队凝聚力在面对困难、分析处理问题之中得以进一步提升，价值认同得以进一步强化，学校行政组织的管理文化得以迅速提炼升华。

三、三年发展规划完成情况

（一）三年发展规划的推进概况

2012学年既是学校正式运行的第一年，也是三年发展规划的开端年。其上半年聚焦智慧型学校创建的主体目标，规划学校前三年各方面的主要发展目标、实施举措以及达成标志。下半年以正式获批的规划报告为准，开展各条线工作，平稳有序推进学校工作。

2013学年作为首个三年发展规划的第二年，对照目标梳理达成情况，总结成果、梳理疏漏至关重要。为此，学校于2013年3月份改组新一届校级领导班子，采取公开竞聘上岗方式、在试用一年的干部中选拔确定中层干部，构建学校管理团队。同时，制定详细的三年发展规划执行细则，并逐条落实。

2014学年是三年发展规划的最后一年，学校开学初就以三年发展规划为目标，各处室制定工作计划，明确各自的发展目标，逐条查对目标的完成度，并规划进一步调整和实施。

目前学校已经顺利通过两期中期自评，2015年5月学校将迎来三年发展规划的最后一期评价，即终结性评价。本次评价将考察学校是否完全达成规划中的预设目标，三年发展规划在2015年6月顺利通过评估，也意味着学校中期目标和部分长期目标的有效达成。

（二）形成良好的保障机制

学校三年发展规划的实现，需要系统的保障体系。这是落实第一个三年发展规划的基本前提。

1．思想保障

从规划工作初期起，学校始终注重发动和组织全校教职工对《东师南湖校三年发展规划》进行讨论交流，最终达成统一认识。在统一认识的基础上，齐心协力、振作精神，努力在工作中切实达成发展规划预定的各项目标。

2．组织保障

首先，学校成立以校长为组长，各科室管理人员及部分教职工为组员的三年发展规划领导小组、工作小组，全面负责规划的制订、论证、实施、评估等环节。

其次，充分发挥党总支、工会、行政科室等部门职能。党总支发挥政治核心作用，党员起到模范带头作用，促进发展规划工作的思想建设；行政部门负责职责划分，将规划工作落实到人，注意分工合作；工会则有效发挥学校与教职工之间的沟通桥梁作用。

3．制度保障

建立、健全校务公开、民主决策和民主评议制度，定期召开教代会。“三年发展规划”经过全体教职工代表大会一致通过。

针对教代会通过的规划，学校将重心放在落实举措上。为此，针对总体目标，分解到各个年度，进而制订相应年度的实施方案及其评估体系，每学期、每学年针对实施中出现的问题，都需要采取及时有效的措施实施调控、修订、完善。而针对新建学校规章制度之中亟待完善的空缺，诸如教师科研奖励制度、高学历教师管理制度、科研及学校特色建设等等，都需要基于充分调动教师积极性、保障教师职责权利、实现共同发展的视角，在充分调查研究民意的基础上制定、实施。对于新学校而言，制度完善是重点，而用制度手段解决新情况新问题则是焦点和难点。

4．后勤保障

强大稳固的后勤保障体系，是智慧型学校的坚实后盾。为此，需要强化后勤机构管理与建设，规范校产管理、财务管理，提高工作效率，定期对学校固定资产进行清查、核对，食堂财务定期公开，努力为师生的正常教学、使用教育设施设备等创造便利条件，做好发展规划工作的后勤保障。

5．安全保障

在独生子女占主流、家庭教育普遍缺失的今天，校园安全成为困扰中小学校长的首要难题，俗称“悬在校长头上的三把刀之一”。这种隐患不仅来自学生脆弱的心理，任何一点不经意的挫折都可能导致严重后果；而且，学校设施中的安全隐患、群体性活动中的安全隐患、食堂中的安全隐患、饮用水导致的安全隐患、消防安全，一旦爆发就会导致学生伤害。

为此，不仅需要端正学校安全建设工作的态度，大力推进校园安全建设，打造合格规范的“平安校园”，将安全工作作为学校各项工作顺利开展的基础与前提，更需要采取细致入微的人防、物防、技防工作，切实健全完善学校安全防范体系。

（三）基础性目标达成效果优异

1. 先进办学理念统领学校发展

办学理念代表着一所学校的办学出发点与价值观，它是一所学校的灵魂之所在。先进的办学理念，对内是一种无形的凝聚力，对外则展现出学校的核心竞争力。

追求人的智慧发展，是当代教育变革的一种基本价值走向。东师南湖校在创办伊始就确立“智慧的教育”办学理念。同时，在确立办学理念过程中，学校充分利用高校的丰富资源，举办办学理念研讨会，广泛征求专家意见，最终形成对“智慧的教育”办学理念的合理、深刻的解读。

在明确办学理念的同时，学校充分利用新建学校的特点与优势，从建设初始就始终贯彻“智慧的教育”办学理念：无论是校园建筑的设计，还是校园文化塑造，无论常规常态课堂，还是丰富多彩的文体活动，全校教职员工始终将“智慧的教育”办学理念作为学校一切工作的前提和基础，时刻注重启迪学生终生受用的智慧，全方位打造智慧型校园，践行智慧的教育。

2. 依托名校资源、走教育家办学之路

东师南湖校将“智慧的教育”作为学校教育实践的核心，力图寻找大学与地方政府联合办学的一种新模式，即 U-G-S 模式（U 即 University，G 即 Government，S 即 School）。同时，将精通中小学实践的大学学者与优秀的中小学管理者组合，搭建九年一贯制学校的领导团队，努力探索“教育家办学”的可行模式。

学校特聘请东北师范大学精通基础教育、引领全国中小学发展的知名专家为学校发展规划进行指导，为学校营造了浓厚的教育科研氛围；帮助教师将日常的教育教学活动提升到科学研究的高度，在教师获得优质高效课堂效果的同时，实现自身的专业发展，大幅提高教育教学质量。另外，学校与东北师范大学附属的中小学校，以及吉林、辽宁、福建等省的数家名校建立伙伴关系，充分借鉴名校的先进办学经验，传承东北师范大学优秀的教育传统，并根据东师南湖校的实际加以有效利用，实现以名校带新校，促进学校自身规范化、特色化、优质化的快速发展。

3. 先进硬件设施，倾力打造智慧型校园

东师南湖校从初建时期起就严格按照《浙江省义务教育标准化学校基准标

准》中的Ⅰ类标准(即最高标准)进行设计、建设,注意体现“学生发展为本”、人文关怀的设计理念,充分物化“智慧的教育”办学理念,努力为师生营造舒适、和谐的教育教学环境。

在布局上,充分体现功能分区、科学合理布局,即小学部与初中部相对分离,教师、学生的教学区、生活区、活动区布局有序。

在场所设置上,各类教学、办公、生活服务场所配置齐全、功能完善。学校为了确保学生全方面发展、个性化成长,除常规教学教室外,还配套设置科学实验室、音乐专用教室、美术专用教室、计算机室、图书馆、心理健康辅导室、舞蹈排练室等各种专用教学场所。同时,为教师提供备课室、社团活动室等多元化办公场所。宽敞、卫生的食堂、宿舍、医务室等生活服务场所,为教师、学生营造了健康、舒适的生活环境。

学校十分重视现代化教学设备、教学用具的装配。每个教室配置全套多媒体设备,电子白板、投影仪等能够协助教师更好地进行教学。学校的图书、科学实验仪器等各种教学装备完全符合《浙江省中小学教育技术装备标准》。

4. 健全的师资队伍、管理队伍、教辅团队,助推学生快速发展

雄厚的师资力量是东师南湖校实现“智慧的教育”的重要保障。学校充分利用高校以及当地政府的有利资源,组建了一支高学历、高起点、高素质的教师队伍。

学校全力打造由39名优秀的东北师范大学教育学博士、教育学硕士、文学硕士、历史学硕士以及英语语言学硕士组成的硕博教师团队。他们不仅具有过硬的学科功底、扎实的教学能力,同时具备了浓厚的教研兴趣、突出的科研能力以及对教育事业的满腔热情。除了朝气蓬勃的硕博团队,学校十分重视在职优秀教师的招聘,在学校组建的小学、初中骨干教师团队中,共有地市级学科带头人6名、县级及以上教学能手等荣誉获得者39名。他们为学校带来了丰富的教学经验以及成熟的业务能力,帮助学校更快更稳的向前发展。另外,学校立足嘉兴、面向全国招聘了7名教辅人员,32名专职生活教师,为打造“智慧型学校”,从管理、教学、生活多方面提供全方位的人力保障。

(四) 发展性目标的达成状况

1. 课程建设稳步发展,教学质量逐年攀升

立足智慧的教育办学理念,以构建智慧型课程体系、打造智慧型课堂为主要依托,提高学校教育教学水平,推进课程建设进程,经过三年的建设与发展,打造渗透智慧特色的相对系统的课程体系,使学校的教学质量得到全面、大幅度提升,实现促进学生智慧成长的发展目标。《快乐数学》《童趣英语》《数学梳理课》等特色课程稳步运行。

(1) 以新课改理念为指导,开足开齐国家课程

全面实施国家课程计划,东师南湖校中小学部严格按课程计划开齐开足规

定的课程，不擅自调整教育部或省定课程计划，随意加深课程难度、增减课程和课时、赶超教学进度和提前结束课程。切实保障开展团队活动和社会实践活动的时间。

三年间，学校通过精细管理、采取系列措施实现了教学质量的全面提高，在全区统考中各项指标位次稳步攀升、名列前茅，圆满完成了“保五争三”的预期目标。“把握学科本质、平时学得轻松、考试发挥水平”的办学特色日趋完善，效果优良，赢得广泛的社会赞誉。

(2) 全面落实“减负”规定，保障活动时间，推进各类体艺课程

教务处全面落实“减负”规定，保证学生充分的体育运动时间和睡眠时间，将“把握学科本质、平时学得轻松、考试发挥水平”的办学特色得以充分体现。保障每天阳光体育一小时；初中部每天 6:50—7:05 晨跑，9:30—10:00 大课间活动，傍晚 17:20—17:50 学生自由锻炼（很多学生选择打篮球、踢足球、徒步等活动），每周体育课 3 节，另有一节选修性的体育艺术社团活动课等。学校对体育工作十分重视，除定期召开学校体育教学工作专题会议外，结合各年级的特点制定特定的体育训练方案。例如，针对初三毕业班体育中考的要求，在3 月～4 月期间，9:30—10:00 大课间活动以选定的体育考试项目为重点，而4 月12 日～5 月 30 日，9:30—10:00 大课间活动以广播操为主，而 6 月份则以考前心理辅导、舒缓性体育运动项目为主。

在常态教学中，以兴趣班、社团活动等形式推进体艺活动课程，开展“体育、艺术 2+1 项目”，丰富了学生的课余文化生活。初中部开设有音乐社、美术社、歌舞社、文学广播社、篮球社、心理社、网页制作社、英语角、科学研究社、棋类社、时政社、女红社、羽毛球社等课余文化社团。

(3) 积极开发校本课程

① 以课程的形式推进校本课程

以《东师南湖校三年发展规划》为指导，将“智慧的教育”作为明确的办学理念，并通过课程、教学渠道，践行“智慧的教育”，不仅将启迪智慧物化在国家课程、地方课程的具体实施之中，而且，积极开发校本课程，常态开设《数学梳理》《英语影视作品欣赏》、学法指导系列课程、研究性学习等特色校本课程，将《快乐数学》《童趣英语》打造为规范、系统的校本课程，深入推进智慧型校本课程建设。

与其同时，东师南湖校继续开发排球、篮球、跆拳道等学校特色课程，不断丰富特色课程种类，进一步丰富完善智慧型校本课程体系，增强课程的适应性，重视学生社团活动的开展，努力打造学校教育教学的特色。

② 分层面实施学法指导校本课程

乐学、能学、会学，才能学会，只有拥有正确的学习方法和良好的学习习惯，

学生才能轻负高效地学习。因此，东师南湖校重视学生学习方法指导和学习习惯的培养。每学期初，学校统一组织全体新生开展“学法指导”专题讲座，常态开设《数学梳理》《快乐数学》《科学殿堂》等聚焦学法和学习兴趣的课程，注重日常学科教学层面的个性化学法的指导和帮扶，开展年级、班级的学生学习经验交流会，以活动为载体促进个性化学法的生成。例如，2014 学年第一学期，东师南湖校以讲座的形式开展学法指导系列活动，为学生的学习保驾护航，具体内容如表 4－1 所示。

表 4－1 学法指导讲座系列活动表

时间	讲座名称	参加对象
2014.8.27	中小学衔接学法指导讲座	七年级全体学生
2014.9.23	七年级语文学法指导讲座	七年级全体学生
2014.10.9	“清？活？”：八年级语文学法指导讲座	八年级全体学生
2014.10.10	七年级数学学法指导讲座	七年级全体学生
2014.10.14	“主动、智慧、反思”：八年级数学学法指导讲座	八年级全体学生
2014.10.15	七年级英语学法指导讲座	七年级全体学生
2014.10.23	八年英语学法指导讲座	八年级全体学生
2014.10.24	“三先三后，回头看”：七年级科学学法指导讲座	七年级全体学生
2014.11.6	八年级科学学法指导讲座	八年级全体学生
2014.11.14	“转变、定位、智慧”：七、八年级社会思品学法指导讲座	七、八年级全体学生

学法指导是学校进行学生学习力培养的最直接和有力的手段，将学法指导课程化，分学科、分主题进行通识性的学法指导，以及个性化学科性学法的日常指导，成效显著。

通过一系列的讲座、交流会和常抓不懈的日常学科学法培养，学生们不仅能“学会”，而且越来越“会学”，同时，方法指导诱发学生不断反思自我、优化学法的自觉意识不断形成，逐步走上智慧成长、可持续发展之路。

(4) 严格落实教学常规

教师是课堂教学第一责任人。无论是保障课堂教学的最低要求还是打造智慧型课堂教学，都需要科学规范的教学常规。为此，正如俗语所阐述的“要想让孩子吃得壮必须主要依靠主食，而不能靠零食”，必须切实转变学与教的方式，“以学促教”，切实向课堂要质量、要效益，在规定时间内高质量地完成教育教学任务，杜绝高耗低效、大量无效活动时间存在等现象。同时，需要不断加强师德建设，规范教师课堂教学行为，只有把学生利益放在首位、将爱岗敬业、遵法执教、学生发展为本真正落实在常态的教育教学之中，才能从制度保障走向效益保障。

另外，东师南湖校严格执行教辅材料征订工作的相关要求，不存在教师强迫学生购买的现象，更不存在教师统一收取资料费用统一购买的现象。而这些举措恰恰是切断"大题量机械训练出成绩"的习惯做法的关键点之一。

向课堂要质量必须建立在教师备课充分、能读懂课堂、读懂学生、读懂教材内容的基础之上。为此，强化校本教研就变得至关重要。学校规定教师每周参加一次校内外教研活动，对无故缺席教研活动的教职工，报教务处备案。倡导教师相互听课评课，总结经验，取长补短，共同提高。每位教师每周必须以电子稿的形式上交下周教案；而每月每位教师必须提交本月的教学反思 4 份，每份不少于 500 字，其中一次的教学反思不少于 1000 字。分管校长和教务处主任（负责人）每周听课 3—4 人次，校长每周听课 2 人次，师训、科研处负责人和教研组长（备课组长）每周听课 1—2 人次，学校领导听课后要与教师进行座谈。常态开展青年教师比武（备课、说课、上课评比）活动等。

(5) 坚持优质高效课堂

"孩子的营养主要来自（课堂）主食"、"拓宽孩子'副食'的空间、让孩子个性化发展"。为此，学校每个学年都会选择一个主题开展系列活动。2014 学年度聚焦课堂视频案例研究工作，由校长亲自统管、学校信息中心负责实施、教务处配合，开展教师视频课堂资源库建立工作，随机录课、推门录课，一方面敦促了教师扎实做好教学常规，另一方面为教学资源共享搭建平台，促进课堂教学质量，保障学生在课堂上得到"营养丰富的主食"，实现全面健康发展。

(6) "提优补差"实现学生全面发展、追求学生个性发展

针对学生之间的差异，如何实现发展个性的教育，帮扶困难学生，是教育的难点之一。东师南湖校采取"提优补差"的方式，即一名教师带两名学生，对于在学习方面和心理方面有困难的学生，采取半月一次谈话的方式，及时了解学生的思想动向，洞察需要教师帮助的具体内容；对于成绩优异的学生，采取导师制方式，给学生发放学法辅导（诊断）卡，一旦学生在某一学科的某一个核心内容的把握上存在疑惑，学生可以通过提交学法辅导（诊断）卡约请导师，由学校委派的学法诊断导师当面诊断辅导，现场解决学习上的疑难问题。

2. 课题承载、聚焦评价实现办学理念物化，推进科研强校办学特色

(1) "智慧的教育"逐步物化为学校教育现实

经过三年的努力，特别是，经过 2013 年至 2014 年两年时间的不懈努力，"智慧的教育"逐步物化为学校教育教学现实，"浓厚的学习兴趣、良好的学习习惯、科学的学习方法、健全的身心、积极的社会责任感、向上的精神"成为物化"智慧的教育"办学理念的具体指标，得到师生的一致认同并内化为教育教学理

念，得以有效落实。

(2) 聚焦发展性评价，关注学生学习力培养，教学质量稳步提升

学校聚焦发展性评价，建立健全学生可持续发展的评价操作细则，将乐学、能学、会学作为重点，物化在日常教育教学活动之中，通过活动评价、表现性任务等方式，图文并茂进行展评。专题性学习力培养、高效的课堂教学、精细的常规考核与评价、科学规范的考试命题研究，成就了学生学习成绩的显著提升。其中，小学生在特色活动中全面发展、快乐成长，初中生在劳逸结合的教育教学中成绩突出、整体水平名列区内前茅。

(3) 国家级课题承载学校发展，结出硕果

以教育部人文社科基金项目《智慧型学校的实践研究与理论分析》的研究为载体，形成校级、区级、市级、省级、国家级"智慧型学校"系列课题群，科研特色学校初步形成。项目组 3 年内先后在国内权威学术期刊《中国教育学刊》《教育发展研究》《全球教育展望》《人民教育》等公开发表 CSSCI、北大核心等级别的学术论文 17 篇，出版著作 2 部。其中，论文《巧用课堂中的典型错误提升课堂效率的若干策略》《我国小学数学纸笔测试题存在的问题及对策研究》被嘉兴市人民政府授予嘉兴市第十九届社会科学优秀成果。将学校发展上升为国家级科研项目来研究、将理论融入实践之中的成功做法①，不仅得到国内学术界的普遍认同，而且在本地区内不同凡响，获得学生、家长以及社会各界的充分肯定。

(4) 从科研兴校到科研强校，凝结出能打攻坚战的研究团队

2012 年 9 月正式运行至 2015 年 3 月底，学校教师论文发表和区级以上获奖共计 168 篇，出版论著 3 部，承担县区级及以上级的科研项目、教研项目 40 项，已结项 16 项。以硕博团队、骨干教师团队为基础的 4—6 个研究团队形成，并在区内、市内产生积极影响，特别是小学数学团队在国内崭露头角、颇受关注，科研兴校、科研强校特色凸现。

3. 基于"智慧的教育"办学理念下的智慧型学校创建效果显著

围绕"智慧的教育"办学理念，建设与之相匹配的学校文化、教育教学运行机制等，是打造智慧型学校的关键。正是因为把握住了关键，学校文化建设因此取得实质性突破。

(1) 南北交融的特色校园文化打造

2014 年学校设计实施了综合楼、小学楼、部分初中楼的厅廊文化，充分体现东北文化与江南文化的融合，聘请东北师大美院画家为学校绘制饱含东师文

① 张艳丽，王琴芬，王韶韵. 让每个儿童获得智慧成长、可持续发展的"金钥匙"——国家级课题助推东师南湖实验学校打造智慧型学校[N]. 嘉兴日报. 2015 年 3 月 5 日第 14 版(综合版). 光明网(http://tech.gmw.cn/newspaper/2015-03/05/content_104894293.htm)、新民网、南湖新闻网等转载.

化、体现长白山风景的系列油画，在报告厅制作南湖红船、烟雨楼和长白山风景图的屏风，打造阅读休闲区、标志墙等等，正是校园文化氛围的浸润，有效地促进了师生对于智慧型校园文化的认同。同时，以启迪智慧为主题的校园文化设计，体现人文关怀与实用相结合原则，为师生活动提供了充分的空间和平台。而各行政办公室、教师办公室和学生教室都进行了启迪智慧文化的布置，并与智慧办公室文化评比、智慧型班级评比结合在一起，起到了非常理想的效果。

(2) 智慧型校园日趋完善

2014 年是智慧型校园创建的关键年，一年间：

学校完成了综合楼门厅文化的设计、制作，形成了办学理念标志墙、学校发展历程展(即校史专栏)、办学理念显性化专栏，完成校正门前广场宣传栏的设计、施工，涵盖学校优势展示、校务公开、东师文化宣传为一体的校门口广场宣传窗为学校增添光彩。完成小学部门厅文化的设计、施工，以“智慧的教育”为主题的三个门厅焕然一新。完成学校南门广场的改造工作，形成更便利的停车场、休闲室，为小学部走读生的接送提供便利。

协调市政部门完成智慧路限时单向的交通管制，协调周边企业完成东茶路的交通问题。极大缓解了学校周五接学生、周日送学生的车辆拥堵现象。

同时，协调当地政府完成校门口空闲荒地的改造，形成与智慧型校园相匹配的习园广场(兼有草坪、停车场多项功能)。红墙白框的现代校园，与绿树曲河环绕、平静祥和生机勃勃的文化区域正在形成，学校作为学习型社会组织核心一环的新型区域文化正在形成。

(3) 班级文化、厅廊文化、室外文化逐步完善，校园文化积淀迅速

学校逐渐完善了班文化、廊文化、室外文化，学校文化积淀效果显著。

学校德育工作始终以“智慧的教育”为基本理念，智慧型班级文化已经逐步形成，初步形成了一班一品的特色风貌，“智慧型班级”的“硬文化”(墙壁文化布置)、“软文化”(班级管理制度、班歌班训班徽章)逐步完善。“智慧型班级创建”风采展示等活动充分展现了各班级文化建设的足迹，提炼出了班级智慧发展的路子。积极开展社团活动，能满足学生特长发展、个性成长的需求。学生会干部的精心培养和有效利用，使得德育工作负责人能更好地通过日常事务指导学生发展，培养了学生的综合实践能力和管理能力。寒暑假社会实践、“走遍嘉兴社会实践活动”、校园学雷锋志愿岗体验实践等活动，让学生深深感受到了学习的真正魅力不仅仅在课堂，而在于把知识与能力、学习与生活融会贯通。通过努力建立健全学校校园文化，深化业已形成的智慧型校园文化，逐步完成校园德育制度文化建设，包括师生德育常规制度建设、组织机构建设和队伍建设。

以 2014 学年度为例，上学期以“硬文化”(墙壁文化布置、班级名片)、下学期以“软文化”(班级管理制度、班歌班旗班训班徽章)为重点开展建设。同时，

利用各种教育活动进行文化认同感的培养。如开学初利用军训、安全演练、传唱军歌等活动为载体，初步建立班级文化框架，并形成班级文化凝聚力。在第一学期开学之际，八年级开展了“智慧班级文化创建风采展示”，汇报团队在开学典礼上向全校师生汇报，展现班级文化建设和班级智慧发展的点滴。利用周一升国旗仪式及“道德微讲坛”培养学生积极向上的精神。每周一全校师生大声宣告校训“志存高远、诚意修身、求真致知、智慧成长”，以凝结全校师生的校园认同感和使命感。小学部以“我长大了”“绿色评价的七项指标”“智慧的教育”为主题的廊厅文化初具规模；初中部“放飞梦想，始于足下”的廊厅文化迅速发展。

4. 评价机制与师生发展

遵循发展性评价、过程性评价与终结性评价相结合的原则，建立并不断完善学校教师评价机制、学生发展评价机制等。实现通过评价机制促进教师与学生的良性发展，最终实现教师团队整体水平及学生全方面能力的提升。

(1) 形成学生可持续发展评价的良性机制

以综合素质评价为核心的学生发展性评价系统趋于完善，按照发展性评价的宗旨实施每位学生的过程性评价和终结性评价，形成相对完整的学生综合素质评价方案，并付诸实施；发表有关学科口试等多元评价、课堂教学评价的有关论文、成果，形成了实施口试的、课堂激励性评价的具体方案和典型案例。

现今，学校办学成效获得国内同行的广泛认可，评价特色逐步凸显，学校小学数学团队的系列研究成果入选首届华人数学教育大会评价专题主旨报告之后，2014 年 6 月发表的一组文章(5 篇)，其中 2 篇被人大报刊复印全文转载(创国内转载率纪录)，备受国内同行关注！

(2) 骨干教师迅速担当重任、硕博团队成长迅速

在编教师占核定编制的 96％以上，在编教师标准达到省编标准；音体美、科学、英语、信息技术、通用技术等专职教师配备齐全，能满足学校教学工作需要。

①教师专业发展的梯队凸现

依托称职工程、名优工程、卓越工程的优师阶梯工程的分层培训模式基本成型。新手教师、经验教师、名优教师三个梯队人员的发展目标得到基本落实；学校每位在编现职教师都较好地实现自己专业发展的三年规划，并与学校发展规划一致。骨干教师、学科带头人在日常的教育教学中作用凸显；有 5 名校级学科带头人成功跻身嘉兴市学科带头人行列，2015 年 6 月 4 位教师被评为首届区级名师。

教师的成长要经历一个“适应—发展—成熟”的历程，历经“入格”阶段、“升格”阶段、“风格”阶段。为了让教师站上讲台、站稳讲台、站好讲台，达到“做人师、培优师、树名师”的教师培养目标，东师南湖校开始实践“优师阶梯工程”，设立新手教师、经验教师、名优教师三个梯队，着手对教师进行分层分类培养。预设个体成长阶梯链，对于新入职教师侧重教育教学常规培训，以使其尽快适应

教育教学;5年内新手教师通过称职工程培养,引导做学习型教师;10年内经验教师教学风格尚未形成,为使他们在原有基础上得到提升,由经验型教师走向专家型教师,通过名优工程培养,进行专项重点指导,引导做学术型教师;15年内教师通过卓越工程培养,做学者型名优教师。以此引导教师制定个人发展三年规划。重点关注梯队建设。对于30周岁以下的新手教师,学校为他们成长搭建平台。而30周岁以上的经验教师是学校中坚力量,不仅需要继续提升科研教学水平,帮助其他青年教师成长,也要合理规划自己发展目标,逐步走向研究型教师。由区、市级以上学科带头人及名师组成的名优教师团队,积累了相对丰富的教育教学经验,基本形成自己的教学风格。而有效发挥这些教师的示范引领作用、帮助其成为专家型教师,就成为这些名优教师由优秀走向卓越的重要环节。

②青年教师成长迅速,硕博团队优势凸现

2013学年度,学校申报并获批省级课题一项、市级课题5项,其中,省级课题的核心成员、材料执笔人都是东师优秀硕士毕业生,5项市级课题中有3项是东师优秀硕士毕业生担任主持人;此外,两位青年硕士成长迅速,分别获得嘉兴市初中语文青年教师、音乐青年教师教学基本功比赛一等奖、区优质课评比一等奖,其中,一位同时获得浙江省普通话省级测试员、多次获得基本功大赛、说课大赛等市级一等奖;同时,两位毕业于东北师范大学的青年体育教师入职2年迅速成长为区教工篮球队主力;一位毕业于东北师范大学的青年音乐教师成为市、区歌唱比赛主力;一位毕业于东北师范大学的青年数学教师,三年教学经历成长为教研组长,两次代表学校参加市级、省级公开观摩课,2015年4月代表学校到深圳参加"内地香港数学化专题学术研讨会",并在大会上展示课堂教学的典型课例,2015年6月荣获区级小学数学优质课评比一等奖第一名。

③骨干教师发展显著,公开课、评优课夺得头彩

骨干教师周立志入校两年,成长迅速,先后获得区、市"数学教师说题大赛"一等奖;不仅获得2013学年区"高质量、高效率"课堂教学评比一等奖,而且代表南湖区在全省举行公开课,在河南、辽宁省承办的"国培计划"骨干教师培训班上展示公开课,获得一致好评。骨干教师邓红亮入职三个月,在学校良好的科研教研氛围中迅速成长为科研骨干。其他教师开区级公开课5人次,获得一致好评。至今,学校拥有地市级学科带头人6位、区级学科带头人3位、区级教学能手21名,骨干教师团队结构得以迅速改善。

④教师导师的作用明显

东师南湖校自建校以来,教师队伍不断发展壮大。在浙江省、嘉兴市、南湖区各级领导的关怀和东北师范大学的全力支持下,学校青年教师在各级比赛中崭露头角,骨干教师在学科带头人等评比中异军突起。学校在"智慧的教育"办学理念的引导下,致力于塑造和培养智慧型教师。"经师易遇,人师难求",为促

进经验型骨干教师和青年硕士教师的快速成长，发挥 UGS 办学模式的优势，经过两年的精心谋划和认真筹备，学校于 2014 年 9 月正式启动教师导师制度，大力助推教师专业发展和教学水平的提升。

学校制定《东师南湖校教师导师制度实施规定》，针对学术导师、教师导师、学科导师、专题导师、首席教师、指导教师六类导师的职责任务、聘用条件、考核与待遇等，给出明确规定和清晰解读。而具体实施给学校青年教师、骨干教师的快速成长带来实实在在的帮助，不仅研课、磨课、校际同课异构成为常态（几乎每天都能看到县区级的外校名师、教研员来校指导、交流），而且，首席教师、教师导师等的主动意识和明确职责，给所有的参与者带来无尽无尽的动力，共同成长成为新常态。

【典型案例 4－1】东师南湖校学术导师制实施状况

自建校以来，东北师范大学原校长、数学家、教育家史宁中教授，教育部课程教材研究所吕达研究员，教育部考试中心原主任、中国教育学会学会常务副会长戴家干教授，国内权威专家顾泠沅教授、刘坚教授，北京师范大学綦春霞教授，东北师范大学马云鹏教授、吕立杰教授、陈旭远教授、刘晓明教授，中央民族大学孙晓天教授，日本国立秋天大学杜威教授，杭州师范大学巩子坤教授，浙江省教育厅原副厅长张绪培，山东杜郎口中学分享式教学倡导者任景业、东北师范大学附属中学校长史亮、吉林省教育科学研究院院长张旺研究员等全国知名专家学者，都在三年内先后到校作专题活动或系列讲座。而区内外各学科领军人物作为专题导师，定期以主题培训、主题研修等形式来校指导，教师导师制的实施、教师发展处有效运转，为智慧型教师团队的打造起到重要助推作用。

(3) 在学生发展方面

① 体育运动会一鸣惊人、达标成绩显著

2013 年 11 月 9 日，在南湖区首届青少年学生阳光体育节运动会田径等级赛中，成为区内唯一一所参赛人数与达标人数比例达到百分之百的参赛学校，并取得突出成绩。

2014 年 5 月 9 日至 11 日，在南湖区第七届运动会中，学校运动健儿克服重重困难、不畏强手、勇创佳绩。学校从实际情况出发，在克服学生数量少、年龄小、缺乏赛事经验等诸多困难后，派出了一支由初中组 14 人、小学组 5 人参赛的代表队（小学组为测试），参赛人数和项目是所有参赛队伍中最少的。代表队顶着压力异军突起、一鸣惊人，初中组 6 人次获得冠军，10 人次获得亚军，7 人次获得季军，参赛队员百分之百进入决赛，令人欢欣鼓舞。

2015 年 4 月 13 日的全区初中毕业班中考统一体育测试中，满分率高达 43.2%，“健全的身心”教育教学效果突出。

② 课外实践效果明显，科技大赛获奖频频

在第28届区青少年科技创新大赛中，学校师生一举获得5项一等奖、6项二等奖、8项三等奖的佳绩。2015年4月，东师南湖校荣获县区级科学技术教育先进集体称号。

③ 社团活动丰富、充实，个性化发展成为可能

学校开设了丰富多彩的社团活动，并获得区级排球、舞蹈两个项目的体育艺术2+1特色项目。区级体育俱乐部“东师青少年体育俱乐部”申报成功，并成功运行一学年。

5. 管理与教育教学创新

根据学校的现实情况，通过管理机制的完善与创新，建立更加优秀的、有凝聚力的教师队伍、行政队伍与领导班子，提升学校的管理水平。在学校教育教学工作中坚持创新，提高学校的教育教学以及教科研活动水平。

(1) 在管理创新方面

学校具备系列、全面的管理方案，实施效果显著。每个岗位职责明确，在岗人员职业认同感、幸福感和团队意识高。采取年级部主任管理负责制，单独设立教师发展处，与科研处分别管理；设立招生办，专门负责招生宣传、招生组织、资格审核、录取认定、收费统筹等学生入学事宜，责任明确、组织运行优良。

(2) 在教育教学创新方面

以东师南湖校名义参加首届华人数学教育大会，评价主题报告在会议引起广泛关注，向大会提交的一组发表文章(5篇)，有2篇被人大报刊复印资料全文转载；学生发展性评价标准、学法指导课程化的研究成果在《中国教育学刊》刊发后，得到学术界教育界同仁的广泛认可，取得中小学评价创新、学法指导课程创新的新突破。

实现教师队伍职称结构达标，即小学具有中级和高级职称的比例达55%以上；初中具有中级和高级职称的比例达到67%以上。

完成1项教育部人文社科基金项目的研究任务，申报2项市级、国家级课题，按计划顺利完成所承担的各项教育科研课题的研究和结项验收工作，能够按预期达成每年科研课题目标，全校100%的在职在编教师都参与课题研究。

与学校教育教学密切相关的研究成果(包括论文、论著、实践成果)显著，平均每年发表国家级、CSSCI级的论文2～3篇，平均每年发表省级论文5篇，出版专著、编著1部。

综上所述，三年发展规划是学校发展的细化指标，详尽的内容标准与评价指标使学校全员紧扣智慧校园创建主旨开展教育教学工作，步步推进预期办学目标的实现，制定规划成为学校发展有力措施、成为透视校级领导规划能力和引领能力的一面镜子，也成为评价中层处室执行能力和创新能力的量化凭证。

中　经营篇

文化熏陶、机制创新、专业引领、智慧凝聚

任何一所中小学名校的正常运作，都会有其自身的内在规律，也有其良性运行的秘密。

在教育快速发展的今天，如何因地制宜、因校制宜，有效发挥现有的人力物力资源，寻找适合本校良性运行、进而快速发展的道路，是每一位中小学校长必须努力探索的目标。

东师南湖校的经营是在零起点基础之上，在摸索、彷徨、为生存而战之中，逐渐形成自己的良性机制，其突出特点在于——**文化熏陶、机制创新、专业引领、智慧凝聚。**

亦即，以文化塑造为主线，采用常态运行与特色凝练并举的策略，实现高起点、高水平、快节奏、特色化的发展，一步一步走向智慧型校园。

本篇立足东师南湖校、面向全国中小学校，详细阐述文化塑造智慧型校园的具体策略和典型案例。

第五章
学校仪式文化与学校特色活动

学校仪式是学校文化的重要组成部分，一所学校的特色活动在很大程度上体现这所学校的办学优势和教育教学特色。

本章结合智慧型学校的校园文化塑造，阐述学校仪式文化与学校特色活动。

第一节　学校仪式文化的塑造[①]

在学校活动中，一群人心怀共同愿望，在特定的氛围中，做着同一件事、表达着特定的内涵，或念着同样的话语，或唱着同一首歌，或体验同一种活动。这种相对持续的活动产生共振，形成一种特定的文化场，直达每个参与者的心灵，使每个参与者目标趋同、行为趋同，这就是学校仪式文化。

一、学校仪式文化的基本含义

学校仪式是学校文化中最具代表性的一种，通过仪式对心灵的作用，来聚集人心，渗透着学校的整体风貌。关注仪式，关注其文化意义的塑造，其实就是塑造学校文化。

（一）仪式的基本含义与意义

仪式是指在特定场合举行的，具有专门程序的、规范化的活动。

人们的日常生活离不开仪式，一个人从出生到结婚到最后死亡，伴随着满月、庆生等仪式（西方是洗礼），以及结婚、丧葬等等各种仪式，在社会生活的各个领域，也充满了各种仪式。

从文化视角出发，有学者认为，仪式就是专门设计和组织的象征性行为或活动，功能在于定义或再现特定场合、特定事件与某种变迁的社会文化及其重要性[②]。

---

① 本节由孔凡哲撰稿。

② 薛国凤.仪式与学校文化建设[J].基础教育研究.2010,10(19):10～11.

仪式本质上承载和表征着某种特定文化，是“一种人类文明与文化的积淀，是来自人内心的渴望与现实的伟大创造，是文化折射在人的具体行为上的表征与体现”①。

仪式具有内在意义和外在意义。其内在意义在于，它具有文化表达的象征性。任何行业的特定仪式，往往蕴含着特定的行业传统、价值追求和信念等文化内涵。

仪式的外在意义在于，仪式充满着深层次的精神含义与文化意蕴，它能使普通的经历变成不普通的、有意义的经历，因此，仪式一方面能通过心理层面的影响构建个体的道德价值、精神和信念，另一方面又具有联系、认同和整合的社会功能。

（二）学校仪式

学校仪式是一种特殊仪式，具有特定的内涵。学校文化建设的重要渠道之一就是学校仪式，即运用仪式去展现、塑造与创新学校文化。因此，这是学校文化建设与发展中应特别重视的问题。

1. 学校仪式具有隐性课程的所有功能

学校文化本身具有重要的课程意义，一旦把负载文化意义的学校仪式活动作为一种课程来看待，仪式就具有了新的发展意义。

《教育大辞典》对“隐性课程”的定义是：学校政策及课程计划中未明确规定的、非正式和无意识的学校学习经验，与“显性课程”相对。

学校仪式具有隐性课程的三种基本形态，即物质形态、制度形态和精神形态，通过感染、暗示、模仿等心理方式对学生发展产生影响。

仪式不仅是学校的一种惯例性活动，更是一种重要的制度形态的潜在课程，更进一步说，仪式具有普通科目课程所不能起到的教育作用。

2. 学校仪式的类型

广义上的仪式包括从日常问候礼节到隆重仪式的各种各样行为。这里依据学校所举行仪式的目的与性质，把其划分成以下几种主要类型：

一是庆祝性仪式，是指以欢庆为主要目的而举行的仪式活动，既包括对国际和国内重要节日的庆祝，像六一儿童节、五四青年节、国庆节、元旦等，又包括表彰颁奖仪式等；

二是通过性仪式，是指与个人身份变化有关的仪式，如开学典礼、毕业典礼、入队仪式等；

三是传承性仪式，是指在一些变革即将发生时，为使人们适应实践及程序上的变化而举行的仪式活动，如奠基仪式、动员大会等；

① 李育红，杨永燕. 文化独特的外现形式——仪式[J]. 广西社会科学，2008，(5)：202－205.

四是纪念性仪式，比如校庆仪式、重大人物和重大事件的纪念日活动仪式；

五是日常性仪式，比如升旗仪式、上课与下课仪式、见面问候礼、分手道别礼等。

对仪式的分类有助于我们理解仪式，并能根据仪式的不同类别及其主要功能来精心筹划各种仪式。

二、学校仪式活动的基本特点

学校仪式具有仪式的一般特点，如象征性、表达性、神圣性和超常态性等，但由于学校是特殊的教育场所，因此，学校仪式活动还应具有以下一些特点：

其一是认同性。学校里的仪式活动具有工具性，其作用之一就是指向对处于成长中的学生的“教化”，学校要想达到这种目的就必须使仪式取得学生的认同。

正是在对仪式形式、仪式程序和仪式内容等的认同中，学生才能被激起情感体验，去积极建构仪式所要表达的意义，在感受中潜移默化地认同与接受学校所宣扬的文化价值观念或教育信念。

其二是参与性。学校仪式活动的效果取得在一定程度上取决于学生的参与度。尽可能让学生参与到学校仪式活动的形式、内容或程序的设计与组织中去，可以增加仪式的神圣感，加深学生对仪式精神文化的认识和领会，促进学生思想和精神的升华。

其三是鼓励性。学校仪式应具有鼓励性或激励性，包括表彰仪式在内的一些学校仪式活动所传达给学生的，都不能仅仅是一种奖励精神，而应该是一种鼓励精神，因为鼓励才能促使学生获得深度的价值认识，激发自信心，并调动起积极性和创造性，促进自我能力的发挥。

其四是愉快性。学校的仪式活动具有强目的性和强规范性，因而具有严肃性。但学校的仪式活动还应该具有愉快性。这种愉快不是简单的高兴，而是指学生心理上欣然认同与行动上积极坦然参与的一种状态。只有能够引起学生愉快心理状态的仪式，才能对学生产生实质性的影响。可以说，学校在组织仪式活动时必须使仪式具备这些特点，才能真正取得预期效果。

三、学校仪式文化的塑造

正如美国学者指出的，校长作为引领学校文化发展的核心人物，其“最重要的作用就是要创新、激励，提升象征性活动，从而为组织赋予更高尚的意义”[①]。有效利用学校仪式文化可以实现学校快速发展与学校文化塑造的同步。

---

① [美]特伦斯·E·迪尔，肯特·D·彼德森. 校长在塑造学校文化中的角色[M]. 北京：中国青年出版社. 2006.

（一）仪式要能明确表达学校发展愿景

学校愿景是学校发展的文化性浓缩。学校愿景不仅可以通过学校建筑、学校制度、师生着装、课堂教学理念等表达出来，还可以流动在“强化学校核心价值观和信念的仪式、传统活动和典礼当中”①。为此，学校及其领导者首先要能深刻认识到仪式的意义和价值所在；其次要明确自身发展愿景，在仪式活动中表达学校所坚持的核心规范、价值观和信念；再次通过各种仪式不断展现愿景，鼓舞与激发学校师生的发展热情、信心、潜能与凝聚力。

（二）仪式必须负载特定的学校文化意义

文化是学校的灵魂，没有灵魂的学校是不能吸引孩子的学校。学校及领导者应通过仪式去塑造与注解学校文化，并利用仪式去提高学校的文化价值，从而激发起师生传承和创造学校文化的责任感和光荣感。为此，学校及其领导者首先要注重仪式中对自身历史的传承，因为历史可以带给人文化根基感、厚重感乃至自豪感；其次是开拓思维，积极创造更多种类和形式的仪式活动；再次还要坚持仪式活动举行的惯例性，使仪式真正成为学校文化的展现体。

（三）仪式要能保证师生对学校文化的分享

学校本质上可以被看作是一个共同体，如果在这个共同体中不能有彼此分享的文化或价值观念，是很难得到发展的。所以，学校及其领导者要重视仪式的作用，要通过仪式使学校所有人来分享学校的历史文化、发展信念乃至当下成就。

为此，学校及其领导者首先要保证仪式必须建立在共同的价值观基础之上；其次要在仪式的设计与开展过程中做到对师生的个性、潜力以及发展需求的尊重和重视；再次要保障让师生成为仪式活动的真正主角。

总之，学校仪式不仅负载着学校文化，也在传承和创新着学校文化。因此，学校积极设计和举行各种仪式活动，不仅是学校文化建设之必要，更是使学生的学校生活充满意义的教育之举。

四、以启智为核心的学校仪式文化案例分析

作为“智慧的教育：启迪学生终生受用的智慧”办学理念下的学校仪式文化，倡导启智氛围、启迪思考、主动参与、观念认同、价值积淀，最终达到用自觉行为践行智慧的教育理念。而这种仪式、活动在学校中逐渐形成一种制度、约定俗成的活动。正是这些系列活动，传递着启智文化，积淀着可持续发展的价值追求。

（一）“彰显班级特色、展示自我风采”智慧班级风采展示系列活动

东师南湖校以“智慧的教育”为指导思想，贯彻“启迪学生终生受用的智慧”

---

① 谢翌，马云鹏. 学校文化的反思与重建——兼评介美国加纳多小学的文化建设[J]. 基础教育改革动态. 2005，(18)：32－38.

育人理念，学校德育工作围绕培养学生具有“浓厚的学习兴趣、良好的学习习惯、科学的学习方法、健全的身心、向上的精神、积极的责任感、创造的激情”来展开。东师南湖校德育团队，精心设计了智慧班级创建风采展示活动，而且，每学期定期开展。

【典型案例5—1】2014学年度第二学期智慧班级创建风采展示活动

各班在班主任等德育工作者的引领下，充分发挥学生自主性与创造性，智慧地创建“智慧班级”，展示班集体积极、乐观、向上的形象，增强班级凝聚力和号召力，营造团结、友爱、和谐的班级氛围，展示朝气蓬勃、积极向上的精神风貌，加强各班级之间的经验交流，优化育人环境，促进智慧校园文化建设。

在2014年9月，德育处组织八年级各班向新入校的七年级新生进行“智慧班级创建”风采展示，为七年级各班开展“智慧班级创建”做了积极表率。

2015年3月23日中午、24日下午，在学校德育处的组织下，东师南湖校初中部七、八年级各班齐聚学校报告厅开展了“彰显班级特色，展示自我风采”智慧班级风采展示活动。七年级各班展现了短短一学期之内各班成员及班级集体的成长与收获。八年级在原有的基础上更是为全体师生准备了一场视听盛宴。

各班级前期由班集体共同制作了精美的PPT，通过图文、音乐等形式，结合班级实际情况及一学期的学习成果，精心构思后由各班代表用优美的语言娓娓道来。各个智慧班级可谓各有千秋，特色鲜明。

终极701班的终极战士展示了他们班级的小组合作机制，全班分为终极沧溟、睿焓、羽翼、王牌、Wifi、葵花六个终极小组，小组间互相比拼一决高下，小组内取长补短、互帮互助，增强了小组的凝聚力、战斗力。不论时间如何推移，终极701班的战士始终不忘他们的终极班级意识：共荣辱、共进退、不忘初衷、不改本心。

801班的先遣队的主题是风华正茂，恰同学少年。以相遇之魂、遘臻之力，潜万里、遨九天，扬拓荒之志，传学界之名。他们别出心裁以一学期的主题活动为板块向大家展示了班级智慧及成长蜕变，从八年级启航的开学第一课、涌泉相报的第26个教师节、家校联袂的家长会，到徜徉书海的阅读班会、自我完善的学法指导、感慨颇丰的南湖实践等，精彩层出不穷，让我们真真实实地感受到了为自己代言的801班的风采。

进击803班、志远704班、梦想703班等等班级的创新展示形式，将经过一年多碰撞融合形成的齿少气锐、挥斥方遒的大家庭，一起度过的日子编成一本书籍。把大家庭中成员间的每一个故事以书籍中的章节的方式为我们一一翻开，在这本《青春修炼手册》还没有截稿之前，班级的每一位成员都将坚定执著地向终点的旭日进发。

图 5－1　向上的精神——704 班

图 5－2　永晋 4 班——804

永晋是一种默契，4 班会创造奇迹，他们分别从有朝气、有才气、有志气、有霸气四个方面向同学们展示了努力不止、永远晋升、走进理想、创造未来的永晋四班的班级智慧文化，放眼东师南湖校最美丽的班当属永晋 4 班。

时刻牢记“天下难事必作于易，天下大事必作于细”的 805 班同学，他们从智慧温馨的家园、欢乐无限的活动、高度严谨自律、成长印迹的收获、和蔼可亲的师长五个角度如讲故事般把他们成长经历向学生们娓娓道来。

智慧之鹰 702 班向我们展示着洋溢班级特色的各类活动。五维空间 705 班是由 36 个活跃精灵组成的一个优秀的班集体，向我们展示了懵懂少年的豪言壮志。东师雄狮 706 班向我们展示用一学期奋斗和汗水换来的荣誉墙，时刻鞭策每个六班人有则改之无则加勉，激励着每个六班人做最好的自己。802 班从青春为你驻足、青春与我相拥、青春永不褪色、青春永不散场等方面向我们展示了一部《青春纪念册》。

活动最后，副校长周勇高度评价了本次智慧班级展示活动，指出智慧班级风采的展示，突出我东师南湖校智慧的教育的主旋律，成为东师南湖校一道亮丽的风景线。也让我们看到了一个个凝聚着热情、智慧的班集体，感受到了初中部师生为促进和谐、文明、奋进、智慧的班集体建设所付出的努力。

“智慧班级创建”风采展示活动，再次诠释了学校“智慧的教育”教育理念，为全校师生搭建了展示自我的舞台，充分展示了智慧班级的魅力。活动中各班互相交流、同学群策群力，从而实现经验共享、创造活泼向上的校园氛围，丰富校园文化的多赢效果。

图5—3　小组合作制——801班先遣队　图5—4　风华正茂,恰同学少年——805班

(二) 智慧型校园常态下的学校仪式

在智慧的教育理念下,学校形成一系列常态的仪式活动。

1. 开学典礼:心怀感恩,放飞梦想①

每学期的开学典礼如何设计,怎样让每位学生都能在新学期充满新期待、新幻想、新希望,是学校的重要课题。

【典型案例5—2】东师南湖校2014学年第二学期的开学典礼

3月8日作为特殊节日的开学典礼更多了一份对母亲的爱、对女性的尊重。在学生主持人宣布开学典礼以后,随着庄重严肃的升国旗仪式结束,全校师生在庆祝三八妇女节的欢笑声中拉开了开学典礼的帷幕。

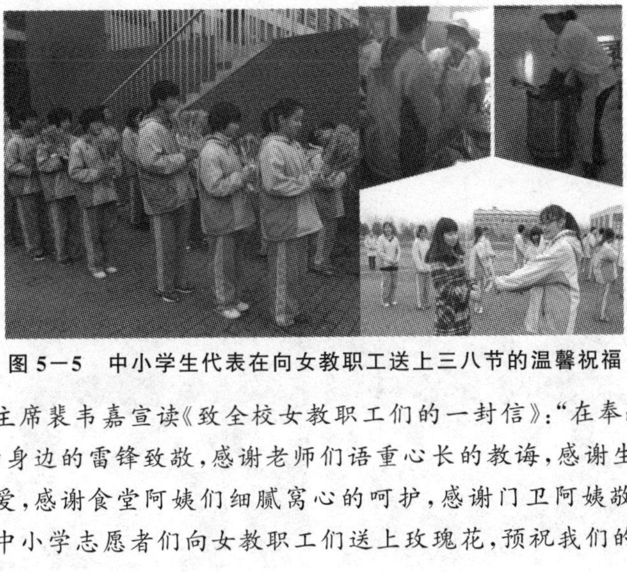

图5—5　中小学生代表在向女教职工送上三八节的温馨祝福

学生会主席裴韦嘉宣读《致全校女教职工们的一封信》:"在奉献、感恩的三月,同学们向身边的雷锋致敬,感谢老师们语重心长的教诲,感谢生活阿姨们无微不至的关爱,感谢食堂阿姨们细腻窝心的呵护,感谢门卫阿姨敬业贴心的保护。"随后由中小学志愿者们向女教职工们送上玫瑰花,预祝我们的"女雷锋"们

① 本案例由沈剑军、李金晏、周勇执笔撰稿。

三八节快乐,愿她们如玫瑰一样永远美丽。

来自初中部903班的王诗恬、小学部303班的余可作为优秀学生代表,分别代表全体中、小学生畅谈新学期的梦想,向全体同学发出倡导,要用青春热血给自己树立一个高远的目标,用踏实的拼搏给自己的梦想一个腾飞的空间,在新的学期,展开梦想的翅膀尽情翱翔。随后,小学部全体小学生高高举起写有自己梦想的五彩缤纷的纸飞机,一齐放飞梦想;初中部全体中学生轻轻把写有梦想的五颜六色卡片放进心愿口袋,期待成功。

图5—5　小学生在新学期开学典礼上放飞梦想号纸飞机

校长孔凡哲教授致开学典礼辞,将典礼推向了高潮,孔校长肯定了全校师生在过去一学期取得的一系列可喜的成绩,并勉励全体师生在新的起跑线上用自己的勤奋与智慧,翻开新的画卷、书写新的篇章。

开学典礼是一次迎新会,又是一次加油会,更是一次动员会!

这个特殊的开学典礼在学生的记忆中必将留下深刻的印记,也是学校校园文化建设的一个足迹。

图5—6　初中部学生代表收集到的新学期梦想卡片

2. 每日晨跑

健康的身体是愉快学习、智慧成长的基石。

东师南湖校自建校伊始，就将学生拥有"健全的身心"作为学生成长的目标之一，并将每日晨跑作为学校每日常规活动，自开始运行至今坚持不懈。

图 5—7　永晋 4 班在班主任、领跑员、秩序管理员的带领下有序晨跑

为此，学校德育部门与体育组制定晨跑制度，并有序落实。在日常晨跑活动中，校长、行政值班老师、班主任等每周亲临学校标准的 400 米塑胶人工草坪田径场与学生一同迎着朝阳奔跑。坚持不懈的晨跑、大课间阳光体育、傍晚的自由体育活动，辅以充足的睡眠、科学饮食，全体学生体质保持在优秀水平，不仅在全区长跑体质测试中成绩优异，而且，学生的精神状态、精力状态都保持在健康水平。每日晨跑，不但锻炼了学生的个人体魄，而且能够锻炼学生的意志，同时，也有助于培养学生良好的习惯，成为建设阳光班级的重要手段。

3. 智慧少年，爱心有责——六一儿童节离队仪式[①]

入团、离队仪式是团委、少先队的工作重点。一年一度的六一儿童节是少先队员最重要的节日。五四青年节是共青团员们最重要的节日。学校借助传统节日的契机，与离队、入团仪式相结合。通过开展初一少先队离队仪式及游园活动，使队员在积极地参与中体验集体合作的快乐，体现一种积极向上、乐观进取的精神，从而激发学生热爱生活、热爱校园的情感，让同学们在"摘掉红领巾，心向共青团"的过程中，体会到爱国情怀、主人翁意识，更好地彰显东师南湖校轻松、愉快的成长氛围。

学校在 2014 年 6 月举办"告别童年，智慧少年逐梦南湖校；爱心有责，向上学子关爱你我 TA"的少先队离队仪式及游园义卖活动。在仪式上，全体七年级同学齐唱少先队队歌，10 名代表举行摘下红领巾仪式，4 名护旗手叠好队旗交

---

① 王怡苹、沈剑军执笔。

给学校团委。同学们将自己闲置的学习用品、书籍、玩具、手工艺品、饰品、书画作品等纷纷捐献出来参加义卖，展台、海报布置得五彩缤纷。“义卖有价，爱心无价”，每个人都在为此献出自己的一份力，此次义卖活动，不仅锻炼了学生的综合能力，也献出了自己的一份爱心。大家积极踊跃参与，接触到了不同于日常学习生活的实践活动，十分可贵。

图 5－8　少先队离队仪式

实施效果表明，上述活动智慧地将学生成长目标“积极的社会责任感、向上的精神、创造的激情”融入离队仪式之中，取得良好的效果，仪式文化得以升华。

4. 智慧奖学金、睿智奖学金颁奖仪式

每学期休业仪式上，学校对于优秀学生的颁奖仪式显得格外隆重，举行智慧奖学金和睿智奖学金的颁奖仪式，目的很明确：“让优秀成为一种习惯”，用先进来引领学生。

两类奖学金分别蕴含不同的评选条件和特定内涵：

智慧奖学金是对学生期末统考中的优秀学生奖励，从学校办学以来即设立。

睿智奖学金针对新入学的新生奖励，目的在于鼓励学生持续保持良好的学习状态，对学生有一定的鞭策作用，激励获奖者在八、九年级中持续获得睿智奖学金。

颁奖仪式包括五个程序：

教务处宣布获奖名单——获奖同学上台领奖——校长及相关科室领导为获奖同学颁奖——获奖学生代表上台发言——班级内的奖学金获得者分享自己的学习体会。

当获奖者接过这份奖状时，内心深处的自豪感、自信感、成就感油然而生，颁奖对其他同学产生积极的激励引领与榜样作用。这样一个过程，既是对优胜者的肯定，也是对后进同学的鞭策。这种特殊的教育过程，特别是，获奖者分享自己智慧学习的经验时，其本身就成为智慧的教育的一部分。

智慧奖学金和睿智奖学金不仅仅是一份荣耀，更是一份责任和担当，他们承担的是一种引领的力量，一种榜样的力量。在近三年的智慧奖学金的评选过程中，就有 3 位同学由于有违纪现象取消或暂缓发放奖学金，充分体现了学校办学理念中七项子目标的凝合，做到公平、公正、公开，整个评选过程向全体师生和家长透明、公开。

智慧奖学金设立至今已经三年，先后有115位同学获得此殊荣；睿智奖学金自2014年设立以来，第一届有28名同学获此殊荣。目前，这些学生都在自己的学业上继续努力，奋勇拼先。睿智奖学金与学费等额，目的是激励学生持续地保持优秀，争取更大的进步。

5. 学期结业典礼、法制教育专题

学期初的开学典礼、学期末的毕业典礼是学校必不可少的仪式，更是学校文化生活的主渠道之一。充分利用这两个特殊的时间结点，开展学校文化的塑造和启智氛围的营造，对于有效促进学校德育活动、构建德育文化体系，具有十分重要的作用。

【典型案例5—3】东师南湖校初中部2014学年第一学期休业典礼暨安全法制教育活动①

2015年2月7日下午，东师南湖校举行2014学年第一学期休业式。

休业式首先由荣获"嘉兴市十大人民喜爱的警察"称号、东师南湖校法制副校长戴水华警官为同学们进行春节期间的法制安全教育。安全是整个假期生活的重中之重，戴警官不仅向同学们讲解了关于家中用火用电的安全小常识，同时，还要求同学们要提高防范意识，预防网络诈骗，进行有效的自我保护。

之所以安排在学期结束休业式上进行安全法制教育，目的很明确，那就是在学生假期生活期间给一个提示和指导。学生在校期间，每天的生活很有规律，而一旦假期回到家后，可能在各个方面的约束减轻了，而自我约束能力也减弱，这个时候是中小学安全意识最为淡薄的时候。安排法制副校长进行教育恰到好处，通过对交友、网络、交通、法制观念等教育，共同撑起一把保护伞，为安全、有序、快乐的假期生活保驾护航。

随后，学校对德育获奖学生、智慧奖学金获得者予以隆重的表彰。来自705班的夏明珠同学作为获奖代表上台发言，她与同学们交流自己学习的心得体会："学前先人一步，抢占先机，全面预习；学时慢人一步，细嚼慢咽，及时吸收；学后快人一步，学而时习，总结升华。"优秀教师代表邓红亮老师也发表了讲话，指出成绩和挫折都属于过去，学生们应该直面未来，把压力化为动力，踏踏实实学习，在实践中成长。

副校长万胜明总结了一学期以来同学们在学习上取得的成绩，对同学们的寒假生活提出了几点希望和建议，勉励同学们在寒假中认真总结、思考自己的学习之路，在来年奋力拼搏，挥洒青春无悔的汗水，取得更大的成功。最后，孔凡哲校长致辞，他祝贺同学们顺利完成一学期的刻苦学习，并取得了优异的成绩；同时期望同学们破蛹化蝶，在下一学期迎接挑战，超越自我。带着对假期的憧憬，怀着对新学年的期盼，东师南湖校全体学子完成了本学期的盘点与展望。

---

① 沈剑军、周勇执笔。

集中的休业式结束后，各班级回到教室由班主任布置相关工作，下发假期作业和德育实践类作业，并指导学生假期生活。

在假期正式开始之前，学校德育工作对学生的寒假进行了智慧的引导教育，依托各项活动为学生的智慧成长保驾护航。

6. 每周升旗仪式、国旗下的讲话

国旗下讲话是德育、团委、少先队工作的重要宣传阵地。在每学期初，校团委都会根据学校工作的指导思想，结合本校的实际情况，围绕传统节日及国内外大事，精心策划国旗下讲话的仪式。国旗下讲话分为教师代表和学生代表两部分，教师代表由各部门的领导及优秀教师承担，学生讲话代表由每个班级轮流推荐，并由学生自己撰写发言稿。

【典型案例 5—4】2014 学年国旗下讲话内容安排[①]

时间		国旗下讲话	演讲人
第一学期	8.26—8.31	争做合格中学生（新的学期，新的起点）	孔凡哲
	9.1—9.7	“中秋月，师生情”	701
	9.8—9.14	纪念九一八（爱国教育）	702
	9.15—9.21	爱护校园环境　珍惜美丽家园（环保主题）	703
	9.22—9.28	29 日特别升旗仪式：向国旗敬礼（各班齐读祝福宣言、长假教育）	周勇
	9.29—10.5	国庆放假返校	
	10.6—10.12	我是你的眼（关爱残疾人，助盲）	704
	10.13—10.19	关注细节　收获成功	沈剑军
	10.20—10.26	远离游戏　健康生活（网络文明）	705
	10.27—11.2	做阳光快乐的青少年——校园体育文化节系列活动启动	706
	11.3—11.9	千里之行　始于足下（迎接期中考试）	万胜明
	11.10—11.16	我和我的班集体——班级文化活动	801
	11.17—11.23	感恩身边的人——感恩教育周启动	802
	11.24—11.30	珍爱生命远离毒品	803
	12.1—12.7	时间是海绵里的水（珍惜时间）	804
	12.8—12.14	校园文化艺术节系列活动启动	王怡苹
	12.15—12.21	勤奋学习　成就未来	白冰
	12.22—12.28	新年新憧憬新目标	805
	12.29—1.4	期末考试考试纪律教育	万胜明
	1.5—1.11	假期安全教育	周勇

① 王怡苹、周勇执笔。

续表

时间		国旗下讲话	演讲人
第二学期	3.7—3.13	开学典礼	孔凡哲
	3.15—3.20	从制度文明走向道德文明	周勇
	3.22—3.27	关爱生命，安全第一	701
	3.29—4.3	文明礼貌之风永驻校园	702
	4.5—4.10	缅怀革命先烈	703
	4.12—4.17	4月7日世界卫生日	704
	4.19—4.24	宽容也美丽	801
	4.26—5.1	校园读书节	802
	5.3—5.8	五一劳动节弘扬五四精神系列活动	803
	5.10—5.15	我的青春我的梦想	804
	5.17—5.22	感恩	805
	5.24—5.29	做时间的主人	901
	5.31—6.5	培育良好的学习习惯	902
	6.7—6.11	追逐青春的梦想	903
	6.14—6.19	感恩母校	904
	6.21—6.26	亮出灿烂微笑	705
	6.28—7.3	诚信考试教育、期末考试	万胜明

在实施过程中做到有详细的计划、有有效的教育意义、有时事政治的体现。通过国旗下讲话仪式可以养成同学们的良好行为规范，提高学生的思想觉悟。演讲内容主要分为爱国主义教育、社会主义核心价值观教育、环保教育、安全教育、法制教育、道德品质教育等几个方面。

除了常规的国旗下讲话仪式，针对国庆节，学校还举办了一次特殊的升旗仪式——“向国旗敬礼”。各中队选出一名代表带领本中队，在冉冉升起的五星红旗下用慷慨激昂的语言道出对祖国的祝福，道出对祖国和未来许下的承诺。通过此次活动，激发了同学们的爱国热忱，让和平年代成长下的青少年经历了一次爱国之情的洗礼。

【典型案例5—5】升旗仪式之“初中部三项竞赛流动红旗”颁发典礼[①]

东师南湖校每周一举行室外或室内的升旗仪式，仪式由学生主持，其中学生最为期待的环节就是“三项竞赛流动红旗”颁发仪式了。

① 白冰、周勇执笔撰稿。

俗话说："无规矩不成方圆。"在智慧的教育理念下，东师南湖校形成了一系列较为完善的智慧校园制度文化。

东师南湖校初中部三届学子已在习惯养成教育中受益匪浅，学校德育处也在摸索中不断成长，推行的三项评比制度将制度文明推向了道德文明，成为校园生活的指挥棒。

三项竞赛的评比工作作为校园一日常规的重头戏，关注学生礼仪、纪律、卫生三个方面的评比。三项竞赛检查组采用值周班、志愿者、学生自主管理委员会三种形式。德育处提前落实值周培训工作、分配具体岗位，做到人人定岗、定制、定责，德育处将不定期进行跟踪、督促值周班工作落实。

礼仪方面主要涉及学生行为语言的文明、仪表的大方得体等方面。德育处每月定期开展仪容仪表检查，在检查的过程中给学生上了一节文明礼仪课，仪容仪表不仅折射出个人的审美观，而且也是个人内在修养的一种体现，这对学生价值观形成十分重要。纪律检查主要涉及学习纪律、两操纪律、食堂纪律、寝室纪律四个方面。在学生自主管理委员的协同帮助下，学生监督学生，学生管理学生，从细微处做起，无形中学生间学会了沟通、竞争与合作，良性循环中彰显智慧。而卫生检查不但关注教室，更关注学生每日就餐的餐桌卫生和居住的公寓卫生。由此，从制度约束开始，利用行为心理学理论，不断进行刺激，强化认知，最终形成条件反射，良好的习惯养成将点滴融入血液，将受益一生。倘若每个人都能将自己的一方天地打扫干净，又何愁不能扫天下？

最后，每周将评选出三项评比优胜班级，这些点滴成绩将最终作为智慧班级评比的一项重要指标。三项竞赛评比工作从良好的个人形象到团结互助的班级氛围到和谐向上的校园气氛，点到线，线到面，全面系统地关注学生的成长！

8. 炫动阳光，灿烂童年——阳光体育 2+1[①]

为了全面贯彻《中共中央国务院关于加强青少年体育增强青少年体质的意见》，东师南湖校为更好地实行"阳光体育大课间活动"，深入贯彻"体育 2+1"活动要求，切实提高学生的体质健康水平，全面促进学生个性发展。根据教育主管部门指示精神，学校领导高度重视，建立健全各项体制机制，加强场地设施建设，严格活动管理。学校制定了详细完备具体可行的"阳光体育大课间活动"方案，有效保障"学生每天锻炼一小时"活动的持续、有效开展。

学校充分考虑到实际情况、以学生身心发展特点和学生运动兴趣爱好，充分发挥体育教师和班主任的主动性和创造性，因地制宜、科学安排活动内容，重视大课间活动锻炼效果。大课间活动在兼顾快乐体育的同时，更看重

① 陆惠芳、宗锋、周舵执笔撰稿。

体育对学生思想成长、强身健体、意志品质、行为习惯养成起到的积极作用。学校在活动管理方面，着力完善检查机制、奖惩机制、运行机制。每学年举办大课间活动比赛，如花样跳绳比赛、跳长绳比赛、呼啦圈比赛、滚铁环比赛等。大课间活动做到了有组织、有分工、有制度，有检查、有评比，有计划、有总结。

学校体育大课间活动安排在每天早修后进行，时间不少于 1 小时。活动分 3 阶段进行，第一阶段学生跑操，第二阶段《七彩阳光》操，第三阶段分年级、班级进行活动，这既符合了学校的场地实际，又充分体现班级有特色、人人有项目的活动要求。

图 5—9　“绳”采飞扬系列跳绳比赛

图 5—10　炫动阳光，灿烂童年——呼啦圈比赛

大课间活动期间，各部门密切配合，学校、年级领导亲自到场指挥检查，关注学生活动情况和安全。班主任、副班主任负责组织实施本班体育活动的开展、监督检查，体育教师、值日领导在操场巡视、指导。

阳光体育大课间活动的开展，使学生的精神面貌焕然一新，学生的综合素质得到提高，身心更加健康，积极向上，学习努力。另一方面，师生关系、班风、校风也有了明显的改善，使学校智慧的教育更上一个台阶。

第二节　学校特色活动典型案例分析

一、快乐数学节游园活动[①]

【典型案例 5－6】快乐数学节活动策划方案

I. 活动目的

快乐数学节是东师南湖校一年一度的专项活动，智慧与快乐“同行”的数学游园活动，既凸显东师南湖校“智慧的教育”办学理念，又能丰富学生校园文化生活，彰显“快乐数学”之魅力。快乐数学节的主要目的，一是希望通过活动激发学生快乐学数学、快乐用数学的热情，营造“人人参与、体验快乐、智慧成长”的校园氛围；二是希望通过活动版块的精心设计、学生的亲身体验，展现学生鲜活的数学思维和创造才能，考察学生数学基本思想和基本活动经验的积累情况。

II. 活动宗旨

人人参与、体验快乐、智慧成长

III. 活动吉祥物

（一）吉祥物征集

通过“吉祥物征稿”启事，向小学部全体学生征集设计稿。数学老师或班主任负责布置任务，年级部主任负责短信通知提醒家长。学生可以参考家长的创意，与家长一起共同合作完成吉祥物的设计。设计作品截稿时间为五一之前。

（二）吉祥物的评选

由学校领导孔校长、王校长、数学组全体教师组成评选小组，针对学生上交作品，按照“凸显主题、童心童趣”的原则进行评选，确定吉祥物设计的一、二、三等奖，并最终确认吉祥物选用的蓝本。

（三）吉祥物的制作

根据选定的设计稿，由汲长艳老师负责网上联系制作商家，制作出本届快乐数学节吉祥物（人偶服装或卡通气模）。

IV. 活动内容

第一环节：开场活动（总负责人：王校长，现场调度人宗老师）

主持人（学生）致开场词。（宗老师负责主持人确定和主持稿撰写）

1. 舞蹈

学校舞蹈队同学表演舞蹈《让世界充满爱》。

---

① 经东师南湖校小学数学组集体讨论、由汲长艳执笔完成。

2. 吉祥物出场

由本届数学节形象大使牵着吉祥物出场，和小朋友简单互动，并介绍吉祥物的设计含义。（全体学生齐唱数学节之歌，吉祥物在场地中间随音乐舞动。）

3. 颁奖仪式

领导进场，学生给领导佩戴徽章，领导致辞并宣读吉祥物设计大赛获奖名单，吉祥物颁发奖状。

4. 赞助商赠送仪式

赞助商致贺词并赠送六一儿童节慰问品。

主持人宣布游园活动正式开始。

第二环节：游园活动

体育馆内共设置8个快乐数学驿站，每个驿站配备两名老师。此外，还设一个奖品兑换区和一个抽奖区。

数学专区一：小猫钓鱼（数与代数——运算）

以呼啦圈为鱼池，以卡片做鱼，用带吸铁石的鱼竿将“数字鱼”和“运算符号泡泡”钓起，并计算出结果。根据学生表现获得相应的印章。本区域共分3个鱼池，分别针对一、二年级和三、四年级。

本专区主要采用趣味游戏的形式考查学生基本的计算能力。

数学专区二：争分夺秒（数与代数——时间）

在黑板上做好钟表模型，让学生随机抽出题签（时间），学生根据题签的时间，在蒙眼状态下将时针和分针贴到正确位置。老师给出一分钟时间计时，按照完成时间的长短和正确度给出相应的印章。

本专区主要考查学生对时间等基础知识的掌握情况。

数学专区三：美丽书签（数与代数——规律）

准备一些有规律的图片，让学生说出下一个会是什么。或者让学生运用规律，制作有规律的书签。老师根据选题难度和完成情况给出相应的印章。

本专区主要考查学生对于规律的感知及运用规律的能力。

数学专区四：玩转积木（图形与几何）

准备一些正方体的小木块，学生抽取相应的题签，根据上面提供的组合图形，回答出由多少个小正方体组成，并按照图形形状摆出。老师根据表现奖励相应的印章。

本专区主要考查学生空间观念，帮助学生积累几何操作经验。

数学专区五：摄影大师（图形与几何——观察物体）

一年级准备实物，教师事先从物体不同角度拍摄图片，学生选取一张图片后，选择合适的位置进行拍摄。二至四年级则选用几何体组成的图形进行拍摄,根据表现给予相应的印章。

本专区主要考查学生空间观念以及观察物体的基本活动经验的积累情况。

数学专区六:折纸达人(图形与几何——角、三角形)

准备一些白纸,学生抽取题签,折出题签中要求的角或图形,并能准确表述自己的想法。

本专区主要考查学生对于角及常见图形感知辨别的能力,以及学生动手操作能力。

数学专区七:智夺宝物(图形与几何——位置与方向、平移旋转)

准备一张迷宫图,学生抽取题签,站在迷宫的入口处,按照题签上的要求移动,最终胜利取走宝物,教师根据学生表现给予相应的印章。

本专区考查学生空间观念。

数学专区八:巧手分类(统计与概率)

准备一些各色扣子或糖果,学生按照不同的标准进行分类,教师根据学生分类过程和结果给予相应的印章。本专区主要考查学生分类能力,培养学生分类统计意识。

快乐超市专区:学生根据积分卡上的印章数量,领取相应的奖品。

19～27颗印章可以领取三样奖品。

10～18颗印章可以领取两样奖品。

1～9颗印章可以领取一样奖品。

本专区主要考查学生统计意识和统计能力。

抽奖区:转盘抽奖,积分达到一定分数,学生先预测自己抽到什么奖的可能性最大,然后抽奖。设一等奖、二等奖、三等奖。

活动专区负责人负责设计本场桌椅摆放、题目呈现形式等。

第三环节:快乐数学表彰

1. 评选出吉祥物设计相关奖项,活动节当天发放奖状。

2. 通过积分卡统计,按照比例选出单项奖和“快乐数学之星”,下周五颁发奖状。

3. 根据各班表现,评选出“文明礼仪先进班”,下周五颁发班级奖状。

V. 活动时间、地点:2014年5月30日;室内体育馆二楼。

VI. 具体安排

(一) 策划准备阶段(4月15日—5月29日)

1. 4月中旬到五月上旬,多次召开活动策划会议。选取专区内容,讨论并修改活动草案,制定活动实施方案,具体明确各项任务分工。如每个模块资料的收集由专人负责,每个活动会场具体到某老师安排等。

2. 预算活动经费，核算各项开支，学校审批。

3. 网上定制吉祥物和徽章。设计数学节评价卡。

4. 5月20日—5月25日，相关负责人将活动所需资料、宣传资料等进行整理和准备，有些宣传资料需要设计并喷绘，并准备购买数学节所需用品及奖品等。

5. 5月26日—5月28日，相关负责人明确各项活动细节、具体时间、人员安排。做好活动版块材料的准备。总负责人查看资料、物品是否齐全。

6. 5月29日晚，进行会场总体布置，各点负责人进行自己场地的细节布置。

（二）组织实施阶段(5月30日下午)

1. 活动规则介绍及文明礼仪教育(早读期间)

学生集中在各班教室内，数学老师或班主任进行活动纪律及文明礼仪教育，并简要介绍游园活动秩序和要求等。

2. 整队入场(11:25—11:50)

班主任整队，学生开始陆续入场，统一将校服外套放在教室内，穿夏装校服。各班拿班旗(班旗底座请各班主任提前放置到二楼体育馆)以两路纵队按照阳光体育路线到达体育馆，从北门入口进入二楼，到达指定区域。

3. 活动开场(12:00—12:20)

开场舞——吉祥物出场互动——领导致辞颁奖——慰问品赠送，按活动计划有序开展。

4. 游园活动(12:30—14:30)

(1) 学生自由进行游园活动。

各老师在相应位置上，开展相关活动。全体教师协调好整场秩序。(请每个专区负责人提早和搭档老师进行活动流程的详细沟通，并将任务分配落实清楚。)

2. 活动结束

在活动结束之前15分钟，主持老师会提醒速度较慢的学生抓紧时间兑换礼品，各班整队依次回班。其他老师负责场地的整理和各物品的回收，统一放到小学部二年级办公室。

班主任回班级组织安排问卷填写。

（三）场地划分

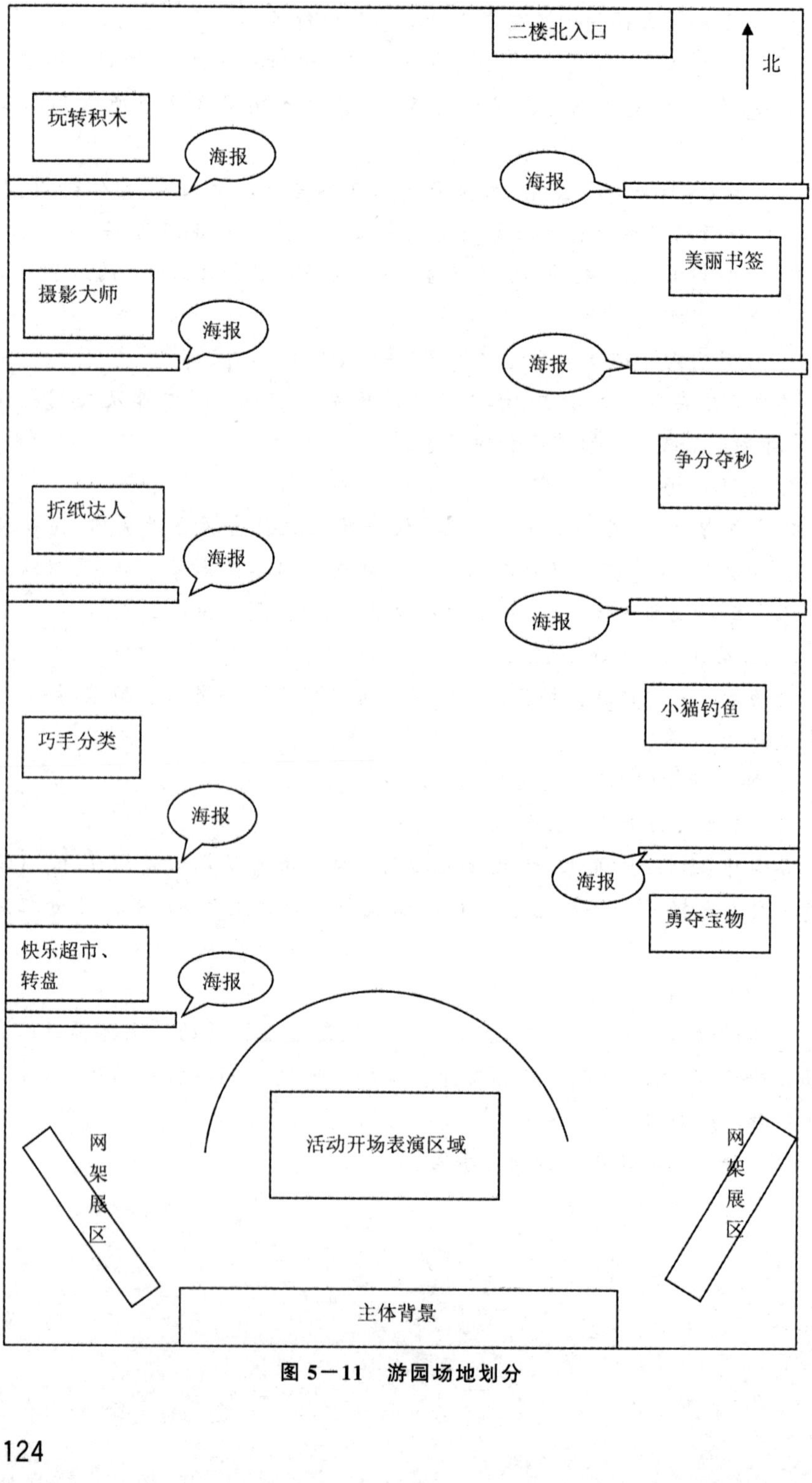

图 5—11　游园场地划分

VII. 人员分工与安排(名单略)

组别	主要工作内容
策划组	策划数学节的细节内容、具体时间、人员安排等
资料搜集组	负责各个模块相关资料的搜集和整理
资料准备组	准备宣传材料的印制、模块资料的打印、放置等
活动现场负责组	负责现场的布置、活动秩序的维护,引导学生参与活动、进行评价
后勤组	负责所需物品及奖品的采购、场地布置、摄影记录

二、走遍嘉兴智慧实践活动[①]

为全面贯彻党的教育方针,落实《国家中长期教育改革和发展规划纲要(2010—2020年)》和《教育部关于联合相关部委利用社会资源开展中小学社会实践的通知》(教基一[2011]2号)精神,在教育主管部门——南湖区教文体局南教文体[2014]54号文件《关于进一步加强南湖区中小学生社会实践活动的指导意见》指导下,东师南湖校进一步深化未成年人思想道德建设,全面推进素质教育,完善九年一贯制学校学生参加社会实践活动的工作机制,加强对社会实践活动的规范管理,智慧地开展社会实践活动。

(一)“走遍嘉兴,智慧实践”的实践操作

1. 嘉兴社会实践资源分析

嘉兴地处长江三角洲,是全国历史文化名城也是全国文明城市,有着深厚的历史文化底蕴,也有智慧创意的现代产业,有着风景秀丽的自然风光,更有古今中外的名人故居,这里是江南水乡,也是现代田园。通过学校德育团队及学生会的前期调研,一致认为,这是一个令每一位“生于斯,长于斯”的嘉兴学子、新嘉兴人应该细细寻访、慢慢品味的家园。这个城市的角角落落里有很多可以瞻仰、驻足、触摸、实践的社会资源。

学校德育团队在2013学年及2014学年中分别组织了多次“走遍嘉兴,智慧实践”社会实践活动,同学们以班级为单位分别到嘉兴博物馆了解嘉兴的历史与现状;到南湖革命纪念馆学习革命先烈的光辉历程,登上南湖湖心岛,近距离瞻仰红船;流连忘返于梅花洲,听千年古刹钟声袅袅,踏香花廊桥;在梅湾街历史街区寻觅朱生豪、沈钧儒、金九等历史名人在嘉兴生活的足迹;到国内首家船文化博物馆聆听舟船史话,体味水乡船韵,欣赏名船世界,浏览船舶科技;在一河之隔的嘉兴电力博物馆了解电力史及电力文化,观察一些鲜为人知的“电力文物”;在月河历史文化老街听听戏曲,裹一裹粽子,了解端午与嘉兴的渊源,亲身体验陶瓷制作工艺;在七星新农村周家农庄中学习耕作;在创意产业园铁

① 由周勇、沈剑军、宗锋、李金晏执笔完成。

哥们艺术中心与铁哥们握握手；在南湖公民道德馆、南湖红廉馆中进行精神的洗礼和道德的升华。

表 5—1　东师南湖校社会实践活动基地项目菜单
（九年一贯制学校以 3 年、6 年为一个周期）

序号	类别	实践项目
1	红色教育	南湖革命纪念馆（南湖景区）、沈钧儒纪念馆、金九纪念馆
		嘉兴烈士陵园
		嘉兴图书馆、嘉兴博物馆
		嘉兴市月河街德勤文化馆
		南湖区公民道德文化馆、南湖区道德讲堂总堂、南湖红色廉政文化馆、南湖区未成年人道德实践教育基地
2	社会服务	各社区活动中心
		嘉兴市敬老院
		肯德基、棒约翰等商家
		嘉兴市火车站、汽车客运中心
3	军事救护训练	嘉兴市交警支队各大队（军事训练、一日交警实践活动等）
		嘉兴市东大营（军事训练、军营体验活动等）
		嘉兴市飞机场（军事训练、军营体验活动等）
		嘉兴市消防大队（军事训练、军营体验活动、消防救护实践等）
		嘉兴市海军基地（军事训练、军营体验活动等）
		嘉兴市武警支队（军事训练、军营体验活动等）
		嘉兴市法院或南湖区各镇法庭（法律讲座、模拟法庭活动）
		南湖区红十字会（现场救护实践活动等）
4	农村实践	嘉兴市湘家荡旅游度假区、嘉兴市新农村周家庄实践基地
		南湖区大桥镇朱屹峰葡萄栽培基地
		南湖区凤桥镇梅花洲景区
		南湖区余新镇成校牡丹花基地
5	企业实践	嘉兴市真真老老粽子文化馆（月河街）
		嘉兴科技城
		中科院长三角研究院
		凤桥镇风雅陶笛有限公司

续表

序号	类别	实践项目
6	科普探究	嘉兴市科技馆
		嘉兴市船文化博物馆
		嘉兴市文化创意产业园
		嘉兴市气象局
		嘉兴市邮电博物馆
		中国移动信息化产品体验馆
		嘉兴电力博物馆
		浙江东方地质博物馆
		嘉源集团石臼漾水厂及生态湿地公园
7	手工制作	嘉兴市青少年宫(手工坊)
		凤桥竹刻实践基地
8	心理	南湖区心理健康分中心(三水湾中心医院)
9	周边城市	上海科技馆
		杭州“Do 都城”少儿社会体验馆

2.“走遍嘉兴，智慧实践”社会实践活动的组织实施

根据不同年龄段学生的身心特点、知识与能力水平，将学生以班级为单位，各年级以三年为一个社会实践周期，对嘉兴不同的社会实践基地进行走访实践。

【典型案例 5—7】“走遍嘉兴，智慧实践”简要方案

班级：805 班

时间：2014 年 12 月 4 日

社会实践基地：朱生豪故居、沈钧儒故居、范蠡湖公园

(1) 带队教师行程前可以简单了解以上三位嘉兴名人。

(2) 抵达前将学生分成若干竞赛小组，分发《社会实践记录册》，提醒安全事项及智慧实践要求。

(3) 抵达后指导学生认真观察、讨论、质疑等，通过纸笔、相机等记录。

(4) 参观完三个实践基地后，在范蠡湖公园全班以小组为单位在草坪上集合。

(5) 以小组为单位针对实践基地出题，抢答，计分，评选出最佳个人及小组(合理开展其他活动)。

(6) 返校后填好《社会实践记录册》，组织若干优秀学生撰写班级社会实践

报道及社会实践感悟。

（7）将社会实践照片、学生习作等以班级命名打包发送至德育处、团委（同时发至班级博客或班级家长QQ群等），亦可将学生习作、照片等打印，在班级宣传栏张贴。

（8）德育处、团委将班级报道发布在学校网站，学生习作择优发布在学校网站、推荐至《南湖晚报》、教育局网站、南湖阳光网、区政府南湖新闻网等，汇总各班社会实践材料制作社会实践视频、展板、报道等。

（9）德育处、团委利用学生集会时回顾总结各班社会实践表现，组织社会实践感悟评价并交流，在过程中予以点评、指导、改进。

表5－2　东师南湖校学生社会实践活动记录表

姓名________　　班级________　　填表时间________

<table>
<tr><td>活动分类</td><td colspan="4">□参观学习　□社区服务　□实践体验　□社会调查　□其他</td></tr>
<tr><td>时　　间</td><td colspan="4"></td></tr>
<tr><td>地　　点</td><td colspan="4"></td></tr>
<tr><td>活动名称</td><td colspan="4"></td></tr>
<tr><td>过程记录</td><td colspan="4"></td></tr>
<tr><td>活动心得</td><td colspan="4"></td></tr>
<tr><td rowspan="2">接收个人
（单位）
信息及评价</td><td>联系人姓名</td><td></td><td>联系电话</td><td></td></tr>
<tr><td colspan="4">该生参与活动____小时
评价：　□优秀A　□良好B　□一般C　□极差D
（签章）
年　月　日</td></tr>
<tr><td>班主任
意见</td><td colspan="4">评价：　□优秀A　□良好B　□一般C　□极差D
班主任（签章）
年　月　日</td></tr>
<tr><td>德育处
意见</td><td colspan="4">评价：　□优秀A　□良好B　□一般C　□极差D
（签章）
年　月　日</td></tr>
</table>

（二）2014 学年“走遍嘉兴，智慧实践”社会实践活动纪实——走遍嘉兴、争做智慧少年

又是一年寒冬时，小桥、流水在银光中陶醉，纤细的柳条在晴空中荡游，房屋楼阁在风中静默。在这大地都为之沉醉的冬季，东师南湖校迎来了一年一度的“走遍嘉兴”社会实践活动。

2014 年 12 月 3、4 日下午，全校中小学生分赴嘉兴各文化基地进行探访。活动伊始，东北师范大学南湖实验学校校长孔凡哲做了精彩的讲话，并宣布东师南湖校 2014 学年“走遍嘉兴，智慧实践”社会实践活动正式开始。

经过前期的筛选和探访，学校确定了此次“走遍嘉兴”的文化基地的方案，具体包括嘉兴博物馆、南湖革命纪念馆、梅花洲、沈钧儒故居、朱生豪故居、范蠡湖公园、铁哥们艺术中心、廉政文化园、粽子博物馆、小南湖等十六个活动基地，这些基地都带有浓厚的嘉兴地域特色，可以说此次活动为学生带来一次规模宏大的文化盛宴。

成长周刊
作为一名嘉兴学子，应该了解嘉兴文化

图 5－12　《南湖晚报》相关报道

图 5－13　嘉兴电视台相关报道

月河古街感受人文底蕴

穿过繁华的禾兴南路，一个让人寻觅已久的月河古街就这样鲜灵灵地呈现在学生的眼前。一带绿莹莹的小河沿街而过，橹声唉乃，漾起浅浅的波纹，摇碎了被露水沾湿过却愈加乌黑发亮的屋瓦。身处那悠长悠长的小巷，仿佛置身在画中，莲青色的木楼、灰白色的河埠头、悬挂在屋檐下如火焰般跳动的灯笼，以及花鸟市场中那或粉、或白盛开满枝的芬芳，在这其间滋生出了许许多多幽怨婉转令人无端惊觉的美丽和惆怅。美丽月河古街，你的清新、你的温润、你的雅致，都让我们对江南温柔水乡有了更加深刻的认识。

梅花洲参与拓展训练

漫步梅花洲，千年古银杏、石佛寺、三步两片桥映入眼帘，具有三百多年历史的明清老宅向我们展示了江南水乡的灿烂文明。花样迭出的拓展训练让同

学们流连忘返。体现团队凝聚力的“穿越电网”项目，通过近距离的接触，增进学生之间的情感交流，共同分享战胜困难的喜悦；挑战自我的“抓杠”项目，“为之，则难者亦易矣；不为，则易者亦难矣”，让学生充分体验极端环境带来的心理挑战，学生们需要克服恐惧，勇往直前，激励自我，战胜自我，去适应存在巨大压力的外部环境。

在铁哥们艺术中心欣赏钢铁艺术

涵盖了再生资源利用、环保、创意、教育等多方面内容的“铁哥们”钢雕艺术主题公园，让学生们大开眼界，公园通过时光旅行的方式，让学生体验了一次遨游创意王国的奇幻历程。走进钢雕艺术家的工作间，满眼都是废旧汽车、齿轮、钢板、机床部件等各类金属零件——钢雕艺术品的前身，学生们感受到艺术家们用自己的双手和创意，赋予了这些废弃的零件以生命，使其完成了从垃圾到艺术的升华。

图 5—14 2013 学年“走遍嘉兴 智慧实践”集结出发

图 5—15 嘉兴铁哥们艺术中心

图 5—16 南湖革命纪念馆

图 5—17 九年级梅花洲团队拓展

在范蠡湖品味江南柔情

来到这水绿如翡翠的范蠡湖，不禁让人想起一位温柔婉约的佳人，她不以沉鱼落雁之姿傲人，但凭一颗丹心扬名千古，那就是西施。在范蠡湖边，看那垂柳依依，水阁逶迤，乌篷船穿梭而过，迷离的绰影虚幻成水墨画中的雾化之笔。凝望这一湖碧水，在这自然和清新之间，感受到喧嚣之外的宁静。

欢乐的时光总是那么短暂，半日的社会实践很快接近尾声，学生们恋恋不舍踏上了返程，安全抵达学校后又马上投入到填写社会实践手册、撰写实践体会（文章）等后期工作中。

相信通过走遍嘉兴实践活动，学生们受益匪浅，懂得热爱家乡独特的风光和品味人文魅力，从而达到寓教于乐、寓教于行的效果，尽情享受快乐、智慧的教育。

图 5－18　参观南湖红廉馆

图 5－19　参观沈钧儒纪念馆

图 5－20　瞻仰南湖红船

图 5－21　“走遍嘉兴 智慧实践”——学生感悟

这是学校智慧的教育办学理念在实践道路上的又一次尝试，目的是培养学生的综合素质和团队精神，充分利用嘉兴地域资源服务于学校教育，引导学生自我管理、自我教育，激发他们热爱家乡、亲近自然的情感，努力促进德智体美劳在社会实践中相互渗透，促进学生全面发展和健康成长。

三、学法指导新闻报道

学法指导课程化、系列化是东师南湖校的教学特色，给师生的健康快速成长带来了切实的帮助。《南湖晚报》2015 年 3 月 14 日第 10 版“成长新闻”专题报道了东师南湖校的典型做法[①]，为智慧型校园增添了春的气息、秋的果实。

【典型案例 5－8】智慧型校园：教学的根本目的是让学习真正发生，实现智

① 记者沈虹阳、通讯员张艳丽. 教学的根本目的是让学习真正发生，实现智慧的教育[N]. 南湖晚报. 2015 年 3 月 14 日第 10 版.

慧的教育

本学期时间相对较短，因此，很多学校一开学就进入到紧张的学习之中，东师南湖校依据以往一贯的做法，第一周就安排了一堂学法指导课，指导学生更快更好地进入学习状态。记者在采访中发现，学法指导课深受学生的欢迎和追捧，他们已经深深地感受到了学法指导课给他们带来的美好体验！

学法指导是一门什么样的课

804 班邱梦娇说："数学梳理课不仅让我的数学成绩得到了长足的进步，也让我对数学有了浓厚的兴趣。"她告诉记者，数学老师带领他们梳理数学知识，一笔一画地写下每个单元梳理的内容，老师教给他们"思维导图"的学习方法，将一本厚厚的数学书上的内容梳理成了薄薄的几页纸。

学法指导课有这么神奇吗？它到底是一门什么样的课？

记者了解到，学法指导课分为通识性讲座课和学科类讲座课两种。通识性讲座是针对全体学生进行基础性的培训，让学生了解整体的学习思路。学科类讲座则有针对性，它针对不同学科的特点以及学生心理认知水平，做出适合该年级学生和该学科的讲座。通过学科类的学法指导，学生对学习不同学科的方法有了深刻的认识，为学生迅速掌握各门学科的学习策略，提高学习效率提供了有力保障。

为了帮助学生学会学习，提高学生的学习效率，养成良好的学习习惯，学校在 2014 学年第一学期开展了 12 次学法指导讲座，《"清？活？"——八年级语文学法指导讲座》《"三先三后，回头看"——七年级科学学法指导讲座》《"转变、定位、智慧"——七、八年级社会思品学法指导讲座》等都广受追捧。主讲人都是该校的老师，他们拥有多年的教学经验，因此，他们的讲座通俗易懂，从细微处着手，浅入深出，不仅把握了学科的本质，更是基于自己的一线教学经验，贴近学生，深入学生。

"学法指导解决了我在薄弱环节方面暴露出来的问题，同时也给我解题提供了新的思路。"904 班徐佳妮说。给他们诊断、辅导的教师都是学校的精英，会根据学生的需要制定详细的计划，并准备相应的专题和有针对性的习题，并在讲解的基础上拓展延伸一些知识点，让学生再遇到同类型的题目时总能成竹在胸，举一反三。

"领衔教师"集中解决学生疑难问题

采访中，记者了解到，学校每周都有挂牌的"领衔教师"，即进行学法指导的优秀教师，他们针对学生集中出现的问题，进行相应的教学，扫除学生普遍碰到的疑难问题。

903 班任甜慧告诉记者，进入九年级，她的成绩有了很大提高，这与学校安排的学习辅导是分不开的。"当我感觉有知识块需要诊断、辅导的时候，我就选择每周挂牌的‘领衔教师’,填好诊断卡,投进盒子里。”她说道,有一次,她和几个同学都觉得电学比较薄弱,于是就把“学习辅导(诊断)卡”给了万胜明老师。万老师特地为他们准备了电学专题的讲座,通过讲解,逐一将电学的知识点打通,让这群为电学而头疼的学生豁然开朗。还有一次是请数学课的项洪丽老师进行学法诊断,项老师为到场的每一位同学仔细分析了做题的风格和存在的问题。“通过老师对我做题思路的分析,加上自己耐心的练习,我对原本失望的数学重拾了信心。”

副校长万胜明对记者说,教学的根本目的,不仅仅是传授知识,而是让学生的学习真正发生,引导学生会学,实现“智慧的教育”。要实现“智慧的教育”,不仅要加强教法研究,更要重视学法研究,加强学法指导,教会学生学习。

东师南湖校以“智慧的教育”作为办学理念,建校三年以来,学生成绩稳步提升,得到了家长的好评和社会的高度认可。

第三节　常态下的学校德育活动:生态心·自主手·智慧梦[①]

有人认为,教育就是解放心灵。这不无道理。

时代进步造就了教育的发展与演进,今日之德育,不再是机械说教、强制灌输的标准化生产线,而是科学管理、人性运行的智慧型苗圃。如何让松柏更加苍劲、让兰竹更加葱翠,是德育工作不懈追求的目标。在东师南湖校这座崭新而又充满希望的乐园中,我们希望学生能够在快乐生活中接受学校道德文化的熏陶、感染;希望学生在自己的独立思考之中自觉进行心灵净化;更希望学生在自由、自主的氛围中实现自己道德生命的生长、发展。为此,德育处、团委在常态的学校德育活动中,通过开展一系列的道德教育、体验活动,努力探索新的有效的德育手段、德育方法、德育途径,最终实现德育培养目标。

一、点线结合、构筑“原生态”德育

“原生态”德育,即生活就是德育,“原”即忠于原味、真情流露;“生态”即人与自然的和谐统一,人与校园文化的和谐统一,人与家庭的和谐统一。通过学生与自然的亲密接触,自我接受教育;通过学生参与校园的文化建设,自我受到熏陶;通过系列活动,在不自觉中接受爱的洗礼。“原生态德育”是为加强和改进德育工作而提出的一种新型教育策略。

从道德教育到道德学习,把道德发展的权利还给学生,从强调“学习”来说,是让每一个道德生命体自主成长。道德学习强调德育向整体的、具体的人的回归,就是强调人的生命、人的价值。人性化的教育就是依据人的生命本性,引

① 由沈剑军、刘贺根据东师南湖校德育日常活动撰写。

导、帮助学习者自主地开展道德学习,自主地发展德性,以更主动地适应社会思想观念变更、多元价值冲突的社会生活,更主动地提高自身道德修养和精神生活质量,自觉地、积极地将道德学习从道德教育延续到道德生活。会生活才会学习,学会生活才是人的根本。所以,道德教育也离不开道德生活,是生态的自然过程,"走遍嘉兴、学雷锋体验岗、向国旗敬礼、社会实践手册、家校联系"等串联出学校的道德生活。①

为此,德育处结合具体实际,大处着眼、小处入手,通过点线结合的方式,构筑了"原生态"教育的新环境、新局面。

(一) 多点、长效开展德育活动,让德育成为一种氛围

1. 新生衔接打基础

每学年新生入学阶段是教育关键期也是学校文化熏陶关键期。对于一年级、七年级新生而言,入学前的衔接教育是他们实现身份转变的一个过程,更是接受、融入新的校园环境的过程。学生的学习包括课程学习也包括生活学习,生活习惯、行为习惯、学习习惯,尽快适应小学及初中阶段的学习生活,同时增强学生的国防知识、国防意识、军事技能等,按计划有序地开展新生训练营工作,学习锻炼住宿、晨跑、就餐、课堂、卫生、路队、纪律、礼仪等常规;了解学校发展历史及德育相关制度及要求,学习军歌、训练军姿、队列、参观消防大队,开展消防安全演练、学习安全知识、开展学法指导等;了解学校对违禁物品、发型服饰的规定,熟悉各班就餐、就寝、做操的路线,为开学做好必要准备。通过新生训练营,学生们为新学期的学习生活打下了良好身心基础。学习了军营般的生活,锻炼了军人般的意志;了解了国防知识,提高了军事技能;增强了爱国主义精神,圆满完成了预期的效果。

2. 生活手册作指南

一般学校都会有《□□学校规章制度》,要求学生遵守,不少学生对此怨声载道。东师南湖校德育处特意将制度改为《东师南湖校学生校园生活手册》,目的是让学生在校园生活手册的指引下学会融入校园生活,并通过学习明白"什么可以做?什么不可以做?什么禁止做?"在校园中遇到什么问题可以找哪个部门寻求帮助,《生活手册》包含校园一系列的规章制度等及各类条例,是学生走进学校收到的第一张校园名片。《生活手册》所起到的作用已经不再局限于威慑和说教,它存在于校园生活的方方面面,时时处处都能让学生想起它。这就是我们想要营造的一种潜移默化的德育,一种回归本真的原生态德育。

3. 阳光心态护心灵

专职心理教师每周按班级轮流开展阳光心理课,定期开展学生的团队心理

① 班华等著.学校道德生活教育模式的探寻与思考[M].镇江:江苏大学出版社,2010年:第1页(代总序).

辅导活动课和个别心理辅导活动，建立了“心理辅导活动室”，开展男、女生青春期专场讲座，制作心理海报等，邀请嘉兴市中小学心理健康教育指导中心专家到校开展青春期健康知识讲座，使得学生初步掌握了情绪调控的技巧，促进学生身心健康发展。

4. 校园广播润心田

每天的校园广播温馨浪漫，由学生社团成员自主管理，从方案、录稿、播出等环节全程参与，提高学生的综合能力，丰富了校园生活，有利于学生心理健康指数的有效提升。广播站小书虫、读书节、经典诵读展示、读书沙龙等一系列的读书活动，有效促进了学生文学素养的提升。

经过实践探索，德育处逐步树立了德育活动“杜绝简单说教，以情境感人、以活动育人”的指导思想，准确把握德育主线，以德育活动为载体积极开展各类自主成长、研讨交流专项培训及沙龙活动。如德育活动主线流：“新生训练营”、“弘扬中华民族传统美德教育月”“爱国主义教育月”“消防人防国防健康宣传主题月”“阳光体育节”“校园艺术文化节”，扎实有效提升了学生参与德育活动的积极性、主动性，无形之中提升了德育活动的影响力。

（二）丰富、创新德育活动形式，让德育成为一种体验

1. 社团才艺显身手

“英文歌曲传唱”“圣诞晚会”“畅舞迎春智慧校园”校园文化艺术节暨元旦文艺演出活动、游园等活动让校园文艺骨干找到了自己大显身手的舞台。在社团活动中，中小学分别设有社团及俱乐部项目，学生踊跃参加活动，参与度高、涉及面广；丰富多彩的社团活动为每位学生的个性发展提供可能。学校关注义务教育课程与社会的密切关联，充分利用教学内容的现实性，选择社会中具有丰富、深刻教育教学价值的热点难点问题为素材，实施教育教学活动，切实培养学生的实践能力。

2. 主题节日在行动

以“智慧的教育”为核心的节日活动奏响校园生活的节奏。教师节“老师，我们爱您”“给老师的一封信”“我为教师添点绿”“献给老师的祝福”等活动；国庆节“向国旗献礼”“我与国旗合个影”等社会实践活动；重阳节“我为老人做件事”的感恩活动；还以“9.18”“世界爱眼日”“残疾人日”“国家首个公祭日”等为主题进行过丰富多彩的宣传活动。

3. 安全逃生护生命

每年一度的新生训练营常态开展“生命为上”“安全第一”“消防逃生”“防溺水”“禁毒教育”“校园停电应急处理”“防治艾滋病”教育以及“防震减灾”演练等。同时，针对女生特点、结合卫生工作定期开展女生心理生理卫生健康知识讲座，邀请周边医院的医生来校作营养科普知识讲座，也进行了“防治艾滋病”

等系列健康宣传活动。

（三）家校合作实施道德教育，让德育成为一种协同

孩子的教育不仅仅局限于校园之中，家庭教育对于孩子的学习成长具有十分重要的意义。如何联系沟通学生家长，让家长参与到学校德育工作中，实现校内外的无缝对接，是我们一直以来努力的方向。一是建立和健全各项家校联系规章制度，约束和规范各项权利义务，通过设立家长委员会，增强家长的知情权、参与权，让家长们能够更好地了解校内工作，并与学校达成共识，步调一致；二是丰富联系途径，实现家校沟通的及时有效。通过家校联系平台、学校微信平台、学校网站、班级 QQ 群、电话家访、家长接送学生、家访、家长开放日、家长会、校级家委会、家长学校等各类平台进行家校沟通，密切了家校关系，时刻关注孩子的身心发展；三是增强联系密度，通过家长委员会的推荐，确定学校家长委员会成员；定期与不定期地召开全校家长会、新生家长会。凭借校讯通家校平台、各班家长群、家校分享平台等新媒体平台，学校能够及时将工作动态和学校活动向家长沟通，形成家校合力。

二、“全面开花”构筑“自主”德育

（一）社会实践寻自主

学校利用校内外有效资源，开展丰富多彩的校园实践活动，走进市消防大队参观学习、“走遍嘉兴——探寻乡土文化社会实践系列活动”、“新世纪我能行”体验教育等活动，将社会资源引入校园，让校园道德教育延展到社会，努力促进德育、智育、体育、美育和劳动教育在社会实践中的相互渗透，促进中小学生全面发展和健康成长。

在实践活动中，以青少年思想道德教育主线，促进体验教育思想的深化。抓住校内和校外两个阵地、务实政策、队伍和理论三个基础，抓住设立科学健康的体验项目、提供体验条件、启发体验的思考、鼓励体验的积极性四个关键环节。充分利用现有实践基地，积极在社区、农业园区、高新技术企业拓展新的实践活动阵地；注重把“新世纪我能行”与手拉手、雏鹰行动、社区活动以及其他活动有机结合起来，学校以实践基地为基础开展实践活动。本学期已在学校周边启动了多个少先队实践活动基地，如消防大队、台资名企敏实集团等，聘请基地负责人为学校的校外辅导员，并对这些基地进行挂牌，让学生的校外活动场所遍布校园周边。建好这些实践基地后，我们可以定期开展实践活动，这样也为少先队活动创造性地发展提供了新的契机。在参观敏实集团的活动中，师生们参观了生产车间区、产品展示区以及员工生活区，参观活动中勾起了学生们强烈的兴趣和好奇心。孩子们一系列的问题，敏实集团的工作人员都耐心细致给孩子们解答。孩子们在参观过程中也纷纷表示，要好好学习，努力实践，长大后在自己行业里做一个出色人。

（二）自主管理显人性

学生会是学生自治组织，学生会成员不仅仅承担学生校园生活的监督作为，还起到引领作用，如在学校常规检查中，学生会成立检查组、文明礼仪岗，并在晨会上汇报。定期召开学生大会，由主管领导、年级组长、团队部负责人、学生会等召开年级大会，通过每天大课间活动，对近期的学生表现进行分析教育，总结成长过程中的得失，并逐一分层次对"志存高远、诚意修身、求真致知、智慧成长"的学风做了很好地诠释。通过举办班干部培训、团课学习、团员义务劳动等活动，来体现自主管理。

（三）自主探究启智慧

在"自主探究"科技节的主题下，开展了丰富多彩的科技活动，诸如读一本科普知识书籍，和父母一起学做一件科技小作品，开展一次以"科技活动"为内容的主题队会，画一幅"异想天开"科幻绘画，写一篇科技小论文等"五个一"活动。学校还利用电视课程开展多样化的科学普及活动，推动学校科技教育的深入开展。在科技教育中，注重发挥学校、社会、家庭三方面力量，并结合学校实际情况，因地制宜，因时制宜，综合推进青少年科技教育，在校园形成学科学、爱科学、用科学的良好氛围，学校科技教育初见成效，在南湖区科技创新大赛上创得佳绩。

（四）风采展示显自主

学校一切的活动都是为了促进学生的发展，遵循道德活动的可参与性、可选择性是落实德育的出路，因此，在落实德育模式中，突出了学生的主体地位。以"自主德育模式"为引导，以校德育处、团委为指挥，以年级部、学生会、班级干部为依托，扩大了学生的主体参与性，结合指导思想和学校工作实际，确定了"以活动为载体，培养学生良好的思想素质、身体素质、心理素质，让每位学生都有展现自我的机会"，学生可以个性化选择社团、班级岗位、参与校园活动，最终要让学生"敢于展示自我风采"。

三、开放思想追求智慧德育

"智慧的教育"是东师南湖校的办学理念，也是指导日常德育工作的重要准则。我们不能为了德育而德育，应该时刻关注德育功能实现的合理性、有效性，并在德育工作进行中努力发现和总结经验，形成可持续性的发展过程，并能够启迪学生终生受用的智慧。

（一）特色创建与深化

开学初，利用军训、安全演练、传唱军歌等活动为载体，初步建立班级文化框架，并形成班级文化凝聚力。进行"智慧型班级"文化评比，上学期以"硬文化"（墙壁文化布置、班级名片）、下学期以"软文化"（班级管理制度、班歌班训班徽章）为主。在新学期开学之际，八年级开展了"智慧班级文化创建风采展示"，汇报团队在开学典礼上向全校师生汇报，展现班级文化建设和班级智慧发展的点滴收获。利用周一升国旗仪式及“道德微讲坛”培养学生积极向上的精神。每周一全校师生大声宣告校训“志存高远、诚意修身、求真致知、智慧成长”,以凝结全校师生的校园认同感和使命感。

(二) 德育主体扩大与强化

德育工作的主体是学生,组织者中既有学生参与也有老师的参与,通过对班主任进行培训、班主任交流、研讨等活动来落实德育指导思想和德育工作。主要形式有:班主任沙龙,搭建沟通交流的平台,促进思想火花的碰撞;沙龙主题贴近班级自主管理、生态德育模式,开展了“开学第一课——班主任工作第一天开始”“他山之石可以攻玉——班级文化构建”“问题学生沟通艺术”等沙龙、研讨活动。经过德育团队的共同努力,在东师南湖校领导班子的指导、帮助下,共同促进了“生态自主”德育实践的有限落实。

(三) 关注后进显温暖

学校设立后进生导师,实施心理健康帮扶机制,定期与有需要的学生沟通交流。号召全校半数以上的教师参加区“心理健康辅导C证”培训学习,以便于更好地融入学校心理健康辅导工作之中。正是制度化建设,历练了学校德育工作者的实际管理能力,改进了寄宿制学生学习、生活的管理模式,促进了学生良好品行习惯的养成。

(四)“绿色评价”重发展

班级考核呈现立体格局,“周—月—学期”成体系,学生个体考核注重学习、生活、发展的过程性的评价,如校级三好学生、校级优秀班干部、班级三好学生;优秀课代表、优秀小组长、优秀寝室长、优秀餐桌长、优秀住校生。在学生兴趣、特长方面学校积极挖掘潜力,以“正能量”鼓励先进,学期末进行评优之星活动,如,智慧之星、进步之星、爱心之星、礼仪之星、学习之星、阅读之星、劳动之星、艺术之星、科技之星、体育之星、孝敬之星、幸福之星、环保之星、阳光之星、自选之星,评优率达到85%,通过这些正能量的评比,引导了学生、鼓励了学生。

每个学期的各个活动组成一个系列,分别是:

- 新生军训——校园生活奠基石
- 班级展示——智慧班级扬声机
- 志愿服务——生活角色体验岗
- 走遍嘉兴——社会实践大舞台
- 社会实践——走进社会试金石
- 三项竞赛——校园生活指挥棒
- 德育论坛——智慧碰撞火花石
- 经典诵读——对话大师金钥匙
- 爱心义卖——奉献爱心我有责

南京师范大学班华教授曾指出，“真正有效的德育，就需要营造生动的、活泼的、实在的、行动的、自由的道德成长的生态环境，让学生实现自主的道德学习和自主的发展。”[①]他还指出：“具体的学校道德教育必须开放，由校内走向校外，与家庭教育、社区教育、社会教育资源、工矿企业等相互联系，形成整合一致网状教育力量。”从被动接受道德教育到自主、自由吸收道德教育，这是一个艰难的转变过程。千里之行，始于足下，怀揣着一颗炽热的梦想，我们正在努力攀登。

校园德育工作的开展是一趟又一趟的摆渡，作为摆渡人的德育工作者不但要具有一颗生态之心，努力营造良好的行船氛围，还要具有一双自主之手，调动更多的人参与到划船中，更要有一个智慧之梦，以高瞻远瞩的目光启迪学生前进的方向。

① 班华.对“心理—道德教育”的探索——兼论中国自己的心理教育之道[J].教育科学研究，2010，(01)：25－29.

第六章 智慧型校园文化的经营策略与典型案例

学校发展有不同的模式和路径，但优质教育的实现有赖于教育文化自觉，文化是学校建设的灵魂①。一所学校的可持续发展，它的根基必定是学校文化。品牌学校的品牌，正是这所学校优秀文化的外在表现，这种优秀文化表现在学校的诸多方面，如科学的办学理念、优质的办学质量、丰富的教学课程、良好的学校管理、优美的校园环境，悠久的办学历史，等等。

智慧型学校的校园文化聚焦"智慧的教育"，处处彰显启迪智慧、注重可持续发展的文化，这些文化不仅表现在门厅走廊之中，而且，体现在办公室文化、教室文化之中，不仅体现在课堂之中，而且体现在教师的教育教学智慧之中。

第一节 智慧型校园门厅、走廊文化案例解读②

近年来，随着我国基础教育改革发展的不断深入，中小学校的校园文化建设正朝着教育化、专业化、精细化、生态化、品质化、艺术化道路迈进。其中，门厅文化、走廊文化成为学校文化建设的重点。创建智慧型校园文化是东师南湖校校园文化建设的中心工作，是东师南湖校办学特色、办学理念显性化的主要载体，门厅文化、走廊文化作为学校文化的主要窗口，自然成为智慧型校园文化建设的重点、难点。

一、智慧型校园门厅、走廊文化建设的内涵及特征

(一) 智慧型校园门厅、走廊文化建设的内涵

门厅，即进门的大厅，一般是进入大楼的缓冲区域，多为半开放状态。

在中小学校，校园门厅往往是进出办公区域、教学区域的必经区域。

---

① 杨志成. 文化是学校建设的灵魂[N]. 人民日报. 2013 年 10 月 28 日：教育版.

② 由张佳欣、祝鸣执笔撰写。

所谓**智慧型校园门厅文化**，指以智慧的教育为主题、能够充分体现智慧型学校的办学理念、办学特色，经过精心设计而形成的不同系列互为补充、形式多样、富于艺术之美的校园门厅文化。

"百度百科"对"走廊"的解释是："走廊的意思是有顶的过道，建筑物的水平交通空间，也比喻连接两个较大地区的狭长地带，在中国比较出名的有位于甘肃的河西走廊，位于辽宁的辽西走廊。"本文中的走廊，实际上指教学设施各楼层中有顶的过道。

所谓**走廊文化**，通俗地讲就是把一种文化以走廊为载体加以呈现出来。一般地，校园走廊文化包含物质文化和精神文化两方面，前者以物质形态传承，以系列的物质符号（即文化元素）再现相应的文化，后者以意识形态承载。

智慧型校园走廊文化，是以"智慧的教育"办学理念为文化核心，有效利用校园走廊的时空特点，从物质载体和精神载体两个方面，智慧地展示集知识性、教育性、展示性、艺术性为一体的动态、静态相结合的多种艺术形式的走廊文化，其中心和焦点在于，有效呈现师生的智慧生存、可持续发展。

（二）智慧型校园门厅、走廊文化建设的总体设计及其特征

校园门厅、走廊文化一般具备情境性、观赏性、切实性、感染性、集中性等特点，作为校园门厅、走廊文化的一种特殊类型，智慧型校园门厅、走廊文化更独具特色：

1. 凸显"智慧的教育"理念

门厅、走廊的一切设计都必然围绕着"智慧的教育"这一主题。

正如"智慧的教育"基本诠释——"以教师的智慧成长为基点，以学生的智慧生成为目标，把启迪学生终生受用的智慧作为学校教育实践的核心，以塑造智慧型教师，建构智慧型课堂、培养智慧型学生、构建智慧型校园文化为基本途径，创建智慧型学校"，智慧型校园门厅、走廊文化建设努力将上述理念显性化，其主题乃是启迪智慧、智慧学习、可持续发展。

在中小学校，好的校园文化往往主题鲜明突出，能激发师生志向，展示师生所长，陶冶师生品德，开拓师生视野，并能在思想上产生强烈的共鸣和艺术震撼；同时，通过图文并茂的展现形式，使师生在门厅文化、走廊文化、教室文化中不断发现自己的身影，感受校园主人翁的意识，自觉认同优秀校园文化、自觉践行学校倡导的理念、文化。"智慧的教育"校园文化正是这种优秀校园文化的代表，在现代理念显性化上做出成功尝试。

2. 展现教师的智慧施教

教师在教育工作中的地位不言而喻，教师的教学方法不同，教学成效也不尽相同。作为东师南湖校的教师，智慧施教、倡导教育教学智慧成为显著特征。而作为再现课堂文化的一个窗口，门厅、走廊的文化自然要突出"智慧地教"这个主线。与一般的中小学校走廊文化相比，在课堂教学中，掌握智慧施教的教

学艺术并以图片、标志符、情境图等外显形式,成为门厅文化、走廊文化的重要组成部分,是东师南湖校门厅文化、走廊文化独树一帜的特色。

3. 体现学生的智慧成长

学生是校园文化中最为亮丽的风景线,因为学生是教学过程的主体,是学校的主人,学校的一切活动都是在为学生的学习活动服务。因此,智慧型校园文化创建实质上是学生智慧成长的过程,智慧型校园门厅文化、走廊文化展示学生完善人格的逐渐形成、体现学生善于学习的品质、凸显学生生活的智慧、展现学生的智慧才华。

4. 聚焦师生的课堂智慧

在素材选择上,智慧型校园文化创建更多聚焦在师生的课堂智慧,门厅文化、走廊文化鲜活地展示出智慧课堂的精彩片断与生成情境,“智慧成长、可持续发展”的办学目标自然融入其中。

5. 融合多种表现形式

在设定好主题、选好素材之后,智慧型门厅、走廊文化以彩印、手印画、图片、图文结合等各种艺术形式得以展现,比如门厅文化中主题墙的设计,以东师南湖校校徽的主题蓝为背景,飘落的枫叶为分隔符,以图文结合的形式,错落有致地展示学校的办学理念和办学成果,这种表现形式富于艺术性,给智慧型校园创建增添亮丽风景。

二、智慧型门厅文化建设的具体实施及典型案例分析

作为智慧型学校的文化代表,智慧型门厅文化注重系统谋划,注重生成、强化建设,努力将深奥的办学理念简捷化、显性化和形象化。

(一) 传承智慧、准确定位

人类教育历史经验表明,智慧是可以传承的,人类能从茹毛饮血的原始社会发展为如今高速、便捷、科技的现代社会,依靠的就是其他动物不能比拟的智慧传承。智慧型门厅文化建设,实际上也是一种智慧传承。而智慧的传承,既离不开物质的承载,也离不开意识的传承。前者更多地表现为再现师生智慧学习的过程、启迪学生终生受用的智慧,后者更多地物化为文化意识、价值观念(特别是教育对人成长的作用、教育究竟在哪些方面发挥着作用,等等)。

【典型案例6-1】小学部东厅主题墙设计——图文并茂、全面诠释智慧型学校内涵

此门厅为小学部入口处,使用率高,将其定位为展示学校办学理念和主要的办学成效。以蓝色为棚顶,象征着蓝蓝的天空下我们共享智慧的喜悦;一棵绿色的大树伸展出枝丫,绿色代表希望,大树代表成长,配上错落有致的五个大字“智慧的教育”和学校的船型校徽,主题鲜明,定位准确。

以飘落的枫叶为引,枫叶代表了秋的收获,引出四个展示版块(如图6-1

所示),而四个板块恰恰涵盖智慧型学校的四个重要组成部分。

板块 1:创建智慧型学校

以多幅不同角度的图片展示了智慧型学校的创建过程,以图文并茂的方式鲜活地再现智慧型校园的主要组成要素:

1. 文化融合凸显育人理念

图 6—1　学校整体设计效果图

图 6—2　南北文化融合的校舍

在这里,既要体现学校倡导的师生主体观,即坚信每位学生都能成才、相信每位教师都能成功;又要简明扼要地诠释学校整体设计的理念,即南北文化融合,达到"融东师之魂,汇南湖之灵"的目的(如图 6—2 所示)。

2. 温馨校园启迪智慧人生

图 6—3　开心生活

图 6—4　温馨宿舍

图 6—5　书香宿舍

启迪智慧需要温馨的文化、恰如其分的情境,更需要个性化的教育环境和智慧教师的点拨引领(如图 6—3、6—4、6—5 所示)。

3. 红白蓝色孕育教育本真

图 6—6　红白相间的建筑颜色

图 6—7 学校 logo

图 6—8　我来装点校园

作为东北师范大学与南湖区政府合作创办的新学校,学校传承东师“红色、白色、蓝色”的传统,并在校舍颜色、校服颜色、各类标志色等方面,加以充分体现,即:红色意味着积淀,即教育需要积淀(如图6—6所示);白色意味着留白,即教育需要给每位学生的发展提供空间,需要学生个人去书写、去创造,自己的未来毕竟需要自己的双手描绘(如图6—6、6—8所示)。

而作为学校主体色彩的“蓝色”(如图6—7所示),寓意着海纳百川,将东西方文化的优势融入其中,形成根植于江南文化、具有东师特征的现代中小学校文化。

4. 人人成功缔造人人成才

这里的“人人成才”实际上是“坚信每位学生都能成才”的缩写,而“人人成功”恰恰是“相信每位教师都能成功”的缩写。“人人成功缔造人人成才”意味着,教是为了学,教师的一切辛苦努力,都是为了每一位学生的全面、健康、和谐、可持续发展。为此,学校活动必须丰富多彩以满足学生个性化的需求,而教师必须坚信“没有教不好的学生”。

图6—9 丰富多彩的社团活动

图6—10 开心宿舍

5. 博士硕士名师俯首甘牛

图6—11 我来绘制智慧树

作为部属师范大学与地方政府合作创办的学校,东师南湖校的优势之一就是师资,不仅可以从国家211、985重点大学的应届毕业生(本科、硕士、博士)中选拔优秀者,而且,拥有选拔在职骨干教师的扶持政策。与此同时,与其他师范院校的毕业生相比,东师毕业生对于教师职业的认同度高。学校4年来先后招聘来的43位东师应届硕士、本科生，39位安心工作、乐于奉献，多数已经安家落户，仅有1位不适应江南水乡生活而辞职返回原籍，另三位由于婚姻问题（夫妻两地分居）而调离。正是这些拥有特殊才能的优秀毕业生，特别是当地中小学师资相对薄弱的学科（诸如，美术、音乐、跆拳道、篮球、足球、健美操、舞蹈、中小学心理辅导等）的“科班出身”的专业人士，给学校的特色化带来无限生机活力，也给当地的篮球、美术、音乐、心理咨询等领域带来青春朝气和专业水准。

6．淡化差尊重异，关注个性发展

常言道，黄沙似海，找不到完全相同的两颗沙砾；绿叶如云，寻不到毫无区别的两张叶片。学生的发展也是如此。

多年来，中小学教育过于强调统一，漠视差异。事实上，在班集体教学中，立足学生差异、满足学生个别化的需要，完全可以实施促进每位学生在原有基础上得到充分发展的教学。不过，其中的难点和焦点在于“差异”的含义。“差异”一词英文是difference、divergence、diversity，一般的解释是“区别、不同”。事实上，“差异”一词既包括“差”的含义，也包括了“异”的含义。前者的含义与“行、能、会、厉害”等词的词义相反，属于真正意义上的差、“笨蛋”等，而后者的含义则是“异”，即“不同、差别”等。

在对待每一位学生的全面发展上，更需要教师**淡化差、尊重异**[①]，而不是采取统一化的、单一的教学方式方法。否则，这些单一化的方式方法、素材等等，仅仅对思维敏捷性好的那些学生有利，而对于慎思型的学生而言，则是极其不公平的——一旦教师采取放羊式方式，仅凭这些学生的自学，是很难“跟”上课堂教学步伐的，当堂快速的层次训练和学生自评，最终导致为数甚多的学生学习自信心的急剧下降。

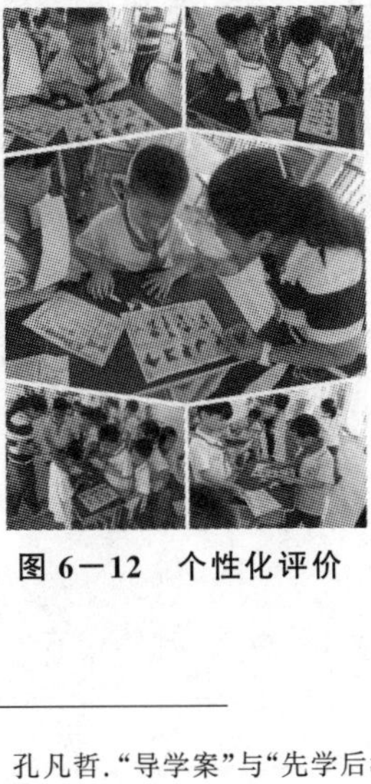

图6—12　个性化评价

图6—13　个性化的班级展示

① 孔凡哲．“导学案”与“先学后教”异化现象及其问题诊断[J]．教育科学研究．2012，(9)：27—30.

六个要素各自独立,又相互组合、共同发挥作用。而学校的建筑物景观图、小学生在寝室的文娱活动图、学校数字化建设暨网站建设图、硕博团队骨干教师团队图、初中生认真学习图、手印墙制作过程图等等,这些内容丰富、色彩多姿、极具美感的图片,赏心悦目,智慧型学校的基本内涵一目了然。

板块 2:培养智慧型教师

这个栏目,一方面需要全面反映智慧型教师的工作特点,集中表现为智慧地施教、智慧地工作、(在校园内)智慧地生活;另一方面,也需要涵盖教育教学智慧的生成渠道,集中体现为合作孕智慧、探究觅智慧、创新生智慧、理念显智慧、大爱孵智慧。

图 6—14　课堂讨论生智慧

图 6—15　师生互动孕智慧

图 6—16　齐心合力能断金

图 6—17　同伴互助促成长

这里有博士生导师为初中生上课时激情澎湃的身影,有嘉兴市、南湖区学科带头人谆谆教导学生的片段,有骨干教师耐心细致个别答疑的记录,有校运动会上老师们奋力拼搏挥洒汗水的记忆,更有青年教师智慧成长的缩影。这些系列图片鲜活地再现了智慧型教师快速成长的经历,反映了教师智慧生成的鲜活过程。

图 6—18　同伴互助

图 6—19　校长执教快乐数学课

图 6—20　专家现场诊断

板块 3:打造智慧型课堂

这个栏目,既要凸显智慧课堂,又要再现课堂智慧,既要聚焦课堂中的智慧生成,又要反映诱发课堂智慧的课外要素,所以,栏目标题为:精心预设捕智慧,课堂生成显智慧,师生互动长智慧,探究分享出智慧,课外灵动孕智慧,课后反思炼智慧,专业引领获智慧。

图 6—21　探究分享出智慧

图 6—22 精心预设捕智慧

图 6—23　课堂互动

图 6—24　名师风采

图 6—25　课例研讨

图 6—26　快乐校园

图 6—27　入队仪式

图 6—28　课后点拨

图 6—29　名师引领

板块 4：塑造智慧型学生

这个栏目聚焦智慧型学生，一方面需要再现智慧型学生的生活常态，集中表现为智慧地学习、智慧地做事、（在校园内）智慧地生活；另一方面，也需要涵盖学生获取智慧的主渠道，集中体现为实践出智慧、探究觅智慧、创新生智慧。

图 6—30　课堂讨论

图 6—31　校花评选

图 6－32　智慧生活

图 6－33　实践出智慧

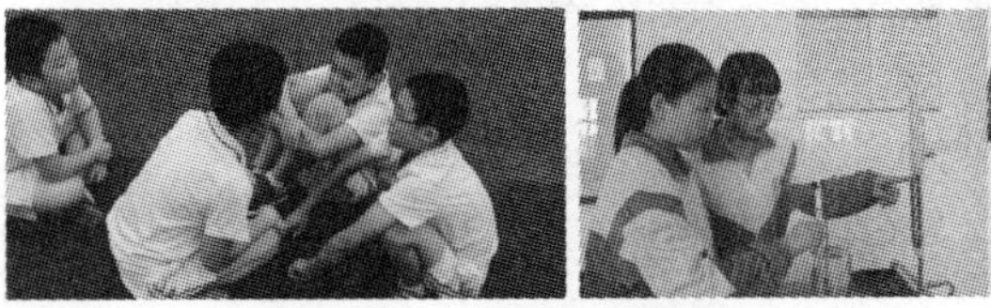

图 6－34　快乐的校园生活

图 6－35 探究觅智慧

作为记录办学以来学生智慧成长的栏目，需要鲜活地再现学生的常态生活：学生在校园里智慧地生活的场景，孩子们在草坪上自由地畅所欲言，在元旦联欢会上展示精彩纷呈的特长；同时，运动强身智，孩子们参加武术、舞蹈、篮球等等积极的体育锻炼，强身健体；实践出智慧，培养学生实践能力，带领学生参观嘉兴风土人情，组织拍卖活动，在活动中学生们掌握了实践智慧；探索觅智慧，在科学实验中，孩子们寻觅科学的真谛，获得了探索的智慧。智慧也源自心境，培养智慧型学生也要注重学生的心理健康。

效果分析：主题突出，既深入挖掘学校的优良传统和深厚底蕴，又彰显出学校极具特色的办学理念和办学模式，内容与材料精心选择，精工细作，形式丰富多样，又与主题契合统一，设计新颖，制作精美，富于艺术性，使人赏心悦目。吸引路过者眼球，形成了一个五彩斑斓的文化平台。

图 6－36　小学部西厅主题墙设计(一)

图 6－37　小学部西厅主题墙设计(二)

图 6—38　小学部西厅主题墙设计(三)

图 6—39　小学部西厅主题墙设计(四)

(二) 智慧设计、细致浸润

【典型案例 6—2】小学部南厅主题墙设计——育人无声

小学部南厅主题墙也以蓝天为背景,蓝色寓意着东师南湖校,师生共同在同一片蓝天下学习生活,暖暖的阳光照耀下,天空浮着几朵雪白的云朵,飞鸟象征着自由、愉悦、欢唱。下面的绿色代表着蓬勃向上的生命力,大树代表着儿童,在这样愉悦的门厅文化氛围中健康茁壮的成长。最突出的是七句话,也是学校办学理念"智慧的教育"的具体细化,更是智慧型学生的七条评价指标(如图 6—40 所示):

图 6—40　小学部东厅主题文化墙

浓厚的学习兴趣　一切学习行为的顺利进行,都应以学习兴趣为前提。爱因斯坦曾说过"兴趣是最好的老师",粉红色代表热情,希望学生在潜移默化中感受到智慧型学生的塑造离不开浓厚的学习兴趣,以兴趣为舟,航驶在智慧的海洋。

良好的学习习惯　小学阶段,重点培养学生自主学习,积极思考,每天预习复习,作业本干净整洁并准确率高,能够独立阅读科普读物和文学作品的习惯。

这些习惯的养成将会促使学生智慧合理地安排自己的时间，为其一生的智慧发展奠定基础。从心理学角度出发，以橙色为字体颜色，是因为橙色代表着力量、智慧、震撼、知识和光辉。橙色给人以自助和助人的力量。

科学的学习方法　智慧的教育的本质是启迪学生终生受用的智慧，其中自然包括科学的学习方法。学习本身是一种学问，有其自身的规律，智慧的教育也是如此，按照教育规律教学，教师们就能事半功倍，按照学习规律学习，学生们就可以平时玩得轻松，考试发挥水平。以黄色为底色，从视觉上，给人以积极向上的感受，象征着太阳、光明。

健全的身心　近些年来，人们倡导绿色环保，吃绿色有机蔬菜，提倡低碳减排的绿色出行，那么，我们的身心是否也是绿色的呢？智慧学生的培养就是在培养“绿色”学生，绿色代表希望、健康、预示着茁壮成长，因此，以绿色为底色提出“健全的身心”的目标。

积极（初步）的社会责任感　社会责任感就是在一个特定的社会里，每个人在心里和感觉上对其他人的伦理关怀和义务。以蓝色字体装饰，从心理学角度来讲，蓝色代表忠诚，形容一个人忠诚我们会说他是“永不褪色的蓝色”（true-blue），使孩子们从直观感受上获得对社会责任感的初步体验。

向上的精神　智慧型学生的培养也包含对学生向上的精神的培养，现代社会的人要不断进步，立足社会，除了有浓厚的学习兴趣、良好的学习习惯、科学的学习方法、健全的身心、积极的社会责任感之外，还必须孜孜不倦，永无止境地追求知识，才能跟上时代的步伐。

创造的激情　智慧的教育要培养学生创造的激情，创造力在人的智慧中占据特殊位置，开发学生的创新智慧是培养智慧型学生的重要方面，紫色是贵族之色，代表了王者的贵气和胆识，更是勇气、激情的象征，所以，以紫色装饰“精神”层面的智慧培养目标，相得益彰。

效果分析：南厅是家长们接送学生的重要场所，通过访谈，家长A认为：“这样的墙面，让学校的墙壁像在说话一样，告诉家长们应该往哪几个方面培养孩子的能力。”家长B认为：“色彩很鲜明，很显眼，看起来很享受。”

南厅设计得到老师们的一致称赞，大家一致认为：“这面主题墙效果突出，将智慧型学生培养的目标细化，细致地印刻在墙壁上，再搭配上丰富鲜艳的色彩，真正做到了润物无声的教育效果。”

（三）以生为本，彰显智慧

成功的校园文化建设关键在于关注学生的发展，以生为本，让学生成为校园建设的主人。通过教师的智慧引领，学生的主动参与，学生能够在实践与体验中获得经验，并对对经验进行提纯、升华，从而获得终生受用的智慧。

1. 个性笑脸，提升归属感

东师南湖校是一所九年一贯制的寄宿学校，因此，学校不仅是孩子们学习的地方，也是他们生活的乐园。如何使他们尽快适应学校的学习环境，以校为家，提升孩子们的归属感，成为门厅文化设计的一大要点，也是智慧型校园门厅文化的重要体现。笑脸墙（如图 6－41 所示），是以学生个体为单位，用图片的形式记录下每个孩子在生活或学习中的开心瞬间，最终组成一面笑脸墙。

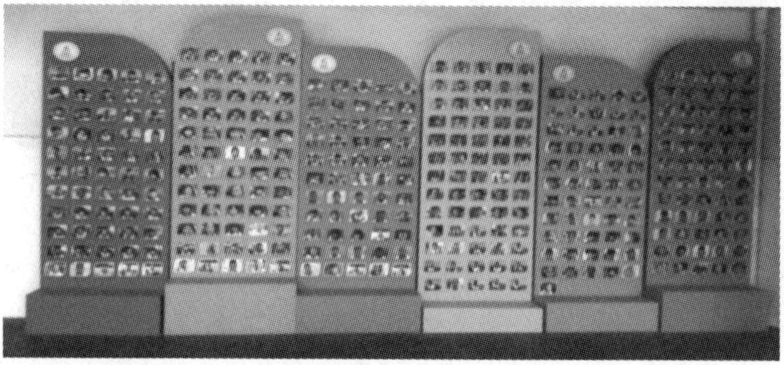

图 6－41　笑脸墙

这样的“笑脸墙”不仅体现了孩子们在学校学习生活的快乐，也使学生们对学校这个大家庭有了归属感。同时也与东师南湖校提出的“智慧学习，快乐童年”的理念相得益彰。

2. 智慧设计凸显教育平等

东北师范大学是为基础教育服务的，是人民教师的摇篮，“尊重的教育”是这所大学一直坚持的办学理念。而东师南湖校秉承东北师范大学“尊重的教育”办学理念，根植于嘉兴地域文化，将“智慧的教育”作为东师南湖校的办学理念，以学生的智慧生成为目标，坚信每位学生都能成才。这样的理念在门厅文化的建设中尤为突出。与众多学校的“光荣榜”和“校园之星”相比，东师南湖校设计的由每位学生的笑脸组成的“笑脸墙”，更凸显了平等的教育和“尊重的教育”。在我们的心中，每一位学生都是明日之星，每一位学生都能成才，我们尊重孩子的个性发展和成长差异，作为老师，会在他们日后的生活和学习中，发现每个人自身的特点，引领他们在学校教育中获得终生受用的可持续发展的智慧。作为学校，将为每位学生提供平等的受教育机会和充满个性的发展平台。

3. 缤纷色彩，暗藏教育智慧

色彩在校园文化中占有特殊的地位，色彩的应用就像是一张无形的校园名片，能够简单又直观的表达出校园的环境及氛围。在“笑脸墙”背景颜色的选用上再一次突出“以生为本”，充分考虑到小学阶段学生的视觉发育特点及对色彩的喜好，以彩虹的七种色彩为元素，设计成七块颜色各异的背景展板，寓意七彩童年。这看似简单的设计背后，隐藏着深刻的教育理念，即每一个孩子都有着多样的发展；在学校里，都会享受到多元化的教育，引领他们智慧成长；未来，他们将会利用在学校中体会到的终生受用的智慧，创造多彩人生。

三、智慧型校园走廊文化建设具体实施及案例分析

除了一般校园门厅、走廊文化具备的情境性、观赏性、切实性、感染性、集中性等特点，智慧型校园的走廊文化更独具特色。在新课程标准中，要求我们给每个学生终生学习的机会，为每个学生提供表现的机会。在智慧型校园的建设中，我们更是让学生融入到校园文化的建设中来。著名教育家苏霍姆林斯基曾说过这样一段话："要让学校的每一面墙都说话。"这引发了笔者对此的一系列思考，说怎么样的话？替谁说话？学校的每一面墙是为谁而服务的呢？基于以上的思考，我们得出了结论：告别"白墙"，让它成为孩子们自主展示的舞台。让"墙"替孩子们说话。于是，在走廊文化的建设中，东师南湖校为学生开辟了大块的走廊空间，并为学生设置了"手印智慧树"（以下称"智慧树"）的主题，即以每个学生的手掌印作为树叶的元素，掌掌相连，叶叶叠加，最终组成具有个人及班级特色的"智慧树"。在此过程中，孩子们经历了**主动构建→自主制作→欣赏享受**这一完整过程，此时他们真正成为了校园文化建设的主体，我们坚信，只有孩子们自己做出来的文化，才是真正的校园文化。具体实施如下：

（一）稚手巧印、彰显智慧

图 6—42　学生自己绘制的智慧树

1. 元素新颖，体现教师智慧——主题突出，激发向上精神。

在"智慧树"实施的过程中，以班级为单位，美术教师为每个班级设计了同一色系，不同色彩的"智慧树"，其中每片树叶的色彩各有不同，充分再现教师的创造智慧。

2. 巧用色彩，增强班级凝聚力——培养团队合作意识，润物细无声。

这种设计非常智慧，其中蕴含着对学生团队合作意识的培养。在学校这个大家庭里，每个班级就如同自己的小家，拥有着自己的口号，班风，班歌，班级标

志等。每一名学生都是这个“小家”中的一员。也正是有了这样多元的组合,才使得每个班级各具特点,与众不同。在班级中,每位学生都是独立的个体,我们既要尊重他的个性发展,同时又希望每个人都能很好地融合在集体生活中来,在其中学会生活,发挥所长,为班集体争光。因此,同一色系的设计,意在向学生们传达集体这一抽象的概念,而“树叶”颜色的不同代表每个学生的个性发展。“单丝不成线,孤木不成林”,无论你怎样发展,都要学会与他人合作、融合。

3. 记录成长,体现自主力——培养学生主人翁意识,我的校园我做主。

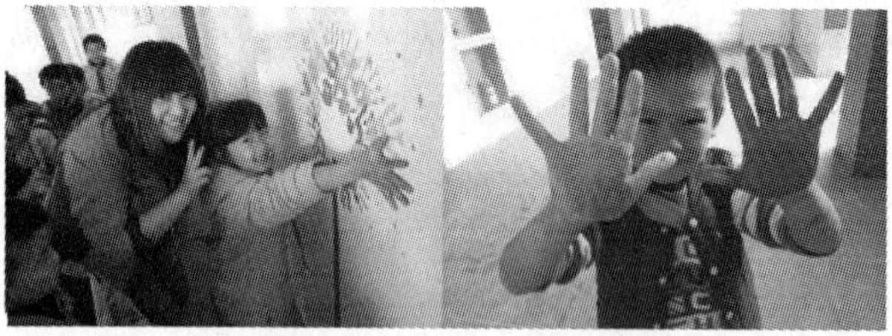

图 6—43　亲手印制智慧树

图 6—44　齐心协力美化校园

在印制过程中,学生们可以自主选择印制的位置以及色彩,这一环节的设计,充分体现“以生为本”,旨在培养学生们的主人翁意识,突出学生的主体性。“墙”既要替孩子们说话,那就要“说”他们最想“说”的,手印色彩告别了传统的“规定”式,由根据学生的喜好来自主选择,这也大大增强了孩子们的自主性。如果说选择自己喜欢的颜色,是向“小主人”迈出的第一步,那自己设定印制手印的位置,这更奠定了他们主人翁的身份。在学校的墙上印下自己的手掌印,成为校园文化的重要组成部分,这对每个孩子来说都是最最“神圣”的时刻。当孩子们毕业离开母校时,当他们长大成人再回母校时,看到自己当初带着稚气充满童年梦想的小手印还镌刻在墙上,这棵树已经不仅仅是美化校园的“智慧树”,更深刻而翔实地刻画着每个东师南湖校学子的成长历程。

(1) 智慧型校园走廊文化,是以体现学校智慧的教育办学理念为目标,以师生为主体,智慧地展示集知识性、教育性、展示性、艺术性为一体的、动态、静态多种艺术形式的走廊文化。在“智慧型校园走廊文化”创建过程中,学生是创作的主体,教师在其中起到智慧引领作用。

在创作元素的选择上,教师考虑到学生自身的年龄特征及其绘画特点,并不适合运用墙体彩绘的形式来进行表现。据此,教师将表现对象“树叶”抽象化,并转化为学生容易操作的,并能够代表其自身特点的“手印”作为基本表现元素。这一智慧引领的生成,使本来难于操作的墙体彩绘,转变为贴近学生特点,易于操作的印画形式。由繁化简,这也是一种教育的智慧。

(2) 走廊文化主题突出,积极向上。手印墙依托“树”“蒲公英”两种自然界中的植物作为表现载体,希望学生也能像它们一样,生命力顽强,在智慧的阳光下茁壮成长。

（二）以画为媒，智慧互动

1. 亲近自然，师生同题，共建师生情。

智慧型走廊文化的建设，除了手印墙体部分，还设立了师生同题的表现主题。根据低段学生的发展特点，一楼的走廊设计为动物乐园，表现了亲近自然的绘画主题。由专业的美术教师牵头，利用有限的走廊空间，为学生们绘制了精彩的“海底世界”墙体彩绘。在绘制的同时，巧妙地隐藏了走廊环境中不太好看的管道间木门，既美化了校园，又为师生同题，共同创作开了好头。此后，学生以国画、线描画等表现形式，绘制了多幅动物主题的儿童画。使一楼的走廊文化主题突出，表现形式更加完善。表现同一主题的内容，师生互动，学生在潜移默化中学到了基本的美术技法，增加了对教师的崇拜，同时也增进了师生之间的情谊。

2. 携手彩绘，师师同画，增进同事谊。

在智慧型走廊——彩绘墙体的创建中，广大教师也对这一项新颖的形式产生了浓厚的兴趣。来自不同学科、不同年级的教师们突破了专业的限制，竭尽所能地为校园的走廊彩绘留下浓重的一笔，教师绘制热情极高。在这项活动中，同事之间的感情得到了一定的提升（如图 6—44 所示）。

（三）实施效果分析

校园文化的建设，不仅是学校工作的要点，校园中一草一木的改变，也影响着学生乃至家长。从“笑脸墙”到“智慧树”，家长们也从学校的智慧举措中体会到学校的用心良苦。“笑脸墙”无形中成为学生的减压墙，在校园的学习与生活中，难免会遇到困难，当学生心情低落时，看到自己灿烂的笑容，可以使学生重获信心，潜移默化中向学生传递正能量。

在对家长进行访谈中，家长李某认为：“学校的笑脸墙，让学生回到学校时充满归属感，每次接孩子放学时，她都会兴奋地向我们介绍自己及班级的其他同学。”家长王某认为：“学校的手印墙设计巧妙，色彩鲜艳，充满童趣。”家长俞某表示：“这样的走廊文化，从细节处关注到孩子，尤其是手印墙的印制，让孩子感受到快乐的同时，也启发了孩子的创造性思维，他回到家里也想在家里尝试印制手印树呢。”

在对教师的访谈中，教师汲长艳认为：“走廊文化的建设突显智慧型校园的特点，将点滴的教育智慧融入在走廊文化中。搭配上富有童趣的色彩，让学生们在潜移默化中感受智慧的教育，智慧的校园文化。”

反思智慧型校园的走廊文化建设，深深感到其优点和成功之处在于：

1. 保持校园文化建设的原创性

每个学校都有自己学校的特点和文化，校园文化建设就像是一所学校的名片，这也注定了每一个校园文化都是与众不同的。在校园文化建设的过程中，要结合学校的自身特点,创建符合学校办学理念及教育原则的校园文化,让这些理念无形地渗透到校园文化的建设之中。如东师南湖校,这样的校园文化建设是鲜活的,唯一的,也无需模仿他人的,具有原创性。

2. 坚持以生为本的童趣性

在智慧型校园的建设中,东师南湖校做到"以生为本",让学生充分融入到校园文化的建设中来,让学校真正地成为学生自己的"地盘",使得这所学校的校园文化建设充满了童真与童趣。目前我们看到的校园文化建设,更多地停留在名人名言张贴、光荣榜的展示等一些带有强烈宣传色彩的校园文化,校园里的各项设施成了宣传校园的平台。这些文化的设计,并没有真正的关注到学生,因此,也缺乏童趣。通过东师南湖校的校园文化建设,我们不难看出,充满童趣的校园文化得到了广大师生的喜爱,让学生们在自己创设的校园中有了极大的归属感和自豪感,这样的具有童趣的校园文化建设应继续发扬保持。

3. 贴近学生生活,具有极强的可操作性和推广性

在"智慧型校园走廊文化"创建的过程中,学生是创作的主体,教师在其中起到智慧引领的作用。在创作元素的选择上,教师考虑到学生自身的年龄特征及其绘画特点,并不适合运用墙体彩绘的形式来进行表现。据此,教师将表现对象"树叶"抽象化,并转化为学生容易操作的,并能够代表其自身特点的"手印"作为基本表现元素。这一智慧引领的生成,使本来难于操作的墙体彩绘,转变为贴近学生特点,易于操作的印画形式。由繁化简,这也是一种教育的智慧。同时,教师根据自身经验,分析印画的环境特征,在材料的选取上也考虑到天气潮湿的特点,从专业的角度对学生们的印画进行智慧引领。这不仅是教育智慧的生成,也大大地增强了该项活动的可操作性。

东师南湖校的校园文化建设理念不仅先进,并且具有良好的操作性。以生为本,让在校师生完全融入校园文化的建设中来。这种设计理念可以根据各学校自身的教学理念,进行推而广之。

4. 师生共同参与,增强师生情谊

东师南湖校的"智慧型校园走廊文化"最大的特点就是以生为本,将校园还给学生,让在校师生都走进校园文化的建设中来。东师南湖校一楼的走廊设计主题为动物乐园,表现亲近自然的绘画主题。由专业的美术教师牵头,来自不同学科,不同年级的教师们突破了专业的限制,竭尽所能地为校园的走廊彩绘留下浓重的一笔,教师绘制热情极高。在这项活动中,同事之间的感情得到了一定的提升。利用有限的走廊空间,为学生们绘制了精彩的"海底世界"的墙体彩绘,学生以国画,线描画等表现形式,绘制了多幅动物主题的儿童画。经过师生共同努力,一楼的走廊文化主题突出,表现形式更加完善。表现同一主题的内容,师生互动,学生在潜移默化中学到了基本的美术技法,增加了对教师的崇

拜，同时也增进了师生之间的情谊。这样的师生共建校园文化的形式得到了师生及家长的极大认同，参与热情高涨。在实现校园文化建设的同时，也促进了师生之间，同事之间的情谊，并将这种情谊镌刻在校园中，与学校共同成长。

5. 将智慧的教育的理念全面融入校园文化建设

通过东师南湖校的案例不难看出，该校将智慧的教育理念全面地融入到校园文化建设中来。在设定好主题、选好素材之后，智慧型门厅、走廊文化以彩印、手印画、图片、图文结合等各种艺术形式得以展现。比如门厅文化中主题墙的设计，以东师南湖校校徽的主题蓝为背景，飘落的枫叶为分隔符，以图文结合的形式，错落有致地展示学校的办学理念和办学成果，这种表现形式富于艺术性，给智慧型校园的创建增添了亮丽的风景。

第二节　以智慧文化为中心创建个性化教师办公室文化

作为学校文化的重要组成部分，教师办公室文化也是文化的主阵地之一。对一所学校办公室的文化，究竟是统一风格还是个性化发展？还是一个宗旨下的个性化？对此，并没有定论。

东师南湖校在实践中摸索出自己的一条新路，即以智慧文化为中心、个性化特色化创建教师办公室文化。学校现有 12 个教师办公室，每个办公室的文化创建，既体现智慧文化的共性要求，又凸显个性化特色。现择其中的六个进行展示。

一、德馨——书香、绿意、温馨：一年级教师办公室①

教师办公室兼有办公与休息双重功能，办公室文化建设对于提高教师工作效率，提升学校办学品位都具有重要作用。

图 6－45　“书香味”十足的教师办公室

在办公室文化建设中，我们将学校的教育理念“智慧的教育”作为办公室文化建设的出发点，并结合办公室老师都是班主任这个特点，确立了适合我们办公室的布置思路“德馨、书香、绿意、温馨”，努力凸显特色鲜明的一年级教师办

① 李颖执笔撰写。

公室。

首先，办公室前面的板报设计是我们办公室布置的一大亮点。板报与班主任工作相结合，彰显其育人功能。板报正中央垂挂着八个醒目的大字“耐心、细心、爱心、童心”，这“四心”正是班主任工作的教育智慧。在这“四心”主题下，板报设计分为“教师心语”、“班主任工作智慧分享”、“校务信息栏”等板块，其中“班主任工作智慧分享”板块定期更换展现优秀班主任的成功经验或典型案例，这无论对于刚工作的年轻班主任，还是有多年班主任工作经历的老班主任而言，都是大有裨益的。“用美德润泽孩子的心灵，用智慧点亮孩子的人生”这一教师心语正是我们追求的目标。

图6－46　简洁明快的办公室文化

其次，办公桌上玫瑰红色的书架整齐地摆放着教科书、教案、参考资料、教学杂志等各类书籍；墙面上粘贴励志标语“业精于勤”、“静思”、“奋斗的青春最美丽”；办公桌、柜子、墙角错落有致地摆放着翠绿的植物，静静地绽放出绿色，给办公室带来了许多生机，这一切构成了一个和谐的整体，宁静而不单调，紧凑中透着闲适，温馨中透着书香。

二、我们共同的家：二年级教师办公室①

东师南湖校以文化立校，通过建构富有“智慧型校园文化”的特色文化，推动学校的快速成长和长足发展。而办公室文化正是校园文化建设的又一个展示的窗口，这是教师每天学习、研究、生活、沟通的重要场所，也是学生教师联系，共同成长的场所之一，有时还是教师与家长沟通，探讨教育之道的场所。她可以辐射到校园及校园生活的每一部分，特色鲜明的办公室文化是特色校园文化的缩影。

① 由二年级部主任朱其亚执笔撰写。

二年级办公室文化旨在打造“温馨、团结、快乐、奋进”的工作格调，努力调动本年级部全体教师的工作积极性，提高课堂教学效率为重点，加强年级部的团队意识，充分发挥年级部的管理作用，依靠全组教师，精诚合作，团结共进，关爱全体学生，为学生做好一切服务工作。

图6—47　和谐办公室文化布设

（一）用爱点润智慧的生命

办公室北墙的展板左侧展示的是“师爱”的主题——用爱点润智慧的生命。“师爱”是师德的灵魂，是教师教育学生的感情基础，表现的是一位教师的爱与责任，是对学生的一视同仁，绝不能厚此薄彼。瞧，这一张张照片就是二年级部老师和学生们的一个个温馨小故事：孙老师为给学生带去精彩的课堂而在精心备课；朱老师在书法课上为学生细心指导；田老师在为请假的学生耐心辅导；芮老师蹲下身子小心翼翼地为孩子盛汤，还不停嘱咐“小心烫手”；宋老师在轮滑班上和学生手拉手，鼓励她勇敢跨出第一步……二年级部的老师们无论在生活上还是学习上，时时刻刻关爱学生，滋润智慧的生命。学生感到教师爱的温暖，就会有心灵上的启迪，就会张扬个性，勇敢自信地去追逐每一个美丽不羁的梦想。

（二）珍惜时光

教师的时间都去哪儿了？万籁俱寂，城市的街道如此安详，办公室里那不熄的微光映出的是谁的身影？晨曦初露，伴随着清晨的第一缕阳光，疾步走在校园中的是谁的身影？二年级部的老师们兢兢业业，把时间都投入到自己热爱的教育事业中去了。展板右半侧展示的是人本的办公室管理制度，能让所有教师每天生活在一个规范有序而又富有人文和民主气息的环境里。故此，中间板块设计把二年级部老师的课程表一一张贴，方便我们工作的变动，课时的互调。平时大家工作都很忙，但是谁身体不舒服，谁有事了，大家都会互相关心，代课、顶课从不计较。最右侧是“本月重点”“本周重点”，提醒我们认真实行学校各部门的规章制度，切实落实各部门布置的工作，及时更新和备忘，激发教师的自律，提高自觉性，使办公室成员“行为自律，人格自尊”，出色完成一学期的各项任务，展现我们“奋进”的工作格调。

（三）“家”的温馨快乐

图 6－48　温馨家文化

图 6－49　让大家在温馨中工作

南墙是温馨港湾，走进办公室似乎有种回家的感觉。因为这里樱花树下，绿意盎然，稍坐片刻，轻呷几口香茶。一组照片墙展示的是我们的大集体和小集体，我们一个个小集体紧紧团结在学校这个大集体的周围，团结和谐，快乐奋进。因为我们都懂得：大家走在一起，有一个共同目标，那就是一起搞好年级部的教育教学工作，为学校的美好明天奉献我们的微薄之力。

可爱的“十二生肖”数字油画，展示在办公室的东西两侧的墙柱。这是办公室所有成员共同亲手绘画的，绘画中谈笑风生，意犹未尽，我们精心布置这温馨童趣的“小家”，这是为二年级的老师设计的，也是为二年级的小朋友们设计的，希望他们走进办公室的时候也能产生共鸣。

（四）春的播种，秋的收获

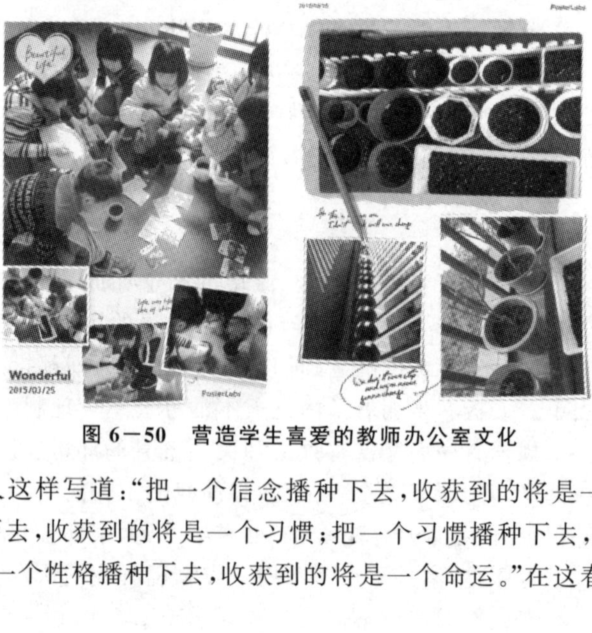

图 6－50　营造学生喜爱的教师办公室文化

一位诗人这样写道：“把一个信念播种下去，收获到的将是一个行动；把一个行动播种下去，收获到的将是一个习惯；把一个习惯播种下去，收获到的将是一个性格；把一个性格播种下去，收获到的将是一个命运。”在这春天里，我们带领着学生一同播下希望的种子，希望靠自己去实现。我们既然是耕耘者就要让自己手中的种子成长，结出果实……

我们觉得所有的付出都是值得的，哪怕拖着疲惫的身体走出办公室已是万家灯火的时候；哪怕我们绞尽脑汁，奋力解决问题，却毫无进展的时候；哪怕当我们遇到挫折迎来别人不理解的目光的时候……我们都觉得自己是快乐的，因为我们是一个团体，快乐共享，患难共当。我们会甩掉一身的疲乏，带着一颗快乐的心再投入到新的每一天，并将我们的快乐毫无保留地分发给我们的学生，我们的事业……如此在一个温馨而有情趣的环境中工作，人的心情自然愉悦；用一种怡然的精神状态投入工作和学习，获得的自然是工作的快乐和幸福。

三、三年级教师办公室(1)：倾听花开的声音，感悟智慧的教育①

本着"倾听花开的声音，感悟智慧的教育"的教师办公室布置理念，构思、布置三年级教师办公室。

（一）整体风格清新自然

在办公室布置之前，由于办公室女教师居多，于是，大家就有一个共同的想法，让办公室变成一个清新自然、温馨有爱的"家"。

图 6－51　每天感受彩虹

图 6－52　穿衣镜与教师形象

有了整体方向，大家分工合作，有的负责软板，有的负责墙壁，还有的负责办公桌面的整体布置，大家以手工为主，精心设计，亲自制作。在办公室布置的过程中，大家团结起来，齐心协力，在真诚相处中变成了一个真正的"大家庭"。

（二）细节之处彰显智慧

1. 软板布置凸显智慧的教育

办公室北面墙上有一块软板，除了信息布告栏的作用，更是能充分体现办

① 由三年级部主任汲长艳执笔撰写。

公室整体布置理念的一方区域。

软板的正中间用彩带围成了一本书的形状,里面是根据每位同事的形象制作的卡通头像,后面附有学校“智慧的教育”细化出的七项指标。这样的设计创意十足,寓意深厚,是办公室的一大亮点。

2. 花架制作体现环保理念

图 6—53　生态环保在身边

软板下面一个木制花架是整个办公室的又一大亮点。这个花架其实是由各种废弃材料制作而成。整体木质框架是保护穿衣镜的外包装架,上面的红蓝色泡沫板是学校俱乐部铺地面后废弃的边角料。这个花架环保、实用,工作久了,抬头便望到这一个郁郁葱葱、清新自然的花架,心情便放松许多。

3. 照片墙展示积极风貌

为了让办公室单调的白墙充满生气,除了在墙围处贴满花边,更是在四周墙壁上挂上了一幅幅有意义的照片,展示着这间办公室老师们的积极风貌。有老师和学生一起读书、运动的照片,也有大家一起在油菜花盛开季节里的难忘合影,还有老师们拍摄的美丽校园的精彩照片。一幅幅照片,装点着一面面白墙,让整个办公室温馨有爱。

4. 穿衣镜保证良好形象

办公室南面中间摆放了一面穿衣镜,老师们习惯在进教室前对镜整理一番,良好的形象不仅带给自己自信,更为学生提供良好的榜样。

5. 花草装饰环境

清新自然的环境离不开花草的装扮,办公室里有很多的绿萝,不仅美而且还可以净化环境。柜顶的一盆盆小雏菊，散发着春天的气息，桌面上的一盆盆小草莓，不仅装点环境，还给老师们带来一丝丝期待，一枚枚红色的小草莓是老师们的“宝贝”。

6. 桌面统一摆放

为了保持环境整齐，每个办公室配备一个文件栏，将常用的文件整理放入，既方便又能保持桌面整洁，让办公室整体变得干净有序。

四、三年级教师办公室(2)：让我们做一个时刻准备的人[①]

图 6－54　珍惜时间

布置风格以珍惜时间为主题，希望能给勤勉的人带来智慧与力量。设计上我们以“让我们做一个时刻准备的人”为主线(如图 6－54 所示)，时刻告诫办公室每一个人，珍惜生命里的每一刻，过好自己的生活，教好班里的孩子。

主题为建智慧型校园、塑智慧型老师、构智慧型班级、培智慧型学生、创智慧型课堂，五句话勾勒出了一颗流星，这个流星稍纵即逝，告诉我们每一个人都要抓好学校智慧的教育理念，把握好每时每刻，突破自我，做一个学生喜欢、家长满意的好老师，我们留下的不再只是徘徊和叹息。

五、整洁、温馨、乐观、上进：初中部七年级教师办公室[②]

位于初中教学楼 2 楼西面，整洁、温馨、乐观、上进。办公室共有 7 名成员，1 名硕士研究生青年教师，6 名骨干教师，充分体现东师南湖校教师团队的结构特征，即骨干教师与硕士教师的相互融合、优势互补。在这里，我们虽然是不同学科的教师，但我们面对的都是东师的可爱学生，我们互帮互助，人人成长；我们互相交流，取长补短，共同进步。

① 由宗锋执笔。

② 由张燕茹执笔

图6-55　开心每一天

图6-56　感悟绿色

（一）微笑开始新的一天

愉快工作、健康生活，是所有职场人都向往的生活状态。办公室内气氛轻松，活跃，一来到办公室，老师们就彼此问候，打招呼。而对待学生，我们教师发扬“启迪学生终生受用的智慧”的东师南湖校的办学理念，亲切和蔼，耐心十足，循循善诱。在课余时间，可以看见可爱的学生们和教师打成一片，或是在办公室里认真地向老师们讨教问题，求知识；或是在走廊边和教师们谈天。微笑，友善，让大家和谐团结，带来愉快。以愉悦的心情开始一天的工作，让工作着的我们动力十足！这是智慧型办公室教师办公的前提——保有轻快的状态。

（二）学习让我们不断成长

图6-57　让绿色常在

图6-58　每天进步

办公室的七张办公桌上整齐地摆放着手提电脑，这是老师们办公的利器。老师们充分利用无线网络，查找资源，丰富备课内容。更有王学艳、洪胜等多位老师，参加网上课程。通过自我学习，不断提高自身学科素养和教学能力，不断创新，并将新知识新理念运用于实践中。这是智慧型办公室的基本要素——学习型、服务型。

（三）合作持续发展提升

具有团队意识的我们，都能从大局出发，多为他人思考。在办公室里，语文、数学、科学、英语教师各一名，社政教师三名。虽然专业不同，我们也经常开展学科研讨，特别是同办公室里的三位社政组教师钱世跃、张震宇等，常常见他们开教研小会。即使是不同学科的教师，比如刘贺、章春芳、张燕茹等，也会进行跨学科讨论。大家每天共同商讨教学问题，交流教育经验。有公开课任务时，大家群策群力，想妙法，提效果，互相激励，鼓舞。合作，促使大家能够保持自我提升的动力，坚持学习，不断挑战。增强持续改进的永续能力，是智慧型办公成员智慧工作的保障。

每天，我们忙并快乐着，累却也甘之若饴，因为我们知道，教育教学工作，周而复始，一天天，看似重复着同样的内容，但学生不同，以智慧的教育为出发点，我们能一直保有"常青"年轻态。在这个集高效学习、知识创新、智慧工作为一体的智慧型办公室里，我们才能拥有智慧人生。

六、和谐温馨的智慧之家：初中部八年级教师办公室[①]

（一）墙壁

图 6－59　阳光心态

图 6－60　保留自己的足迹

东墙以双树垂阴、两鸟并飞的大型壁纸作渲染，门口考勤指纹机上方饰以Have a nice day 的祝福语；北面墙根处五彩缤纷的盆栽贴画一字排开，加上西墙中部蝴蝶翩飞于向日葵丛中的壁画，无不让"园丁"们感受到置身于百花园中的忙碌和欣喜。

（二）展板

位于办公室西面的蓝色展板看似肃穆，却被装点得活泼、灵动：左边是信息公示栏，排布着年级部五个班级的课程表、办公室日常卫生值班表；中间部分粘贴着作息时间表、教研组及备课组长表、文明办公室评比细则等文件；右边以"教师风采"为主，包括各位老师或帅气或靓丽的单人照和温馨团结的集体照，下方除了学校各处室及各团队的通讯录，四个以红绿色相间打底的口号尤为醒目——"学高身正，为人师表；风雨同舟，荣辱与共"！

---

① 撰稿人寇雅静。

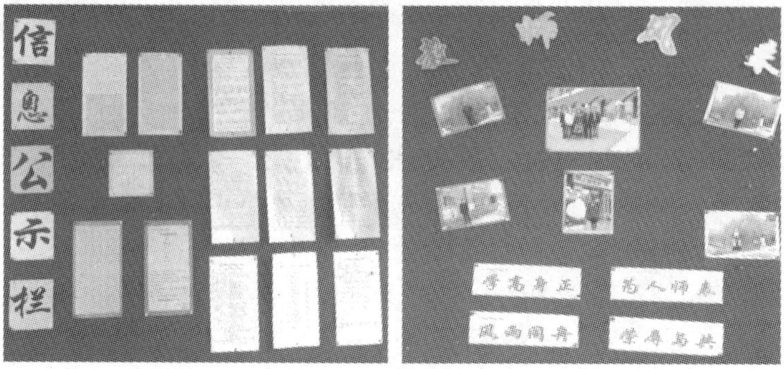

图 6－61　展现自我

（三）办公桌

七张办公桌分列在东西两侧，桌上除了统一配备的黄色木质文件架和笔筒之外，还有每人一盆绿色植物供观赏之用。同时，必不可少的就是每天一早整齐堆叠在桌面上的作业本、试卷之类，等待各位老师批阅、反馈。

图 6－62　绿色常在

图 6－63　开心常在

（四）环境·氛围

在初中这样稍显严肃的环境之中，办公室里少不了师生之间的促膝长谈、家校之间的推心置腹，而最为轻松、热闹的时刻，可能只属于课间十分钟或三餐饭后了——同学们三五成群，来找老师质疑问难或谈天说地，处处洋溢着尊重与和谐的氛围。

第三节　智慧型教室文化建设的总体思路[①]

东师南湖校以"智慧的教育"为办学理念。围绕学校办学理念，每个班级又形成了自己独特的班级理念，并以班旗、班级名片、教室布置等形式展现出来。先进的学校办学理念和个性的班级建设理念，为教室文化建设研究指明了

① 由朱其亚执笔。

方向。

一、智慧型教室文化建设提出的背景

学校文化建设打破了千校一面的局面，形成与众不同的学校特色，为创立品牌，彰显个性提供了理论根据和建设思路。东师南湖校秉承东北师大的办学理念和优秀传统，根植于嘉兴地域资源，将“智慧的教育”作为办学理念，以教师的智慧成长为基点，以学生的智慧生成为目标，以塑造智慧型校长、智慧型教师，建构智慧型课堂（课程）、培养智慧型学生、营造智慧型学校文化为基本途径，使学生学会做人、学会求知、省悟自律、智慧成长，进而构建智慧型学校。

学校要发展，思想观念必须先行。要以思想观念的创新来带动学校各方面的创新。文化上的差别，不存在优劣好坏之分，对世界如此，对中国亦如此，只有兼容不同文化特质与风格的学校，才能更具有生命力。从建校之始，东师南湖校就以文化立校，通过建构富有自己特色的学校文化来推动学校的成长和发展。

班级一旦形成具有自己特色的文化，就会对班集体全体师生产生一种无形的凝聚功能。凝聚力是衡量一个班级“班力”水平的重要指标，良好的教室环境、美好的师生形象和优良的学风，本身就是一种巨大的力量。凡是这个集体的每一个成员，都会受到一种潜移默化的熏陶和无形的感染，就像苏霍姆林斯基所说，要“挖掘其潜移默化的育人功能”，激励人们奋发进取、自强不息。同时，班级文化也会对全体师生形成一种约束力。它会告诉这个集体中的每一个成员应该怎样做，不该怎样做，这是一种无声的、潜意识的教育。自觉地维护它、爱护它、发扬光大它，就会受到全体成员的尊敬和爱戴，违反它、破坏它，就会受到大家的鄙视和反对。在智慧型学校的创建过程中，必然会遇到创建智慧型校园文化的问题，而智慧型校园文化的体现在很大程度上要依托于每一个以班级为单位的班级文化建设。

班级文化建设就是在人类文化宝库中攫取思想精华，通过班旗班歌的设计与制定、教室内部设计、各种班级文化活动，以及教师的言传身教，使学生在潜移默化中受到熏陶与感染，并形成积极的道德情感，从而将道德认识内化、升华为道德信念和道德理想。在“智慧的教育”的理念下，班级文化建设必然紧紧跟随先进的教育理念。东师南湖校的每个班级都有自己的班旗，每个班级都有自己的班歌，每个班级都有自己的班级口号，每个班级都有自主特色的文化氛围。

在智慧的教育理念引导下，东师南湖校的班集体正在逐步形成横向有关联，纵向成体系，独立而有特色的班级文化。这种班级文化既符合“智慧的教育”的共性特点，又有根据本班学情因地制宜的个性特征。基于这种既具备共性特征又具有个性特点的班级文化，为持续有效的建设智慧型班级文化，潜移默化地培养智慧型学生，营造智慧型校园文化氛围，进行了基于班级理念下的教室文化建设的实践研究。

二、教室文化建设的概念与意义

我们所说的“班级理念”是在“智慧的教育”办学理念下,各班形成各自的班级理念。班级理念将是班级形象的内核和精神中枢,是班主任教育理念和管理价值观的核心,对学生具有指导、规范、引领、凝聚作用,决定班级发展方向,在提升班级管理层次中起到重要作用。

“教室文化”必须要从“班级文化”说起,“班级文化”是指班级成员在班主任引导下,朝着班级目标迈进的过程中所创造的物质财富和精神财富的总和。它是依托并通过班级这个载体来反映和传播的文化现象,是由班级物质文化、制度文化、精神文化等方面共同融合而成的文化综合体。班级文化表现的是班级的一种创造力,同时又独立地塑造着学生这一教育的主体,是一种无形的教育力量。班级文化是“班级群体文化”的简称。作为社会群体的班级所有或部分成员共有的信念、价值观、态度的复合体。班级成员的言行倾向、班级人际环境、班级风气等为其主体标志,班级的墙报、黑板报、活动角及教室内外环境布置等则为其物化反映。

那么,我们所说的“教室文化”是班级文化组成中的“硬文化”,是一种“显性文化”,是班级文化的一个具体体现方式,是班级文化中精神文化的外显,可以摸得着、看得见的环境文化,也就是物质文化,也是物化后的班级理念的体现。教室文化建设包括班级板报设计、图书角的设立、卫生角的摆放、评比栏的设立、墙面的设计、学习园地的设计、卫生环境的保持、学生小组的确立、学生座位的安排、宣传栏公告栏的设计等等。

中小学校是孩子成长的乐园,学校的生命力来源于师生自我创新和发展的意识和能力。文化建设是学校充实内涵、提升品位的现实选择。一个新兴学校,文化建设尤其重要,班级文化建设更是重中之重。如今,追求学校文化和特色学校建设已成为广大中小学新一轮改革的理想目标之一,是教育理论界和学校管理者思考、讨论的现实问题。东师南湖校走教育家办学之路,紧紧依托东北师范大学的学术资源,在“智慧的教育”理念之下,班级文化建设处处体现了智慧,教室文化建设从细节出发,从小处着眼、浅处入手,由浅及深、由表及里、循序渐进、持之以恒,积淀了深厚的智慧型学校精神文化、创建了优美的校园环境文化、磨砺了科学的学校制度文化、夯实了多彩的校园活动文化。

一个班级是否具有教育气息,是衡量这个班级优劣的重要标准。在一个干净卫生、富有浓厚文化氛围的班级中,全体学生会自发地形成一股浓郁的学习风气;学习和掌握丰富的现代科学文化知识;勇于创新,热爱劳动,坚信科学;学会发现生活中的美,欣赏美,创造美;真诚地与同学和老师相处,友好地进行合作,促进并加快学生的社会化。在这样一个提倡轻松快乐学习的智慧校园中,学生的道德情操也得到了陶冶。班级文化通过加强文化之间的互动，潜移默化地使学生主动接受文化的熏陶，从而不断提升个人境界，成长为智慧型学生，最终成为智慧型的人才。在这样一种积极向上、温馨和睦的环境里也会让学生产生强烈的归属感，触动学生自发地加入建设班级文化的行列，使班级文化的建设与学生的发展构成积极的互动，取得教育的成功。

第四节 智慧型教室文化建设的典型案例分析

一、基于QQ班级理念下的教室文化建设的实践探索[①]

（一）家校所需，确定QQ班级理念

图6－64 QQ中队的"班名片"

作为教师，经常会接到不少家长的电话，听到他们发自内心深处的声音，希望老师课堂多提问孩子，多关注孩子的情绪，多激励孩子积极上进，希望孩子健康快乐，成绩优秀，自律自强，团结友爱……从众多家长口中不难感受他们对孩子的成长与发展总是充满无限的遐想与期待，他们希望孩子头脑聪明，充满奇思妙想，是个聪明机灵的小小"观察家"，智慧地观察世界、探索未知，有着超乎想象的思考力；他们希望孩子乐观开朗，是善于沟通的小小"外交家"，拥有着人见人爱的好性格；他们希望孩子拥有聪明IQ，同样也拥有爱心EQ。基于这样的了解调查，本班基本确定了班级理念：既要重视孩子的生活是否优越、是不是很聪明、学业好不好，也要对于孩子的一些正常情感、责

---

① 由朱其亚执笔。

任感、合作意识、竞争意识、社交能力等投入极大的关注，使之齐头并进，促进孩子全面发展。通过与学生们的协商与试行，最后确定如下的班级名片，即班级理念更细化的介绍。

班级名称：QQ 班级

班级口号：IQ、EQ 全都有，就看你我谁最牛！

班级格言：爱心、细心、做事用心；自律、自强，充满自信。

班级简介：“QQ”是指“IQ”＋“EQ”。“IQ”是智商，象征学生们努力学习，增强智慧与才干；“EQ”是情商，即要求大家学会友爱、关心与合作。愿班级的每个学生在一起快乐学习、开心生活，在充满情趣的活动中提高综合能力，共享成长的快乐！

辅导员寄语：希望你们在东师南湖校这片智慧的天空里，尽情地展示自己的“QQ”，努力成为天空中耀眼的“QQ 之星”。

（二）综合激励，物化 QQ 班级理念

“IQ、EQ 全都有，就看你我谁最牛！”如何把“QQ”理念物化在教室文化中呢？一个班集体要形成积极向上、合作竞争的班风，会对学生产生潜移默化的、长久性的思想支撑作用，它能使学生在心情愉悦的氛围中获得感悟，产生蓬勃向上的力量。“数子十过，不如奖子一功。”可见，激励是一种催化剂，它能够极大地激发人的自信心，形成积极向上的强大内动力。人都是需要激励的，尤其是学生，通过激励给学生一个机会锻炼及表现自己，让他的行为给自己和别人带来积极的影响。为此，在班级管理上建立一种多元化、多角度的奖励制度，以《奖励本》为载体，促进良好班风的形成，激励学生综合发展。

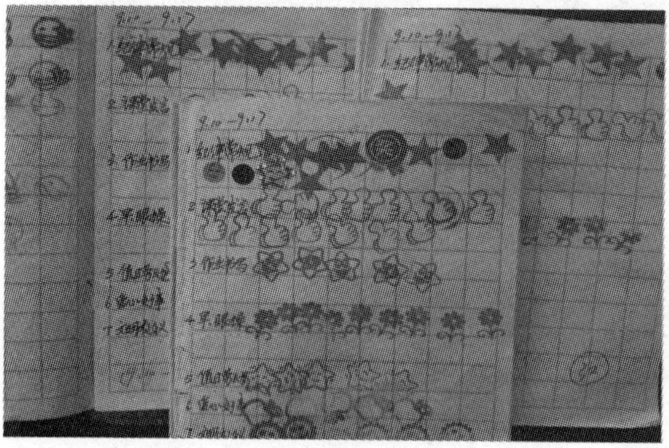

图 6－65　班奖励本(一)

图 6－66　班奖励本(二)

为了配合奖励制度，教师特地在教室左前方开辟了“雏鹰评比”版块，十个奖励章换贴一个“明星贴”。在此版块里，每个学生都贴一张自己最得意的照片，照片上的那些可人儿犹如一个个精灵，在这片郁郁葱葱的森林里熠熠生辉。

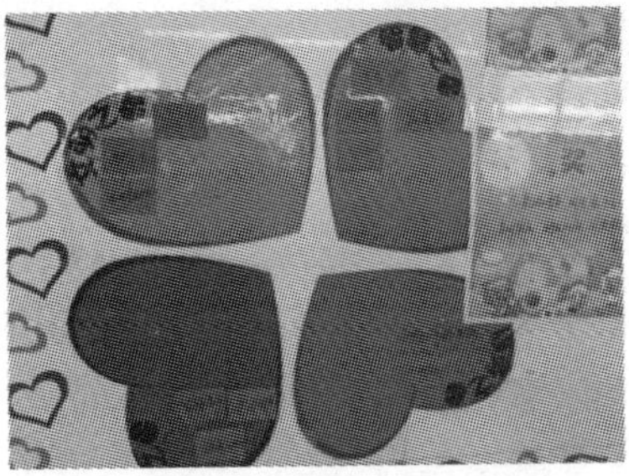

图 6－67　“雏鹰评比”展板(一)

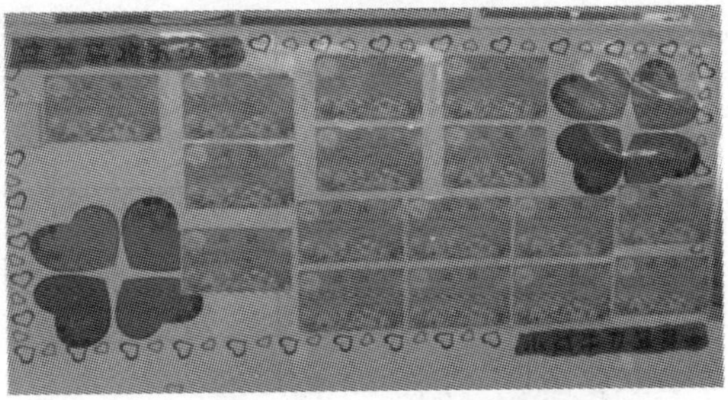

图 6－68　“雏鹰评比”展板(二)

1. 学生获得奖励章的可能性很多，具体说来可分为有 7 个方面，即纪律常规、课堂发言、作业书写、早操眼操、值日劳动、爱心好事、文明礼貌，既包括成绩和结果，又包括进步和过程；既包括知识和技能，又包括品德和心理……IQ、EQ 元素融会贯通其中，促学生综合发展。可以是考察集体力量的评比，以小组为单位，在小组间从纪律、学习、卫生、礼貌等方面进行小组评比，比如哪组作业做得又快又对的，哪组吃饭前的准备是最充分的，哪组课上举手发言最积极，哪组的桌椅是保持得最整齐的，哪组的生字过关的进度是最快的……让学生懂得集体的荣誉需要小组所有人共同努力，增强合作意识；还可以是自我促成的纪律，纪律虽然是集体行为的表现，但是这种集体行为和个体行为有着密切关系。谁自觉性强，自律性好就可以及时得到表扬，起到榜样作用，这种自律一旦形成就能终生受益。

2.《奖励本》的评价既是个体性的又是整体性。个体性是指一月之后，针对《奖励本》的七个方面分别进行奖励章的统计，某个方面章的个数最多者，就可以获得专项的荣耀，被评为单项小明星。

图 6－69　班文化角

图 6－70　日常评价等级章

整体性是指每周一小结，每月一总结，最终学生得了多少个章又模糊具体的哪个方面，只看学生获得了的奖励章数目，不管你的奖励章是通过什么途径取得的，只要章数越多你就越优秀，“雏鹰评比”中的“五彩星星”、“彩色爱心”的

“明星贴”就会更加耀眼。并且每月奖励章的累积数最多的前16名，将成为本月“综合小明星”，获得本月明星小奖状，还可以登上“荣誉栏”版块。其中，得章数最多的2名学生被评为“月智慧之星”，享受特别待遇，满足个人心愿。这样就使不同层次的学生都有受表彰的机会，更好地起到激励作用。同时，到了期末，学生的评优评先也与“雏鹰评比”“荣誉栏”绑定，从而，形成多元的评价体系，让学生懂得只有播种、耕耘，才会有收获；只有平时一点一滴的努力，到期末才会收获满满，硕果累累的道理。

（三）智慧生成，QQ理念收成效

著名教育专家冯恩洪说：“环境是一种教育力量。我可以叫我的学生不随地吐痰，这是一种教育，但是，我还应该创造一种环境和气氛，使学生不好意思随地吐痰。我可以叫我的学生勤奋学习，我还应创造一种氛围，使学生置身其间，不学觉得愧对老师，愧对学业。这是一种更高层次的教育。”在“智慧的教育”办学理念之下，各班将班级理念体现在教室文化细节中，通过润物细无声的教育，持续有效地建设智慧型班级文化，潜移默化地培养智慧型学生，让每位学生成人、成才。本班主要通过奖励机制创设良好的教室文化来体现QQ班级理念，给学生一个机会锻炼及表现自己的能力，调动学生们的积极性、创造性，形成一种合作竞争的氛围，产生蓬勃向上的力量。

1. 充满激励的教室文化，促进学生的综合发展

激励是用科学的道理、热情的期待、不断的赞扬、真诚的帮助，使每个学生能勇敢地表现自我的最佳途径。激励性评价需要给学生以更多的体验成功的机会，让每位学生都能得到成功的体验，培养学生的自信心，优化学生的心理发展。对于学生取得的成功，哪怕是极微小的成功，也都报以掌声与喝彩。早上，出操排队了，你能做到“静齐快”，你就可以得到“早操章”；课堂上，你开动脑筋，积极发言，就可以得到“发言章”；中午吃饭时，你吃得安静又干净，你就可以得到“纪律章”；吃过中饭，你能记得自己值日，并积极做好值日工作，你就能得到“值日章”；当别的学生忘记了书本，你主动把书本推向他，和他合用一本书，你就可以得到“爱心章”……老师的表扬和激励是一种巨大的精神力量，让学生的学习生活感受到成功的欢乐和荣耀，它不仅可以增强学生的自信心，而且可以让他们抬起头充满自信地做人、做事，那是一种终生受益的良好的心理素质。就如“队角”版块设计，队角是少先队组织对少先队员进行宣传和教育的有力阵地，同时也是学校德育的一个窗口，对培养学生的良好品德和行为习惯有着重要的作用。中队角展示在入队仪式前期，主要呈现的是有关少先队知识以及竞选队干部活动过程，展示的是我们第一批队干部竞选的风采。这样的展示充分肯定了队干部示范带头作用，提高了少先队组织的凝聚力，增强了学生的团队意识和向上精神。

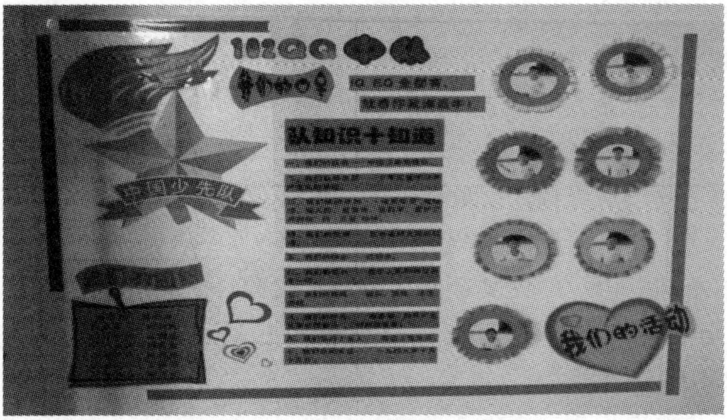

图 6－71　日常活动评比展台

2. 充满激励的教室文化，促进良好的班风学风

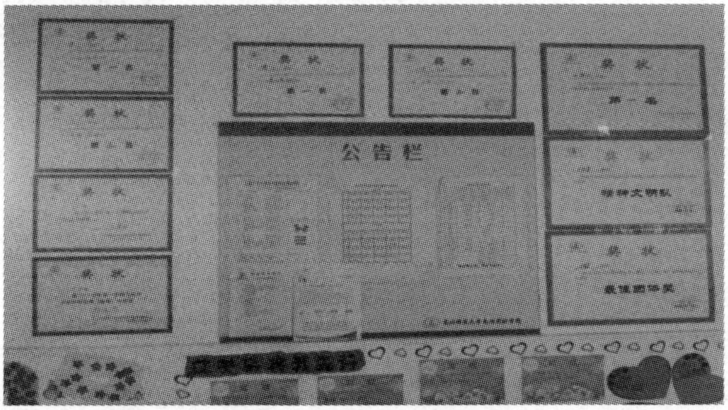

图 6－72　我们班的收获

苏霍姆林斯基曾指出："无论是种植花草树木，还是悬挂图片标语，或是利用墙报，我们都将从审美的高度深入规划，以便挖掘其潜移默化的育人功能，并最终连学校的墙壁也在说话。"班级一旦形成具有自己特色的文化，凡是这个集体的每一个成员，都会受到一种潜移默化的熏陶和无形的感染，就像苏霍姆林斯基所说，要"挖掘其潜移默化的育人功能"，激励学生奋发进取、自强不息。从心理角度来说，激励就是以外界事物的激发鼓励而使人产生指向一定目标的内部心理动力，它驱使人为实现一定的目标而积极活动，表现出高效率的行为。在教室文化建设中，有效地运用激励机制，对于调动学生的潜在积极性，强化学生奋发向上的内在动力，建设团结和谐进取的班集体，形成良好的班风学风，具有十分明显的作用。如 10 月下旬，学校组织全校师生举行秋季运动会，本次运动会让低段的学生在思想上受到一次锻炼和教育。原本以为低段非常难管理的笔者有效地运用奖励机制，不断激发和鼓励学生们积极进取、顽强拼搏，不断增强学生的集体意识和文明素养，调动起你追我赶的竞争劲头，最终，102 班的

学生们爆发巨大的QQ能量团，产生最高的效率，最好的言行表现，取得超乎想象的优异成绩：年级组团体总分第一名、精神文明队、最佳团体奖、“心心相印”项目第一名、“车轮滚滚”项目第二名、“30米飞绳”项目第二名、“20米动感多足”项目第一名，队列队形比赛第一名等。

期望通过基于班级理念下的教室文化隐形课程开发实践探索，能引起更多老师对于教室文化的研究与探索，使学生在学校的“家”中有更多的隐形课程，让“无声”教室到“有声”的课堂都能成为学生成长的有效课程。

二、与智慧同行，教室文化呈异彩——基于智慧理念下的教室文化建设的实践探索①

教室文化建设作为校园文化建设的重要组成部分，具有一种无形的教育力量，是一种个性文化，代表了班级的形象，体现了班级的生命力，具有导向、激励、感染的功能。对于提高班级凝聚力、创设良好班风，具有不可估量的作用。

苏霍姆林斯基说：“无论是种植花草树木，还是悬挂图片标语，或是利用墙报，我们都要从审美的高度深入规划，以便挖掘其潜移默化的育人功能，并最终让学校的墙壁也会说话。”因此，教室文化建设首先要抓好教室环境布置，美化教室环境，以达到润物无声的育人效果。面对崭新的学校，崭新的班级，如何进行教室文化建设？对此，笔者进行了以下几方面的尝试：

（一）理念领航，智慧扬帆

东师南湖校的办学理念是“智慧的教育”，旨在传承知识技能、发展能力、培养情感态度，在塑造学生的人生观、世界观、价值观的同时，启迪学生终生可持续发展的智慧。因此，在教室文化建设中，把“智慧的教育”作为出发点进行生发，并结合一年级学生的实际年龄特点，确立了适合自身班级的理念。

图6－73　班名片

图6－74　班旗

无论任何精神、文化、理念，人都是其中最核心的要素，脱离了人的发展，再高妙的论调，最终也是一句空话。首先，面对刚入学的一年级孩子，必须让他喜欢上新班级，让他在新环境中快乐健康地学习成长，这是极为重要的。其次，现

① 李颖执笔撰写。

在的孩子多数是独生子女,在家中都是宝贝,很多事情都由家长包办。如何学会自理,学会在集体生活中与同伴友好相处,也是他们进入小学后面临的课题,同学们在相处的过程中,同伴间的互相学习互相帮助显得尤为重要。孩子们懂得互相学习互相帮助,取人之长,补己之短,学习的智慧,生活的智慧就会伴随着他们的成长一点一滴地积累增多。鉴于以上思考,103 班的班级理念被确立为——“快乐健康,互学互帮,智慧放光”。

有了班级理念的领航,班级名称、班级口号、班训等的确立都紧紧围绕这一理念应运而生,智慧的教育理念在这里生根、发芽。当你走到 103 班的教室门口,就可以看到墙上以蓝色为主色调的班级名片,班级名片上班级名称“小海豚中队”,因为海豚是一种拥有超常的智慧和能力的可爱动物,它们乐于助人,与人亲近,是人类最好的朋友。我希望我们班 35 名可爱的孩子在 103 班这个温馨的大家庭里像小海豚一样活跃勇敢,聪明自信,团结互助,自己的事自己做,别人的事帮着做,集体的事一起做,在知识的海洋里奋勇拼搏,划出自己最美的生命弧线。

一走进教室,就可以看到教室前方醒目的班旗,它以红色为主色调,上面有班级口号:“一三一三,快乐健康,互学互帮,智慧放光”。每回出席学校重大活动时,班旗都会在班级队伍前面高高飘扬。它不仅是班集体活动的标杆,更是班级的象征、班集体的精神化身,它激发了学生的集体荣誉感,增强了班级的向心力、凝聚力。

此外,班规的制定也不是像《小学生守则》《小学生日常行为规范》那样的条条框框,而是在组织学生学习《小学生守则》《小学生日常行为规范》的基础上,结合班级学生的实际提出的,如“学会用耳朵聆听”“知道用小手帮忙”“懂得用小嘴道谢”“轻轻捡起一张纸”等,这种融童趣化的语言于班级公约中的方法,既符合一年级学生的年龄特点,又是具体可操作的,能促进学生良好习惯的养成,同时也是在教学生学会做人,学会学习,这也是学校理念、班级理念的具体化和精细化。

图 6—75　好习惯的养成需要氛围

（二）个性版块，风采展示

35个孩子，35个鲜活个体，每个孩子身上的气质、潜能各不相同。教室文化建设应追求一种以“个性”为特色的文化，让墙壁说话，让它成为孩子展示个性的绚丽舞台。充分利用墙壁的空白空间，炫出孩子们的智慧和快乐，时时感染着他们，唤起他们心底的温情，即创造一种回归生活，引领孩子求真、求善、求美的文化氛围。

图6—76 班文化一角

利用教室后面左侧的磁砖墙开设了“小展台，亮精彩”版块，排列有序地张贴了孩子们的图画、手工、书写作品，林林总总，为学生们搭建了丰富多彩的展示平台。如“我的精彩生活”，有的学生将自己帮妈妈做家务事的场面画下来，并写上自己体验到妈妈辛劳的真切感受；有的学生将假期一家人去旅游、自己学游泳等精彩的生活场景画下来，让人宛如走进了一幅幅生动鲜活的生活画卷，感受到孩子们课余生活的精彩和精神世界的丰富。这里既是孩子们展示才华的天地，也为孩子们提供了交流的平台，人人参与，人人展示，让我们看到每个孩子都有自己精彩的一面。

同时，当发现班上学生课余交流的话题中开始有关于自己长大了想当什么的探讨，我便在教室后面右侧的瓷砖上开设了“队角”版块——以“红领巾相约中国梦”为主题，每个同学畅想自己的成长梦，有的长大了想当画家，有的长大了想当设计师，有的想当白衣天使，孩子们的梦想在这里飞扬。这一设计旨在激发孩子们的理想梦，让孩子们懂得把梦想的实现蕴含在每一天的学习和生活中，一天天进步，一步步成长。引导孩子们逐步树立正确的世界观、人生观、价值观，长大后才能成为中国梦的建设者、创造者和贡献者。这里既给了学生展示自我的空间，又为学生间相互了解打开了一扇窗。下课时，孩子们就会在这驻足停留，互相欣赏互相了解，会为同伴与自己有相同的爱好而欣喜欢笑，友谊之花在这绽放。

针对一年级识字量比较大，学生生字易回生的现象，还在教室左边的瓷砖墙上开设了“快乐识字园”版块，让学生将报纸、食品包装上认识的字剪贴下来做成识字小报，识字小报色彩艳丽，图文并茂，避免了单纯识字的枯燥。谁的识字小报贴上了，谁就是小老师，教其他小朋友认识自己小报上的字；同时同伴间还会互相比赛看谁识的字多，谁是识字大王，使学生产生强烈的识字欲望，从而实现了教室文化与学科学习的有效衔接。

（三）竞赛激励，齐头并进

图 6—77　班级文化展示

班级环境对学生的影响特别大，良好的班级环境能让学生受益匪浅。为此，我在班级管理上采用了层递式的奖励制度，以激励学生，促进良好班风的形成。为配合层递式的奖励制度，将教室前方左侧的墙面开辟成“雏鹰争章园”，一张张充满生命活力的照片在郁郁葱葱的绿叶下跃动，每个学生都有一颗属于自己的智慧树，每个学生一本奖章本，只要表现好就会得到奖励。如这节课表现特别好的，就给他盖上笑脸章；今天他排队做到快齐静，盖上奖章；累计十个奖章可以换一个智慧果贴在智慧树上。同时，利用每周五班队课的时间对一周以来学生各方面的表现进行小结、激励，如遵守纪律、积极发言、文明礼貌、劳动积极、书写认真等方面都可以得到相应不同的奖章，累计一个月智慧果最多的前五个小朋友可以得到“班级之星”的阳光喜报；同时，还评出若干个单项之星，比如遵守纪律奖最多的小朋友就可以得到“纪律之星”的阳光喜报；本月进步最大的小朋友就可以得到“进步之星”的阳光喜报……这样就照顾到不同层次的学生，使之都有受表彰的机会，更好地起到激励作用。同时到期末，学生的评优评先也与这棵“智慧树”连在一起形成多元的评价体系，让学生懂得只有播种、耕耘，才会有收获；只有平时一点一滴的努力，到期末才会有收获的道理。

在个人评比的基础上更关注小组间的竞赛评比，分项互动式的评比版块是为培养学生的小组合作精神，在小组间从纪律、学习、卫生、文明四方面进行“你追我赶”的夺红旗评比，让学生懂得集体的荣誉需要小组每个人的共同努力，本周哪个小组夺得红旗,组上每个同学都可以获得一枚奖章。这种你追我赶式的评价机制有效增强了学生的集体责任感,同时,也促进了良好班风的形成。

(四) 绿意浓浓,温馨家园

绿色是生命的颜色,给人以视觉上的舒适感和活力。植物花卉的装点,使整个教室呈现出整洁、优美的环境,易于引导学生们向着积极健康的方向靠近,精神饱满地投入学习,在潜移默化中提升自己。每个人照顾好自己的小盆栽,每周三吃完饭学生就会自觉把自己的小盆栽搬出去浇水,无形中也培养了学生的责任意识。

"墙壁文化呈异彩,润物无声美教室"[①],教室文化建设的最终目的是通过润物细无声的教育,建设和谐班级,让每个学生成人、成才。班级文化墙,给孩子们搭建了展示自我、张扬个性的平台,让每个孩子切身感受到集体的温暖、大家的赞扬,在激励、自信、竞争中享受学习的快乐,并逐渐养成良好的学习习惯与品质。我尽可能地让教室的每一寸空间都成为教育影响学生的平台,在促进学生个体进步的同时,也推动班级特色文化的进一步形成。

优秀的教室文化是一个大磁场,能够对班级的每位学生产生吸引力。当然,教室文化建设不可操之过急,而要着眼于可持续发展,用我们的智慧和耐心,与学生一起积累、塑造班级文化,建设和谐温馨,文明雅致、生机勃勃的"智慧教室"。

第五节　智慧氛围营造的案例分析[②]

人在接受教育阶段应获得的**终生受用的智慧**,包括思维方式方法、能够因势利导、随机应变、随机生成的机制等,是建立在丰富的活动经验及其对经验的提纯、升华之上才能获得的。也就是说,智慧存在于过程之中,存在于思考之中,存在于人的主动参与之中。为营造智慧型班级文化,启迪学生智慧,班主任需紧紧围绕"智慧的教育"教育理念,开展班级教室布置工作。

班级文化就像一个磁场,吸引着班级里所有学生,它是班级的灵魂所在,牢牢地将师生聚集在共同的氛围中,**良好的班级文化能够起到激励、影响、制约、教育的作用**;而坏的班级文化直接影响到班级风气和教学质量。所以,班主任要从细处着眼,将班级文化建设纳入班级建设和德育建设的重要方面。其中的教室文化建设更是重中之重。东师南湖校是东北师范大学在长三角地区建立的第一所学校,面对刚刚落成的美丽整洁的校园,洁白的教室墙壁,班主任要让

① 李正东,辛晓明.墙壁文化建设:寻求人与墙的对话[J].福建教育,2011,14(1):12.

② 由祝鸣执笔撰写,原文标题为《302班"启迪学生智慧、营造智慧氛围"》。

教室的每一面墙都说话，教室内每一处细节都体现班级文化，渗透“智慧的教育”先进理念。

一、智慧型班级文化建设的设计

（一）班级理念显智慧

班级理念是班级形象的内核和精神中枢，是班主任教育理念和管理价值观的核心，对学生具有指导、规范、引领、凝聚作用，决定班级发展方向，因此，要高度重视班级理念在提升班级管理层次中的重要作用。东师南湖校是新型的学校，随着时代的发展，教育的进步，教室文化的布置也应该遵循与时俱进的原则。校园文化的氛围，要在体现班级个体特性基础上，更加亲近学生，贴近学生的生活，营造更加灵活与变通的学习环境。如何在班级文化建设过程中体现智慧的教育的教育理念，具体物化在教室布置过程中，如何体现智慧的教育，都可以集中体现在班级理念的制定。在慎思之后，我们在102班成立不久即决定将班理念确立为**“在自然中快乐生活，在学海中智慧成长”，**一直沿用至现在的302班。

如今的社会需要多元化人才。一份满分的试卷只能说明书本上的知识被掌握了，实践出真知，只有实践了才有发言权。真正的人才不仅具有一定的专业知识或专业技能，而且能够进行创新，进行创造性的劳动，这样的人才才能对社会做出贡献。除了课本上的知识需要孩子们吸收之外，课外的知识也不能少。一个懂得学习的人不一定是一个懂得生活的人，而一个懂得生活的人必定是一个精神富足的人。在平凡的事物中挖掘出不一样的含义，给班级每一块黑板填充上五彩斑斓的色彩，给班级的每一个角落起一个名字，看似不起眼的小事情，体现的却是生活的智慧。在自然中快乐生活，是一种理念，更是一种希冀，希望孩子们在繁忙的功课之中还能够亲近自然，从大自然中汲取力量。

比如有一天，下了一上午的雨终于停了，午休时间阳光明媚，本来打算让孩子们在教室里答试卷，我决定让孩子们出去走走，于是，带队把孩子领到了操场上，明媚的阳光下孩子们尽情地接触自然，尽情地接受阳光的照耀，呼吸清新的空气，孩子们在草地上奔跑，嬉笑，看着孩子们快乐的笑颜，作为班主任心情也十分愉快，下午的课孩子们反而听得格外认真。

学校是学习的场所，教室是传授知识的殿堂，这是千古不变的真理，因此，教室文化建设一定要紧紧围绕学习这一主题。“书山有路勤为径，学海无涯苦作舟”，与“苦”不同，东师南湖校教给孩子的是“智慧”，在学海中智慧成长，正是302班的学习理念。在词典上对“智慧”是这样解释的：“对事物能迅速、灵活、正确地理解和解决的能力。”与古人死读书的做法不同，学生们在教室里学习的不仅仅是知识本身，更是变通灵活的解决问题的能力。不仅仅是练习题和生字，更是人际交往和谐相处的沟通能力。不仅仅是分数与考试，一张试卷定输赢，更是通过音体美劳各个方面来对学生进行过程性评价。因此，笔者认为，一个班级的理念体现的不仅是班主任的苦心思虑，更体现了一个学校的教育理念。在自然中快乐生活，在学海中智慧成长，是班主任对学生们的期望，是校长孔凡哲教授建校的初衷，更是社会发展对人才的需求决定的。在自然中快乐生活，这里的“自然”有两层含义：**第一，自然指的是大自然。**现代社会的儿童每天生活在高楼林立的城市，从小没有和自然相亲相近的机会，在这样的班级理念影响下的孩子们，可以在自己动手养花养盆栽中亲近植物，在饲养小金鱼、蚕宝宝的过程中体验动物的成长，在班主任带领下春天欣赏柳枝发芽，夏天观察星空，秋天寻找枫叶，冬天感受白雪。**第二，自然既用作名词指具有无穷多样性的一切存在物，也用作形容词指天然的，非人为的或不做作，不拘束，不呆板。**在这样的班级理念引导下的孩子们会像小鸟一样自由，不拘束，不呆板，不做作。

那么，如何在教室文化中体现此教育理念的呢？

图 6－78　班旗

首先，班旗。班旗是属于班级的独一无二的旗帜，在运动会、庆典、出席各种活动的时候使用，可以活跃气氛，增强班级的凝聚力。一年级开始我们班就有了自己的班旗，平时摆放在教室内，一直使用到三年级。班旗以黄色为主色调，配以 302 班的班级口号。302 班的小朋友们每一次出席学校的活动都争先恐后地打班旗，激发了班级的活力，增强了班级的凝聚力（如图 6－78 所示）。

其次，班歌。从小朋友们入学开始，班主任、副班主任就一句一句地教会其自编的班歌，歌词如下：

我们是快乐的好儿童，我们天天健康成长，我们爱学习，我们爱歌唱，我们是春天的太阳。我们是社会的主人翁，我们是社会的栋梁，校长你好吗？老师你好吗？我们每天问候您。

歌词内容既紧贴学生生活，又教会了新入学的一年级孩子该讲文明懂礼貌，见到老师要问好。有了班歌，同学们很自豪，很喜欢唱，无论参加什么集体活动，我们都要唱一唱自己创作的班歌。笔者要求大家自觉按照歌词中所唱的那样去做，同学之间也相互督促，以班歌勉励自己。在嘹亮的班歌声中，我们的班集体增添了凝聚力和吸引力。

最后，**班级公约。**俗话说“家有家规，国有国法”，每所学校有各自的校规，那么，每个班级也应该制定自己的班规。虽然说学校也制定了严格的校规，是我们应该遵守的，但是尚未完全细化，所以，班级也应该制定具有自己班级特色的制度，我们把它叫做“智慧公约”。每一条班级公约都符合儿童的心理特征，由班主任老师带领，教会孩子们理解本班级的班级公约，并督促、监督孩子们在学习生活过程中自觉遵守。

（二）班级设计生智慧

三年级的学生不同于一、二年级，在教室文化的设计上，也应该呈现出小学中段学生的年段特点。因此，笔者结合班级理念、任教学科的《义务教育语文课程标准》和学生实际情况的基础上设计了以下主题，并以四个版块体现这一主题（如图 6—81 所示）。

板块一：将展示功能与美化功能合二为一。

每位学生都是班级的小主人，班级文化设计应紧紧围绕“学生”这一中心点。美化环境的物品应该由学生选择，教室里展示的作品也应该是学生精心书写、制作出来的。学生渴望得到肯定与赏识，渴望在教室里留下自己的印迹，学生参与到教室文化布置活动中去，不仅提升了学生整体布局、思考和动手的能力，更让学生找到了归属感。这面墙悬挂着“我”的作品，“我”是教室里真正的主人。将教室美化功能与展示功能合二为一，就要求教师在版块设计时考虑到两者的结合。因此，教室里应该给孩子们一个自由书画的场所，所有的书画作品应该是学生自己书写或绘画的，并且悬挂的作品一定要有美感，有教育意义。

图 6—79　班名片

板块二：将评价机制与竞争机制合二为一。

学生的行为规范只依靠班级公约是不行的，没有规矩不成方圆，而三年级的学生，自我管理意识薄弱，自学能力较差，自我约束力不强。因此，更需要班主任老师对其行为进行及时的反馈。传统的表扬与批评多为口头上的，这样学生的劲头不足，容易忘记，也不方便量化和统计。因此，在智慧的教育理念的引领下，笔者设计了班级小组评比栏与个人评比栏，可以及时将每日的学生表现纳入评比栏中，并选出每月表扬最多的同学，授予其每月之星的称号，并张贴出来，也为学期末评选优秀学生和优秀班级干部提供了可参考的量化依据。

板块三：将国学文化与素质培养合二为一。

培养智慧的学生，不仅仅是培养学生解决问题的能力，更要培养学生与时俱进、兼容并包、中西合璧的思维方式，因此应立足于中国传统文化。怎样在教室布置中体现中国传统文化呢？窦桂梅老师经常说这样一句话："我是教语文的，我是教人学语文的，我是用语文教人的。"教室文化布置的设计，怎能离开语文呢？要将国学与素质培养相结合，在潜移默化中给学生以文化熏陶，参考《义务教育语文课程标准》中《优秀诗文背诵推荐篇目》1－6年级推荐的75篇古诗文，笔者决定将其纳入布置内容，但设计方式要巧妙，既不能给学生增加课业负担，又使学生感兴趣，在耳濡目染的过程中提高语文素养，积累语文知识。

板块四：将书香氛围与综合活动合二为一。

良好的班风培养离不开书籍，更离不开积极向上的综合性活动。苏霍姆林斯基说："自我教育和个人的精神生活是从书本开始的。"设立图书角可以增强学生的集体荣誉感，更能提供丰富的课外读物，为培养学生的阅读兴趣，拓展知识视野创造了一定条件。在每周一次的借书过程中，学生能学会怎样选择一本好书；在不断的阅读中，学生可以体会到课外阅读的乐趣，并能主动与人分享交流阅读中收获的好词佳句和心得感悟。而语文学习中，每个单元都有综合性学习的内容，有时是请同学们展示一下自己做的艺术品，有时是请同学们搜集名人故事和名人名言，有时是请同学们查阅资料，查找关于传统文化的内容。有必要提供给学生一个展示平台，这样更能提高学生浓厚的学习兴趣，使学生掌握科学的学习方法，促进学生的求知欲。

（三）方案实施长智慧

确立了设计内容后，需要选择恰当的形式加以展示，经过反复思量后确立六个基本区域：

1. 学生作品展示区。主要以富有美感的形式展示学生的书法、绘画作品。并以朱自清的《荷塘月色》命名（如图6－80所示），题目为新魏书法字体，并每一个字衬以不同的图形，"荷"为菱形，"塘"为六边形，"月"是月亮的形状，"色"为圆形，将书法与数学中的图形相结合，使学生感受到"水面清圆，一一风荷举"的画面感。但仅有一面墙还远远不够，教室后面的黑板报上也可以陈列学生的作品，比如优秀的作文或优秀的书法作品等，并能及时更新，时刻给优秀的文章或书写以展示空间。

图 6—80　让我们在“荷塘中”学习

图 6—81　作品栏——展台

2. 小组个人评价区。个人评价以老师的表扬和班级干部的表扬为基本单位，每表扬一次，都会在印章本上盖上一个小印章，并每周反馈一次，五枚小印章换取一张贴纸，有苹果的，有小红旗的，还有大拇指等等不同的形式，贴在《星光闪闪我最棒》栏目中，以激发学生的学习热情和兴趣。并每月评选一次“每月之星”，按照不同类别，选拔有进步的同学张贴在教室墙壁内。为培养学生的集体荣誉感，除了进行个人评比以外，还进行小组评比和大组评比，全班共分为六个小组，按照小组的卫生情况、作业上交情况、纪律情况、互助情况、文明与展示情况，及时给予奖励。同时为方便任课教师课堂纪律管理，在黑板上进行三个大组的纪律评比，给三组分别起了“国风”、“尔雅”、“春秋”三个古色古香的名字，开展大组竞争，激发学生竞争意识（如图 6－84 所示）。

图 6—82　形成性评价展台

3. 综合活动展示区。以教室后面的黑板报为载体，搭建综合性活动展示台，学生每一次语文综合性活动搜集的资料都排版展示出来。图 6－83 就是第二单元综合性学习——搜集名人名言与名人故事，学生搜集的成果。

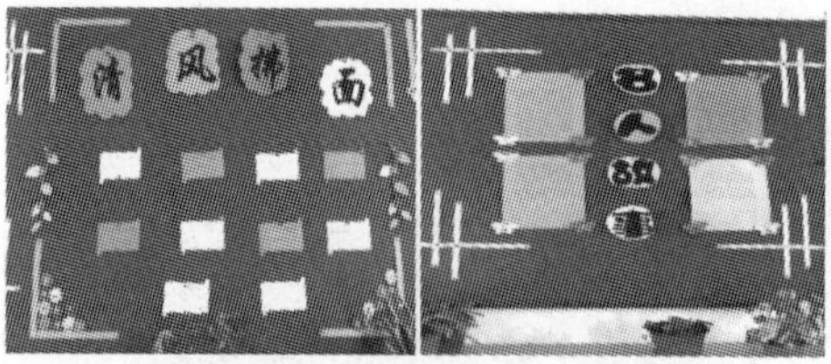

图 6-83　班文化一角(一)

图 6-84　班文化一角(二)

4. 书法板报练习区。书法是中国传统文化的重要组成部分，学习书法，能使人陶冶情操，修身养性。《义务教育语文课程标准》中明确提出中段的识字与写字目标：“能使用硬笔熟练地书写正楷字，做到规范、端正、整洁。用毛笔临摹正楷字帖。”为此，在教室里布置一个书法练习区十分必要。我们采用的练习纸是特意购买的水写纸，避免了墨汁弄脏孩子的衣裤，蘸水相当于蘸墨，也避免了纸张的浪费。教室里的黑板报很高，而且后面还有统一安装的小柜，所以，黑板报的书写对孩子来说有一定难度。我们特意找来可以贴在瓷砖上的黑板，比较低矮，方便孩子们自主地出黑板报，每月一次的黑板报由宣传委员负责，既锻炼了学生的组织能力，又提高了学生综合能力（如图 6-84 所示）。

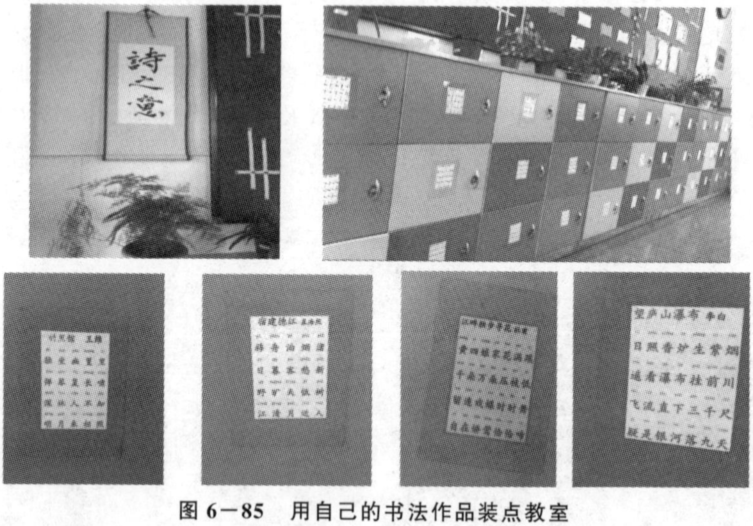

图 6-85　用自己的书法作品装点教室

5. 诗意墙壁诵读区。我们希望 302 班的每位学生都是智慧的，儒雅的，有内涵的，有品位的，于是，利用了教室后面的小柜的柜面，送给每一位学生一首古诗，取材于《义务教育语文课程标准》中附录的 75 首推荐背诵的篇目。孩子每开一次小柜，就会与古诗有一次相遇，每背诵下一首古诗，就会得到老师的奖励，相信经过一学年的时间，孩子们能有更加深厚的文学积淀（如图 6-85 所示）。

6. 其他功能性区域。除了以上区域外，还有其他的功能区域，比如卫生角、值日表、作业角、饮水处等，都从细节入手，渗透班级理念和书香诗意的文化主题，以此给孩子们一个良好的学习氛围，启迪学生的智慧（如图 6－86 所示）。

图 6－86　诗意墙壁文化

二、营造智慧氛围的效果分析

（一）学生反馈

学生普遍喜欢这样的教室环境。学生王靖雯："我最喜欢诗意墙，有一些是我们没有学过的古诗，读起来特别好听。"学生董淑妮："我最喜欢墨之意，每次写完作业我都要在那里练习写一写毛笔字，最神奇的是写完的字干掉以后就没有痕迹了。"学生韩可儿："我喜欢出黑板报，可以像老师一样在黑板报上画画、写字，特别有趣，爸爸经常夸奖我的粉笔字写得好，我们家是开超市的，每一次有促销活动，都是我来写黑板字。"

（二）教师反馈

任课教师董小荣："每一次走进教室的感觉都非常清新。"任课教师陆惠芳："班级里有一种浓浓的书香氛围。"任课教师江丹："我喜欢 302 班的书法练习区，有时下课后，我也在教室里练习一下毛笔字，孩子们都很喜欢围着我看我写字。"

（三）家长反馈

鲁海东家长："感谢老师为孩子们营造了这样有书香诗意的环境。"廖泽皓家长："每次走进来接孩子，都特别喜欢看一看黑板报上有没有我家孩子的作品，有一次看到了他的作文，心里特别高兴。"林之骞妈妈："林之骞这个学期背诵下来不少古诗词，积累了很多知识，为他的作文写作提供了很多素材。"

总之，以 302 班为例，通过精心设计，看着孩子们在东师南湖校这片热土上茁壮成长,在班级口号和班风学风的影响下,积极上进,努力进取,作为班主任,我感到无比的欣慰。以智慧型校园文化建设为主题的教室文化布置还在继续,只有这样,我们才能建设出一所真正的"启迪学生终生受用的智慧"的智慧型学校。

第六节 以特色班级文化促学生智慧成长的策略[①]

东师南湖校秉承"智慧的教育"办学理念,凸显以学生的智慧生成为目标,培养智慧型学生,使学生学会做人、学会求知、省悟自律、持续发展,进而创建智慧型学校。

而培养智慧型学生指的是学生在接受教育阶段获得终生受用的智慧,包括思维方式方法,能够因势利导、随机应变、随机生成的机制等方面的能力,这种能力的形成是建立在丰富的活动经验及其对经验的提纯、升华之上的。也就是说,智慧存在于过程之中,存在于思考之中,存在于人的主动参与之中。

结合本校"智慧的教育"办学理念,笔者和"萤火虫"中队的孩子们在班级文化建设中追求特色,铸造特色,切实体现"以学生的智慧生成为目标,培养智慧型学生"的理念。师生共同体基于之前的班级文化建设不断做出梳理、总结、反思与更进,积极创建特色班级文化活动,在过程中,在思考中,在参与行动中体验成功,开发潜力,凸显个性,围绕"启迪智慧"这一主旋律,积极有效地建设我们"萤火虫"中队,促使学生成长为智慧型学生。

一、树目标、立方向,用"心"营造智慧家园

2013 年 9 月下旬,为了凸显 101 班团队的自我,拥有自己的文化和镜像,书写自己独特的成长故事,形成具有自己个性特质的班级文化,我们以学生的生理、心理特点为基准,以富有趣味性的形式把自己的团体命名为"萤火虫中队"。我们把自己意喻为一只只可爱的萤火虫,在勤奋好学、团结向上的王国里用"心"营造智慧的家园。与此同时,我们逐步构思并确立了"萤火虫中队"的班级班训"做人诚心、学习细心、友情真心、生活开心",引领着每一位成员在自由、奋发、向上的王国里找到自己的闪光点,发挥自己的特长,同时也为别人带来光明,从而达成"身、心、灵"统一的完整教育。

自萤火虫中队成立之后,我们还相应出台了本中队的基本目标(即班级目标)。内容涉及"班干部队伍、班风学风"建设,《小学生日常行为规范》和《小学生守则》学习,赏识教育的推广,大队、中队活动的开展,尤其是特色班级活动创建,从而让学生在班级目标生成的系列活动中享受快乐,培养习惯,练就本领,提升能

---

① 孙琳珍根据小学部 101 班班主任经验执笔完成。

力，得到智慧成长。依据班级目标，同时兼顾家长的美好期望，希望孩子在学校里习得知识的同时能够具备活泼、乐观、上进的个人修养，希望孩子在参与学习与班级管理的过程中逐步具备一定的号召、组织以及合作等能力，同时也为了“引领每一个队员都能在萤火虫王国里找到自己的闪光点，发挥自己的特长，也为别人带来光明”，我们把工作重心放在了“组建一支有进取心、管理能力较强的班干部队伍”上。班干部的培养，坚持“培养范围面要广”的原则，让更多的孩子参与到班级管理中来，因此，萤火虫中队采取了值日班长轮流制。在原有班干部队伍建设基础上，全体成员进行了一次大规模的班干部重组工作，在孩子们互相了解的基础上展开了一次公平公正的班干部提名工作，具体如表 6—2 所示。

表 6—2　101 班班干部提名表

（学生姓名略）									
班长	副班长 2 名	学习委员	文艺委员	纪律委员	体育委员	卫生委员	生活委员	宣传委员	电教委员
轮岗									

附：① 向爸爸妈妈介绍班里的同学；
② 推选出能干的合适的班干部为班级服务；
③ 树立自己的目标，与同学取长补短。

在与父母的交流沟通中赏识他人，并为能干、乐于奉献的同学进行提名，提名也可以是自己，同时为自己今后的学习生活做好规划和导向，是本次提名活动的最终目的。然后对学生的提名表进行统计，推选出本班的班干部成员。而班长的名额轮空便于每个学生参与值日班长轮流制活动为班级进行服务。在师生的商议下，我们按学号进行轮流制，每个孩子在值日班长当天要负责班级各方面的管理工作。经过共同讨论，我们列出了十项值日班长职责展开学习并张贴于班级布告栏中。经过一个学期的轮岗，从第一轮的被动和不知所措逐渐得到能力的提升，在第三轮的轮岗过程中，学生基本都能积极主动、认真负责地完成当天的管理工作，不仅管理能力得到提高，学生在轮岗过程中也潜移默化地提高了对自我的要求，并且对他人的工作给予更多的理解与支持，智慧的火花在参与中得以生成。

二、书香润泽心灵，随“幸”汲取智慧食粮

自 101 班组建以来，我们一直在倡导过一种“幸福、完整的教育生活”，因此，通过营造“书香班级”，让每一个个体以书香润泽心灵，在阅读的过程中沐浴着书香，享受阅读的乐趣并收获幸福。营造书香班级，是通过创造浓郁的阅读氛围，整合阅读资源开展多彩的读书活动，让学生伴随着幸福汲取智慧的食粮。

萤火虫中队“书香氛围”的营造一是从物质载体着手，建立本中队的藏书架。由学生自己提供阅读书籍，每生每学期 5 本以上，每本都有自己的编号，并

且设立了班级借阅制度，具体有两名书籍借阅登记员负责，图书的借阅登记都有具体的规定，每学期借阅多者十来本，少则也有五六本，逐渐养成了很好的借书、阅读的习惯。“书香氛围”的营造二是从举行活动开始，为了促进学生积极阅读，搞活动是非常必要的，借助活动激发学生对阅读的兴趣与热爱。本中队以“快乐读书会”每月一分享的形式，激励学生潜心阅读。“快乐读书会”活动的开启也是源于学生的需求，我们举行的读书交流会形式不定，有自主上台的自由宽松式，有按学号上台的任务式，也有同学推荐式（推荐近期阅读量大的同学或是心目中的偶像上台交流），还有师生好书推荐等形式。交流会中有的孩子需要借助书本展示交流，也有孩子脱离书本交流阅读中的收获，口齿清楚，表达有序，声音响亮，这与新教育十大行动“培养卓越口才”之目标相一致。通过活动很多学生逐渐表现出“愿说、敢说、会说”的巨大进步，从而形成终生受益的自信心、沟通能力和表达能力。“书香氛围”的营造三是借助组织载体着手开展，本班最主要的阅读组织形式是“集体阅读”，这对于调动低年级学生的积极性和凝聚力有很大的促进作用。充分利用晨读、午休、整理课的时间限时阅读，给予学生认真阅读以一定的规范和压力促使主动阅读。

而阅读方法的指导则以年级走班式阅读指导课的形式加以引领，这对于阅读技能的提高，良好阅读行为习惯的养成是非常重要的。除此，有效的阅读评价是激励主动阅读的推力，每月评选阅读之星是本班的一项定期举措，这种荣耀是学生进行自主阅读以及阅读分享会主动参与自我展示的动力。

三、竞争凸显动力，育“信”促进智慧成长

竞争是一股巨大的动力，它标志着奋发进取，积极向上，是前进的推动力，使学习和生活充满生机。竞争也能唤醒学生的潜能，激发力量。在班级文化建设中，帮助学生树立起你追我赶的“和谐竞争”意识，让个体在追求成功，设计成功，撞击成功的过程中同时培育“自信”。我们萤火虫中队创立的竞争机制以独特的形式深深吸引并促进着全体成员的奋发上进。本中队以操作简便的“团体竞赛”与“个体竞赛”两大形式相继推进，促进学生智慧成长。

图 6—87　日常评比展台

团体竞赛以大组与大组间的形式展开，主要涉及坐姿、朗读、书写、发言、卫生、纪律等各个方面，具体形式：把中队分为三个大组，各大组成员分别为 12、12、14 人。在黑板的右上角设立了星级评定竞赛栏，本栏目共

设三个组，以学生自我商议的“苹果队、草莓队、香蕉队”来命名。各任课老师可以随机捕捉各个小队的闪光点，加以口头鼓励与表扬，并同时给予星级奖励，每次奖励额度为一星级。如：草莓队中午打扫地面干净，桌椅摆放整齐，给予一星级奖励；再如苹果队书写坐姿端正，给予一星级奖励等。本竞赛形式中还特别突出组内的“成员个体”，因个人因素表现优秀而为小组争光，从而使得该小组得到星级奖励，如：在音乐课中，香蕉队某某小朋友发言积极、歌声嘹亮，教师可随即奖励该小组获得一星级，理由为某某小朋友嘹亮的歌声为全体同学的歌唱起到了榜样引领的作用，你是香蕉队的骄傲；再如，苹果队的某某小朋友，上课发言积极、精彩，教师可以随即给予苹果队一星级奖励，理由为某某小朋友的精彩发言让我们的课堂充满趣味，你是苹果队的自豪！该形式目的在于培养小组内部成员间的团队合作精神与集体主义荣誉感。团体竞赛就是在这样的氛围中随机展开，在激发学生团队荣誉感的基础上进行各小组的团体竞赛。团体竞赛一周一总结一评比，总结评比定于每周一上午的晨间谈话课中，评比星级最高的大组获胜，获胜大组各个成员均有一次参与抽签得奖励的机会，奖励方式不定，有时是一颗糖果，有时是一张书签，有时是拥有一次选择的机会……由于奖励方式富有趣味，孩子们对于“团体竞赛”竞争机制始终保持着浓厚的兴趣，使之成为各小队不断进步的动力。

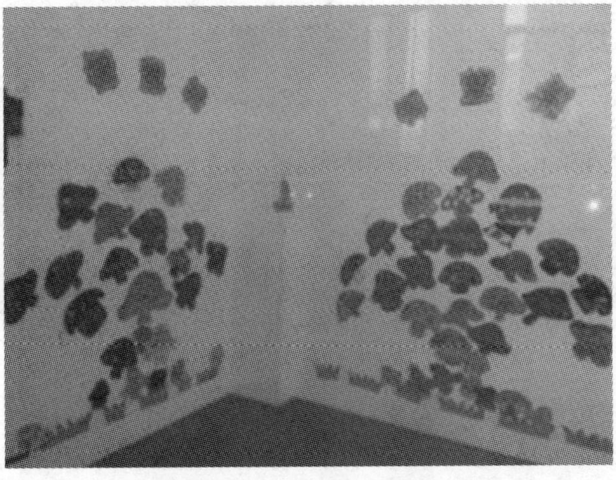

图 6—88　教室文化墙角

“个体竞赛”是以个体与个体间的竞赛为形式展开，涉及学习、生活方方面面，如过关、发言、测试，以及书写、绘画、跳绳获奖等，在学生参与不同的比赛中获奖的，在过关等测试中得优秀的，给予智慧果“苹果黏黏纸”奖励，本奖励张贴在教室一角的智慧树上。智慧树上的苹果黏黏纸积满 10 个换取七色花一朵，粘贴在墙面展示板上，作为学期末校优秀榜单评选的依据，并对于优秀的学生加以奖励。

全体成员在老师的信任下以坚定的信念满怀信心地投身于和谐竞争的氛围中。班级竞争机制的开展宗旨是：人人都有一个竞争对手、组组都有一个追击目标，通过竞争形成一种互相监督、互相帮助、荣辱与共、你追我赶的氛围，促进和谐、生动、活泼地发展成智慧型学生。

四、妙手彰显童趣，以“行”生成智慧之果

“行动，才有收获；坚持，才有奇迹”，是新教育以来所倡导的口号，其主张行动教育。由此我们围绕“我们都有一双与众不同的手，这双手会劳动，会制作，会书写，会运动”为主题开展了系列特色班级文化活动，在行动中实践并生成系列智慧之果，为“营造智慧家园”锦上添花。教室布置是营造智慧家园的一个最直接最显性的途径，为学生创设一个“富有启迪智慧的教室氛围”是“完美教室”所珍视的理念，完美教室的创建紧扣“妙手彰显童趣”这个主题，以学生在“本中队特色班级活动”中生成的智慧之果(即完成的各式手工制作与绘画、书法、习作等作品)作为主要素材来源。

图6—89 “萤火虫”班名片

完美教室的第一个亮点是教室门口墙面挂着的“班级名片”。在班级名片中，有我们中队的队名、班训、班级介绍和班主任寄语。对外展示的第二个亮点是走廊文化。新学期伊始，萤火虫中队的全体成员把假期中的学习成果进行包装、美化，然后精选出优秀作品粘贴在走廊内侧的墙面上，本展示墙有相应的主题，凸显童真、童趣、童味。有书法作品，本中队特色美术作品(指印画作品)，假期优秀作文等等。走廊文化墙上的作品所呈现的是学生参与活动过程的一个痕迹一种成果，一方面是学生参与活动过程的体验式分享，以文字或绘画的途径用无声的语言与同学进行交流，增进情感，产生共鸣，做出引领；另一方面帮助学生在日常生活与学习中寻找自我，认可自我，增强自信。走廊文化墙是萤

火虫中队的一张名片，展示了本中队的才能与自信，是促进与平行班级进行交流的一个平台。

图 6—90 201 班文化墙

完美教室的内部展示紧扣“智慧”主旋律，以“卫生角、书法展、绘画展、个人写真、智慧树、荣誉栏、队角、竞赛栏”八大主题进行布置。每一主题的布置独具一格，所呈现的是班级同学的不同闪光点，以及班级目标所提及的班风学风的一个正能量的感染与引领。如“一人扔一片，脏了一大片；一人捡一片，干净一整天”的卫生角警示语，给予养成讲卫生的好习惯的一种暗示。同时师生共同设计，通过标语的打印张贴和学生剪纸作品展示，我们把卫生角设计成一个美丽的花瓶形象，摆放在墙边的垃圾桶如同花瓶，张贴在墙面的花卉和文字如同花瓶里的插花，把卫生角的形象给予美化，给人一种美的享受。又如“智慧树上智慧果”专区，是供学生在日常学习与生活中积累的智慧果“苹果黏黏纸”粘贴的区域(这是中队成员个体竞赛成果的展示专区)。再如个人写真专区，展示的是学生校外生活的掠影，有亲子活动、旅行留念、参与劳动、自主学习等方面的照片展示，小小一张照片呈现的是学校外面的精彩，透过照片孩子可以看到千里之外，可以看到不一样的他和她。

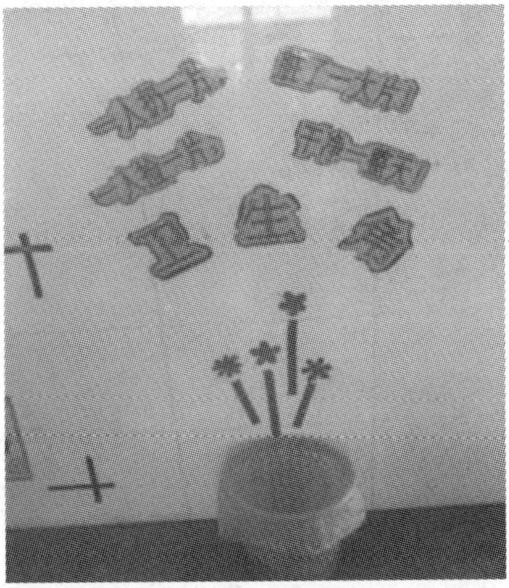

图 6—91 卫生角

图 6－92 教室大展板

完美教室内部展示的最大亮点在于教室后面的展板，由于本展板便于作品更新，因此，班中队将展示形式确定为一月一主题专题展览。这一专区呈现的是“本中队在积极、自主的创设特色班级文化活动中所积累的一些活动成果”。透过作品展览，我们能够看到的是孩子们在活动中“享受的快乐，练就的本领，提升的能力，得到的成长”，是达成班级目标的一个成果展示，也是“行动，才有收获”的证实。以下是“萤火虫中队”2014 年度第一学期所创设的每月一主题的特色班级文化活动简介。

主题活动一：九月——“沐浴秋天的乐趣，让心灵萌发智慧的希望”

1.《金色的秋天》主题班会，通过图片欣赏感受秋天的景色之美，硕果之美，然后让孩子们在品尝秋天的果实中，感受大自然给予我们人类的宝贵资源，以此深化感恩之情。

2. 组织学生利用课余时间去认识各种各样的树叶，收集自己喜欢的树叶。

3. 进行树叶书签制作。

4. 美丽的书签习作。

本月主题活动可谓是收获满满，孩子们既动了手，又动了脑，系列活动取得了圆满的成功。

活动剪影：参见图6－93至图6－98。

图6－93　校园内捡拾落叶(一)

图6－94　校园内捡拾落叶(二)

图6－95　作品展示合影(一)

图6－96　作品展示合影(二)

图6－97　获奖作品(一)

图6－98　获奖作品(二)

主题活动二：十月——“传递爱心行动，让温暖碰撞出智慧的火花”

1. 举行“国庆节、重阳节”双节主题班会活动。
2. 倡议“九九重阳节”社会实践活动，即“周末爱心大行动”。
3. 重阳节爱心行动分享交流会。
4. 班级特色活动之“指印画《蟹伙伴的友谊》”。

活动剪影：如图6－99、6－100、6－101所示。

图 6－99　施馨熠家庭重阳节慰问孤寡老人留念(一)(二)

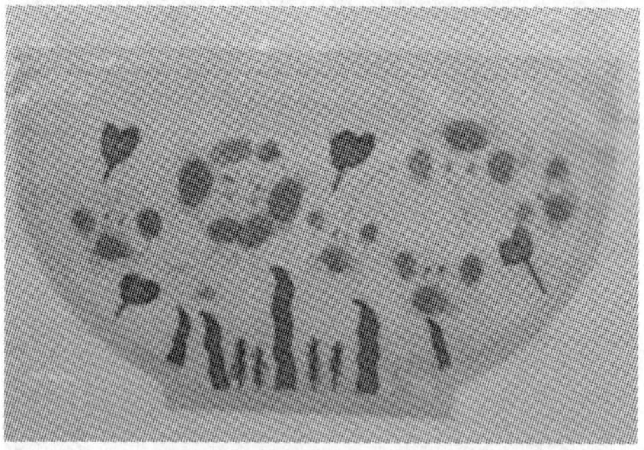

图 6－100　“蟹伙伴的友谊”代表作品之一

图 6－101　“蟹伙伴的友谊”专题展览

主题活动三：十一月——“参与实践活动，让体验促进智慧的生成”

1. 学科整合活动之“种菜记”。本活动的开展是与《品德与生活》学科教学的一个整合。首先进行了一次讨论会，初步了解一些常见植物的生长过程，并动手实践，栽种一盆菜苗。孩子们一起在校园里挖土准备播种，活动中孩子们认识了蚯蚓，知道了蚯蚓的相关知识，本次实践体验活动密切了学生与生活的联系，推进学生对自然和自我之间内在联系的整体认识，有助于发展学生的创新能力、实践能力以及良好的个性品质。

2. 以“丰富的课间活动”为主题举行一次快乐分享会，交流活动中收获的情感体验。同时围绕“丰富的课间活动”这一主题进行班级特色活动之“指印画《操场上》”。

3. 组织一次“关注安全，平安是福”的主题班会。

4. 进行一次安全标语收集，安全漫画竞赛活动。

活动剪影：如图6－102、6－103、6－104、6－105所示。

图6－102　种菜实践活动(一)

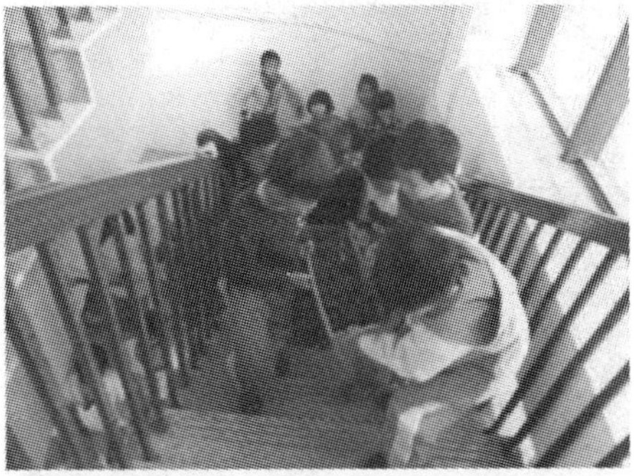

图6－103　种菜实践活动(二)

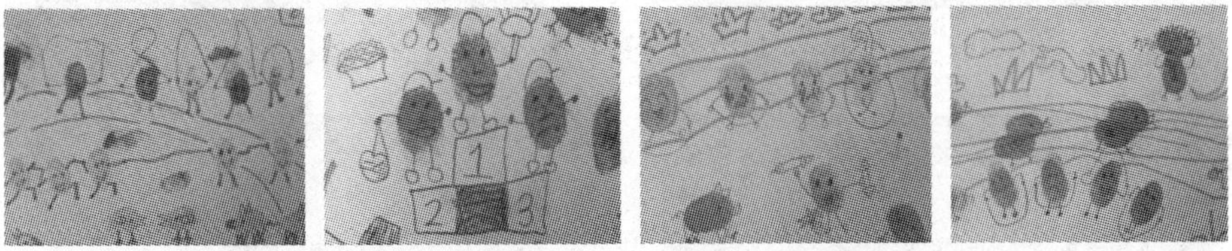

图6－104　“操场上”系列活动之指印画代表作品

图6－105　“安全月”安全标语及安全漫画系列代表作品

主题活动四：十二月——“分享收获的快乐，让感恩伴随智慧的成长”

1．举行一次“快乐读书会”主题分享会。本中队的孩子们非常爱看课外书，还经常在我跟前讲述阅读中的收获。为满足学生展示阅读收获的需求，我们每月举行一次阅读分享交流会，交流会中有的孩子需要借助书本展示交流，也有孩子脱离书本交流阅读中的收获，口齿清楚，表达有序，声音响亮。

2．进行一次“辞旧迎新”的班级讨论会，为“欢天喜地迎新年”的主题班会做准备。

3．召开“欢天喜地迎新年”的主题班会，了解中国以及外国的一些新年习俗。

4．班级特色活动之“指印画《我的名片》”。通过活动，让孩子们逐步清晰地看待自己，在自我评价与他人评价中形成自我的正确认识，正视自己的缺点，发扬自己的优点，不断完善自我；也为了增加活动的趣味性，以富有趣味的指印画为途径，进行“我的名片”设计制作。

活动剪影：如图6－106至6－111所示。

图6－106　快乐读书会活动现场

图6－107 快乐读书会分享者陈佳峰

图6－108　欢天喜地迎新年活动现场(一)

图6－109　欢天喜地迎新年活动现场(二)

图6－110　小歌手现场献唱

图6－111　分享精致礼物

图 6－112 分享“暖暖露指手套”

图 6－113 分享精美礼物

图 6－114 学生名片(一)

图 6－115 学生名片(二)

以上活动都是鉴于学校办学理念中提到的:“智慧的产生是建立在丰富的活动经验及其对经验的提纯、升华中。也就是说,智慧存在于过程之中,存在于思考之中,存在于人的主动参与之中。”由经验、过程、思考、参与等关键词,我们把班级文化建设的重心放在了活动上。因此,本学期我们紧扣学校的活动计划,还精心组织和创设特色班级活动,在班级活动中围绕“手工制作、趣味作画(指印画)、书法、写作”四大主题,同时,结合品德与生活、语文、数学、美术等各科教学以及教师节、国庆节、重阳节、元旦等特殊节日展开班级主题活动,引领学生在活动过程中进行思考,在思考和参与中生成智慧硕果,并及时、有效地将学生的成果进行展示。

自学校创建以来,在用心营造智慧家园的过程中,以阅读丰厚学生的幸福生活,以竞争的形式培育学生的自信心,践行在一次次的活动中生成智慧的硕果,这是“智慧的教育”理念给予我的引领与启示,终而促使我们萤火虫中队全体成员健康成长,争取早日成为一名智慧型学生。

第七章
智慧型课堂与智慧型课堂文化

智慧型学校离不开智慧型课堂文化，而营造智慧型课堂文化，不仅需要理清课堂智慧的内涵、具体表现形式，而且也需要在具体的课堂教学实践中加以分析研究，中小学教学一线更需要典型案例。本章就此阐述。

第一节　营造充满智慧的课堂文化[①]

启迪学生终生受用的智慧，追求智慧的课堂，是很多优秀中小学教师的毕生追求。

一、教育智慧及其类别

正如前文中指出的，当人面对问题时，能够充分利用现有的各种资源、信息，创造性地选择最佳的策略、方法，这种独创的能力就是**智慧**。

智慧其实是人基于知识学习、经验习得和人生历练的基础之上，从知性、理性、情感、实践等多个层面上生发出来的、应对人生、应对社会和应对自然的一种综合素养和能力。好的教育有利于人的智慧的发展，只有好的教育才能培养出有智慧的人。

积淀于心理层面的智慧，我们常常称之为**精神智慧**，其具体表现为，对世界、人生博大圆通的彻悟和对自然、社会兼容并包的悦纳。这是智慧的理性形态。

外化于感官层面的智慧，我们常常称之为**行为智慧、实践智慧**，其具体表现为，对正在发生中的各种具体事物的敏锐洞察和各种复杂关系的圆满处置。它是智慧的实践形态，可因人的社会分工之不同、日常生活场景之差别而有各不相同的具体表现，呈现出“专业”特性；各种“专业”特性的行为智慧又可因人所面对的境况是否在预期之中而分为常态智慧和应激智慧。

---

① 孔凡哲撰写。

教育智慧是一种专业性智慧，反映教育工作者对于教育现象的认识、辨析、判断能力以及在教育过程中表现出来的应对、发明、创造的能力。这种专业性智慧直接体现着教育工作者所特有的智慧人格，在行为层面上，主要表现为对具体教育问题的认识、辨析和判断能力，表现为对教育过程的娴熟驾驭、对常态事件的随机处置、对突发事件的创造性应对的能力。

二、课堂教学智慧与智慧课堂

（一）课堂教学智慧的含义

课堂教学智慧，亦称教学智慧，《教育大辞典》给出的定义是，教师面临复杂教学情境所表现的一种敏感、迅速、准确的判断能力。如，在处理事前遇到难以预料、必须特殊对待的问题时，以及对待一时处于激情状态的学生时，教师所表现的能力。①

按照通常理解，教学智慧是指教师能够敏锐观察课堂中出现的突发事件并积极面对，能够当机立断，机智地解决。② 这里的教学智慧就是课堂教学智慧。其实，课堂教学智慧作为一种特殊的专业性智慧，具体表现在由认识智慧转化为实践智慧、由理念智慧转化为行为智慧、由自身智慧转化为学生智慧的过程之中，这意味着课堂教学中的智慧因素的不断生成，智慧含量的不断增加，智慧体系的不断严密，智慧境界的不断提升。从认识论的角度看待教学智慧，可以发现，教学智慧正是在充满复杂的课堂教学之中产生的、具有典型的情境性和实践特征。

课堂教学智慧一方面指教师施教的智慧，使得学生更容易学会，即教师依据自身对教学现象和教学理论的感悟，充分利用现有的各种资源、信息，创造性地选择最佳的策略、方法，使学生学会并深刻理解教学的本质内涵，这种教也可以称之为“智慧地教”；另一方面指教师借助教学内容启迪学生智慧，亦即，教师不仅教会学生新知，更要启迪学生终生受用的智慧，为学生的一生负责。

在中小学课堂教学中，课堂教学智慧一方面包括教师“智慧地教”中的智慧，即，让学生通过独立思考，获得归纳、抽象、推理、建模等的直接经验和体验，最终形成良好的学科直观、提升学科素养；同时，也包括来自学科本身的智慧，特别是，学科发生发展过程中的智慧，通过再发现的过程，引导学生感悟其中的智慧，进而实现学会做人、学会生存、学会求知、学会发展。

（二）课堂教学智慧的若干特点

课堂教学智慧产生于复杂的课堂教学环境之中，具有鲜明的情境性、实践性等特点。

---

① 顾明远（主编）．教育大辞典（增订合编本）（上）．上海：上海教育出版社，1998：第716页．

② 徐继存．论教学智慧及其养成[J]．西北师大学报（社会科学版），2001，38(1)：28－32．

1. 实践性

智慧来自于过程,正是课堂教学的灵动、课堂教学实践的丰富多彩,特别是,教师恰如其分的课堂处理,才导致课堂教学智慧的产生,而教师正是通过鲜活的师生活动,真切的工作体会和深刻的教学反思来激发灵感培养智慧的。教学智慧只有适应课堂教学实践的需要,而且教师需要通过教学智慧的彰显,才能在实践中获得丰收、体验成功。

2. 情境性与内隐性

课堂教学智慧是特定情境下的产物,是教师专业能力的集中体现。同时,教学智慧不仅仅是教学经验的简单积淀,也不仅仅是灵机一动,而是教师立足于个体的教学经历、体验,在特定情境之下进行的教学创造和艺术加工,属于将外在信息与内在的经验融合、内化的产物。

事实上,“智”就是日日知、每天知道一些、日积月累的过程,而“慧”就是用心去思考。“智慧”与“聪明”的最主要的区别之一就在于,聪明是外显的,而智慧属于内隐的。因此,教师只有多给学生留下充分的课堂时间、活动空间,产生教学智慧的课堂情境才更可能形成。

(三) 智慧课堂

学生的智慧成长需要适宜的课堂教学环境,这就是智慧课堂、智慧课堂教学。事实上,“教育是不是富有智慧的教育,具体表现为教育的一种自由、和谐、开放和创造的状态,表现为真正意义上尊重生命、关注个性、崇尚智慧、追求人生幸福的境界”[①]。在课堂教学中,智慧型教师的教育智慧更多地表现为,教师对于教育教学工作的规律性把握,能够善于精心而又充分地预设,创造性驾驭课堂走势,灵活机动、富有创意地实施教学行为,敏捷果断地处理意料之中和意料之外的教学问题,灵活机智应对课堂教学突发事件,深刻洞察课堂教学时机,进而最大限度地提升课堂教学资源的利用率、提升课堂教学效益,这是教师拥有的教育科学与艺术高度融合的产物。而学生的智慧成长,既包含理性智慧,也包含实践智慧、价值智慧。其中,“理性的禀赋是智慧,做理性的人是理性时代人性的典范”[②],而“实践智慧既渗透了‘应当做什么’的价值关切,也包含‘应当如何做’的判断。”[③]

有学者指出,“智慧课堂教学的本质是追求创造性与智慧性的教学,具体而言,其教学理念主要体现为……以追求学生的智慧发展为指向的教学目的观,以强调师生情智交流为本体的教学过程观和以关注学生智慧发展过程为重点

① 田慧生.提升教育品质呼唤智慧型校长[N].中国教育报,2012年1月16日.

② 李淑琼.人的理性智慧[J].当代文化与教育研究,2011,(4).

③ 杨国荣.论实践智慧[J].中国社会科学,2012,(4):4-22.

的教学评价观。"[①]

总之,中小学课堂教学智慧既包括施教中的智慧,也包括教学内容本身所蕴含的智慧。前者是教师经过充分的预先设计,而在教学过程之中随机生成的智慧。而后者更多地体现在学科文化、学科发展史之中,需要我们及时提升出来,将其显性化。

例如,大千世界数字无穷无尽,人类发明了十个数码1、2、3、4、5、6、7、8、9、0,外加一个数位,可以表示无穷无尽的数字。这是多么的智慧!其核心在于,用一个系统(空间)中的尽可能少的元素(即基本元素)组成一个小组,表达其他所有的元素,而这组基本元素彼此之间是相互独立的(即不能相互表示出来)。这恰恰是数学中的线性空间的基础解思想的具体体现。

三、智慧课堂文化

课堂不仅是传播和学习文化的场所,其本身也是具有浓厚的文化底蕴的活动场所。

(一)课堂文化的基本含义

对于课堂文化,一般的解释是,泛指在课堂教学活动中长期形成的、并为师生所自觉遵循的共同的教学理念、教学行为和课堂精神。课堂文化在一定程度上展现了一个班级乃至一个学校的风貌、风气。

首先,课堂文化体现师生对于课堂教学的深层次认识。课堂文化直接指向课堂教学最内在的、最深层的东西,即课堂教学过程中的各个要素(师生、教学内容、教学条件环境、教育教学理念等)所内蕴的思维方式、价值观念和价值追求。

其次,课堂文化体现的是一种特定内涵的情境、一种生态文化。课堂文化是一种特殊的聚合化的文化,并带有一定的情境性,主要体现的是一种氛围,是一种人的精神气象。课堂文化要体现对人的关怀与重视,建立在心与心的交流和沟通之上。课堂文化是课堂教学赖以存在、运行和发展的源泉、是"泵"和"魂"。正如有研究者指出的,"课堂应该包含开放的、多样性的目的,而不是单一的、预设的目的;是更加灵活、允许存在更大差异的,而不是狭隘、独有和同一式的;是平等和谐、充满生命活力的……是激发学生生命活力、启动其自由天性、展现其多彩自我的舞台,而不是千篇一律的知识加工厂。"[②]课堂文化构成了特定的生态文化。

最后,课堂文化既体现在显性的文化,也体现在隐性的文化。课堂文化是在长期的课堂教学活动中形成的,是师生所自觉遵循、主动践行的课堂精神、教

① 吴晓静,傅岩.智慧课堂教学的基本理念[J].教育探索,2009,(9):11-13.

② 汪霞.我们的课堂生态了吗[J].全球教育展望,2005,(05):17-23.

学理念和教学行为,通过教室文化、班级文化、教学文化、纪律文化和精神文化体现出来。其中的精神文化特指精神层面的课堂教学文化,包括价值观、思维方式、生态环境、精神生活等诸多方面。

(二) 智慧课堂文化的若干特征

智慧课堂文化,就是通过智慧型教师的教育教学智慧,创建、激发富有生命力、灵动的课堂,从而形成一种对于生命的理解、关怀与尊重,形成开放、自由、和谐、智慧的课堂文化,提升师生的课堂生命质量和价值。

因此,智慧课堂文化具有以下显著特点:

1. 情境性与人文性

智慧课堂文化是一种特殊的文化,带有一定的情境性,特别是,启迪人思考、在智慧文化的氛围中感悟智慧、体验智慧、开启智慧思考之门;同时,这也是一种人文性的文化,体现对人的关怀与重视,尤其是,启迪人思考,这种特殊的关爱建立在心与心的交流、沟通与尊重之上。

2. 聚合力与启智性

良好的课堂文化具有较强的聚合力。良好的智慧课堂文化能够体现出个性、人道主义精神,从而形成一种内在的素质聚合力,促进学生人格的形成。

智慧课堂文化的突出特征在于启智性,即,充分利用学生获知的每个环节、每个过程,启迪学生终生受用的智慧,将乐学、能学、会学融入其中,达到学知识长智慧、学新知悟人生,进而实现智慧成长、可持续发展的目标。

3. 生态性与统一性

课堂是一种特殊的生态,具有独特的课堂生态主体(教师和学生)和课堂生态环境,教师、学生、环境之间交互作用,共同使课堂成为有机的生态整体①。

智慧课堂是一种特殊的生态文化,不仅表现在师生构成启迪智慧、和谐共生的生态,而且表现为教师在启迪智慧中的引导作用,与学生在启迪智慧中的主体作用,二者构成统一体,同时,在同一个启智文化氛围中师生共同发展。

事实上,任何一种课堂文化都在一定程度上展现了一个班级乃至一个学校的风貌、风气。智慧课堂文化恰恰是智慧型校园文化的突出表现。

第二节　课堂智慧的具体表现形式②

一、小学数学课堂教学智慧的类别及其案例分析

在小学数学课堂教学中,课堂教学智慧有很多种具体的表现形式,既有来

① 陈爱金.课堂教学生态化的缺失与建构[J].太原大学教育学院学报,2007,(03):13－17.

② 本节主要引用:孔凡哲.追求智慧的课堂——智慧型课堂教学案例解读[J],小学教学(数学版),2013,(7－8):11－14.

自教师“智慧地教”而产生的智慧，也有来自数学教学内容本身所蕴含的智慧，同时，也有“用恰当的方式很智慧地表现数学学科内涵”而渗透出的智慧。

对于第二类，小学数学内容之中的智慧其实相当丰富，诸如，乘法的发明就很智慧——对于2+2+2+2+2+2+2的形式，稍不注意就很容易读错，数学家发明了新的记法，即将其记为2×7，表示连续的7个2相加，即简捷又清楚明了。

对于第三类，综合考虑小学生的认知特点，对于那些特别深奥的数学原理，需要采取恰当的方式加以体现可以很智慧地解决问题，其中蕴涵着智慧。例如：

> 对于平移、旋转与轴对称(反射)的关系，数学自身的规律表明：“任何一次平移都可以表示为两次反射的乘积；而任何一次旋转也可以表示为两次反射的乘积。”但是，究竟如何将这个规律加以呈现，其实很难突破(通常的做法是采取变换的方式、借助变换语言)。对此，我们可以借助折纸这种方式很轻松地加以实现：将一张纸一反一正反复折叠，保证每次折的大小保持一致、折痕保持平行(折叠出来的纸的形状就像手风琴一样)。对于这个多层的纸，按照同一个图案、用剪刀剪透每一层，打开，得到由同一个图案复合而成的一个图案，就可以很轻松地体现出“连续两次反射，如果反射轴相互平行，将等同于一次平移”；将一张纸一反一正反复折叠，保证每次折的幅度保持一致、而折痕同时通过一个顶点(折叠出来的纸的形状就像扇子一样)。对于这个多层纸，按照同样的图案、用剪刀剪透每一层，打开，得到一个形如扇面的图案，可以很轻松地体现出“连续两次反射，如果反射轴相交于一点，将等同于一次旋转”。

对于第一类，即由于教师“智慧地教”而蕴含的课堂教学智慧，在中小学课堂教学之中大量存在，这也是我们日常教学所容易忽视的内容，将这些智慧及时地提升出来、将其显性化，对于我们教师自身的专业成长至关重要。对此我们重点阐述。

(一) 情境创设中的智慧

一切学习都是在特定环境条件下进行的。问题情境作为以激发学生的问题意识为价值取向的数据材料和背景信息，构成从事教学活动的环境，也是产生学科学习行为的重要条件和必要保障。

事实上，不同的课堂开端往往会导致完全不同的结果。

教师很智慧地创设问题情境，不仅可以变“要我学”为“我要学”，而且，可以有效降低学习的难度。例如，概念生成过程中的智慧——“破损的椅子与角”：

> 进行“认识角”教学，可以采取这样的导入：用动画展示聪明猫要开车去旅行，需要调一调驾驶室的椅背(呈现三种状态：锐角、钝角和直角)，同

时用画外音表达"只有(直角的)这种状态开车才方便"(而这一点恰恰是多数学生生活经验所熟知的)。同时,特意将驾驶室的椅背的旋钮露出来,突出经过一个顶点、有两条边,即"一个地方是尖尖的,两边是直直的"。而后将聪明猫一路见到的生活中的各种形状的"角"凸现出来,抽象出来,初步认识角的概念和本质特征。教师对于聪明猫所见到各个相关的图片(其中都包含"角")都进行了教学加工(比如,椅背的旋钮露出来了,而生活中是看不见的),其目的是帮助学生更好地从生活中的角抽象出数学中的角。

这种设计非常智慧,其中蕴涵着鲜明的课堂教学智慧。而设计者有明显的自我建构的倾向,即,从找角,到归纳角的特征(一个地方是尖尖,两边是直直的),设计者坚信:"学生学角不是为了记住角的概念,而是让学生经历从生活中大量的素材抽象出数学中的角的过程。"让学生经历这种抽象过程,对人的大脑确实是一次激发,这就是智慧的教育——不只是让学生记住某个概念,而是通过各种活动将学生的潜质激发出来。

在日常教学中,一个高质量的问题情境,能集中学生的注意力,诱发学生思维的积极性,引起学生更多的联想,也比较容易调动学生已有的知识、经验、感受和兴趣,从而更加自主地参与知识的获取过程、问题的解决过程。

(二) 教学思路设计中的智慧

众所周知,不同的课堂思维方向往往导致不同的课堂教学效果。小学数学课堂教学更是如此。尤其是,采取归纳的思路设计教学,与采取演绎的思路设计教学,其效果迥然不同。例如:

【典型案例 7—1】不同的设计思路导致不同的设计效果①

原始案例:"两位数乘两位数"。

教师由情境导入,列出了算式"24×12"。在教师的引导下,学生基本理解了"两位数乘两位数"的算理,**并初步掌握了列竖式计算方法。此时,教学转入巩固深化拓展阶段**——教师安排了下面的系列习题作为巩固练习:

1. 列竖式计算:13×23=　　　23×22=　　　41×12=

2. 填空:在□中填写适当的数字。

$$\begin{array}{r} \square\ 2 \\ \times\ 3\ \ 1 \\ \hline 3\ \ 2 \\ \square\ 6\ \ \ \\ \hline \square\ 9\ \ 2 \end{array} \qquad \begin{array}{r} 2\ \square \\ \times 3\ \ 1 \\ \hline \square\ 3 \\ \square\ 9\ \ \ \\ \hline 7\ \ 1\ \square \end{array}$$

---

① 孔凡哲,崔英梅."巧算"背后的学科韵味——对知识技能教学的重新审视[J],人民教育(半月刊),2011,(11):44—46.被中国人民大学书报资料中心《小学数学教与学》2011年第10期第31—33页全文转登。

3. 拓展题：计算下列各式，并观察你得到的结果，比较各个算式与其结果，你能发现什么规律吗？

12×11　　13×11　　15×11　　45×11　　11×63

其中的“3. 拓展题”是面向优秀生的，而“1. 列竖式计算”与“2. 填空：在□中填写适当的数字”是面向全体学生。

改进后的案例：在不改变这节课前半段的前提下，将巩固深化拓展阶段作如下调整：

保留练习“1. 列竖式计算”，删去练习“2. 填空”，将仅仅面向优秀生的“3. 拓展题”修改为面向全体学生的如下问题：

2. 算一算、想一想、猜一猜：

(1) 列竖式计算：12×11，14×11，15×11；17×11。

(2) 仔细观察每道算式的因数与积，说一说你发现了什么？

通过笔算，从

12×11＝132

14×11＝154

15×11＝165

17×11＝187

之中，学生似乎可以发现：

积是一个三位数，百位都是1，十位数字似乎与这个两位数有关(似乎是这个两位数的两个数位上的数字的和)，积的个位数与这个两位数的个位相同。

对学生来说，这是观察上面四道数学题而归纳猜想出的结论，属于第**一次“发现”。**

但是，这个猜想是否正确呢？有待验证。于是，在此基础上，教师再给学生出示：

(3) 猜一猜11×24和11×45的结果，可能是多少？再列算式验证自己的猜测。

学生按照刚才的“猜想”会猜：“24×11”的结果应该是“164”，“45×11”的结果应该是“195”；

然而，学生通过列竖式计算后发现，

24×11＝264

45×11＝495

而“百位不再是1”，“猜想”需要修正！这是经过一次猜想和验证后归纳出的第**二次“发现”。**

如何修正呢？

在二次发现的基础上，教师引导学生思考第四问：

(4) 观察上面的6个等式，它们有什么共同的特点？能有什么发现吗？能验证你的发现吗？

学生很快就能发现，“都是一个两位数乘11”，而且“积的百位数字，与两位数的十位数字相同”，此时，部分学生可以得出“积是把与11相乘的另一个因数分开，中间放它们的和”，教师将其进一步归纳为“两边一拉，中间一加”。这是经过观察得出的第**三次“发现”。**

在此基础上，再验证我们的猜想，于是，教师出示第五个问题：

(5) 运用上面发现的规律，自己编一个两位数，比如36，先猜测11×36的乘积是多少，并列竖式计算验证猜测。

果真，猜想正确！

当学生感到三次“发现”的结论可以成立时，教师出示第六问：

(6) 按照你自己的猜想，先猜一猜11×57的结果会是多少？再用列竖式的方法验证。

学生们会发现，此时，两位数之和5+7是超过10的数，前面的“猜想”需要修改！

借助此时的认知冲突，教师引导学生归纳出：**只有在“两位数的十位数字与个位数字的和不满十时”，才适用“两边一拉，中间一加”的方式。**

而“满十”时，这个“十”应该怎么处理呢？是写成“5127”还是“627”？

再来分析竖式，学生可以发现，此时十位上的“12”应该向百位进一，要写成“627”。

对于修改后的结论，此时的学生往往会尝试一下，比如计算“11×59”、“11×67”，发现的确是11×59=649、11×67=737。

最终，学生将猜想“两边一位，中间一加”进一步修改为“两边一拉，中间一加，中间满十，百位加1”。

这是学生根据观察若干个特例(个案)、归纳、猜想、验证、修正的第**四次“发现”**！

上面的过程其实并非“啰嗦”、多余。让学生经历这样的过程，其真正的意图在于，在巩固“两位数乘两位数”的基础知识、基本技能的教学过程中，让学生多次经历归纳、猜想的思维过程，获得**“个案1、……、个案n→归纳出一个共性规律，发现→猜想→验证自己的猜想→得出一般的结论”**的直接经验和体验，让学生经历一次“数学家式”的思考过程，感受智慧产生的过程，体验创新的快乐。

两种设计思路的核心差异在于，归纳式教学与演绎式教学的不同价值取向。在不影响(或者几乎不影响)基础知识、基本技能正常教学的前提下，将整体思路修改为以归纳、抽象、建模的活动为主线，这种似乎“傻”“多余”的设计，恰恰将创新意识培养、基本思想的落实、基本活动经验的获得渗透其中，其实是很智慧的做法、智慧的设计。

（三）教学形式、教学环节设计中的智慧

如果说教学思路的设计体现的是课堂教学的整体方向，那么，教学形式、教学环节的设计则是关注局部的环节、形式。对此，精挑细刻地设计课堂教学的每一个细节、精心组织课堂教学的每一个实施形式，往往能够实现举一反三的效果，同时，达成数学教学特定的教学目标。例如，

【典型案例 7－2】感受可能性"掷硬币"

一般的设计：掷一枚均匀的硬币，先得到出现正面或反面的概率是 0.5，然后让学生通过反复掷硬币去验证这个结果。

修改后的设计：教师首先出示一个硬币，提出"你觉得连续掷 10 次，会出现几次正面"问题，供全班学生猜想。而后，教师现场操作，一般不会一定出现 5 次。此时，教师提出"如果你来操作，结果会怎样呢？"，将全班同学每两位一组，分组掷硬币，每组 5 分钟。而后将全班每组的数据现场统计在黑板上，随着统计的一组组数据的出现，引导学生分析这些数据，感受数据的随机性。一旦将全班的数据叠加在一起（比如，相当于连续掷 200 次以上），那么，正面、反面出现的可能性就相差无几。由此我们可以推断，出现正或反面的概率为 0.5。

前后两次设计的核心差异，一方面在于活动的形式，教师操作而学生观察、接受获取信息，与学生亲身操作、全班合作完成数据的收集过程。亦即，采取合作式的教学方式与接受式教学方式的差异。

另一方面在于，对于"可能性"教学的理解不同，前者的思路是，先给出可能性的概率定义（即首先肯定均匀的硬币两面出现的可能性应该相等），而后试图通过抛掷硬币计算正面出现的频率，用频率刻画概率。事实上，这是很难做到的。前者的思路是"定义概率，用频率验证"，这是典型的演绎推理方式；而后者是用数据来进行推断，其推理方式主要是归纳。两种思维方式截然不同。

不仅如此，活动教学的重要目的在于获得直接的数学活动经验，体会数据的由来，亲身获得数据随机的直接体验。这种教学方法更有利于培养学生的数据分析意识，建立归纳思维。

（四）课堂信息呈现方式中的智慧

课堂信息的不同呈现方式不仅影响到教学效果，而且，往往产生思维上的差异。

1. 基于小学生的现实，以小学生喜闻乐见的方式呈现课堂信息，是小学数学课堂教学智慧生成的重要策略。

以"27＋4"的教学为例，教学的难点和焦点在于如何让学生理解十进制。

【典型案例 7－3】27＋4 课堂教学设计

原案例：教师呈现小熊探险的情境，发现蜂蜜，第一堆 27 瓶，第二堆 4 瓶，一共多少瓶？而后，引导学生通过摆小棒（每 10 个一捆），找到"把 27 与 4 合在一起"的方法。即，将 4 拆成 3 与 1，凑成新的一捆，得到三捆和一根小棒，从而是 31。

这个片段似乎很成功（教材就是这么编写的！）。然而，实际的教学显示，不少学生认为，未必 10 个一捆，任何数量的小棒用绳子捆在一起都叫一捆。也就是说，学生对于这里的"一捆"表示一个 10 并不认同。

修改后的案例：教师呈现准备请客人到家吃饭的情境，老师做饭计划用许多鸡蛋招待客人。家里的冰箱里仅有 4 个鸡蛋，老师从超市里刚刚买来一箱鸡蛋（共三层，每层都有用纸浆做成的 10 个窝，每个窝放 1 个鸡蛋，一共 30 个），打开后发现破损了 3 个，仅仅剩下 27 个（教师将鸡蛋带到教学现场——只不过，已经将鸡蛋做了处理——将其中的蛋汁抽出来，仅剩下了蛋壳）。教师马上提出"现在的鸡蛋数量一共多少个？"

实际的课堂教学（小学生的亲自操作）表明，小学生很自然地将 4 个鸡蛋中的 3 个补到三个空缺中，凑成完整的一箱鸡蛋，剩下 1 个。一共 31 个。

实际的教学显示，修改后的这个片段很成功。几乎所有的学生凭着自然的感觉认为，必须凑成整屉整屉的，也就是说，10 个鸡蛋一屉是现实生活中真实存在的，更是学生所认同的，用它来表达 10 是智慧的、成功的。

不仅如此，在实际的小学数学课堂教学中，对于类似于 23－8 的问题，采用"10 支笔一盒、一共 23 支笔，准备发给 8 位同学，每位同学一支笔，还剩下几支？"的方式呈现教学，效果亦非常好——小学一年级的同学几乎不假思索地拆开一个整盒分给 8 位同学（他会自言自语地说，3 支肯定不够 8 位同学分的，不必考虑 3，直接从整盒里取就可以了），而后将剩下的合在一起。

这种方式也是成功的，其中的缘由在于，学生几乎经常见到真实存在的"10 个一盒"，一盒就代表 10 个，这是真实存在的十进制的原型。采取这种方式实施教学是智慧之举。

2. 以具有丰富数学内涵的活动为载体呈现课堂教学信息，往往是诱发学生理解性掌握的有效途径，可以很好地避免以语言传递为主要方式的讲授式教学的弊端

【典型案例 7－4】圆的概念教学的问题驱动式设计[1]

总体设想是按照"问题驱动——建立模型——解释应用——拓展反思"的

[1] 孔凡哲，崔英梅（编著）. 课堂教学新方式及其课堂处理技巧：基本方法与典型案例[M]，福州：福建教育出版社，2011 年：第五章.

基本环节，将“圆”的概念学习，藏到“自行车的车轮为什么做成圆的？”的解决过程之中，通过学生探索、分析问题，逐步抽象圆的概念，概括出圆的基本特征：“边缘上的任何一点到定点的距离保持不变”；而后再通过解释、应用，深化学生对于圆的认识，实现理解性掌握。

环节 1. 创设情境、激趣导入

师：大家喜欢骑自行车吗？

（学生：喜欢）

师：你们一定知道自行车车轮是什么形状的？车轮为什么要设计成圆形呢？（出示图片）设计成方形的如何呢？其中，有什么奥妙呢？

今天我们就来探索这个问题。

注释（设计意图）：通过现实生活中实际事例，创设情境，出示问题，一方面可以引起学生的学习兴趣，另一方面为学习新知识做了铺垫。几乎每天都见到、用到的“车轮是圆”其中竟然有某些道理，好奇心驱使学生主动参与到活动中来。

环节 2. 分析任务、提出问题

教师指导学生分析“车轮子为什么通常做成圆的”这个问题所包含的道理。

师：车轮子做成圆的，为什么不能做成方的、椭圆的等其他形状呢？（好的，下面请大家以小组为单位，分组探讨车轮子问题。）

环节 3. 动手操作、探究新知

学生利用教师提供的小汽车（可以拆卸车轮子）以及各式各样的车轮子（有方的、椭圆的、梅花瓣形状的、圆的等），同时，提供直的道路（类似于铁路的铁轨形状的道路）。

在分组讨论、探究过程中，教师参与其中的一些小组的活动。

环节 4. 总结提炼、建立模型

（1）教师组织学生进行大班交流，分析其中的道理。

学生 1：当车子沿着直线走时，车轴到车轮与地面接触点的距离，决定着车身的高低、是否平稳，圆形的车轮子可以保持车子的平稳运行。

学生 2：如果车轮子是方的，当车子沿着直线走时，车轴到车轮与地面接触点的距离，有高有低，这时，车子运行上下起伏，颠簸，既不舒服，也很容易导致车身的破损。

教师（汇总学生的观点）：只有当车轮做成圆形时，车子才能平稳运行。而平稳运行的要害在于，车轮的边缘上的每一个点到中心（即车轴所在的位置）的距离保持不变，这样的平面图形在我们的生活中随处可见。大家能否给这样的图形起个名字？

学生纷纷说出自己的主意，“圆”等等。

教师板书“圆”，并做定义：

如果一个封闭的平面图形，其边缘上的每一个点到某个点的距离保持不变，那么，这样的图形叫做圆。

教师用课件演示一条线段（即车条）绕着一个这条线段的一个端点（即车轴）旋转一周，移动的点所形成的封闭图形就构成一个圆。

(2) 教师同时出示圆各部分的名称。

在圆的概念中，保持不变的定长叫做圆的半径，定点叫做圆的圆心。

环节5. 表达交流、解释应用

(1) 联系生活，深化对于圆的概念的理解。

师：除了车轮是圆形的，在日常生活中，你还看见过哪些物体是圆形的吗？

学生举例：

下水道的盖子通常做成圆形的。

喷水池的形状通常做成圆形的。

……

教师收集了一些关于圆的图片，并通过屏幕（课件演示）展示给学生。

(2) 操作探究，折出一个圆纸片。

①教师出示问题：如何用纸片折出一个圆纸片？

②学生自主操作、探索，并进行小组交流、合作：

部分学生用一张纸片对折，二次对折，以后每次对折都经过第一次、第二次对折折痕的交点，折到不能对折为止。沿着边缘某个位置撕（保证撕透每一层），就可以得到一个圆形纸片。

教师适时地指导，并组织个别学生进行全班交流。

③教师组织学生回味自己折纸的过程：

将折好的圆形图片，对折后打开，换个方向后再对折打开，看有几条折痕，相交吗？再折几次，说说你发现了什么？为什么这样对折后就可以得到一个圆形纸片？

学生相互交流自己的发现：所有的折痕都相交于一点，这一点在圆的中心。

(3) 给出圆的相关概念。

①教师揭示：这一点我们把它叫做圆心，用字母“O”表示。

②连一连，认识半径、直径。

连接圆心和圆上任意一点的线段是圆的半径，用字母“r”表示。

③教师出示问题：同一个圆里能画出多少条半径？这些半径的长度会有什么关系呢？

学生通过思考、讨论和实际测量认识到在同一个圆里有无数条半径，所有的半径的长度都相等。

④教师给出直径的定义：

通过圆心并且两端都在圆上的线段叫做圆的直径，用字母“d”表示

⑤学生互相指一指直径，并在自己画出的圆里画出一条直径。

⑥教师出示问题：

同一个圆里有多少条直径，所有的直径的长度都相等吗？

学生通过思考、讨论和实际测量认识到在同一个圆里有无数条直径，所有的直径的长度都相等。

(4) 探索直径与半径的关系

①教师出示问题：刚才我们认识了圆心、半径、直径以及半径、直径的特征，那么，在同一个圆里半径和直径之间会有什么关系呢？

②学生自己先动手测量、比较，然后小组探讨交流。

③小组代表发言。

小组一：我们通过测量发现直径的长度是半径的 2 倍；

小组二：我们把直径对折过去发现刚好是半径的长度，所以，认为直径是半径的 2 倍。

④教师归纳小结：

在同一个圆里，直径的长度是半径的 2 倍，半径的长度是直径的一半。用字母表示是：$d=2r$ 或 $r=\frac{d}{2}$。

注释(设计意图)：这一环节主要以动手操作为主线，通过折一折、量一量、指一指、比一比等活动，让学生自主参与，合作探究、分组交流，给予学生充分展示自我和展开探究活动的空间，让学生在自主探究中发现新知，学生学习的过程是感知的过程，是体验的过程，是感悟的过程，学生在感知、体验、感悟中发现新知，掌握新知。

(5) 动手操作，掌握圆的画法。

①认识圆规，教师介绍圆规各部分的名称。

②教师在黑板上示范画圆。

③学生用圆规画圆，指名学生演示画圆，并让学生边演示边归纳画圆的步骤和方法。

④画一个半径是 3 厘米的圆，并用字母标出圆心、半径和直径。画完后同桌互相检验。

⑤按要求画圆，并观察你发现了什么。(画 3 个同心圆，3 个大小不等的非同心圆)让学生通过观察、讨论、比较归纳：圆心确定圆的位置，半径决定圆的大小。

注释(设计意图)：教师先示范画圆接着让学生试着用圆规画圆，画圆之后，让学生共同概括规律，是从感性到理性的一种提高。同时，让学生反复画圆之后，结

合画圆的过程体会圆心和半径的作用,便于学生深化对圆心和半径的认识。

⑥实践应用,深化知识

a. 辨一辨。(对的在括号里打"√",错的在括号里打"×")

▷两端都在圆上的线段叫做直径。( )

▷画一个直径为 4 厘米的圆,圆规的两脚之间的距离应是 4 厘米。( )

▷半径 2 厘米的圆比半径 1.5 厘米的圆大。( )

▷圆的半径是射线。( )

▷圆心到圆上任意一点的距离都相等。( )

b. 回放上课时车轮为什么是圆形的动画,谁能应用今天所学的知识解释茶叶盒的盖子为什么通常要做成圆形?

c. 下面投球比赛中,哪种游戏方式最公平?

注释(设计意图):通过拓展训练,进一步巩固所学的知识,同时了解学生对知识掌握情况。让学生亲眼看见圆的知识的应用,真正体会到数学知识就在身边。

环节 6. 总结反思

本节课你学习了什么新的内容?你有什么收获?

上面的课例表明,以内涵丰富的数学活动呈现课堂教学信息,不仅可以诱发学生的课堂主动参与性,而且会带来出色的课堂教学效果。

总之,在数学课堂教学中,教学智慧不仅表现为概念生成过程中的智慧、法则习得中的智慧,而且体现为,数学技能习得中的智慧生成、学生合作交流中的智慧生成,不仅体现为情景创设中的智慧、教学思路中的智慧,而且体现为教学形式设计中的智慧、课堂信息呈现方式中的智慧等等多种形式。

追求课堂教学智慧,就必须在确保教给学生基础知识、基本技能的前提下,充分利用各种教学资源积极创造良好的教学氛围,调动学生学习积极性并让学生经历猜测、归纳、抽象、推理、建模等思维过程,获得直接经验和体验,最终提升学生学科素养,形成良好的学科直观。让学生经历归纳、抽象、猜测等的思维过程,不仅可以让学生体会学科知识的来龙去脉,更能够降低学生学习知识的难度,利于学生理解与掌握知识,同时更有利于帮助学生逐步发展思维能力,为正确认识事物的本质、培养学生创新素养奠定踏实的基础。

作为数学教师,我们只有深刻地把握数学学科本质,智慧地理解教育,智慧地驾驭课堂、调控课堂,逐步培育职业情操、强化职业认同,智慧地悦纳教育,不断改变教学行为,智慧地实施教育教学活动,努力使自己的教学行为不断走向智慧,从而逐步形成智慧的教学方式;使课堂教学形态不断走向智慧,从而逐步形成智慧的课堂教学;使学生学习过程不断走向智慧,从而逐步形成智慧的学习方式。只有这样,我们才能真正实现智慧的课堂,实现智慧的教育。

第三节　初中科学课堂教学智慧的典型案例分析①

在初中科学教学中，教师怎样让学生在学习中生成智慧，从而使学生获得终生可持续发展的能力？本文通过若干个案例的解析，探讨科学课堂教学智慧的生成途径，提出智慧课堂教学就是让学生不但愿学，而且能学；使学生不仅学会，更要会学。

靖国平②认为，智慧教育可分为“狭义的智慧教育和广义的智慧教育……智慧教育从狭义到广义，是当代教育变革的一种重要的价值转向”。所谓“智慧”，辞海的解释是：一是人作为个体存在所具有的属性，即聪明；二是人在行动中所表现出来的处理问题的能力，即判断力和创造力。那么，初中科学教学中，教师如何开展智慧的教育，从而使学生获得终生可持续发展的智慧？归根溯源，教师需要让学生不但愿学，而且能学；使学生不仅学会，更要会学。

一、激发动机与兴趣，让学生愿学

课堂教学的目的是促进学生有效地学习，智慧课堂教学更是为了促进学生高效地学习。所以，教学的有效性不能从教师的角度来确定，而要从学生的层面进行衡量。具体地说，观察教学是否有效（高效），就要看学生是否愿意学，学生能不能学，学生会不会学！如图 7—1 所示。

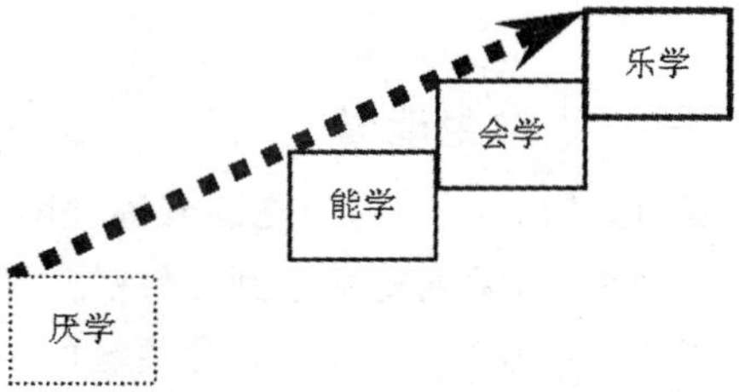

（箭头方向代表着“学习效率逐渐增大”的趋势）

图 7—1

由此，我们可以得出，学生是否愿意学是教学是否有效的首要条件。只有学生愿意学，甚至是爱学，教师才能谈智慧教学。那么，怎样才能让学生愿意学呢？答案是学习动机和学习兴趣。学习动机和兴趣的关系如图 7—2 表示：

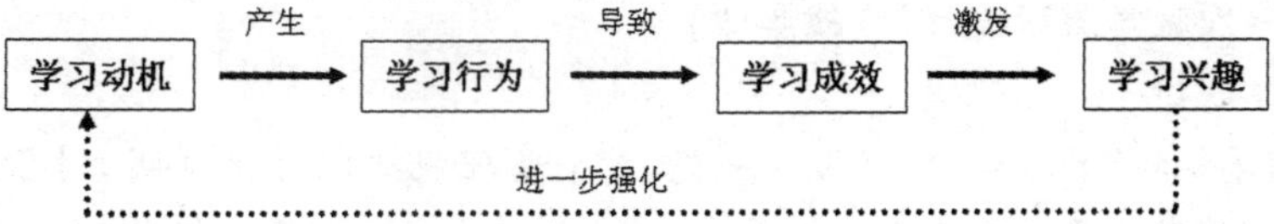

图 7—2

① 由万胜明执笔撰写。

② 靖国平. 从狭义智慧教育到广义智慧教育[J]. 河北师范大学学报（教育科学版），2003，(3)：48—53.

学习动机和兴趣是推动和维持学生学习动力的源泉。学生学习动机和学习兴趣的推动功能主要是表现在学生能明确学习目的和发现所学知识的内在美。学生明确了学习目的,才能有进取性、主动性和自觉性,而学生只有发现了所学知识的内在美,才能持续地开展学习。

知识是智慧的载体。对于教师来说,使学生逐步理解所学知识的价值并发现知识的内在美是智慧教学的重要手段。例如,浙教版初中《科学》课程的学习价值就是认识自然、保护自然,认识自己、保护自己。那么,在教学中如何体现呢?合理的做法是让学生课后填写学习反思卡。

表 7—1 学生学习反思卡

姓名		日期		课题	
我觉得这节科学课中最有用的知识是什么					
我觉得这节科学课中最有趣的知识是什么					
今天学到的科学知识我可以解决什么问题(或学了今天的科学知识有什么用)					

凭借这种答卡进行反思,学生很容易认识到,学习不仅很重要,而且还很有用。学生的这种认识一旦内化为学习动机和内在兴趣,学生便能自觉地持续开展学习活动。

二、"屡败屡战"——让学生能学

学习活动是充满挑战性的活动,学习中充满着种种困难。随着学生学习的不断深入,遇到的困难越来越大,学生就会感到"屡战屡败"。长此以往,学生的学习积极性挫伤,学习兴趣慢慢缺失。所以,教师关键的一个教学任务,就是搭建学生学习的脚手架。一个好的脚手架应该是让学生的学习"败中有悟、悟后能战",而不是"屡败屡战"。

【典型案例 7—5】九年级《简单机械》复习课教学

这是九年级中考的一节复习课,内容是简单机械的复习,课前老师认真研读了《浙江省初中毕业生学业考试说明》,结合以往的经验,老师设计了教学方案。

第一次教学流程设计(屡战屡败)

教学研讨

"简单机械"的知识,涉及 9 个概念,4 个物理规律,《考试说明》对于本部分知识的有关考试要求有 5 个 a 级要求,3 个 b 级要求和 1 个 c 级要求。由于"简单机械"知识来源于人们生活、生产的实践,所以,《考试说明》十分强调知识在现实生活背景中的运用,这也是九年级学生一直以来的学习难点,学生很难考好,正所谓"屡战屡败"。

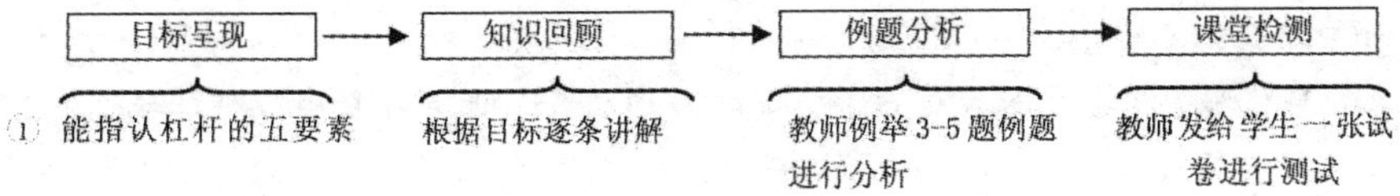

图7－3　第一次教学流程设计

教学诊断：

1. 学习目标抽象，学生很难理解。在教学中，与其给予学生学习目标，还不如给予学生明确的学习任务。学习目标的具体化和任务化，可以使学生的学习具有可操作性，就能满足学生学习的成就感，从而强化学生的学习兴趣。所以教师应该把学习目标解析为学习任务。

2. "知识回顾"阶段的教学，是重复教学，即是对以前新课教学的简单重复。如果学生只是遗忘知识，那么这样的教学或许有效，但很多学生却是在概念的理解和运用上出现问题，而重新把知识点梳理一遍，效率低且使学生产生厌学情绪，这是导致教师教学"屡战屡败"的重要原因。故而，教师应该把教学重点放在核心知识的梳理，而基础知识应落实在学生课余的自主学习中。

3. 核心知识的运用是考试中的难点，也是最难掌握的，这是导致学生学习"屡战屡败"的主要原因，因此，教师在教学中应进行易错题的分析、矫正和反馈。

4. 对于中考复习课来说，学习检测既要关注学生基础知识的掌握情况，又要体现学生对核心知识的理解程度，还要与中考的题型相符。

第二次教学流程设计（屡败屡战）

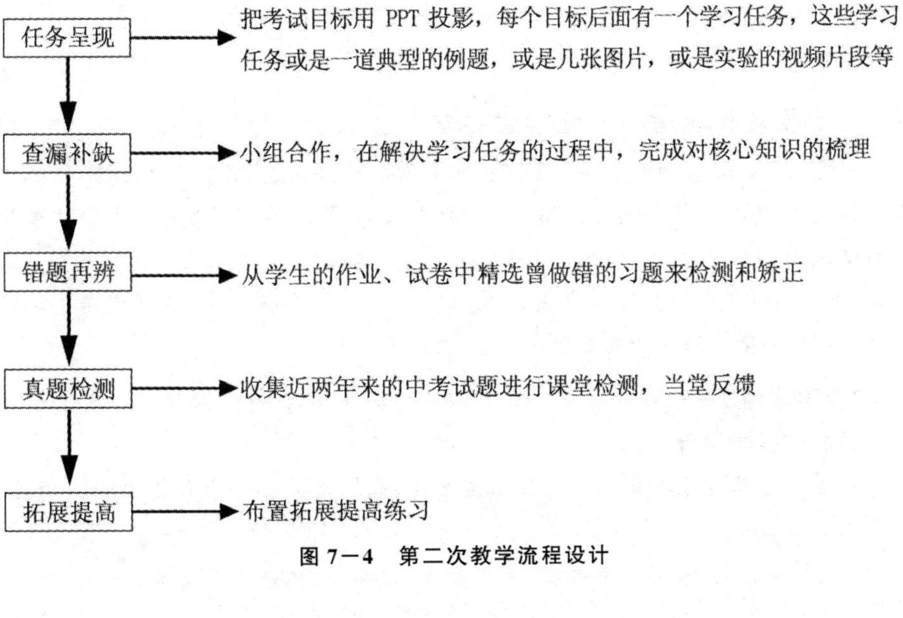

图7－4　第二次教学流程设计

教学实践：

《简单机械》的复习课经过改良后，教师通过“清晰学习任务，满足学生的学习成就感”来展开教学。在“知识梳理”板块中，教师用PPT投影考试目标，且每个目标中布置了学习任务，这些学习任务或是一道典型的例题，或是几个问题，或是实验的视频片段等。教师告诉学生：你能解决这些学习任务，你就掌握了考试目标。在课堂中，学生的学习很积极，绝大部分学生完成了学习任务，很多学生脸上洋溢着成功的喜悦。“难点突破”的教学，教师设计了“错题再辨”的学习任务。教师从学生的作业、试卷中精选了一些学生曾做错的习题（或少量变式后的习题）给学生做。虽然一些学生又做错了，但是通过师生的交流，他们自信地说：“老师，今后我再也不会错了。”在“查漏补缺”板块的教学中，教师安排了“真题检测”的学习任务，课后很多学生说，中考题也不过如此，并不可怕。

教后反思：

从第一次教学设计到第二次教学设计，完成了“以教师为中心”向“以学生为中心”的转变。学习目标的具体化和任务化，使学生的学习具有可操作性，容易满足学生学习的成就感，从而实现了教学从“屡战屡败”到“屡败屡战”的华丽转型。

复习课的教学要让学生暴露原有的知识缺陷，第二次教学设计中安排“错题再辨”的学习比赛，既激发了学生的学习热情，又暴露学生对核心知识的理解缺陷。从课后的测试来看，取得了良好的教学效果。

中考复习课肯定有较高的知识密度和较多的练习，怎样合理安排教学重点是对教师教学能力的考验。第二次教学设计中，教师把学生的练习巧妙地安排成不同的项目，如学习任务、易错题再辨、真题检测、拓展提高等，使围绕知识点的学习像一次次的冲浪，让学生充满了激情和兴趣，从而使学生“屡败屡战”。

三、质疑和思考——让学生会学

刘玉玲、宋孝忠[①]认为：“智慧教育教人学会质疑，教人走向生活。”宋代的大学者朱熹说过：“读书无疑者需教有疑，有疑者却要无疑。”韦礼江[②]认为：“**智慧教育就是有智慧的教育**，是让学生能充分弘扬个性、独立工作、善于思考的教育。”因此，课堂智慧教学就是要让学生在课堂学习中发现问题，并能独立思考不断解决问题。学生能质疑会思考也就具备了会学习的能力。

【典型案例7－6】浙教版七年级下《科学》第四章第四节《月相》教学

教材的教学设计：

1. 抛出问题：月球和地球一样不会发光，太阳总是把半个月球照亮。但是，

① 刘玉玲，宋孝忠．现代教育改革的走向——智慧教育[J]．教育理论与实践，2005，(4)：4－6．

② 韦礼江．关于“智慧教育”的思考[J]．河池师专学报，2003，(S1)：34－36．

我们看到的月球却有圆缺的变化。这是为什么呢?

2. 学生活动:把一个乒乓球一半涂黑,一半涂白,手托着这个乒乓球,并使白色的一面始终对着太阳模型,然后让乒乓球围绕自己的头部逆时针方向转动,让学生观察并记录乒乓球白色部分的形状。

研讨:按照教材这样的设计来进行教学,学生总是弄不清月相变化的原因(很多学生课后还是认为"月相产生的原因是因为地球挡住月球产生的"),一些学生甚至不怎么相信月相是这样产生的。

改良后的教学设计:

1. 设置情景(PPT 投影照片):这张照片是我国的嫦娥二号拍摄的,国务院总理为这幅影像图揭了幕。相信不久的将来,我们也能在月球上踩下一个中国人的脚印。但是,我们的古人没有先进的科学技术,他们只能仰望月球。

2. 学生活动:前几天老师也在仰望月球,并拍摄到了几张月亮照片(教师投影拍摄的月相照片),学生欣赏,然后教师提出问题:在生活中你还看到过月亮的哪些形态?请你用 2 分钟时间把你曾经看到过的月亮形态画在纸上。

3. 学生展示并交流,然后教师投影新月、娥眉月、上弦月、凸月、满月、凸月、下弦月的照片(如图 7—5 所示),引出月相的概念。

4. 教师设问:月相怎么产生的?你能不能提出假设?很多学生会提出这样的假设:被地球遮挡产生的。

图 7—5

图 7—6

5. 学生思考:提出证明或否定的证据(学生通过独立思考,得出肯定不是地球遮挡产生的。因为地球是圆的,所以,影子的边缘也应该是弧状的,而图 7—5 从左起,第 2、3、5、6 的月相都不符合)。

6. 教师点拨:我们来看一个生活中的现象,它会给我们什么启示?展示:光照乒乓球,不同位置观察(如图 7—6 所示)。学生思考后恍然大悟,原来在生活中,这种现象也存在,并不陌生……

四、学以致用——让学生学会

学习的一个重要目的是为了"致用",这种"致用"表现在学习的结果或学习的过程中。它是一个把"知识"转化成"能力"和"智能"的过程,也只有这样才能真正彰显出学生学习的智慧。

【典型案例 7—7】《认识简单机械——杠杆》的教学

背景:在进行《认识简单机械——杠杆》这一节课的集体备课时,有教师说这节课很好上,只要先出示一张撬石头的照片,然后给学生讲解杠杆的五要素,再出示一些例题,让学生练习。

分析:对于这节课,我们习惯于这样上,但这样的课是否真的让学生喜欢?学生为什么要学习杠杆?是因为杠杆省力或省距离?这可能是老师的想法。为此,进行了课前学生调查。

表 7—1　调查表

工具	用途	怎样用
(榔头)		
(扳手)		
(起子)		
(指甲钳)		

通过调查发现,对于指甲钳的用途和用法,全班的同学都能知道,知道怎样用起子开瓶盖的有 80%,知道扳手的用途和用法的同学只有 50%,而知道榔头可以拔钉子的只有 4%。

改良:《认识简单机械——杠杆》这一节课的教学,不仅要让学生有使用杠杆的体验,还要知道杠杆的运用,然后使学生从感性认知抽象为理性模型。基于此,上课教师要设计让学生用各种生活工具拔钉子的活动,通过榔头、起子等工具的使用,让学生在体验中逐步建立杠杆的模型……

在智慧的课堂教学中,还要放手让学生去做。例如,902 班的 S 同学发现在晚自修时,教室里,哈欠声此起彼伏。哈欠声的背后隐藏着什么科学道理?在教师的指导下,S 同学自主地做了如下探究:

探究一,CO_2 对生命活动究竟有怎样的影响?

探究二,教室内 CO_2 的含量有多大?

探究三,开窗通风多长时间才能有效呢?

探究四,城市中不同场所 CO_2 含量高低的探究实验。

通过自主探究,S 同学写出了《"哈欠声"现象的背后》的论文,并在浙江省青少年创新大赛中荣获省级三等奖。

就中学科学课堂而言,智慧型课堂能启迪学生终生受用的智慧,使学生不仅愿学而且能学,不仅学会而且会学,其最终的目标是塑造可持续发展的智慧型学生,所以,智慧型课堂是优秀教师一直追求的目标。

第四节　初中历史课堂教学智慧的典型案例分析①

标题被称作是文章的“额头”和“眼睛”，这正说明标题是文章精要内容的提炼、概括与浓缩。新编《历史与社会》教材中的历史内容有三级标题：单元标题、课标题和课文中的子目标题。各级标题既表明了各自所述的主要内容，同时三级标题之间还有相互联系：子目标题揭示了课标题，课标题概括了子目标题；课标题揭示了单元标题，单元标题统领着课标题。各类标题可谓是课文的“核心”和“灵魂”，它们不仅能提纲挈领，涵盖课文内容，起着统领、概括和提示的作用，而且能突出重点、彰显特征②。本文提出的“标题引领思维，智慧学习历史”正是充分发挥标题的作用，贯彻学为中心的教学理念，使学生在有限的课堂时间里，依据标题设问，快速抓住教材核心问题，通过问题解析、交流分享、重拟标题，最终形成自己的认知和建构的智慧型课堂学习模式。其图示如图 7—7 所示。

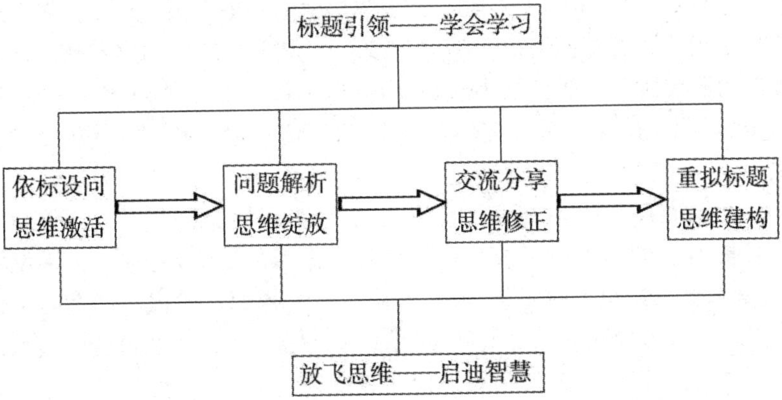

图 7—7

一、依标设问、思维激活

如果说对新内容的学习是一个过程，那么，预习就是学生对新内容认知思维的起点。现在的初中生习惯于书面作业，很少主动研究教材，在学习过程中容易将预习简单化、直接化，表现为，一翻开书就只管看正文，而不关注大大小小的标题，结果形成的只是对信息零散、片面、浅层的认知。而这一现象反映出来的更大的问题是预习过程中缺乏思维参与，难以抓住知识的核心和关键，正如常言所说的只看“热闹”，不关注“门道”，缺少对文本信息的再加工。为了改变现状，不少教师就采用了布置预习作业或者编制导学稿的办法。这样固然能增强学生预习的目

① 由路晓霞执笔完成。

② 莫华民.标题在历史教学中的巧用[J].中学教学参考，2011，(24)：57—58.

的性，但仍然是教师强加给学生的“作业”，在追求“轻负高质”的今天，显然不合时宜。另外，导学稿虽然也可以通过多种形式引起学生的思考，构建一定的逻辑体系，但导学稿的每天编制、印刷和批改加重了师生负担，难以长期维持，更重要的是，这种导学稿直接给学生一定的思维模式，在一定程度上限制了学生自己的个性理解，不利于思维创新和智慧启迪。如果我们要求学生根据教材的标题，自己提出相应的问题，自己解决，那么，既可让预习有目的展开，减轻教师编制习题及学生做题的负担，也能发挥学生的主观能动性，激发学生思考的兴趣。

二、问题解析、思维绽放

依据标题设问能让学生快速抓住教材内容的重点和关键点，通过自主学习形成自己对重点内容的思考和见解，是学生自我思维的初步绽放，它使学生带着自己的认知进入课堂，为课堂上多种思维的碰撞提供了条件。例如：八年级下册第三单元“冲破思想的牢笼”一课，哪怕最弱的学生也可以提出“标题中的‘牢笼’是指什么？”“怎样冲破‘牢笼’？”多数学生则可提出至少三个问题：“标题中的‘牢笼’是指什么？”“为什么要冲破‘牢笼’？”“怎样冲破‘牢笼’？”等。这样依据标题提出的明快而简洁的三个小问题，可让学生快速抓住其内容的主旨，通过自己的初步学习也比较容易得出基本的答案，进而清楚地了解和掌握历史教材的基本知识。但对冲破思想牢笼的文艺复兴、科学革命、启蒙运动三大运动之区别和联系不一定能认识完整，对其理解也可能仅停留在较低层面，对其评价就差别更大了。因此，学生之间必然形成仁者见仁智者见智的局面，将进一步激发学生对巩固、充实自己所持观点的渴望，为交流分享和教师的点拨提供了动力。这样既避免了无目的预习导致的缺乏信息加工的无序认知，使新知学习的开始就站在了统领本课全局的高度，也使教师对作业布置变得简单，使学生减轻了大量做题目的负担，并有了自己的个性见解。这不仅有利于培养学生整体思维的习惯、提升综合分析的能力，更能增强学生自主学习和探究的兴趣及欲望。

三、交流分享、思维修正

经过预习阶段的初学，学生都对新知有了初步的了解和自己的认识。自觉的同学甚至还会准备各种说服别人同意自己观点的理由，教师就可以在课堂教学中对学生的设问及作答进行归类、点评或进一步做层层抽丝剥茧式的提问。还以“冲破思想的牢笼”为例，如果我们要让学生从基本问题出发，可以将问题再进一步细化：冲破思想的“牢笼”是通过三大运动来进行的，那么，从标题看每个运动重在哪个领域？各有什么特点？是否可以运用史实进行说明？这样必然会引起学生对三大运动的比较，很好地贯彻了“学为中心”和“史论结合”的原则，并促使学生快速抓住问题的核心进行比较，也可为寻找三大运动的联系打下基础，同时又增加了分析比较的方向性，有利于提升其分析比较的能力。在这些问题解决的过程中，学生的观点时而与历史人物碰撞、时而与其他同学碰撞、时而与老师碰撞，从而绽放出更多的思想火花，使自己的思维不断修正，思路走向清晰。这样的课堂必定是活跃的课堂、是思想得以点燃的课堂，是我们追求的丰富多彩的课堂。

四、重拟标题、思维建构

教材中的各类标题都是编者经过深思熟虑的产物，是一课内容的知识概括，也是每一课最简要最突出的中心和线索，它们起到了“纲举目张”的作用，展示了课文的总体结构和基本体系；教材标题也是在遵循历史的一般规律的基础上，着眼一定角度，力求反映目前大多史学家主流观点的条件下命制的。我们提出让学生重拟标题，并不是否认教材标题的权威性，而是因为在追求素质教育、生本教育、生命教育的今天，教材只是学生学习的重要资源，学生的健康成长才是学校一切工作的出发点，学生的全面发展才是衡量教育质量的根本标准。鉴于此，我们的课堂不能停留在对教材标题和知识的解读层次，最终仍要回到个体生命之中，关注个体生命的经历、体验、感受，激发生命潜能。重拟标题，正是以此为出发点，让学生对自己整节课的学习经历和体验进行重新思考、加工，对自己的思维进行再梳理，使学生对所学新知进行更高层次的再建构，优化学生的思维认知，进一步拓展学生分析、归纳问题的能力，培养质疑和创新精神，学会取舍和传承，最终达到启迪智慧、提升学生公民素养的目标。比如“冲破思想的牢笼”一课下的文艺复兴运动，教材用“人的发现”做标题，这主要是从影响角度而定，实际上如果用“文艺复兴”做标题虽然不够形象却也有很多好处，最起码非常简单明了。学生通过重拟标题、将自拟标题与教材标题和其他同学拟制的标题进行比较，若能找出这些标题各自的优劣之处，则不仅是进行了更深层次的思考，互相取长补短，使认知更加完善，加深对历史的理解，更培养了发散思维、综合分析、个性创新的能力，从而达到学习过程中思维和认知的优化建构。

创建“智慧型学校”是东师南湖校所追求的目标，打造“智慧型课堂”是这个目标的关键一环。“智慧型课堂”就是通过教师富有机智的课堂组织和实施，启迪学生终生受用的智慧，使学生不仅学会而且会学，逐渐塑造出智慧型学生。我所探讨的标题引领四个环节的课堂学习模式，不仅能让学生知道“学什么”，更使学生感受到了“怎么学”，从而启迪学生终生学习的智慧，正是智慧的教育理念的贯彻和体现。这种课堂模式不只适合新课学习，还可以运用到复习课。例如，单元复习，教师可以指导学生以单元标题为主干，各课标题为支线，子目标题为支撑点，帮助学生从整体上把握教材，化繁为简，理清线索；先粗后细、先大后小、层层深入步步展开；理清历史知识的内在联系，在理解的基础上记忆。通过标题梳理，使学生容易从归纳比较中找到它的规律，使错综繁杂的历史知识变得简单、清晰。更为可贵的是，这种模式不仅可用作课堂教学，更可用于学生自主学习，也不失为一种易于操作、简单有效的学习方法。

下　发展篇

发展为本、智慧为魂、务实为根、创新为源

发展是所有中小学校的永恒话题,既没有统一的套路,也没有“包医百病的妙方”,唯一的出路在于,扬长避短、走特色发展道路。

东师南湖校围绕“智慧的教育”办学理念,以创建智慧型学校为第一阶段的发展目标,以创建优质特色的国内知名学校为第二阶段的发展目标。

在走向智慧型学校的进程中,东师南湖校坚持**发展为本、智慧为魂、务实为根、创新为源**,围绕智慧型教师培养、特色兴校、科研强校,努力在学校现实与教育理想之间寻找平衡,逐渐形成了以启迪智慧为中心的学校文化,在办学理念具体化进程中闯出了一条新路。

本篇详细阐述智慧型教师培养、科研强校、特色课程、智慧考试和智慧型学生培养的有效策略和典型案例。

第八章
智慧型教师及其培养策略

英国哲学家怀特海提出:“智慧统率知识。”时代的发展要求教师不再只是知识的搬运工,而应是集各种智慧于一身的专业人员,教育智慧成为专业教师的主要内涵。教师只有认同自己是拥有专业知识、专业情感和专业智慧的专业人员,把“培养有知识的人”的传统教育目的转为“培养有智慧、有品德的人”,把成为智慧型教师作为自己的专业理想,才能使自己的专业发展更为协调,更加完整、全面。

本章详细阐述智慧型教师与教师智慧。

第一节　智慧型教师的含义①

一、智慧型教师的概念界定

田慧生认为,“智慧型教师”的教育智慧是教育科学与艺术高度融合的产物,是教师在探求教育教学规律基础上长期实践、感悟、反思的结果,也是教师教育理念、知识学养、情感与价值观、教育机智、教学风格等多方面素质高度个性化的综合体现。②

此外,田慧生在《做一名智慧型教师》一文中对“智慧型教师”作了进一步阐述,即“智慧型教师就是具有较高教育智慧水平的教师”,“智慧型教师具有更丰富的内涵和更高的目标指向,它对现代教师的成长提出了更全面的要求和更高的发展境界——在实践与理论的紧密结合中全面提升自身的教育智慧水平”。③

叶澜对“智慧型教师”的诠释是,拥有博大的胸怀、热爱学生、关怀学生;拥

① 本章第一至二节由刘海明执笔完成。

② 田慧生.时代呼唤教育智慧及智慧型教师[J].教育研究.2005,(2):51—57.

③ 田慧生.做一名智慧型教师[J].天津教育,2006,(03):1.

有良好的文化素养，复合的知识结构以及教育能力和研究能力；拥有崇高的敬业奉献精神。

结合已有研究，我们认为，“智慧型教师”与“知识型教师”“反思型教师”“研究型教师”“专家型教师”不完全构成教师专业发展纵向关系，“知识型、反思型、研究型、专家型”教师中当然也存在“有智慧的教师”。“有智慧的教师”将来有，现在有，过去也有。

“适应期”的学习型教师、“成长期”的学术型教师、“成熟期”的学者型教师，在特定的情境下都会有教育智慧向外喷涌和投射。“有智慧的教师”在新手教师、经验教师、名优教师中都可能存在、都可以存在，也应该存在。

因此，不能认为“智慧型教师”是教师达到专业化发展成熟期的一种状态、是教师专业发展的终极结果。在教师专业发展工作的实际操作中，不能简单地说，某个教师在某时、某处、某情境中生成了有教育智慧的镜头、片断，就给他贴上一个“智慧型教师”的标签。只能说，这是对教师作为专业人员对他的专业理想、专业知识、专业能力等专业素养的一种全面的理想期盼，是对未来教师角色定位的方向要求。

在当今教育背景下，在教师专业发展上，新手教师、经验教师、名优教师等等各个梯队的教师，都应该在心中树立“智慧型教师”这样的专业理想，剖析自己的专业基础，梳理当下的专业位置，审视目前的专业状态，迈出坚实的专业步伐，踩好向“智慧型教师”前行的每一级台阶。

正如前文给出的界定，**智慧型教师**能够秉持智慧的教育理念，以培养、塑造智慧型学生为主要目标，能够构建智慧型课堂。

二、智慧型教师的素养

吴也显认为：“教育智慧是教师在教育活动中的一种系统的整合性的智慧。”①叶澜将教育智慧视为教师专业素养的最高阶段，她认为，教育智慧是教师感受的敏感性、教学机智、与学生沟通能力的综合，包括与时代精神相通的教育理念的确立，和多层次符合的独特的教师业务知识与能力素养，它是教师通过实践探索、积累而形成的专业素养的高级阶段②。

在众多已有研究中，虽然教育智慧这个名词被频繁使用，但它的丰富内涵还需要我们准确把握。我们需要厘清教育智慧、教育机智、教学机智等概念。智慧不等同于机智，智慧包括机智，因此，教育智慧概念上高于教育机智，而教学机智是侧重于课堂教学实践中的机智与智慧。

---

① 吴也显.追寻智慧型教师的整体素质与综合能力——“智慧文化综合力”解读[J].扬州大学学报(高教研究版).2003,(3):7—10.

② 叶澜等著.教师角色与教师发展新探[M].北京:教育科学出版社,2001年.

“智慧型教师”是对教师综合素质的一种全面期盼，智慧型教师所拥有的教育智慧主要包括德育智慧、教学智慧、科研智慧、艺术智慧。

德育智慧包含师德和德育两个方面。广义的师德包括教师的个人品德——善德，家庭美德——孝德，社会公德——诚德，当然更指教师的职业道德——爱德。林崇德教授认为，“教师的职业理想是其献身教育工作的根本动力”[①]，并把教师的事业心、责任感和积极感称之为教师的职业理想，也就是我们平常所说的师德，即教师的职业道德。师爱是教师职业道德的灵魂，教师对学生的爱、对教师职业的爱，构成教师教育智慧的基础。

教学智慧指教师具有一定资源意识和处理资源的能力，积极地发现、引入、激发和创造资源从而赢造出有利于学生积极探索的课堂情境，并能利用这些资源来理解情境和对情境做出适当回应，以培养学生发现问题和解决问题的能力。它不仅要求教师能够应对情境中产生的不确定性，而且要求教师通过发现、引入和激发资源来促进不确定性情境的生成，即不是等待偶然性出现了，才去消极应对。他的智慧不仅表现在应对上，还表现在创造机会上。教学智慧强调师生一起理解和应对情境，教师帮助学生运用资源解决问题，从而帮助学生自己发现和建构知识。具有教学智慧的教师，在长期的教学过程中建立了一整套课堂常规，经常使用这种课堂常规就达到了一种自动化的状态。这种自动化状态被马克思・范梅南称为“教学机智”，教学机智并不是对偶发事件的临时处理或灵机一动，它是在长期的教学实践中形成的一套运作规则，是教育智慧在实践中具体体现。

教学机智的形成并不是一朝一夕、一蹴而就的，是长期积累的结果，需要在平时的教学中“读懂”课程标准，“读懂”课程、“读懂”教科书、“读懂”课堂、“读懂”学生。

科研智慧是提升教师专业素养的关键。“教师即研究者”应成为教师专业成长的目标与追求。事实上，教师职业的专业性之一便体现在对教育教学的研究上，教师不能游离于教育教学研究过程之外，自己就应该是个研究者。只有当教师的教育教学活动与研究结合起来，教师的行为才有了更富理性的内涵，教师的教育智慧才有生成的可能。教育过程在一定程度上也是不断产生问题、发现问题、解决问题的过程。苏霍姆林斯基说过：“如果你想让教师的劳动能够给教师带来乐趣，使天天上课不至于变成一种乏味的义务，那你就应当引导每一位教师走上从事研究的这条幸福的道路上来。”立足于研究教育教学现象、探索教育教学规律的过程，也是教师专业发展的过程，更是教师生成教育智慧的过程。

---

① 林崇德，申继亮，辛涛. 教师素质的构成及其培养途径[J]. 中国教育学刊，1996，(6)：16－22.

长期的中小学实践反复证实，以科研助推教师自身的快速发展，是可行之路。为此，课题研究、论文写作等是必不可少的途径。这里的课题研究包括梳理选题、文献综述、撰写方案、开题论证、实践探索、过程记载、中期小结、结项报告、附件整理等环节，而论文写作则是包括选题与准备、酝酿与构思、领悟与突破、完善与检验、修正与发表等必要环节。

第二节　智慧型教师成长的具体策略(学校视角)

在向智慧型教师发展的过程中，除了教师自身的努力，团队作用往往至关重要。对学校而言，德育研训、教学研训、科研研训、艺术研训，都是培养智慧型教师不可或缺的重要渠道。

东师南湖校围绕"智慧的教育"办学理念，聚焦教师专业发展，经不断探索与实践，基本建设了"分层培养、实践取向"的链式校本研训体系，为智慧型教师的成长创造更多的条件和机会。

一、构建研训组织链

学校采取新型管理模式，专门成立教师发展处、科研处，由校长直接分管。

学校师训充分利用UGS(即大学——地方政府——中小学校)的合作优势，将东师力量、国内外学术资源和嘉兴地方资源融为一体，构建校外专家组、校务办、德育处、教务处、教科室、教师发展处等各部门统一调配，教师发展处具体实施的校本研训组织链。

二、构建研训策略链

研训以建设"一项工程、发展两个团队、实践三率研修、依托四种途径、构建五彩南湖"的思路展开。

其中，"一项工程"是指优师阶梯工程，"两个团队"指硕博教师团队和骨干教师团队，"三率研修"是指每学期每位教师要修得36学分的合格率、区级以上获奖的优秀率、学期研修成绩比较的提高率；"四种途径"是指校本德研、校本教研、校本科研、校本艺研；"五彩南湖"是借用"五彩南湖——金色实力与财富、蓝色智慧与科技、绿色生态与田园、红色人文与创意、橙色幸福与和谐"之意，这里特指绿色书香南湖、橙色艺术南湖、红色课堂南湖、蓝色科研南湖、金色智慧南湖。

三、构建研训行动链

（一）以"智慧的教育"为高端引领

围绕"智慧的教育"办学理念，为了科学推进学校的发展，学校申报立项了教育部人文社科基金项目《智慧型学校的实践研究与理论分析——依托大学与中小学合作的学校改进的行动研究》,并以此为研究主课题,下设《智慧型教师基本特征个案研究:基于智慧型学校实践背景》子课题对教师发展进行研究。该课题同时独立成功立项为南湖区教改重点项目。

结合课题研究,我们认识到,创建智慧型学校办学目标的达成需要一个载体、抓手工程,我们将之预设为“星耀南湖”工程。“星耀南湖”工程在“坚信每位学生都能成才,相信每位教师都能成功”的工作理念指导下有序进行,并分解为“教耀南湖”工程和“学耀南湖”工程。“教耀南湖”工程依托于优师阶梯工程,优师阶梯工程最终落脚于“找准起点,规划研训”“突出重点,落实研训”“突破难点,有效研训”的“三点式”研训之中。

(二) 在“智慧的教育”中丰富实践

鉴于学校属于2010年10月10日签约成立、2011年8月组建师资队伍、2012年9月正式运行的新建学校,所以,建校伊始,师训工作成为学校工作的重心。2011学年尚未有学生,学校的中心工作是师资培训和校园硬件建设;2012年9月学校开始正式运行,师训工作的重心也有适当调整。

第一阶段　2011学年:重心在于新教师的称职培训

2011学年,学校首批招聘了东北师大应届毕业生10人,学校对他们进行了从学堂到课堂、从学生到教师的角色转变的岗前培训。当时,学校还没有生源,新教师第一学期在全国名校东北师范大学附属中学、东北师范大学附属小学进行全职培训,第二学期在嘉兴市实验小学、嘉兴市实验初中进行全职培训,其中,张旭、寇雅静在南湖区大桥镇中学顶岗一年。

培训期间,每周末学校组织进行语、数、外课程标准(2011年版)研读讨论、教学计划(教案)的制定、教育教学法规、学校规章制度的学习与研讨、教师专业发展个案分享、教师专业发展规划的研讨、备课与说课的技能技巧、备课与说课的艺术、班级管理的技能技巧如何与家长沟通、课堂教学基本技能分析、智慧杯课堂教学说课实践展示、尊重差异因材施教的理论学习、个别化教学实践案例观摩与研讨、单元整体设计与文本再构、学科校本课程开发、综合实践活动、社团活动的开发等通识培训;组织进行如何更好地协调教学的预设与生成的关系、课后反思的基本方法渠道、课堂教学基本技能在教学中的运用、说课的技能技巧、个别化教学展示、单元课的整体开发与实施展示、学科校本课程展示课、综合实践活动教学展示、社团活动展示课等专题培训,收到良效。

第二阶段　2012学年第一学期:重心在于实践取向

2012学年,学校第二批新招聘教师23人。连同首批招聘的教师一起,学校利用暑期期间的8月6日至26日,集中实施了聚焦日常教育教学工作需要的系列培训,包括“双基”到“四基”、“两能”到“四能”[1]课程标准解读、教学常规、学习常规、读懂教材精心备课、说课流程、校本课程开发、课程设置、德育常规、后勤管理等主题。

9月1日,伴随着第一届住宿新生入校,新学校、新教师、新学生、新课标、新教材的“五新”教育实践正式起步。学校把师训的重点放在指导教师建立良好师生关系、创设课堂吸引力上,孔凡哲校长亲自任教初中《快乐数学》课,对于学科课堂之中如何落实基本思想、学科基本活动经验,提供样板、展示案例。在开学招生极其困难、首届学生生源不佳的情况下,首届初一学生在全区初中期终统考统批中,位列全区18所学校的第七位,取得办学开门红。

第三阶段　2012学年第二学期至今:分层培养,所有人员达到胜任,激励优者快速成长

2012学年第二学期,学校成立了教师发展处,专门负责教师的培训、评估和师训研发。本着规范起步、科学发展的思路,我们认真分析学校小学部、初中部两个学部,发现存在“深学识、浅技能”的新手教师比重大,而名优教师数量少的特点。为了做好教师培养工作,必须直面问题,正确处理整体前进和重点先行,质量追求和生态发展等关系。为此,我们确立了将研修生态放到突出位置,实现教师的可持续发展;远近结合,既从战略角度思考研修工作的长远发展,也从战术层面研究教师专业发展工作尽早起步的工作方针。学校成立由校长挂帅的教师专业发展委员会,统筹领导教师专业发展工作,有序推进群体教师的专业发展。

1. 找准起点,规划研训

(1) 调查问卷

没有调查就没有发言权。为此,学校针对全体教师组织了形式多样的问卷调查,内容聚焦:

教师个人对教师专业发展的认识、理解;对东师南湖校校本研训的起点、重点、难点、结点的思考;对校本研训主题“基于智慧地提升教师专业素养研修”的认可情况、建议;在德研、教研、科研、艺研实践方面的困惑、困难、思考、期待和需求;对教师专业发展团队建设、平台搭建、项目策划、研修开展、做好评价的思考、期待和需求等等,总计12个问题。

事实上,在专业化成长的路上,教师就是一个学生,学习者需要什么,就研训什么,亦即,按照菜单式实施研训。

---

① “双基”即基础知识、基本技能,“四基”即基础知识、基本技能、基本思想、基本活动经验,“两能”即分析问题的能力、解决问题的能力,“四能”即发现问题的能力、提出(学科)问题的能力、分析问题的能力、解决问题的能力。

(2) 制定规划

结合南湖区中小学第二轮三年规划的制定，本着学校发展为本的原则、教师发展为本的原则，学校预设学习型、学术型、学者型的教师成长路径，密切结合九年一贯制特点，力求研训工作涵括目标意识、主题意识、序列意识、整合意识、生态意识，实事求是地制定全校教师发展培训工作规划。预设名师培养数量链，即

- 近期 3 年，星火燎原——5 人次入选区级及以上学科带头人；
- 中期 5 年，星光闪烁——10 人次入选区级及以上学科带头人；
- 远期 10 年，星光灿烂——20 人次入选区级及以上学科带头人。

其实，教师的成长要经历一个“适应——发展——成熟”的历程，历经“入格”、“升格”、“风格”三个阶段。

为了让教师站稳讲台、站好讲台、站亮讲台，达到“做人师、培优师、树名师”的教师培养目标，学校开始实践“优师阶梯工程”，设立新手教师、经验教师、名优教师三个梯队，着手对教师进行分层分类培养。

学校为此预设个体成长阶梯链，对于新入职教师侧重教育教学常规培训，以使其尽快适应教育教学，即

- 5 年内新手教师，通过称职工程培养，引导做学习型教师；
- 10 年内经验教师，教学风格尚未形成，为使他们在原有基础上得到提升，由经验型走向专家型教师，通过名优工程培养，进行专项重点指导，引导做学术型教师；
- 15 年内教师，通过卓越工程培养，做学者型名优教师。

以此引导教师制定个人发展三年规划。

2. 突出重点，落实研训

(1) 组建团队

①聚焦教师团队

不仅努力打造硕博教师团队、骨干教师团队，而且做精、做细新手、经验、名优三个分层梯队，不仅做强、做大年级组长、教研组长、课题组长、社团组长四个先锋编队，而且做响、做亮语文、数学、英语、科学、历史与社会五个名优教师工作吧，进而建设学科教师团队。

②实践教师导师制

将教师导师分为学术导师、教学导师、学科导师、专题导师、首席教师、指导教师等六个层次。采取“一学年一聘”的方式，首期聘请东北师范大学教授，嘉兴教育学院的小学部两位特级教师、中学五位学科教研员和南湖区研训中心学科教研员担任教师导师。一学期的实践表明，各类教师的专业得到长足发展。

③重点关注梯队建设

学校针对教师各层次各类别混杂的特点，对不同类别的教师进行不同的培养，如对于新近毕业入职的教师进行“人格”培养，即实行入格期（或称入职期）培养，以成长教师的“合格”为保证，进行定格期培养；对于成熟教师，进行“升格”再造，帮助其提炼颇具个人特色的教学风格，即升格期培养；对于成名教师，为确保“风格”凸现，进行风格期培养，以加速独具个人魅力的教学艺术的名师。

第一类　30 周岁以下的新手教师

他们有较高的学历，具有开拓创新精神，容易接受新鲜事物。对他们的培训，是通过本校的老教师（即指导教师）的指导来实现的。让新教师在老教师的悉心指导下，了解课堂教学规律，尽快适应教育教学工作，在“入格期”成为学习型教师，脚踏实地，规范起步，实践起步力。其培训目标是，掌握德育工作、教学工作、科研工作的学年、学期、月、周、日、课工作要求与日常规范。学校校本培训领导小组，帮他们找一个好的师傅，经常组织他们学习，如读书、听讲座、听课、评课等，并且组织青年教师基本功比赛，课堂教学汇报等活动，为他们的快速成长搭建平台。

第二类　30 周岁以上的经验教师

他们是学校的中坚力量，在教育教学中逐步形成了自己的特点。对他们的培训，主要是要求他们及时总结自己的经验，把教科研结合起来，向科研型教师发展，向区、市学科带头人、名师方向努力。教研结合，错位发展，实践发展力。校本培训领导小组给这些教师“下任务、压担子”，使他们在帮助青年教师成长迅速完成入格期的同时，自己也得到提高与发展，逐步成为研究型教师。

由区、市级以上学科带头人及名师组成的名优教师团队，已经积累了比较丰富的教育教学经验，基本形成了自己的教学风格。学校要让他们在风格锤炼期，起到应有的示范引领作用，成为专家型教师。其中，高瞻远瞩、风格提炼、能力提炼，成为这个阶段发展的重点。

（2）搭建平台

正如一句诗句所言，“春天是懵懂的少年，夏天是激情的青年，秋天是成熟的中年，冬天是睿智的老年”，学校搭建“五彩”南湖研修季，开展四季南湖行动，即建设

南湖之秋·红色课堂南湖课堂季；
南湖之冬·蓝色科研南湖科研季；
南湖之春·绿色书香南湖读书季；
南湖之夏·橙色艺术南湖体艺季；
年度对话·金色智慧南湖评价季。

遵循教学为中心的指导思想，构建课堂教学为研修起始点，以问题研究为

研修突破点，专业阅读为研修支撑点，修养性情为研修中结点的点式、季度循环往复的学年研修链。

在构建五彩南湖的实践中，我们采用“外托”“内依”“横联”“上靠”“借网”“结对”的途径，为教师们创设各种锻炼、学习的机会，搭建专业成长平台。

“外托”——就是组织教师们走出去听课、听讲座、参加培训等，为教师吸纳新观念、新思想，提高业务水平创造条件。

“内依”——一依本校骨干教师、学科带头人、名师，建设名优吧室，通过他们开设专题讲座等形式进行学习、交流；二依校内正常、规范的教研活动，为教师们进行岗位练兵提供机会，具体形式有集体备课、上课、说课、评课等。

“横联”——与兄弟学校进行教学交流、教研讨论工作，把本校的优秀教师推出去，到各地、各校送教、作讲座，把兄弟学校优秀教师请进来作经验介绍。

“上靠”——一指要依靠上级教学业务部门来学校组织研讨活动，请上级教学业务部门的专家来学校进行讲座和个别指导，并通过他们推荐本校教师外出听课、上公开课；二指依靠上级师训部门，尽可能多地招录本校教师参加各类骨干培训班，使本校教师的专业水平得以迅速提高。

“借网”——学校为每位教师配备了电脑，要求教师在电脑上备课。以备课组为单位，采取个人独立备课与小组集体备课相结合的形式，要求教师充分利用网络资源帮助我们更新教育理念，扩充我们的教学资源，凭借电脑和网络来促进日常的教学，同时，提高教师应用现代教育技术的水平。

“结对”——积极开展多层次师徒结对活动。我们实践教师导师制，教师导师分为学术导师、教学导师、学科导师、专题导师、首席教师、指导教师六个层次。各级导师采取“一学年一聘任”的方式。

学术导师的职责在于，对学校的发展进行诊断与指导，同时，引领学校教师的学术发展。学术导师一般聘请在国内相关领域处于领先水平的专家、教授担任，以东北师范大学为基础，兼顾国内外其他知名院校。

教学导师主要针对学校教师中的重点对象进行专项培养而设立。教学导师一般聘请浙江省内外学科领域知名专家名师担任。在聘期内具体指导学校的一至二名骨干教师，每学年原则上来校指导十次，每次原则上一个工作日。平时通过网络、电话等方式对指导对象进行具体指导。教学导师还担负学校相应学科的业务引领的责任，负责引领学校相应学科教师的专业发展，为学校被指导对象参加区级以上学科活动搭建平台，并指导把关。

学科导师的主要职责是针对学校学科教育教学中的问题，聚焦嘉兴市本学科发展的学科教育教学的趋势进行系统指导。学科导师原则上聘请嘉兴市本学科领军人物担任。

专题导师的主要职责是针对教育教学中的专项问题进行专项指导。专题导师一般由南湖区内外的学科教研员、学科领军人物担任。

首席教师作为学校相应学科教学领域的第一责任人，引领本学科教学发展。首席教师一般由校内曾获得市、区级学科带头人称号的教师，或中小学领域的教授担任。首席教师作为东师南湖校本学科业务引领者，负责引领本学科教师专业发展和日常教学活动。代表本校本学科外派参加的比赛，首席教师要把关。每学期首席教师负责组织一次学科专业发展活动，如公开课、学术研讨等。每学期重点指导1—2名教师。

指导教师主要针对学校新入职教师如何迅速缩短入职期而设置。指导教师一般由在本学科有丰富教学经验的校内外优秀教师担任。德研上引领徒弟认真学习教育理论，提高徒弟师德修养认知；指导开展教育工作实践，掌握班队工作方法。教研上引领徒弟学习先进的教学理论，使徒弟知晓当前教改的前沿动向。指导开展教学工作实践，掌握备课、上课、批改、辅导、检测的过程、方法。坚持听徒弟上课，其中听一年内新教师1周1节，两到三年内教师2周1节，并及时评课、指导。科研上引领徒弟学习先进的教科研理论，使徒弟关注当前的科研热点。指导徒弟进行课题研究，撰写论文。

六个层次的导师们对所带徒弟在业务上给予指导，工作上给予帮助；徒弟在师德、课堂教学、教育科研等多方面向导师学习。

(3) 策划项目

我们在五彩南湖研修季中开展教研、科研、德研、艺研、外研，修“五研”南湖研修径。

在暑期特训中，组织教研·常规、教研·活动、教研·课例；科研·常规、科研·课题、科研·论文；德研·校情、德研·校规、德研·德育；艺研·制度、艺研·交流、艺研·展示；教发·规划、教发·常规、教发·评价等全员通识培训，把“智慧的教育”具体物化到教育教学工作中的各项顶层设计，组织全体教师进行研修，互动交流、民主碰撞、理解相融、形成共振。

在日常研训中，每月一、二、三、四周分别进行年级组长、教研组长、课题组长、社团组长四个先锋编队论坛式的骨干条线培训，并通过他们引领学校德研、教研、科研、艺研四条线上的教师团队。

在学科分组培训中，单周进行教研组活动，突出一个“研”字，双周进行备课组活动，突出一个“备”字。单周教研活动实行新手教师接受领导随堂式推门听课、经验教师接受学科组公开课式敲门听课、名优教师接受全体教师约请式开门听课的“新手教师推门课、经验教师敲门课、名优教师开门课”亮课制度，突出课堂教学的中心地位。

全校校本研训以研修年历、日历的形式统筹项目的安排。

(4) 开展研修

我们开展“五心”南湖行动，践“五心”南湖研修行。

①用心课堂。在上级课堂评比背景下，学校在“南湖之秋・红色课堂南湖”研修季中举行每年一次“春华杯”“智慧杯”，师徒同课同构、同课异构。

②三年一次，即三年一个轮回“夏荷杯”“秋实杯”“冬韵杯”。30岁以下及5年内新手教师参加“春华杯”课堂教学选拔课，评选教学新苗，备战县区级新苗奖、优质课奖。35岁以下及10年内经验教师参加“夏荷杯”课堂教学比武课，评选教坛新秀，对接区、市双高课、区教学能手评选。40岁以下及15年内经验教师参加“秋实杯”课堂教学切磋课，评选教坛中坚，对接区、市学科带头人、市名师评选。45岁以下及20年内经验教师参加“冬韵杯”课堂教学交流课，评选教坛老将。校级以上名优教师参加“智慧杯”课堂教学示范课，评选南湖名师。以五“杯”课堂教学评比构建课堂教学研修链。我们依托“王丽华综合实践吧”“万胜明科学吧”、教研组长例会等载体在不同教师群体、不同的学科领域引领教师提升学科教学技能。

2012学年第二学期我们重点关注了处在入格期的新手教师的课堂教学。2012年3月在小学部开展了“王校长进课堂暨新教师教学视导”活动，历时一个月，观课、评课、问卷，对新教师进行一次整体把脉。从家常课到比武课，紧接着在4月份又在全校35周岁以下青年教师中开展了“春华・夏荷杯”课堂教学比武活动，比赛设置了初赛备课、复赛说课、决赛上课、综合评定四个环节。以赛代训，以赛促研。

2013学年第二学期我们定格教师教学片断，进行了全校教师微格录像课等活动。初中数学周立志在山东杜郎口中学副校长任景业指导下实践了问题驱动教学模式，与任景业的徒弟现场同课异构，去辽宁阜新、河南师大承办的“国培”班、浙江省名师课堂教学研讨暨嘉善县第二届“课博会”上示范课。小学数学汲长艳在浙江省特级教师朱国荣的指导下以问题驱动教学模式在吉林省长春市小学数学第十届年会上进行课例展示，获得成功。

③热心写作。肖川教授说，“造就教师书卷气的最好途径，除了读书，大概就是写作了。写作是最能体现一个人的综合素质的。”

我们建设“研究生在线”博客，创办《南湖书声》校刊，在“南湖之春・绿色书香南湖”“南湖之冬・蓝色科研南湖”研修季中，引领教师写读书笔记、写论文、写课题。我们依托“孔凡哲学术吧”以教育部人文基金项目为主课题立项了十个子课题进行研究，并以项目为载体进行“如何做开题报告、如何做中期小结、如何做结题报告”等的专项培训。

④静心阅读。教师的职业特点决定教师必须是热爱读书的人，读书应成为教师的重要生活方式。我们建设南湖书苑，在“南湖之春・绿色书香南湖”研修季中，引领教师专业阅读《夏山学校的百年故事》等书籍。

⑤倾心律动。为了引领教师特别是年轻教师过一种幸福舒悦的教育生活，

让年轻的学校青春勃发，朝气四溢，始终充满前进的动力，创造的热情，和谐的氛围，我们蓬勃开展合唱声乐研修、球舞韵律研修。在“南湖之夏·橙色艺术南湖”研修季中唱响南湖、舞动南湖。

⑥衷心论说。为老师们搭建“南湖讲坛”，在南湖讲坛·新手沙龙、南湖讲坛·经验说道、南湖讲坛·名优论剑上分享教育智慧。

通过三年的摸索，逐渐形成“专家引领＋案例模板＋同伴互助”校本科研模式；在德研中围绕“立德树人”，教师应该具备“德、才、术”，教师应该“讲团结、讲正气、讲奋斗、讲奉献”的“三有四讲”行动；形成校本教研中“每学期每位教师要上好一节公开课，带好两个后进生，写好五篇教学反思，听好二十节课，命好一份题”的“12521”工程。在实践探索中，我们的实践收获是：

美教师是上出来的！名教师是写出来的！睿教师是说出来的！好教师是读出来的！福教师是动出来的！

3. 突破难点，有效研训

牢牢抓住评价这个牛鼻子，以“专业发展记录袋”、“研修记录册”等形式有序、有效地开展。“研修记录册”分“职前教师实习记录册”和“职中教师研修记录册”。“职中教师研修记录册”包括“首席教师研修记录册”“指导教师、徒弟教师听课本”“外聘教学导师、学科导师指导记录册”。

教师研过留痕，填写由个人规划文件、研修记录手册、获奖发表证书、历年发展成绩、个人信息资料组成的专业发展记录袋，其中，研修记录手册由研修计划、研修实践、研修附件、研修小结、研修评价五部分组成。而学校教师发展处关注“三率”，即 36 学分的合格率、区级以上获奖的优秀率、学期比较的提高率。

学校规定，每位教师每周上交本周一个精品教案、下周提前教案。每学期听课校级领导、教务处、见习期教师 30 节以上，中层、教研组长、首席教师、3 年内教师 20 节以上，其他教师 12 节以上。每月写 4 篇课后反思（或教学反思），一学年写 1 篇教学论文，参与 1 个科研课题或教研课题。

教师在读好一本书、写好一篇文、上好一节课、发好一次言、修好一样艺的“五好活动”中，智慧成长，最终带好一个班、自身专业素养得以同步提升。

（三）在践行“智慧的教育”中收获颇丰

三年来，学校通过德研、教研、科研、艺研、外研引领教师展开研修，鼓励教师勤于笔耕，善于发现，时时记录，在校“研究生在线”、《南湖书声》发表教育故事、教学随笔、文化思考多篇；鼓励教师投身教育科研，与名人对话，与理论对接，与研究并进，与智慧同行；鼓励教师参加各类教育学术组织，在权威性的教育学术刊物上发表论文，著书立说；鼓励参加各级各类教学展示评比活动；鼓励教师攻读大学本科、研究生；鼓励教师借助各种媒体展示自己才华。成长我自己，幸福我学生，发展我学校。教师在实践中，逐步成为一个有思想的行动者，一个有故事的德育人，一个关怀孩子的教育人。

1. 教师发展取得显著成绩

三年来，学校师训工作、教师专业发展取得质的突破：

（1）骨干教师成长迅速，四位教师一跃成为嘉兴市学科领军人物

立足学校优良的教师成长环境，加之个人努力，学校骨干教师中有初中英语、小学综合实践、初中数学、小学语文学科的各1名骨干同时获得南湖区学科带头人称号，并同时成为嘉兴市学科带头人。

特别是，80后的骨干教师周立志获南湖区“双高”课一等奖、嘉兴市“双高”课一等奖，并获得南湖区学科带头人、嘉兴市学科带头人称号，成为骨干教师团队的杰出代表。

（2）硕博团队的青年教师快速成长

作为东师的附属学校，来自东师的优秀博士、硕士和本科生，凭借扎实的学科专业功底、牢固的职业意识和从师任教的本领，迅速进入教师角色。经过学校系统而规范的校本培训（特别是，备课常规、读懂学生的本领、读懂教科书的本领、读懂课堂的本领、反思的本领），几乎所有新教师都能很快就能胜任教学，其中的一批教师成长迅速。

入职两年新教师张旭硕士、姜宪伟硕士，先后获得南湖区说课比赛一等奖、嘉兴市说课比赛一等奖、嘉兴市青年教师基本功竞赛一等奖，而张旭同时获得南湖区教学能手称号。

科研方面，获评区科研标兵1人；立项国家级课题1项《智慧型学校的实践研究与理论分析——依托大学与中小学合作的学校改进的行动研究》；省级课题两项《新课标下的学生数学发展性评价新体系的实践研究》《以主题式综合实践为载体实现多学科统整的实践研究》；市级课题6项《小学低段口试与笔试相融合的数学学业评价实践研究》《以主题式综合实践活动为载体实现语言运用的实践研究》《基于整体设计的初中数学起始课课堂教学实践研究》《小学数学单元梳理课的设计与实践研究》《小学数学教师几何知识状况的调查研究》《嘉兴小学低段现行数学试卷的调查与分析》；区级课题13项；CSSCI级以上论文平均每年发表2篇。

德研方面，获评市、区师德先锋各1人，区政府优秀教师1人，区优秀班主任1人。

艺研方面，参加区合唱团1人，区篮球队2人。

外研方面，2人赴辽宁、河南、吉林等外省市公开课，3人赴北京参加首届华人数学教育大会。

学校教师参加省师训平台参训率达到100%，年人均学时数80学时以上，按时完成学评教，师训报道每学期10篇以上。

2. 反思

经过三年的实践,我们将学校的校本研训定位在以培养教师崇高的敬业精神,丰富的文化底蕴,深邃的思想境界,严谨的科学态度,广博扎实的专业知识以及目标性较强的业务能力为价值取向,工作体现了“三度”,即

高度,国家课题指引,决定能否走得更远,也即远度;
梯度,阶梯序列发展,决定能否走得有序,也即序度;
效度,项目按需研发,决定能否走得坚实,也即实度。

“三度”发展追逐“三品”目标,品质即质量,品位即档次,品牌即成功。

办学至今,学校教师深受学生喜爱、家长信任,社会声誉不断提高。广大教师能不断反省自己的教育教学,并对新知识、新教法、新信息的学习持一种开放的心态,不断实现自我突破,教师的专业内涵得到提升。有一定学术水平和丰富教育经验的,在教育、教学、科研上带头领先的教师逐年增加,在区级及以上各级各类教学评比中获奖的教师人数逐年增加,名班主任队伍、名师队伍渐显雏形,校青年教师也能够在市区级各学科教学展示或评比中崭露头角。学校也已形成“把握学科本质、平时学得轻松、考试发挥水平”的教育教学特色,智慧的教育办学理念正在逐步物化为智慧型学校的具体的教育教学行为。学校目前正从浙江省义务教育Ⅰ类标准化学校、嘉兴市中小学数字化校园示范学校,走向优质特色的智慧型学校。

情怀信念是“智慧型教师”的灵魂,知识结构是“智慧型教师”的基石,实践反思是“智慧型教师”的能力,思想主张是“智慧型教师”的特征。智慧型教师的成长是一个漫长而艰辛的过程,这需要我们每一位教师心存这一崇高理想,孜孜以求。借用恩格斯在评论欧洲文艺复兴时说的一句话:“这是一个需要巨人而且产生了巨人的时代!”我们可以说:“这是一个需要智慧型教师而且能够产生智慧型教师的时代!”

【典型案例 8-1】东师南湖校“优师阶梯工程”教师培养制度

“十二五”期间,学校努力打造一支师德高尚、业务精湛,具有国际视野、鲜明个性风格的教师队伍。

教师的成长要经历一个“适应——发展——成熟”的历程,历经“入格”阶段、“升格”阶段、“风格”阶段。为了让教师站稳讲台、站好讲台、站亮讲台,由学习型发展到学术型进而成为学者型,达到“做人师、培优师、树名师”的教师培养目标,**学校建设“优师阶梯工程”,设立新手教师、经验教师、名优教师三个梯队,实施“称职工程”“名优工程”“卓越工程”**,建立教师导师制。

“称职工程”旨在培养新教师,培养期5年,5年后自然出徒。达成教师成长合格率目标。

“名优工程”旨在选拔培养工作满 5 年的新苗教师，培养期 5 年。达成教师成长优秀率目标。

“卓越工程”一般培养工作满 10 年的新秀教师，教师个人申请，学校考核，确定人选。达成教师成长提高率目标。

称职工程实施方案

“青年强则学校强”，青年教师是学校的希望和未来。刚参加工作的青年教师处于专业发展的适应生存期。这一阶段，应关注新教师如何尽快适应教师的角色要求，因此，教龄不满 5 年的青年教师参加“称职工程”的培养。“称职工程”为每位青年教师配选有经验、有能力的中青年教师担任师傅，让新教师在师傅的悉心指导下，尽快适应教育教学工作，了解课堂教学规律，在入格阶段成为学习型教师，脚踏实地，规范起步，实践起步力。培养目标：掌握德育工作、教学工作、科研工作的学年、学期、月、周、日、课工作要求、过程、方法。学校着重做好以下工作：

1. 找一个好师傅，一般为同年级的备课组长。
2. 指导制定好五年发展规划。
3. 经常组织学习，如读书、听讲座、听课、评课等。
4. 组织青年教师基本功比赛等活动，为新教师成长搭建平台。

一、师傅职责

师傅总的职责为传思想、帮业务、带作风。

1. 德研：引领徒弟认真学习《中小学教师师德规范》和教育理论，提高徒弟师德修养认知；指导开展教育工作实践，掌握班队工作方法。

2. 教研：引领徒弟学习先进的教学理论，使徒弟知晓当前教改的前沿动向；指导开展教学工作实践，掌握备课、上课、批改、辅导、检测的过程、方法；坚持听徒弟上课，其中，听一年内新教师 1 周 1 节（学期 18 节），两到三年内教师 2 周 1 节（学期 9 节），四到五年内教师 3 周 1 节（学期 6 节），并及时评课、指导。

3. 科研：引领徒弟学习先进的教科研理论，使徒弟关注当前的科研热点；指导徒弟进行课题研究、撰写论文。

二、徒弟职责

徒弟总的任务是学习师傅的高尚师德、先进的教育教学思想和扎实的工作作风。

1. 德研：在师傅的指导下，认真学习《中小学教师师德规范》和教育理论，并记学习笔记；开展教育工作实践，掌握班队工作方法。每学期上一堂年级组以上班队会公开课；每学年至少撰写一篇班主任工作总结或师德体会文章。

2. 教研：认真学习先进的教学理论和校内外先进的教育、教学经验，不断提高理论水平；积极参加教学实践，认真备课、上课，批改、辅导和检测，并能充分运用电教手段进行教学;坚持听师傅上课,其中,一年内新教师至少1周1节(学期18节),建议听一节上一节,两到三年内教师至少2周1节(学期9节),四到五年内教师至少3周1节(学期6节);每学期上一堂备课组级以上敲门课;参加好“春华杯”课堂教学选拔课,对接区新苗奖、优质课奖。

建议徒弟教师听课内容和师傅教师听课内容为同一内容,师傅先上,徒弟学上,五年内每年开展师徒同课同构活动。

3. 科研:学习先进的教科研理论,关注当前的科研热点;每学年写一篇有一定水平的随笔或论文,参加一个课题研究。

师徒要明晰师傅的职责和徒弟的职责,签订师徒结对协议。

三、组织管理

按照考核内容和标准每学期考核一次。包括师徒德研、教研、科研、艺研、外研情况。

1. 学校对师傅工作检查内容

(1) 师傅备课本

(2) 师傅听课记录本

(3) 师傅专业发展记录袋

2. 学校对徒弟工作检查内容

(1) 徒弟备课本

(2) 徒弟听课记录本

(3) 徒弟专业发展记录袋

(4) 徒弟任教班的学生作业本

综合一学年考核结果,学校对成绩显著的师傅和徒弟进行表彰奖励。

五年培训期满后,学校将组织对徒弟的成绩进行检查验收,对成绩显著的师傅和徒弟进行表彰奖励。

名优工程实施方案

度过适应期,青年教师进入了专业发展的成长期。这一阶段,教师关注的是如何扎实发展、稳步提升,如何形成独立开展研究的能力。学校推选一批教龄5年以上的新苗教师,进入“名优工程”的培养序列。学校为他们配备具有高级职称的教师任导师,一般为教研组长、教学能手、学科带头人、学科名师,通过5年的专项培养,让这些教师能掌握更多的课堂教学技巧,具备一定的独立反思、独立研究的能力。在升格阶段错位发展,成为学术型教师,实践发展力。

一、导师职责

导师对徒弟要传思想、帮业务、带作风,进行全方位、全过程的培养。

1. 德研:教育徒弟要积极上进,不断提高政治素养;热爱学生,教书育人,为人师表。有策略、分步骤提高徒弟的教育理论水平,使徒弟能够在一定的教育理论指导下，带好班级。

2. 教研：有策略、分步骤提高徒弟的教学理论水平，使徒弟能够在一定的教学理论指导下进行实践，逐渐形成自己的教学风格。根据徒弟自身的特点和培养方向，导师每两周要听徒弟一节课(9 节)，或参加一次教育活动，之后要进行一次有准备、有质量的交流，指出优缺点和今后努力的方向。现在任课的导师每月要为徒弟上一节示范课(4 节)；不任课的导师，每月要为徒弟导课、说课一次。

3. 科研：重视培养徒弟的科研能力。在不断提高徒弟科研意识的同时，使徒弟逐步掌握实验研究的基本功，使其成为学校教科研骨干。确保徒弟有一定数量和较高质量的论文(经验)、课题报告在各级会议上交流、获奖或者在刊物上发表。

二、徒弟职责

徒弟要学习导师敬业、奉献的精神，丰富的教育教学经验和扎实的教科研基本功。

1. 德研：师德修养水平要上一个层次。热爱教育事业，热爱学生；要积极要求进步、严格要求自己，举止行为堪为学生表率；要虚心学习，刻苦钻研，所带班级有特色。

2. 教研：努力提高自己的教学实践水平。认真学习本学科课程标准，深入钻研教材，了解学生的思想和学习状况，精心设计每一节课和每一项活动，逐步摸索本学科的教学规律、学生的学习规律和心理特点，以生为本，组织教育、教学活动，逐渐形成自己的课堂风格。每周听导师一节课或交流一次(18 节次)，并有听课记录；导师参与活动后，徒弟主动征求意见，并把体会记入“徒弟听课记录”上。每学期至少上高质量、有特色的(省、市、区、校、年组)教研课一节。参加好“夏荷杯”课堂教学比武课，对接区、市双高课奖。

3. 科研：增强科研意识、提高科研能力。积极参加学校的教科研工作，使实验研究成为提高专业素养的自觉需要；结合自身特点积极参与到实验研究中去。要使自己成为学校教科研的骨干力量，实验研究成果要达到校、区级以上水平。每学年有 1 篇论文在区级以上交流、获奖或者在刊物上发表，每学年主持一个校级以上课题研究。

导师与徒弟通过研究、协商，同意上述各项条件并认真履行，可签订协议。

三、组织管理

按照考核内容和标准每学年考核一次。具体内容包括政治思想道德表现、德育工作、教学工作、教育科研工作和出勤情况。

1. 学校对导师工作检查内容

(1) 导师向徒弟推荐的学习材料

(2) 师傅听课记录本

2. 学校对徒弟工作检查内容

(1) 徒弟听课记录本

(2) 理论学习笔记

(3) 公开教学或班队会的文字或情况记录

(4) 发表获奖的论文、课题报告

(5) 四研获奖证书

(6) 有一定级别的活动图像资料

五年培训期满后,学校将组织有关领导和专家对徒弟的成绩进行检查验收,对成绩显著的导师和徒弟进行表彰奖励。

卓越工程实施方案

教龄在10年以上的教师逐渐积累了一定的教育教学经验,进入专业发展的相对成熟期。此时他们更加关注如何在教育教学过程中形成自身的独特风格,实现自我超越。学校推选一批教育理念新、业务素质过硬的教师进入"卓越工程"。在风格形成阶段,要注重梳理提炼,向学者型教师迈进,实践提炼力。

此项工程设学科教学能手、学科带头人、学科名师三个层次。

一、"名师"标志

名师应是敬业爱生、业务精湛、学校和社会公认的优秀教师,是师德的表率,育人的模范,学科教学的专家。基本条件是:

1. 政治觉悟高,思想品德好。忠诚党和人民的教育事业,遵章守纪,依法施教;热爱集体,敬业爱生,师德高尚;积极进取,乐于奉献;学生敬重,社会赞许,同行公认。

2. 严于律己,廉洁从教。不收取学生家长礼金和物品,拒绝学生家长宴请;不搞有偿家教,不向学生兜售物品或推销资料,不通过教学途径为个人获取任何不当利益;主动维护学校利益,自觉保持良好的师德形象。

3. 具有规定的学历和相应的教师资格;具有中级及以上教师职务资格;普通话水平达到二级乙等以上(语文教师达二级甲等以上);能熟练掌握运用现代教育技术手段进行课堂教学。

4. 具有系统、扎实的教育理论和学科专业知识,精通业务,严谨治学;教学经验丰富,教学艺术精湛,担任一定的教育工作,取得显著成效,在校内外获得一致好评。近五年内获得过区级及以上"双高课""新苗奖""教学能手"等教学荣誉。

5. 具有较强的教育科研能力,在教学改革和教学研究方面成绩显著。近三年内曾主持过区级及以上教育科研课题研究并成功结题,有论文(案例)在区以上获奖或发表。

6. 在学科引领、教学把关、质量提升等方面起重要作用。曾多次开设校级及以上公开课、示范课，能认真履行好教学能手或学科带头人的职责，为学校发展和学科建设建言献策，在本校任教学科建设和发展中起到了中坚作用。

二、推选办法

1. 岗位设置

学校分别设立学科教学能手、学科带头人、学科名师三个级别的岗位，总数基本控制在学科教师数的40%以内，分别对接区教学能手、区(市)学科带头人、区(市)名师评选。

2. 应聘条件

(1) 学科教学能手

在本学科的教育教学科研中有突出业绩，在组内起到学科骨干作用，在校内外有一定影响，三年来区级以上论文发表或获奖一篇以上，主持区级课题研究一个以上，能承担公开课教学任务；学校考核为优良，学生、家长、社会满意率较高，一般为区教学能手。人数控制在学科教师数的20%左右。

(2) 学科带头人

在本学科的教育教学科研中有独到见解，具有指导本学科教师的教学能力，在区内有一定影响，三年来市级以上论文发表或获奖一篇以上，主持市级课题研究一个以上，能独立承担对外开放的教学任务。学校考核为优秀，学生、家长、社会满意率很高。学科带头人在教学能手中产生，业绩特别突出的中青年教师可越级聘任。小学一般每学段1名，中学一般每年级1名。区学科带头人，人数一般控制在学科教师数的10%左右。

(3) 学科名师

在区内居于领先地位，在省、市内有一定影响，三年来省级以上论文发表或获奖一篇以上，主持省级课题研究一个以上，能随时独立承担各级各类对外开放的教学任务，对学科的建设与发展有突出贡献，学校考核为优秀，学生、家长、社会满意率很高。学科名师在学科带头人中产生，业绩特别突出的中青年教师可以越级聘任，区学科名师人数一般每学科1名。

3. 聘任程序

申报者按照聘任条件，以书面的形式申报；

应聘者述职；

学校组织教师民主测评须有$\frac{2}{3}$以上同意票；

男教师一般不超过50周岁、女教师一般不超过45周岁；

学术委员会投票；

学校班子研究后由校长聘任。

三、组织管理

1. 运行保障

(1) 组织保障

学校成立实施“卓越工程”工作领导小组,由教师发展处组织评选、聘任及考核工作。

(2) 经费保障

实施专业发展经费制度。学科教学能手每月经费 100 元,学科带头人每月经费 200 元,学科名师每月经费 300 元。专业发展经费主要用于:学科吧、工作室添置书籍,课题研究、专题研究经费,以及聘请专家的授课费,与培养工作有关的观摩考察费等。

(3) 待遇保障

优先提供学习进修机会;资助教育、教学、科研成果的出版、发表。

2. 工作要求

个人或团队定期主动地开展教学研究活动。学科带头人要建立学科吧,一般以学段教研组为单位,两周 1 次,主要侧重课堂教学研磨活动;学科名师要建立名师工作室,一般以学科组为单位,每月 1 次,主要侧重:一是传播理念,把握方向,即组织理论学习,传播学科教学理念,指导教师把握学科研究方向;二是走近名师,认识流派,即有计划地走近特级教师,识其人、学其术、研其派;三是教研结合,释疑解难,即教研前行,科研后盾,教科研结合解决教学疑难问题,围绕主导性课题开展系列的子课题研究。每年以多种形式向校内外展示汇报研究成果。

3. 聘任期限

为保持与区、市学科教学带头人等评选周期同步,学科教学能手、学科带头人、学科名师聘期均为三年。现任期内的人员在原任期满后自行终止。享受津贴的现任东师南湖校学科教学能手、学科带头人、学科名师在本校工作服务期原则上满三年。上述对象在规定的服务期内,学校不再同意其参加除国家规定政策规定以外的各类流动应聘活动。

三年期满,由学校教师发展处主持,学校学术委员会根据卓越工程教师考核结果和聘任条件重新评选认定。

四、考核办法

1. 内容和标准

(1) 素质标准

学科教学能手、学科带头人、学科名师不仅个体具有专业化发展的综合素质,而且具有带动和促进学校教师群体专业化发展的作用。具体标准如下:

· 具有强烈的教育事业心和责任感,具有良好的个性心理品质;

- 具有先进的教育理想和信念，具有追求卓越、与时俱进的开拓精神；
- 热爱学习，善于反思，勇于创新，具有自我更新、自我提高、自我评价的自我调控能力；
- 具有独到的见解和独特的教育教学风格；
- 具有合作意识，不仅能够促进学科的建设和发展，而且要发挥引领与示范作用，帮助和指导一批年轻教师迅速成长。

(2)工作标准

类别	教学一线	领导兼职
教研工作	1. 教学满工作量； 2. 每学期上两节研究示范课； 3. 师带徒 2 人； 4. 每学期听课不少于 30 节。	1. 承担$\frac{1}{2}$教学工作量； 2. 每学期上两节研究示范课； 3. 师带徒 2 人以上； 4. 每学期听课不少于 30 节。
科研工作	1. 每学年做一次研究报告或自发主持一次学术沙龙活动； 2. 每学年发表或获奖区二等奖以上文章一篇； 3. 每学年主持或参与一项区级以上研究课题；	1. 每学年做一次研究报告或自发主持一次学术沙龙活动； 2. 每学年发表或获奖区二等奖以上文章一篇； 3. 每学年主持或参与一项研究课题；
获奖情况	每年获得奖励一项及以上。	每年获得奖励一项及以上。

2. 考核原则

考核工作本着客观、公正、公平、公开的原则，采用定量考核与定性考核相结合、形成性评价与终结性评价相结合的方法，通过建立发展性评价机制，对其做出与实际表现相符合的评价。考核结果记入个人业务档案，作为是否继续聘用的重要依据。

3. 实施办法

(1) 按照考核内容和标准每学年考核一次。具体内容包括政治思想道德表现、德育工作、教学工作、教育科研工作和出勤情况。

(2) 考核分为年度考核和聘期考核，聘期考核由教师发展处组织考核工作。

(3) 考核结果分优秀、合格两个等级。政治思想道德考核采取一票否决制度。

(4) 年度内不能履行学科教学能手、学科带头人、学科名师职责的教师学校将提前终止下一年的聘任。

【典型案例8-2】智慧型教师典型成长案例1[1]

我非常荣幸地被学校推荐参加南湖区第五批教学能手评比。作为入职不久的年轻教师,感到荣幸的同时,也感受到了巨大的压力。为了能在评比中取得理想的成绩,我结合自己三年的教学经验,做了充分准备。

11月20日,万校长将说课的时间、范围、排序等信息告诉给我,此次说课的范围是八年级下册,我得知后立即开始了准备工作,首先,我再次翻看并确认了八年级下册的教学目标;根据自身的教学经验总结分析了八年级第二学期的学情特点。教学目标是方向,抓住学生特点才能找到有效的教学方法。二者结合,才是最有效的教学。

明确了方向与方法,同时考虑南湖区倡导的"学为中心"的课堂转型教学理念,我从八年级下册的课文中分别挑出了叙事性散文、说明文、文言文、诗歌教学进行了模拟说课训练。另外,学校组织的模拟说课训练也给我了很大的帮助,孔校长、万校长等领导以自己丰富的教学经验,倾囊相助,指出了说课过程中的注意要点,这在我的比赛中起到了非常大的指导与借鉴作用。

11月27日,我在预定时间内来到南湖区教研室并抽取说课课题,我抽到的课文是《桥之美》,这是著名画家吴冠中的一篇美学小品文,是抒情随感色彩浓厚的说明文。拿到题目后,我立即开始了准备,根据文章的特点,结合此篇文章所在的单元教学目标,我按照教材理解——教学目标——教学重难点——方法设计的思路展开。一个半小时的准备时间非常紧张,很快就过去了。入场之后,我根据自己准备的说课稿逐一展开,说课稿前半部分准备非常充分,层次清晰、语言也很准确,后半部分由于准备时间有限,只有纲目引领,进行说课时相对前半部分略有些杂乱,表述也略欠条理。在之后的专家提问环节,由于我对该文章有一定的理解,对专家提问应对有措,思路清晰,这环节顺利通过。说课过程顺利完成。

说课比赛过后,回想整个环节,有如下几点感悟。首先,对教学目标和学情的把握一定要到位,这是说课的首要环境。针对具体的课文,需要结合具体单元进行具体分析。确定好目标之后,要根据教学理念展开教学方法的确定。这是教学说课的基本思路。其次,由于一个半小时内需要准备的东西非常多,要注意在纸上的规划一定要是框架结构上的,避免部分内容准备不到位,影响整体评分。

教学工作是学校各项工作的中心,也是检验一个教师工作成败的关键。我自参加工作以来,在坚持抓好新课程理念学习和应用的同时,积极探索教育教学规律,充分运用学校现有的教育教学资源,积极参加学校的教研与科研,通过平时教学的积累,深化教育理念,在教学一线致力于语文教育理论与教学实践

① 本案例作者张旭是入职仅3年的青年教师,应届硕士毕业。

的尝试、落实。这次被评为南湖区第五批教学能手，是对我工作的认可，也是对我的鼓励与鞭策，我将在语文教学的路上继续严格要求，争取更高的成绩。回看教学能手成长之路，现总结如下：

一、备课深入细致。平时认真研究教材，多方参阅各种资料，力求深入理解教材，准确把握难重点，改进教学方法。在制定教学目的时，注意学生的实际情况，认真编写教案，并不断归纳总结经验教训。

二、注重课堂教学效果。针对学生特点，以愉快式教学为主，不搞满堂灌，坚持学生为主体，教师为主导、教学为主线，注重讲练结合，在教学中注意抓住重点，突破难点。

三、认真上好每一节课。课堂上积极调动学生的学习兴趣，并提出不同的问题，锻炼学生的发散思维，最终完成教学目标，使学生真正掌握知识，形成能力。

四、及时进行课堂检测，认真批改作业，注重听取学生的意见，了解学生的学习情况，并有目的的对学生进行分类指导。

五、积极参加教科研活动，形成扎实的教学基本功。通过校本研训特别是教研活动，在语文教研组展开教学研讨与备课交流，向优秀教师学习，广泛接触各位教师的想法与教学体会，择优吸收，切实提高自己的教学水平。

六、在教学中突出对学生创新精神和实践能力的培养，尝试具有自己风格的教学模式，成功进行课堂教学改革，大面积提高学生的学习效率和质量，努力使自己具有团结协作精神和全局观念，在班级工作、学科教学中，具有较强的沟通、协调能力和处理突发事件的能力。

七、积极探索，认真实践，善于学习、积累、总结和反思，积极投入到教育教学工作中。切实落实“智慧的教育”理念，认真展开“教研——科研——教研”的工作思路，积极探索日常教学中的疑难问题，展开课题研究，并破解疑难问题，回归教学，以科研助推教研。

由于自己的努力，取得了一定的成绩。回顾过去，令人欣慰，展望未来，任重道远。成绩永远属于过去，我只是尽了一名教师应尽的职责，在今后的工作中，我一定要发扬优点，改正不足，扬长避短，开拓前进，争取更大的成绩，为教育事业奉献自己的力量。

【典型案例 8－3】智慧型教师典型成长案例 2[①]

今年非常有幸，能够代表学校参加南湖区第五批教学能手的评选，并成功评上。细述这次的参评过程如下：

开学初，学校教师发展处通知大家报名，怀着试试看的心情就报了名。没想到，真的就被学校选上参加区级评选。这是学校对我工作的一种极大肯定，

① 本案例作者曾金炳是一位通过骨干教师选拔考试而新入校的中青年教师，教龄 12 年。

同时也对自己提出了更高的要求。接下来就是材料准备,其中包括教学的获奖证书、科研证书,以及有代表性的说课稿和教学设计。这些材料的准备可能只是简单的准备、打印、复印等工作,但是,在这背后却是自己数年来在教学的路上不断努力积累下来的成果。比如说,在个人业务方面,我曾经在桐乡市青年教师的专业知识竞赛中取得一等奖的好名次;在教科研方面,我曾经多次组织或者参与市级以上科研课题的研究,积累了不少的科研经历,也取得了一些自己的体会;在教学上面,自己一直坚持轻负担高质量的教学追求,宁愿自己辛苦一点也不要累了学生,给学生的未来留一些后劲,同时,自己的教学素质得到提高;还有教学设计和说课稿,就是自己平常努力实践的一个副产品。因此说,机会是留给有准备的人的。

今年的 11 月,我正式参加区里组织的评选。根据文件要求,这次评选的程序是:首先根据材料打分,计算每个人的教学与教研成绩,然后就是说课,最后两项成绩综合起来就是每个人的综合成绩。如果说前面的分数已经铁板钉钉的话,那么,说课就是一个机会,一个大家站在同一起跑线上的机会。因此,这次评选的最重要的一环就是说课了。成败在此一举。教研组的其他老师抽出时间参加我的实战模拟,当时我选择的是八年级下册的一元二次方程的解法,按照正式的要求,事先准备说课稿,在规定时间内进行模拟说课。重要的是走一遍流程,熟悉说课稿的模板,估计下时间,进一步听听同事们的意见;学校领导孔校长亲自对我的说课进行指点,还拿了相关的资料供我们学习,万校长亲自指点事先的准备工作,包括全册书本的内容准备、南湖区课堂转型指南的学习研究、说课的大致流程及注意点,王校长和周校长现身说法,把他们自己作为选手和评委的经验毫无保留地传授给我们……正是有了全体同事的关心和帮助,才有了这次的成功。借此机会,我一定要感谢学校领导及全体同事提供的支持和帮助。

结果出来之后,感觉这个事情终于圆满地画上了句号,很开心。

作为一位不再年轻的教学能手,反思下自己的成长经历,感觉到一名教师的成长离不开以下两方面的原因:

内因:作为一名教师,首先要树立一个专业的理想或者信念;其次,在教学方面的成长除了具备一定的专业知识之外,具备一定的心理学知识也是非常重要的;最后,一名教师的成长,最重要的环节还是在课堂。我们只有在课堂里面把课上得精彩了,学生才会喜欢,我们的教学才是成功的。为了达到这个目标,课外我们教师需要精心备课、研究教材、研究学生、学习课标、磨炼语言、锤炼自己的教学基本功。当然,自始至终保持一种学习的状态是教师得以不断成长的必要条件。

外因:我们也不能说,一名教师有了自己强烈的上进愿望和行动的话,他就一定会取得成功。这里就有一个外部环境的问题。目前的东师南湖校就是有利于教师快速成长的好环境。首先领导重视。校长孔校长是大学教授,非常注重教师的专业成长，从学校宏观的设计，到针对每个教师的手把手指点，无不显示出大学教授对学校和教师成长的重视；其他的几位校长都是学科方面的带头人，他们都是从基层普通教师成长起来的领导，能够理解普通教师对于专业成长的需求，因此，他们对于咱们教师的成长不但非常关心，而且是耳提面命式的指导，非常具体接地气。其次是学校的制度设计。学校有一个非常完备的教研制度，通过制度来规范平常的教研活动和备课活动，同时，还聘请了学科导师长期指导我们的教学和研究，这种精耕细作式的指导和研究对教师的专业成长具有深远的影响。

【典型案例 8－4】智慧型教师典型成长案例 3[①]

9 月份学校公布南湖区教学能手预报名开始了。对照条件我都达到了，但对于是否报名，我非常犹豫。因为南湖区教学能手需要进行说课。讲句实在话，说课我不在行。工作十几年一共就说过一次课，尽管学校有很多专家对这个方面做了很多的培训，奈何本人资质不够聪颖，一直掌握不了诀窍，想想还是作罢。然而，王校长却似乎对我寄予厚望，一直催促着我，想想领导对我的关心和信任，于是下定决心：报吧。

正式通知是提前一个星期下来的，还是王校长替我抽的签：11 月 26 日上午第六号，小学二年级上册。是我现在任教的年级，心里一下子少了些压力。然而一整本书对我来说也是比较多的，需要准备的量还是相当大的，怎么办？此时箭在弦上已是不得不发了，我暗暗对自己说，既已选择便只顾风雨兼程了。其实我的忧虑真的不需要太大，因为我们有一个团结的团队。一位位领导专家纷纷向我伸出了援助之手，孔校长利用吃饭的时间把他的说课技巧毫无保留地传授给我们；王校长特地给我讲解了她在南湖区说课的过程，并把自己的成功经验和我分享；万校长从评委的角度培训我该注意些什么。教务处张主任更是倾囊相授，不仅传授讲课的小技巧，更是把她精心准备的材料也一并给了我。有这么多关心我的人，让我放心的同时倍感压力。那几天，我每天忙到 11 点左右，熟悉课标，熟悉南湖区学为中心的课堂转型模式，准备每一节课的说课，把每一课的目标、重难点、教学过程、理论依据等等都烂熟于心。

带着充分的准备，我迎来了讲课那天。然而理想是丰满的，现实却是骨感的。我拿着抽到的选读课文《喇叭花和小鸟》足足呆了 5 分钟。选学文本？我没有任何的准备。选学文本在本册书中的地位如何？它的定位应该放在哪里？我如何确定本课作为补充教材的教学深度？是迁移学法还是迁移内容？一系列的问题在我脑中浮现，怎么办？我强迫自己冷静下来，仔细研读文本，终于思路慢慢地清晰了。短短的一个半小时备课时间很快过去了，我带着我的说课草

---

① 本案例的作者芮冬贤是一位通过骨干教师招聘而入校的中青年女教师，教龄 15 年，这次说课后被评为区级教学能手。

稿接受了专家的考验。我从选学课文的地位开始我的说课。从目标定位到教学流程，从突出重点到突破难点，我本着教什么，怎样教，为什么这样教的思路，从实践到理论地说完了我准备的内容，虽然不是很流畅，但我还是表达了我所有想表达的内容。接着便是专家提问的时间，三位专家分别从文本语言的形式、语用的训练点等方面提出了问题，引发我的思考，也让我感觉到了自己思考的不足。

说课结束后，我一下子感觉放松了很多，正因为没有了压力，使得我的思路更清晰了。我回想我说课的过程，发现我真的还缺少文本解读的能力和通观语文教学的能力。我只看到了选学课文，却忽视了二年级学生的阅读能力，作为精读课文的补充的略读课文直到二年级下学期才开始，而在二年级上册出现的选学课文应该是学生精读课文的补充。我定位的方法迁移对二年级的孩子来说是否太高了？教师的心中要有学生，要始终明确学生的最近发展区，这样的教学才是有效的。

理论为先，打下扎实的理论基础。教研组保证了两周一个小时的活动时间，让我们共同学习相关的教育教学理论，上半学期一起学习了语文课程标准，这个学期我们研读了《"学为中心"课堂转型实践指南》[①]。教研组的活动很有成效，学习前会有一个主问题，负责主讲的老师事先把有关资料发到每位老师手里，并要求认真阅读，在集体研讨时，开展交流，创设类似"沙龙"的探讨氛围。在这样的范围中学习，提升了我的理论和实践的水平。本学期教研活动除了认真学习理论外，还积极组织老师上课，学校聘请了浙江省特级教师刘晶老师为教学导师，进校实践指导。有了理论和实践的引导，再加上自己的努力，才能不断进步。

备课细致，做到心中有数。我们二年级组的集体备课一般按照这种基本程序进行：个人初备→集体研讨→修正教案→重点跟踪→课后交流。每次活动前，先由备课组长根据教研组的活动内容确定活动主题，然后在确定或不确定备课的中心发言人的情况下开展备课活动。每次轮到我做个人初备时，我一定要学习研究课程标准、教材、教参及其他相关材料，要抓住"八点"：教学重点、难点、弱点、疑点、考点、易错点、易混点和盲点；而在别人初备时，我也积极学习课程，提出自己有疑问的地方，以便讨论时排除困难。通过这样的方式，备课更有方向了，为自己的专业发展提供了学科的储备。

掌握一定的说课技巧很有必要。备好课是说课的前提，而说课必须站在理论的高度对备课做出科学的分析和理解，从而证明自己的备课是有序的而不是盲目的，是理性的而不是感性的。说课不是宣讲教案，不是浓缩课堂教学过程。说课的核心在于说理，在于说清"为什么这样教"。因为没有在理论指导下的教学实

① 朱德江，魏林明主编."学为中心"课堂转型实践指南[M].杭州：浙江教育出版社，2014年6月.

践，只知道做什么，不了解为什么这样做，永远是经验型的教学，只能是高耗低效的。说课是为课堂教学实践服务的，说课中的一招一式、每一环节都应具有可操作性，教学目标是课时备课中所规划的、课时结束时要实现的教学结果。课时目标越明确、越具体，反映教者的备课认识越充分，教法的设计安排越合理。说课中要注意避免千篇一律地提出“通过教学，使学生能……”的套话，要从识记、理解、掌握、应用四个层次上分析教学目标。确立教学目标的依据，一是课程标准的规定，二是单元主题的要求，三是课时教学的任务，四是教学对象的实际。要把这四点结合在一起通盘考虑，再来确定教学的起点和终点，从而，明确提出本课时的具体教学目标。分析教材的编写思路、结构特点以及重点、难点、关键。说清楚本课教学内容包含哪些知识点，教例是如何展示教学内容的，按什么顺序展开，其中的重点、难点内容是什么。说教法主要说明“教什么”的问题和“为什么要教这些”的道理。即，在个人钻研教材的基础上，说清本节课的教学内容的主要特点，它在整个教材中的位置、作用和前后联系并说出教者是如何根据课程标准和教材内容的要求确定本节课的教学目标、重点、难点和关键的。

第三节　智慧型教师成长的具体策略（教师视角）[①]

“一般的教师教知识，优秀的教师教过程，卓越的教师启迪学生终生受用的智慧。”[②]东师南湖校坚持“智慧的教育”办学理念，启迪学生终生受用的智慧，致力于以智慧型教师培养为抓手的学校软实力建设，围绕教师发展，设计并实施了一系列扎实有效的培养策略。本节就此阐述在智慧型校园文化氛围之下教师智慧成长的具体策略。

一、基本观点

基于智慧型学校建设目标，培养智慧型教师是一项充满挑战和机遇的任务，也是一项意义深远的工作。从一位普通教师向智慧型教师转变，需要系统而规范的培养和磨炼，既需要学校整体设计培养规划，又要根植于教师自身素质提升的强烈愿望，既需要为适应多层次个性化的培养目标和成长要求，提供适当的合作和竞争的外驱环境，特别是，发挥小团队中骨干教师的带动作用，又需要跟进智慧型教师素质提升的调研反馈评价，最终实现智慧地培养智慧型教师，形成具有普适意义的培养策略。

智慧型教师既要具有普通教师传道授业解惑、培育人才的职业角色，又需

---

① 本节由项洪丽执笔完成。

② 孔凡哲，崔英梅编著.课堂教学新方式及其课堂处理技巧：基本方法与典型案例[M].福州：福建教育出版社，2011年10月.

要富有时代特色,游刃有余地有效利用教育教学资源,灵活巧妙地处理教育教学的冲突和问题,智慧地传承核心思想观念,全面细致地总结得失经验,具有独特健康的品质修养,既可以兢兢业业,又懂得生活品位的新型教师,智慧型教师的培养是教育发展到成熟阶段的必然要求,也是一所学校成为优质名校的重要保障,它关系着学校的生存与发展、优质与特色。

对于智慧,有“智”指的是为人师者要聪明,有基本的教育教学基本功,在教学方面有一定的技能,具备教会他人的基本素养,在课堂中,可以耳聪目明,善于捕捉教学契机,适时适当地实施教学,可以根据需要迅速做出正确而合理的教学最优化举措,准确把握教学进程,对教学结果进行有效的检验、反馈和评价。

而有“慧”的教师,他不同于一般的优秀教师,除了凭借自身先天的领悟力、理解力和执行力之外,更需要后天的阅历修养和磨炼升华。可以说,兼具“智”与“慧”的教师,本身就是一种教学资源。他能将自己自然而和谐地融入教育教学行为之中,不矫揉修饰,能灵活应对教学冲突并不留痕迹地消化或转化,让受教者心悦诚服,学习和成长在一个自然过程中变得轻松愉快,将教育教学过程变成一种享受,更好地达成“亲其师,信其道”之良效。

二、主要策略

(一) 搭建校级规划平台——智慧型教师培养的必备土壤

智慧型教师的培养并非一人之力可以达成,需要借助学校大环境的关注与支持,有学校层面做教师培养的有力后盾,才能有章可循。学校的职能除了致力于学生安全、智慧成长、持续发展外,也不可忽视教师素质的提升,毕竟高水平师资队伍对学校各项工作的顺利推进不可缺少,推进学校工作毕竟在课堂、在课程、在教师。

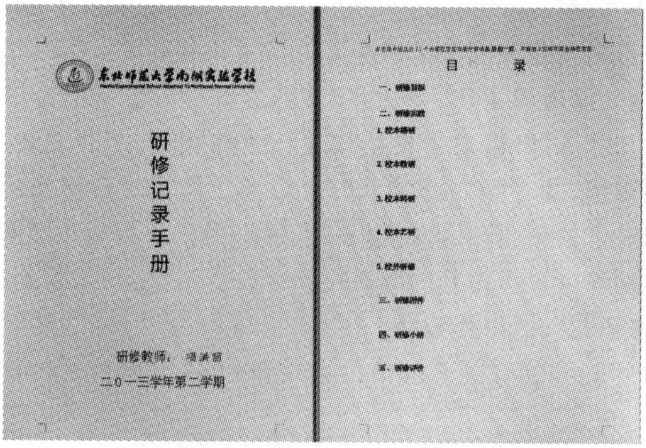

图 8—1　个人《研修记录手册》剪影

因此,从学校角度上给教师的业务发展和能力提升提供恰当平台、开拓合适空间，激活教师的内驱力，保持与时俱进、常学常新、严谨执教的工作态度和学习激情，使教师团队时刻充满活力。

为此，学校采取任务驱动、营造氛围、责任到人的策略，为每位教师设计了《研修记录手册》（如图 8－1 所示），每学期阶段性地帮助每位教师对教学工作和学习情况归纳和总结，涉及校本教研、科研、德研和艺研，以及校外研修的相关内容，并且分阶段计划、小结和评价（自我评价和学校评价），在每部分内容中进行细化要求、明确研修记录和具体内容要求（图 8－2），特别是，对每学期自己教学成果和获奖经历的统计（如图 8－3 所示），非常全面细致地将成长过程量化呈现，学期结束时，既能有效反馈计划的达成状况，又翔实记录了阶段性成长点滴。学校专门设立教师发展处，负责管理教师成长，建立教师成长档案袋，全方位收集教师成长的各类信息。

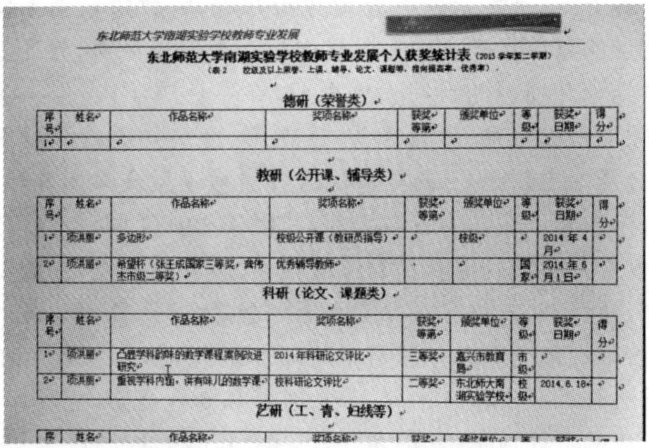
东北师范大学南湖实验学校教师专业发展 [redacted]

东北师范大学南湖实验学校教师专业发展个人获奖统计表（2013 学年第二学期）

德研（荣誉类）

序号	姓名	作品名称	奖项名称	获奖等第	颁奖单位	等级	获奖日期	得分
1								

教研（公开课、辅导类）

序号	姓名	作品名称	奖项名称	获奖等第	颁奖单位	等级	获奖日期	得分
1	项洪丽	多边形	校级公开课（教研员指导）		校级		2014 年 4 月	
2	项洪丽	希望杯（张王成国家三等奖，龚伟杰市级二等奖）	优秀辅导教师			国家	2014 年 6 月 1 日	

科研（论文、课题类）

序号	姓名	作品名称	奖项名称	获奖等第	颁奖单位	等级	获奖日期	得分
1	项洪丽	凸显学科韵味的数学课程案例改进研究	2014 年科研论文评比	三等奖	嘉兴市教育局	市级		
2	项洪丽	重视学科内涵，讲有味儿的数学课	校科研论文评比	二等奖	东北师大南湖实验学校	校级	2014. 6. 18	

艺研（工、青、妇线等）

序	姓名	作品名称	奖项名称	获奖	颁奖单位	等	获奖	得

图 8－2 研修记录具体内容要求

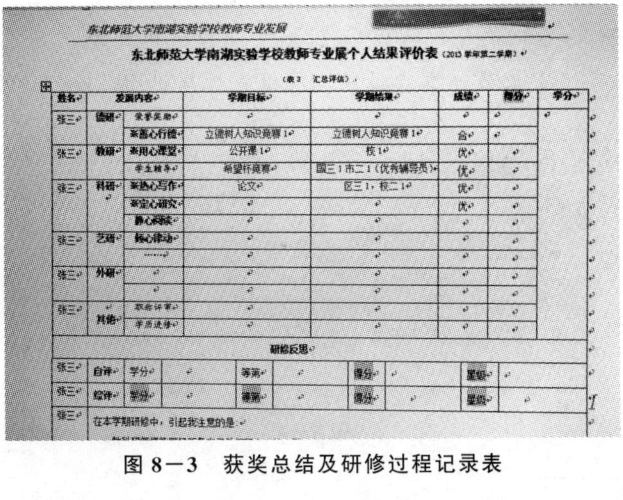
东北师范大学南湖实验学校教师专业发展 [redacted]

东北师范大学南湖实验学校教师专业展个人结果评价表（2013 学年第二学期）

（表 3 汇总评估）

姓名	发展内容		学期目标	学期结果	成绩	得分	学分
张三	德研	荣誉奖励					
		※善心行德	立德树人知识竞赛 1	立德树人知识竞赛 1	合		
张三	教研	※用心课堂	公开课 1	校 1	优		
		学生辅导	希望杯竞赛	国三 1 市二 1（优秀辅导员）	优		
张三	科研	※热心写作	论文	区三 1，校二 1	优		
		※定心研究			优		
		静心阅读					
张三	艺研	倾心律动					
		……					
张三	外研						
张三	其他	职称评审					
		学历进修					

研修反思

张三	自评	学分		等第		得分		星级	
张三	综评	学分		等第		得分		星级	
张三	在本学期研修中，引起我注意的是：								

图 8－3 获奖总结及研修过程记录表

当然，在学校层面上，刚开始实施上述方案之初，确实遭遇困难，给教师额外增加了一些工作量。但连续三年实践下来，每位教师对于自己的进步和专业成长都能清晰可见——无论职称评定、素养考试、专业技能比赛，每位教师都由于自身成长的过程性材料积累丰满而信心百倍，为进一步学习和业务提升提供有力保障。同时，这一举措无疑是智慧型教师培养的第一步，也是关键一环。

（二）催生小团队领头羊——智慧型教师培养的选拔与优化

由于不同教师存在年龄、教龄、教学经验、性格特点和专业结构等方面的差异，智慧型教师的选拔与优化，也需要个性化、个别化。

在智慧型校园文化大环境下，智慧型教师的培养对象自身需要积极主动、具有明确的专业发展愿望和动力。而学校应结合教师的自身特点，提供不同的发展机会，主要采用树立精品榜样、催生以教研组为单位的小团队领头羊，在各教研组重点选拔培养一个精英式教师，利用这一榜样在每个教研组适时开展“一带多”的培养方式，不奢求所有教师齐头并进，将教师培养工作智慧地细化到具有学科特点的具体行动之中。以初中数学教研组为例，教研组长依托十余年的教育教学经验和强烈的自我发展愿望，在短短三年内，由一名普通的一级教师，一跃成为地市级名师、学科带头人，在市、区级各类教学技能比赛中频频获奖，在省级公开课中频频亮相博得喝彩，各类教学论文多次获奖和发表，成为当之无愧的首席教师。而作为首席教师，其服务于其他同科教师成长的主动意识非常强，不仅主动引领其他教师的课堂教学、教师基本功，为教师的教学展示提供各类机会，而且，非常重视对课堂问题的智慧处理，几乎每天的各种碰面机会，都能成为大家切磋交流课堂智慧的场所。对此，作为一名年轻教师①，在教学过程中自然会时常产生教学困惑、课堂遗憾和专业自责，尤其是，对于问题细节的处理不能流畅自如地把握，时常由于一个问题而纠结好久，正是教研组长的适时点拨，很多问题迎刃而解，有“点石成金”之感。

【典型案例 8－5】“根式的性质”教学细节问题优化处理

浙教版八年级下册第一章教材对二次根式性质进行了如下阐释：

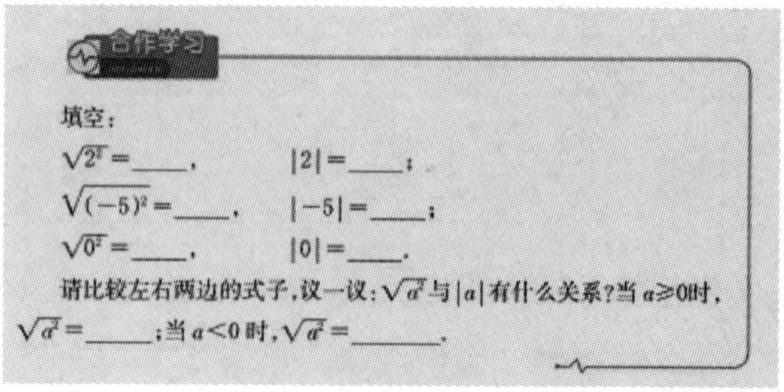
合作学习

填空：

$\sqrt{2^2}=$____， $|2|=$____；

$\sqrt{(-5)^2}=$____， $|-5|=$____；

$\sqrt{0^2}=$____， $|0|=$____.

请比较左右两边的式子，议一议：$\sqrt{a^2}$与$|a|$有什么关系？当$a\geq 0$时，$\sqrt{a^2}=$____；当$a<0$时，$\sqrt{a^2}=$____.

图 8－4

① 即本节的执笔人项洪丽。

作为青年教师的我，对这个内容的课堂分析深感平淡无味，无法体现性质获得之中的探索味道，仅是建立在学生对特例 $\sqrt{a^2}$ 与 $|a|$ 值相等情况的比较分析之中。对于一种不完备、不严谨的理论推导，学生疑虑重重，我也束手无策。

经过教研组长、初中数学首席教师周老师的及时指导和组内研讨，在随后的课堂教学设计中，我进行了如下改进：

(1)计算 $\sqrt{2^2}=2$，$\sqrt{(\frac{1}{2})^2}=\frac{1}{2}$，请举出类似的例子。猜想 $\sqrt{a^2}=$？学生会认为 $\sqrt{a^2}=$a。

(2)计算 $\sqrt{(-2)^2}=2$，$\sqrt{(-\frac{1}{2})^2}=\frac{1}{2}$，这时再次猜想 $\sqrt{a^2}=$?，学生便会修正为 $\sqrt{a^2}=-a$，在此基础上，结合绝对值的定义对式子进行的补全。

(3) $\sqrt{0^2}=$?

(4)在以上猜想中，进行总结：$\sqrt{a^2}=$？(联想绝对值的定义形式)

$$\sqrt{a^2}=\begin{cases}a & (a>0)\\ 0 & (a=0)\\ -a & (a<0)\end{cases}\qquad |a|=\begin{cases}a & (a>0)\\ 0 & (a=0)\\ -a & (a<0)\end{cases}$$

得到 $\sqrt{a^2}=|a|=\begin{cases}a & (a\geqslant 0)\\ -a & (a<0)\end{cases}$，进而引导学生通过两边同时平方的想法给出证明。

(5)你还有其他方法说明 $\sqrt{a^2}=|a|$ 吗？学生甚至会因此联想到平面直角坐标系点(a,0)到坐标原点的距离来解释这一性质结论。

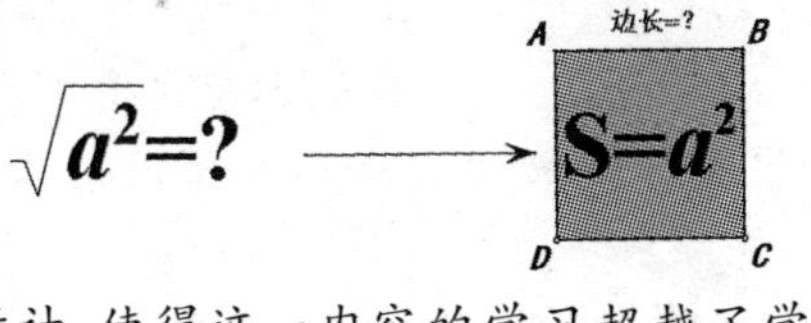

以上五个问题的设计，使得这一内容的学习超越了学知识、用结论的层面，简单的思维活动尝试，摆脱了形式上的对比归纳，学生会对性质的理解更加深入，并对性质的由来及应用产生浓厚兴趣，从思维方式上顺应了学生由不确定到确定的思维活动过程，让学生获得代数归纳的数学经验，体会和加深完整的学习过程，即：探索——猜想——归纳——证明(验证)。这也印证了“仅仅是符号公式的给出，也可以讲得有声有色”①的教学感悟。

问题的恰当提出和顺利解决，有利于学生学习活动的有效进行，并将尽

① 王海莉.初中数学学习策略教学[J].江苏教育，1998，(07)：41.

可能多的时间还给学生自主运用，又不致思路过于分散。同一节课在平行班、按改进方案进行教学后，学生的注意力明显集中，学习欲望高涨，学生在学习过程中体验的快乐不言而喻。可以说，这是一次智慧的教学改进，而这种成功探索和尝试，离不开教师对问题的执著研究、智慧化的处理，也离不开专家首席教师的适时指导，其“领头羊”作用非常突出，成为建设智慧型教师队伍的重要保证。

（三）保证多层次外驱力——智慧型教师培养的保鲜与滋润

任何一个过程在完成和突破时，都可能遭遇发展瓶颈期，智慧型教师培养也是如此。培养过程艰巨而漫长，需要培养对象有强大的内部成长需要做指引，也要注意外部因素的强化和驱动，需要源源不断的外驱力，让教师时刻保持发展动力和学习欲望，不断拓宽教师的视野。

为此，学校针对不同层次的教师发展实际，分层培养，选择不同方式确保教师平稳发展、进而突破瓶颈期，尽管这种努力是缓慢的、短时间无法迅速看到成效，譬如学校利用各方面便利条件联系国内外相关学科专业的专家就教学热点问题进行有针对性的论坛和讲座，聘请市、区级名师担任教师的发展导师，在教研组小团队内组织推门听课、互评及竞赛活动等等，各类系列措施必须连续、持久，才会于缓慢之中逐渐见效。

以初中数学教研组为例，在市级教研员的多次专项指导中，我们收获颇丰，以下是教研员担任初中数学学科导师在学校中的真实活动记录。

【典型案例 8－6】“手把手”式的试卷命制技术培训

2014 年 11 月 18 日下午，正值初冬的凉意侵袭校园，初中数学组的教研热情却没因此消减，大家齐聚综合楼三楼会议室，就刚刚结束的期中试卷展开专题分析。此次会议由市教研员时爱荣老师和校长孔凡哲教授现场参加讨论。在长达 2 个多小时的会议中，七、八、九年级期中试卷的命制人分别进行了命题汇报和分析讨论，教研组成员就核心问题和重要困惑积极讨论，两位专家适时点评、画龙点睛，令大家茅塞顿开。

本次活动提高了初中数学教师对试卷命题的基本认识，提高了命制试卷的基本技能，为教育教学带来了极大帮助，切实丰富提升了数学组教师的整体业务水平。

七、八、九年级试卷的命题人周立志老师、钟伟老师和曾金炳老师分别从课时和分值的比重、题型的分布、试题的来源以及试题变形延伸等方面，详细阐述试卷命制情况，对实际考试情况进行了跟踪分析，同时提出了命制试卷过程中遇到的困难，与会教师针对命题人提出的困惑献计献策、共同讨论交流。最后，时爱荣老师就命制试卷的基本要求和常见注意事项进行了专题指导，并针对本次期中考试的三份试卷作了细致认真的分析评述。

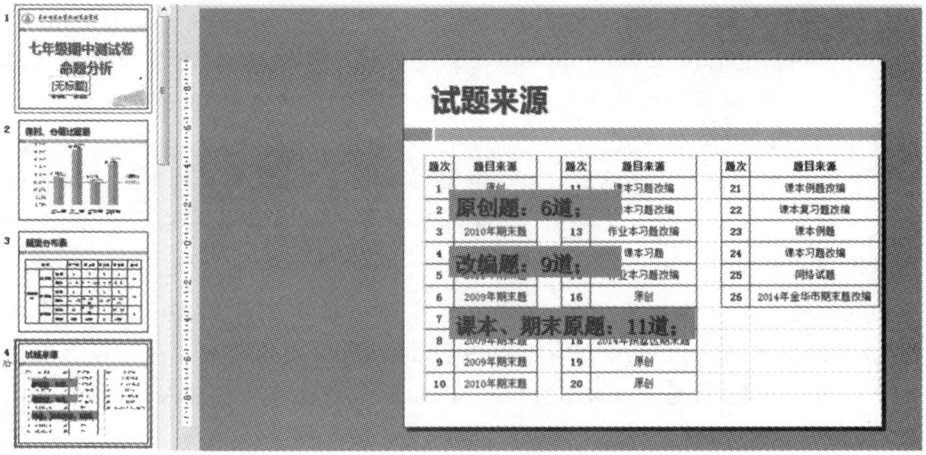

图8—5　试卷分析多媒体展示

在交流过程中，大家收获了实实在在的命制试卷技术，认识到一份合格的数学试卷命制所需要的辛苦和付出，无论是青年教师，还是有多年工作经验的老师，对于今后的日常试卷命制工作，既感到压力，同时又充满动力，对本次活动所带来的巨大成长感到欣喜和激动。结束前，校长孔凡哲教授代表学校对本次活动给予了高度评价，同时也针对初中数学试卷命制技术提出了自己的建议和殷切的期望，既给出提高命制水平的妙方，又给出针对性的改进建议。

在日常工作中，除了专题指导外，教师导师同时还关注教师的科研工作、评价技术、教学水平等多方面发展，针对东师南湖校具体学科实际，制定系统而翔实的指导计划，每一次来学校指导教育教学工作都进行充分准备，尤其是，在科研实践方面提出很多重要思路和方式方法，反复研讨和不断修改着实让大家投入大量精力，却丝毫没有降低教师对于教研、科研的热情，而一篇篇市区级获奖论文、一项项立项课题、一次次教学改进、每学期数篇学术论文的正式刊发，都离不开这种强大的学术指引和措施保障。

图8—6　教师导师指导试卷分析工作相关报道

【典型案例 8－7】同伴互助集思广益

2014 年 12 月 16 日，初中数学组全体成员就组内曾金炳老师主持的市级立项课题《基于整体设计的初中数学起始课课堂教学实践研究》展开专题研讨，组内教师积极发言，献计献策。

会议首先由曾金炳老师解读改进后的课题实施方案，并且指出市教研员时爱荣老师就此课题的建议和意见，细致分析了课题实施的方向和侧重点，尤其是对课题的可操作性部分给出了明确解释。其间，教研组的同事根据自己的想法和疑问进行深入讨论和研究，由周立志老师进行会议记录，将大家的“金点子”及时地保留下来，讨论氛围异常热烈。最后，曾金炳老师对下一阶段课题实施进行工作布置，拟定下一次课题研讨会议内容，将任务责任到人，以便积累课题实施的过程性材料。

（四）监督阶段性达成度——智慧型教师培养的成熟和完善

“实践是检验真理的唯一标准”，智慧型教师的培养，仅凭获奖证书是无法衡量的，检验教师发展水平，除了“轻负高效”前提下的教育教学成绩稳步提升，更应关注课堂教学主阵地，随时监督反馈。为此，学校不仅定期开展学生学习情况调查，进行关于任课教师的学生满意度调查，组织学生进行学科口头评价等多种方式结合的形式，进行教师智慧成长的阶段性调查和管理，随时把握教师发展动态，并且直面各类新情况、新问题，制定及时而有效的策略。

同时，教师职业也是个性化的行业，智慧型教师的成长也需要个性化、个别化的文化氛围。为此，学校必须营造和谐环境，关爱教师生态，尊重教师对问题的多样化处理方式。事实上，当一个人各方面都平衡了，也会呈现一种积极乐观的状态，而良好精神面貌之下才可能有更好的工作状态。一个牢骚满腹的人不可能成为智慧型教师，一个身体健康都无暇顾及的人，也不会是智慧型教师，一个对生活缺少关心、缺少趣味的人，也不会成为智慧型教师。

总之，智慧型教师就在我们身边。而达成智慧型教师之路，需要个人修行，需要课堂锻炼，更需要磨炼、提炼和人格升华，才能最终得以实现。

第九章

智慧型学生及其评价标准、保障措施

长期以来,我国中小学对于两种习惯性做法几乎约定俗成:一是“头悬梁、锥刺股”式的苦学,甚至大加标榜,谓之“只要工夫深铁杵磨成针”(其实,这是典型的傻学!);二是喜欢追求“立竿见影”式的招数,而对于其背后潜在的弊端(代价)熟视无睹,甚至不惜牺牲学生未来发展的愿望和潜能,换取眼前的蝇头小利。对于上述观念及做法,不仅中小学师生“深信不疑”,而且,广大家长也“信若神明”。

中小学教育究竟应追求哪种发展?对此,《国家教育中长期改革与发展纲要(2010～2020)》有清晰阐述:“教育是……促进人的全面发展的根本途径”,“2010—2020 年……增强可持续发展能力。”[①]然而,实际实施中的中小学教育**确实常常变异,甚至扭曲。**

作为大学、地方政府合作共建的中小学校,东师南湖校在实践中闯出一条新路:**实施智慧的教育,启迪学生终生受用的智慧,努力实现学生的终生可持续发展。**

第一节　智慧成长、可持续发展的含义及其制约要素[②]

实现可持续发展是人类的共同追求。教育要使“**每一个人都有机会获得可持续发展未来所需要的价值观、能力、技能和知识**”[③],这些能力包括“学习了解、学习共同生活、学习去做、学习去作”[④]。无论发展性评价,还是“绿色评价”[⑤],

---

① 2014 年 11 月 18 日引用中华人民共和国中央人民政府网站 www. gov. cn(原来源:新华社):国家中长期教育改革和发展规划纲要(2010—2020 年)[EB/OL].

② 由孔凡哲执笔完成.

③ 2014 年 11 月 20 日转载自联合国教科文组织中国可持续发展教育(ESD)项目网站(http://www. esdinchina. org/),王咸娟 2012 年 3 月 25 日编译自联合国教科文组织网站.

④ 亚历山大·莱希特,王咸娟. 联合国可持续发展教育十年(2005—2014)国际实施计划:迈向 2014 年及以后[J]. 教育科学研究,2013,(6):25-29.

⑤ 记者仇逸. 上海构建义务教育质量“绿色评价”体系[EB/OL],新华网,2011 年 11 月 4 日.

其根本宗旨都在于促进学生的终生可持续发展。“可持续发展教育不是一种选择,而是一种必然”①。

对我国而言,切实有效实现学生的可持续发展,恰恰能扭转我国中小学教育发展的偏颇,更好地改变考试为本、知识为本的现实,有助于实现教育(乃至国家)的可持续发展。正如教育部主管基础教育的领导不久前指出的,“(亟需)研究如何将可持续发展作为重要指标纳入考试评价制度之中”“……通过课堂教学着力培养学生的可持续学习能力和可持续发展价值观”②。为此,立足一所九年一贯制学校(即东师南湖校),我们持续进行了两年的理论研究、三年的实践探索。

一、学生可持续发展的含义

对于“可持续发展”,联合国教科文组织中国可持续发展教育项目网站给出的定义中强调了四个要义,即以人为本,全面,协调,可持续。其中,前三点强调怎样实现当代人的可持续发展,第四点强调怎样实现当代人及当代人与后代人之间的可持续发展。①

可持续发展最初作为一种注重长远发展的经济增长模式,于 1972 年被提出,是指既满足当代人的需求、又不损害后代人满足其需求的发展。

作为一个移植的概念,“学生可持续发展”把学生一生的发展作为一个整体、一个完整的生态,既包含“需要”也包含“可能”,即学生既拥有可持续发展的内在愿望与自我诉求,树立可持续发展的目标,又具有可持续发展的能力,能够实现发展的可持续性。就中小学而言,学生可持续发展的能力,不仅表现在能关注未来可持续发展的长期目标并做积极准备,而且也表现为学生拥有可持续学习的能力,能够选择更智慧、更恰当的方法进行学习,追求智慧的发展方式,实现快速发展,而不是仅仅停留在“立竿见影”式的短期效应上。

二、智慧发展与可持续发展的关系

学生智慧地发展才有可能逐步实现发展的可持续性,进而实现终生可持续发展。学生的**智慧发展**,一方面表现在,当下的发展需要选择更加智慧的方法、途径,亦即,追求更智慧的发展方式、方法;另一方面则在于,正确协调当前发展与未来发展的关系,聚焦学生发展的可持续,更加关注学生未来发展的潜能,以及选择适合自己的方式、方法开展学习活动,实现快速发展,逐步强化可持续发展的自我诉求,树立可持续发展的愿望与目标,拥有相应的能力,而不是仅仅停留在短期的、“立竿见影”式的发展。

对此,以学为中心实施中小学教育是必须的,但仍不够——不仅需要关注学生的“学会”,更要关注“会学”和潜质激发,学会侧重学习结果,而会学则是侧

---

① 记者任敏.教育部启动中小学绿色评价[N],北京日报,2013 年 6 月 9 日:第 6 版.

重学习过程。学生的发展是可持续的动态发展过程,不可顾此失彼。

三、制约学生可持续发展的内在要素

发展建立在个体自觉自愿的基础之上。兴趣是最好的老师,学生可持续发展首先需要乐学,这是开展一切学习活动的必要前提。其次是能学,既包括能坚持学习(具备必要的学习毅力),而且具备必需的学习能力,能够完成学习任务。最后是会学,不仅具备学习的策略和方法,而且具备针对学习的反思意识与反思能力。

(一) 乐学:保障学习的动力

"乐学"既包含学习动机和学习意识,也包含学习情感。前者涉及学习动机及其激发,学习自信心及其培养;后者主要涉及学习经验及其积淀,学习情感及其丰富等内容。结合中小学学科教学,如何激发学生的学习兴趣、感受学科魅力、体验学习快乐、增强学习自信心,成为学生可持续发展的必要前提。

(二) 能学:保障学习的能力和毅力

"能学"既包含能完成学习任务的基本能力,也包含能坚持不懈,特别是能经历"山重水复疑无路,柳暗花明又一村"的学习经历和思考过程,具备一定的学习毅力。

为此,解决"能学"问题,既要提高学习的基本能力,也要增强学习毅力。学习能力一般指在正式(或非正式)学习环境下自我求知、做事、发展的能力,包括注意力、观察力、记忆力、思维力、想象力、创造力、理解力、语言表达能力、操作能力、运算能力以及听觉、视觉、知觉能力等成分,其核心包括阅读能力、数字计算能力、逻辑地分析解决问题的综合能力。

毅力也叫意志力,是人为达到预定目标而自觉克服困难、努力实现的一种意志品质;毅力刻画了人的心理忍耐程度,当它与人的期望、目标结合起来,就会发挥巨大作用;毅力是一个人敢不敢自信、会不会专注、是不是果断、能不能自制和有没有忍受挫折等的集中体现。而学习毅力更多地反映学生在学习活动中的意志品质,对顺利完成学习任务具有不可缺少的特殊作用(甚至是决定作用)。

(三) 会学:保障学习的方法和策略

具备学习的能力,仍需要采取科学合理的方式方法,更好地完成学习任务,这就是"会学"问题。而"会学"的核心在于保障学习策略、方法和学习操作细则。

长期以来,我们很少关注"会学",而是聚焦"教会"与"会教"。随着"以学定教"理念的深入人心,学为中心的课堂教学正在全面兴起。但是,目前的中小学更多地关注自主学习,实现"学会",而对于"会学"的关注仅仅是下意识的,零乱而不系统,起不到应有的作用。因此,将"会学"课程化、学法指导常态化,是促使学生实现可持续发展的重要渠道之一。

四、学生可持续发展的外在要素

制约学生可持续发展的外在因素非常复杂，既有物质因素，如学校的硬件设施等办学条件，也有非物质因素，如评价制度、师资水平、文化与教育价值取向等。

（一）显性条件性因素的影响

在学校教育中，学生可持续发展需要一系列显性的条件性因素，包括课程教学、教学组织形式、师资水平、教育教学观念等等。

学生可持续发展需要学校提供必要的场所和设施，同时受制于课程教学、教学组织形式、师资水平和价值取向等因素。而"可持续发展教育的本质是一种新的价值观，这种价值观的核心就是尊重……其内容主要有尊重人，包括尊重当代人与后代人；尊重差异化与多样性"[①]。每位学生的可持续发展的确离不开因材施教。无论是个别化教育的落实，还是"淡化差、尊重异"、个性化的教学实施等等，都需要相应的先决条件。特别地，学校教育是关注"知识的教育"、"过程的教育"，还是关注"智慧的教育"，直接制约着教育的最终结果，毕竟以知识信息传递为主体的教育过程根本不可能实现教育的超前性，也很难为学生可持续发展提供必需的智慧、基本素养和基本能力。

（二）隐性条件性因素的影响

作为影响学生可持续发展的隐性的条件性因素，评价与学段特点不容忽视。

第一，评价是我国中小学教育的"指挥棒"，具有不容忽视的导向作用。就我国中小学现实而言，实施学生可持续发展必须从评价导向上加以引导，将"可持续发展"纳入中小学考试评价制度之中。对此，我们曾详细阐述"旨在促进小学生（数学）可持续发展的评价内容及实施案例"[②]，确保学生在数学上实现可持续发展所必需的潜质、基本素养与基本能力。此外，还必须将学生可持续发展的评价置于过程之中，而不能期望一两次评价就可达成。毕竟，学生未来可持续发展所需要的智慧、素养与能力，蕴含在知识技能的生成中、师生深层次的学科思考和思维碰撞中，蕴含在学生发现问题、提出问题并加以分析解决问题的过程中。从而，在学科评价时，必须正视学生个体持续发展的动态性，关注学生未来发展的潜质，聚焦学生学科学习的可持续性，而并非局限于知识技能的掌握程度或达成状况。以可持续发展为导向的学科评价，其核心目的在于促进学

---

① 亚历山大·莱希特，王咸娟．联合国可持续发展教育十年（2005—2014）国际实施计划：迈向2014年及以后[J]．教育科学研究，2013，(6)：25－29．

② 孔凡哲．基于可持续发展的学生评价的具体内容与实践案例[J]．小学教学（数学版），2014，(6)：6－8．人大报刊复印《小学数学教与学》2014年第9期第45～47页全文转载．

生在学科上的可持续发展，既包括未来进一步学习的需要，也包括未来成为社会合格公民所必需的学科素养。

第二，学生在学科学习上的可持续发展在不同的学段各有侧重。在小学，可持续发展更多地关注愿意学习该学科、能学习、会学习；而中学阶段，可持续发展既包含具备进一步学习该学科的自信心、兴趣和能力（对于继续进行学科学习的人，尤其要关注这一点），更包括愿意主动接触该学科、能够从学科视角分析处理日常生活、未来工作中的相关问题（对于即将走向社会的学生，更强调后者）。

第二节　智慧成长、可持续发展的评价标准[①]

结合我国中小学实际，为了更好地付诸于中小学实践，我们将学生智慧成长、可持续发展细化为七个要素，即浓厚的学习兴趣、良好的学习习惯、科学的学习方法、健全的身心、向上的精神、积极的社会责任感、创造的激情。

七个要素相互支撑、共同构成一个整体。其中，前三个要素对应于学生智慧成长、可持续发展的内因，“健全的身心”为之提供物质基础，“向上的精神”“积极的社会责任感”提供方向保障和外在保障，而“创造的激情”决定学生智慧成长、可持续发展的质量。

七个要素既是衡量学生能否智慧成长、可持续发展的参照标准，又是促进学生智慧成长、可持续发展的七个抓手。就中小学教育而言，小学阶段更多集中于前五个要素，而初中、高中阶段不仅需要前五个要素，而且需要“积极的社会责任感”与“创造的激情”。

一、浓厚的学习兴趣

兴趣是学生可持续发展的原动力。已有研究表明，学习兴趣与学习效果之间呈现典型的“良性循环”[②]，即“浓厚的学习兴趣——有效的学习行为——良好的学习效果——提升自信心——学习兴趣更浓厚”，国外近20年的相关研究也证实，“激发与培养学生学习兴趣的最终目的在于激发学生对特定知识主题的情境兴趣，最终通过外部支持内化为一种完全自主的、具有自我调节特性的个体兴趣”[③]。事实上，兴趣的发掘与培养，恰恰保持了学生智慧思考的灵气，促使学生未来学习后劲十足。

为了更客观地评价“培养浓厚的学习兴趣”，依托校园文化、班级文化、常态课程等载体，借助活动评价、表现性任务等评价方式加以评判，相对客观而富有

① 孔凡哲执笔完成。

② 孔凡哲，朱秉林．数学情感及其规律[J]．数学教育学报，1993，(02)：64－68.

③ 涂阳军．论学习兴趣的养成：对西方近二十年来学习兴趣研究的反思[J]．江苏高教，2013，(01)：38－40.

操作。对此，学校设置"体育艺术 2+1"自选课程、社团系列活动，分析每位学生自选项目情况、在活动中评判学生参与活动的程度及其水平，成为衡量学生对于艺术、体育等类课程的学习兴趣的主要载体。而针对"浓厚的学习兴趣"的学科评价，宜聚焦于：参与学科活动的积极性、主动性，对学科的好奇心、求知欲，对于学科学习的成功情感体验，克服困难的意志与经历，学科学习的自信心，以及对于学科特点、学科价值的认知程度等等。其中，**激发学生"爱学习"是其要害。**

【典型案例 9－1】"小猫钓鱼"活动性评价

东师南湖校小学低年级数学"小猫钓鱼"活动性评价中，学生需要根据钓上来的数字和运算符号组成一个算式，而后自己算出结果。如，先钓上数字"7"，又钓出符号"－"，再钓下一个数字时，有的学生一直执著地寻找比"7"小的数字，而有的学生先想再做：再钓任何一个数字都能组成算式、算出结果，如果钓出来的数字大于等于 7，可用它减去 7；小于 7 的数字，可用 7 减去这个数字。①

通过学生的操作及相应陈述，辅以教师的观察和及时的追问，可以相对准确地评估学生对某个知识技能的掌握水平与运用状况。同时，学生的表情是一张晴雨表，现场观察学生对于活动所包含的学科内涵的探究欲望、关注程度和参与热情，可以相对清晰准确地评判学生的学习兴趣，以及从实际情景到学科内涵的具体抽象的水平。

二、良好的学习习惯

好习惯是学生可持续发展的助推器。这里的学习习惯并非仅仅局限于学习的行为习惯，而更多地指向学科学习的思维习惯——能否独立思考、合作交流、质疑反思，能否主动从学科视角思考问题，是否具备克服学习困难的意志，遇到困难能否多向思考、主动寻找问题解决的思路等。其中，引导学生"能学习"以及"有效学习的自动化"是其要害。

为此，对于良好的学习习惯，无论培养还是评价，都需要从各学科的日常教学与管理细节入手，在课堂学习习惯、日常行为习惯等方面，进行积极引领、适时评价，帮助学生学会"戴一副学科的眼镜"思考问题。而评价则比较适合自然地融入日常教学之中，适时评估学生在日常学习中及时总结提炼的习惯、良好的反思习惯，"把书读薄再到厚"的阅读习惯，特别地，做事是否有条不紊、学习是否善于概括总结、举一反三等等学习习惯。

三、科学的学习方法

有效的学习既是良好习惯养成的过程，也是学习方法日趋科学、规范的过程。方法是学生可持续发展的加速仪。学生只有会学，才可能自主学习，进而

① 案例选自东师南湖校汲长艳老师的实践操作案例。

终生学习。课堂教学的任务不仅在于帮助学生"学会",也要引导学生"会学"。

将"建构学习中心课堂作为我国当今课堂教学转型的基本取向"①,其本质不在其"形"——课堂教学设计、课堂教学结构,也不在于"先学后教、导学案"等表象,而在于其"魂"——引导学生学会学习、主动学习,这正是"杜郎口经验"的精髓所在②。

不仅如此,每个学科的学习都有其自身规律。注重理解,温故知新,善于梳理总结提炼,善于归纳总结学科学习的普适方法,等等,都是学科学习的重要方法和成功经验。只有帮助学生建立科学规范的学习方法,引领学生走入智慧学习的捷径,才能实现可持续发展。

在中小学实践中,帮助学生掌握科学的学习方法,既需要学校定期开设学法指导的专题课程、每周开设学科梳理课程,也需要经常组织学生开展以学法交流、探讨为主题的班级活动,既需要进行有针对性的个别化、个性化的学法诊断指导、对症下药,帮助学生优选适合自己的学法(诸如单元梳理方法、课后小节策略等),也需要分类落实学法指导课程,关注每类学法指导课程的侧重点,或侧重梳理,或侧重学法诊断,或侧重心理疏导等等。

【典型案例 9－2】《快乐数学》校本课程

作为东师南湖校的一门校本课程,《快乐数学》不仅表现为以数学梳理、培养数学学习自信心为其主要目的——每周一次(安排在周五)帮助学生梳理本周所学的数学知识技能、提炼其中的基本思想和重要方法,而且表现为,每学年开设 1～2 次的《快乐数学节游园活动》——以系列主题为单位,以丰富多彩的游戏活动为载体,以集市方式加以呈现,供学生自主选择,以自评、同伴互评、各个主题主持人评价等多元评价相结合,让每位学生都能充分体会数学活动的乐趣,建立数学学习的自信心。

四、健全的身心

身心是学生可持续发展的物质基础和心理保障。通过身心的锤炼,化解学生智慧成长的绊脚石,为学生未来的可持续发展提供保障。而学科学习活动不仅需要心智,而且需要手脑协调、身心平衡。动手操作、在做中学,不仅有助于积累良好的学科活动经验,而且有助于形成手脑并用、身心协调一致的良好习惯。特别地,自信、主动而妥善地表达自己的见解、善于交流、能主动融入群体之中,是学生心理健康的重要指标之一,而拥有体育锻炼的良好习惯、规范的卫

① 陈佑清.建构学习中心课堂——我国中小学课堂教学转型的取向探析[J].教育研究,2014,(03):96－105.

② 孔凡哲."导学案"与"先学后教"异化现象及其问题诊断[J].教育科学研究,2012,(9):27—30.人大报刊复印《中小学教育》2013 年第 1 期第 63～66 页全文转载.

生保健方法、身体机能良好、身体素质良好、身体形态适宜，是身体健全的主要内涵。

作为寄宿为主、兼有走读的东师南湖校，培养学生的健全体魄并不难做到，难点之一在于寄宿生管理与心理健康，尤其是良好生活习惯的养成，阳光心态的塑造，独立人格的培养，等等。适时适度评价学生健全的身心，就成为学生可持续发展的评价难点。下面的典型案例 9－3 就是东师南湖校的班主任蔡老师的心声：

【典型案例 9－3】[①]一位“问题生”的故事

周日下午是返校时间。在母亲的推拉强拽下，三年级学生小俊终于进入校门，但不到五分钟就不见踪影，好不容易才发现他已跑到校门口的草地上席地而坐。作为班主任的我，赶紧跑过去，蹲下身子与他促膝相谈：夸他课堂上别出心裁地发言；聊他值日生工作尽心尽职，大课间活动踊跃参与以及语文考试中得的高分……20 分钟下来，稍见起色。到办公室，我奖励他一张“爱心”卡，表扬他体贴他人、善于为他人着想。为了分散他的注意力，让他帮我整理作业本，做老师的小助手。看得出，他很开心……循循善诱下，我终于了解到，他逃避是因为住校。其实，撇开这件事，小俊同学是一个活泼可爱的孩子，工作积极负责，与同学友好相处，学习勤奋努力。对于这个“问题生”，作为班主任的我深感责任不小。在长达 2、3 个月的时间里，针对小俊，我每周一次定期召集任课教师共商“对策”，在平时学习、生活中，充分关心、爱护他；还拜托学校心理咨询室白教师，不定期给他做心理疏导，爱心逐渐暖化了小俊。目前的他已经可以独立适应寄宿制生活、成为双优生。

五、积极的社会责任感

学校是一个小社会，责任感是走向社会、融入自然的法宝。一个具有社会责任的人至少具备三种品质。一是坚持道德正义主张，二是坚持实践正义原则，三是愿为他人做出奉献和牺牲。积极的社会责任感构成学生可持续发展的支柱。其中，帮助学生从“自然人”走向“社会人”是关键。所谓“自然人”，是指作为生命体的人——拥有七情六欲，具有生命体的自然特征，而“社会人”则强调“能够建立自己与他人之间的恰当关系、能够融入社会、融入群体，变成社会的一部分”，亦即，具备社会的属性，能够与他人和平相处、和谐共生。

社会责任感在学科学习中有一定表现，如与同伴分享自己的理解，从学科视角分析处理生活问题、社会问题。特别是，随着数学、物理、化学、生物等学科学习的深入，公理化思想、推理论证思想的初步渗透，有助于公平思想、合作观念等的逐步渗透与初步建构。

---

① 案例选自东师南湖校蔡卫娟老师的实践操作案例。

在学校教育中，“积极的社会责任感”的课程教学载体，不仅包括每天的体育艺术“2+1”活动，每学期的阳光体育节，校外社会实践、校内社团活动等，而且涵盖学校日常生活的每部分。其评价以表现性任务评价为主体，并必须融入日常教育活动之中。

六、向上的精神

向上崇真是学生可持续发展的方向与灵魂。通过求真、进取精神的熏陶，增强学生智慧生存的意志。其中，保持积极向上、锐意进取的精神状态是其关键。

数学、物理、化学等学科的学习，有助于学生形成科学精神，也有助于形成务实求真、一丝不苟的严谨精神。而中小学学科发生发展中的大量史料，不仅饱含科学家、文学家、艺术家等前仆后继追求真理的感人故事，而且传递着人类对于文明的传承和创新。将学科文化适时融入学科课程教学之中，是以学科为载体培养“向上的精神”的必要环节。

“向上的精神”其主要的课程教学载体包括社团活动课程、德育、常态课程等，其评价方式以活动评价、表现性任务评价为主体，如“争做自强不息的好少年”系列活动，“争做美德少年，践行美德”“日行一善”“向国旗敬礼”等，实效性更佳。

七、创造的激情

创造是学生可持续发展的根本。创新思维的激发，可以帮助学生营造智慧发展的空间。其中，创设情境引发学生创新思维是关键。以数学为例，数学离不开创造，甚至说，没有创造就没有数学。激发学生创造的激情，需要努力在课堂中再现中外重大发明、发现和创造过程的鲜活机会，帮助学生亲历科学家的思考过程、创造经历，建立“我也可以成为科学家、数学家、文学家……”的信念。同时，对于创造激情的培养和评价，离不开恰当的社会实践活动，如“我是小小数学家、科学家”等系列科普活动，科学博物馆参观，鼓舞学生进行小发明、小制作、小创造，从而激发(并适时评价)学生创造的激情。

在中小学，“创造的激情”主要的课程教学载体包括学校环境文化、“快乐数学”校本课程、“科学殿堂”校本课程、地域课程资源的有效开发利用、小发明小制作等。其评价方式以活动评价、情境测试最有效。

例如，东师南湖校初中劳技课白冰教师提供了自己的教育故事：

【典型案例 9－4】劳技课上的创作

初中劳技课堂教学进行了九巧板的制作，在此基础上，教师希望学生根据自己的想象用九巧板拼出一幅美丽图画。学生们充分发挥自己的想象力、创造力，也许他们做出的作品不是那样的漂亮，也许他们的绘画功底不是十分的深

厚,但是,他们有着一颗勇于挑战自我、勇于创造的心:

802 班杨家林:在劳技课上,他拿着木板一块一块地尝试,最终拼出这个让我眼前一亮的作品,他突破了书上给出的模板,做出了自己东西,可以看出,他是一个喜欢创新的孩子。

804 班许有梅:她用木板拼出了一个可爱的小鸟,同样是书上没有的图片,她靠着自己的想象,不断地探索,做出了一个飞翔在天空的小鸟。

一幅幅作品让我看到孩子天真可爱的创意,也看到创作过程中她们痴迷于创新的激情状态。在他们手中,九块普普通通的板子变得生动起来,可以是猫咪,可以是火箭,可以是小鸟,可以是天平,而不再是没有生命的木板,孩子们用双手创造出属于他们自己的精彩世界。

我的教育体会:孩子的创造力是无穷的,作为教师,要充分激发学生的创造力、想象力,而不是抹杀;给孩子一点自己的空间,他们可以创造出更美的未来。

第三节 智慧成长、可持续发展的保障措施①

当前,“为了每位学生的发展”几乎是每所中小学的共识,而“关注学生的可持续发展”却并非如此,既不是所有校长的共识,也不是所有常态化措施都能见效的。

保障学生智慧成长、可持续发展,需要学校辅以一系列特殊措施。东师南湖校三年的实践表明,智慧型校园文化、学法指导课程化等措施是切实有效的。

一、营造智慧型校园文化

追求学生的智慧成长、可持续发展,需要良好的教育环境、文化氛围,其主体是学校相应的校园文化和隐性课程。

(一) 凸显启迪智慧的校园文化

在“智慧的教育:启迪学生终生受用的智慧”校园文化下,坚信每位学生都能成才,相信每位教师都能成功,学校的场馆设施、校容校貌、走廊文化、教室文化等等,充分体现启迪智慧的设计理念,而课堂教学更强调在基础知识、基本技能的教学中凸显基本思想(学科的基本思维方式)、积淀学科基本活动经验,强调揭示知识技能产生过程中的智慧,实现“学知识、长智慧”的良效。

(二) 重视游离于学校文化中的教育信念

关注学生的智慧成长、可持续发展,不仅需要显性的课程载体、日常的课堂教学,而且需要隐性课程。与显性课程相比,隐性课程对于启迪智慧往往更有

---

① 孔凡哲执笔完成.主要取自:孔凡哲、汲长艳、田东晓、刘佳.学生可持续发展的评价标准及其保障措施[J].中国教育学刊,2015,(3):44~49.

奇效。例如，学校运行的“大事清楚、小事糊涂”的学生管理制度、师生关系、教育信念、价值追求等就是一种隐性课程。是否关注每位学生、是否智慧施教，对学生的智慧成长、可持续发展往往至关重要。此时，师生的教育信念、价值追求（如“学校教育中什么东西最重要”）往往默默地发挥奇效。对此，东师南湖校初中科学苏芳老师讲述了她的教育故事。

【典型案例9－5】一位初中生的“蜕变”故事

开学初，班主任介绍他的情况“能及格就不错了”——这是他给我留下的第一印象。科学课第一次阶段性评价，他72分，我倍感欣慰，因为及格了（虽然仍是班级最后一名）。分发试卷时，我对他轻声提了一句：“72分，有进步！但还要努力，期待第二次。”下课后我将他叫到办公室做了如下谈话：

“你觉得科学好玩吗？”“好玩，因为有很多实验。”“明天上课时老师想请你帮忙完成一个实验，敢吗？”“我行吗？”“我觉得你行，要不试试？”“那好吧。”

第二天上课时，他一反常态、很认真地听课，并协助我完成实验，得到同学们的掌声。下课后又来问我，“老师，我今天的任务完成得怎样？”“很好，谢谢你帮助我。”“老师，如果下次再需要帮忙，你尽管找我。”

第三次他摆脱了最后一名……第四次他进入了班级前20名……马上要期中测试了。“期中测试你紧张吗？”“紧张，我怕科学考不好。”“就这几次的情况看，你的科学课没问题，只要答卷细心一些，肯定能上90分，老师相信你。”期待中……（他不止一次来问我：老师，成绩批阅出来了吗？）拿到成绩单的那一刻，他激动了，我感动了！离开时，他自信地说：“老师，我现在最喜欢科学（课），每天都想上科学课。”

他的“蜕变”让我重新认识到，教师真正的教绝不仅是教知识，而是激发兴趣，让学生喜欢你，才能让学生喜爱这门功课、自觉“亲近”它——对于后进生转化，尤其如此。

（三）提供学生个性化发展的学校制度保障

启迪学生终生受用的智慧仅仅依靠零散的渗透是远远不够的，还必须进行专门的显性课程（以学法指导系列课程为主体）、个性化的选择性课程以及激励学生个性发展的启智机制。对此，学校不仅需要融“学会”“会学”于一体的国家课程，而且需要开设密切结合地域资源、校本资源和学校实际的校本课程。同时，需要在学校制度上给予倾斜，为个别化、个性化的课程教学提供制度保障、组织形式的保障和师资、设置等保障。对此，将“个别学习、小组学习、集体学习三种教学组织形式优化统整”是成功做法，而开设专门的学法指导系列课程、发挥学校教育系统的整体优势也是不可缺少的。

二、开设常态化学法指导系列课程

学生智慧成长、可持续发展需要课程教学保障。这里的课程保障，既包括涵盖国家课程、地方课程在内的显性课程，也包括涵盖部分校本课程在内的特殊类课程。东师南湖校开设的学法指导系列课程就是一种成功尝试。

作为旨在启迪学生智慧、保障“会学”的课程载体，学法指导系列课程包括整个学期开设的正式课程、短期的专题课程、渗透式课程、心理疏导课程等等。为此，东师南湖校开设了整学期常态运行的校本课程“快乐数学”“梳理课程”“科学殿堂”等，并与“数学”“语文”“英语”等常规课程并行、每周开设。而专题式的学法指导课程则在每学期开始、期中、期末定期开设，并形成相对完整的一个系列。渗透课程表现为，启智与基础知识、基本技能教学的同步开展，将启迪思维、增长智慧渗透于日常教学之中。心理疏导、心理健康是确保学生轻松学习、健康生活的重要保障。同时，尊重学生的合理需求、保护其自尊自信、“淡化差、尊重异”是其关键。这些特殊课程由学校统筹规划、全面有效实施，至关重要。

三、在日常课堂教学中将“学知识、长智慧”并举

要促使学生学知识达到长智慧的目的，教师首先要强化“教育为了可持续发展”这个新世纪教育的功能定位。其实，追求智慧课堂是实现智慧成长、可持续发展的重要举措。为此，需要关注两个核心问题：

一方面，立足学生实际实施“双基”教学与启迪智慧并举，注重思维方法与“双基”同步。

【典型案例 9－6】平方差公式的归纳式呈现

采取归纳的方式呈现平方差公式 $a^2-b^2=(a+b)(a-b)$ 的教学①

初次学习平方差公式 $a^2-b^2=(a+b)\cdot(a+b)$，初中生的抽象思维水平尚未达到完全符号化的程度，因而，直接采取传统的做法，即由 $(a+b)(m+n)=am+an+bm+bn$，直接导出 $a^2-b^2=(a-b)\cdot(a+b)$。这种做法的确节省时间、也能确保基本技能的落实。但是，对于多数学生来说并没有真正理解平方差公式的内在含义，或者说，学生并不真正认同这个公式；不仅如此，这种学习过程也使学生失去了一次思维训练的良机！

如果将其改为如下的形式，其效果可能会有质的差异：

教师一上课就出示问题：能否将代数式 a^2-b^2 分解为两个代数式的乘积的形式呢？我们该如何思考这个问题呢？我们不妨从最简单的情况入手：令 $b=1$，先讨论 a^2-1 的情形。a^2-1 能否分解为两个代数式乘积的形式呢？

我们尝试着借助自然数的分解来思考：如果 $a=1$，那么 $a^2-1=1-1=0$，$0=0\times0$。结论很不明朗！如果 $a=2$，结论仍不明朗！继续试验，如果 $a=3$，那么 $a^2-1=9-1=8$，而 8 除 1 和自身外，有两个因子 2、4，而 8 的确可以拆成 2×4，而 $2=3-1$，$4=3+1$. 结论已经开始明朗！……继续试验，如果 $a=6$，那么

① 案例选自孔凡哲在东师南湖校初中课堂教学中的实践操作案例。

$a^2-1=36-1=35$，而35的确可以拆成5×7，而且是唯一的，同时，$5=6-1$，$7=6+1$.至此，我们可以做出猜测，$a^2-1^2=(a-1)\cdot(a+1)$，并进一步猜测$a^2-b^2=(a-b)\cdot(a+b)$。

但是，b=2、3、4、5、6时，$a^2-b^2=(a-b)\cdot(a+b)$是否成立呢？学生可以分组研究b=2，b=3，b=4，b=5，b=6的情况，而后进行全班汇报。最终，综合各种情况，得出，$a^2-b^2=(a-b)\cdot(a+b)$。至此，我们发现一个新公式，该公式恰恰是$(a-b)\cdot(a+b)=a^2-b^2$的逆用。

让学生经历这样的过程，并非多余！而是借助自然数的因数分解实现多项式的因式分解，让学生获得归纳的直接经验，在直观基础上进行逐步抽象，进而实现理解性掌握，在获得新知的同时，经历了归纳发现到演绎确认的一次思维训练，感悟到发现的智慧，既启迪了思维、实现思维水平的提升，又确保了基础知识、基本技能的常规教学。

另一方面，充分体现课堂中的思维灵动，将学生在课堂中的智慧成长与教师智慧施教自然融为一体。第一，必须注重课堂问题的原发性，即课堂中的主要问题由学生自己提出、发现，而不是教师事先预设。第二，教师要善于创设认知冲突，注重在认知冲突化解过程中帮助学生构建新知。第三，注重知识结构梳理的自主性，强调学生学习的自我管理，即帮助学生逐步养成每节、每天、每周、每月、每学期都能将新学结果系统化、条理化，自主建立相对完善的认知结构，形成自主学习的能力和良好的反思意识、反思习惯。第四，注重思维方法、思考方法的系统诠释，尤其是在解决问题中，培养学生主动寻找最优方法、最佳途径的意识和能力。第五，有计划开展“学法小组交流”、班内学法擂台、全校学法展示等活动，为学生积淀学习经验、提炼学习体验、分享学习成效，搭建有力平台。

四、将学生智慧成长、可持续发展置于学校教育系统中加以系统培养

在观念冲突频发、教育理想与现实仍存在较大反差的今天，实现学生的智慧成长、可持续发展需要在战术上注重学生当下的智慧成长，在战略上关注学生未来的智慧成长、可持续发展，亦即在日常教学中，实施“智慧信息传递的教育”；从长远出发，必须强调学生的终生可持续发展，不以“一城一地的得失”为取向，而是关注潜质激发、学习能力提升和兴趣培养。

为此，不仅需要教师智慧地设计课堂教学，智慧地利用课程资源，营造充满智慧的课堂文化，关注课堂智慧生成，而且需要教师与学生一起实现智慧成长、共同发展。这正是“智慧型教师动态生成”①的主渠道。

只有将学生智慧成长、可持续发展置于学校教育系统中，并与学校智慧成

---

① 王枬等著(田慧生丛书主编).智慧型教师的诞生[M].北京：教育科学出版社.2006年：232～306(第四篇).

长、可持续发展、教师智慧成长、可持续发展统筹考虑，才能更好地实现学生的智慧成长、可持续发展。

第四节　开发隐性教育资源促进学生智慧成长、可持续发展的途径[①]

班级文化和管理是一种隐性的课程资源，具有无形的教育力量。秉承着“智慧的教育”的办学理念，各班的班级文化建设和管理应旨在培养具备良好的学习习惯、科学的学习方法、浓厚的学习兴趣，积极的社会责任感、健全的身心、向上的精神和创造的激情的“智慧型学生”。本节围绕以上培养目标，从班风建设、班级管理、班干部队伍培养、主题班队活动、社会实践活动、课外教育资源的开发以及家校沟通等多个方面，对培养智慧型学生、打造智慧型班级的班级文化建设和管理的实践探索做出阐述。

一、相关的概念与意义

“智慧的教育”旨在启迪学生终生受用的智慧，促进学生未来的可持续发展。班级文化的创建和班级的管理至关重要。毕竟，抽象的教育理念只有具象于班级文化建设和管理中去，才不会导致理念与实践、整体与部分的脱节。而且，班级文化的建设对于教育对象的可持续发展（不论是个体的健康成长和心灵塑造，还是对于培养学生具备未来社会生活所必需的生活本领和社会交往技能）都发挥着重要作用。

班级文化建设和管理中就包含着这种隐性的教育资源，可来源于班级物质建设、精神建设和制度建设以及家校沟通等方面。它具有无形的教育力量，开发和发掘班级文化建设中的隐性资源，它是建设先进班集体，更是培养智慧型学生的源源活水和不竭动力。

“百度百科”认为，“隐性教育”是指在宏观主导下通过隐目的、无计划、间接、内隐的社会活动，使教育对象不知不觉地受到影响（思想、观念、价值、道德、态度、情感）或获取教育性经验的过程。是与显性教育不同又互补的教育方式。[②]

在这里，“隐性教育资源”即可理解为教育对象通过上述教育方式获得的教育性经验或道理。正如苏霍姆林斯基所说：“用学生自己创造的周围环境进行教育，是教育过程中最微妙的领域之一。”[③]

教育者基于一种偶然情境，通过适当的引导，使教育对象不自觉去领悟某

① 田东晓执笔完成。

② 百度百科．隐性教育．http://baike.baidu.com/．2010－05－23引用．

③ 苏霍姆林斯基．帕夫雷什中学[M]．北京：教育科学出版社，1981：12．

种道理。这样的教育,避免了显性的灌输和空洞的说教,却启发了教育对象的自觉性和主动性。

作为学校文化建设系统的一个要素,班级文化建设和管理的目标自然要从学校"智慧的教育"这一理念出发,通过具体的、多元化的探索和尝试,形成各班独特的班级理念和形象的同时,帮助学生培养良好的学习习惯、科学的学习方法、浓厚的学习兴趣,积极的社会责任感、健全的身心、向上的精神和创造的激情。

二、实践探索及案例分析

(一) 寓教于乐、多种资源激趣

1. 充分利用图书资源培养学生浓厚的阅读习惯,提高鉴赏能力

【典型案例 9-7】204 班图书借阅记录册

"书中自有黄金屋,书中自有颜如玉",得益于家长的全力配合,2014 学年第一学期,204 班募书 300 余本。浩瀚书海自然引得同学目不暇接。《204 班图书借阅记录册》自实施以来,一直受到同学们的热烈反响,过去晚自修和课下爱不释手的橡皮泥和海绵宝宝也渐渐被束之高阁。因为每天晚自修完成作业之后,他们或纷纷奔向图书柜,或焦急地询问当天日期,然后鹰一般地扫视着"图书清单",转眼之间就寻觅到了中意的书籍,然后全神贯注地享用着自己的"晚宴"。日复一日,待我闲来翻阅《记录册》,满满当当的书籍名录让我情不自禁,注视着整齐的书柜,孩子们不仅把图书摆放的整洁有序,还把《记录册》保存得完好无损,但是表格中满满当当的书籍名称却记录和见证着他们求知的足迹!图书角之所以能激发学生如此兴趣,一是得益于家长们的配合,二是班主任规范化的组织,正所谓"让每面墙壁都说话",图书角好似在说:"快来和我一起遨游吧!"

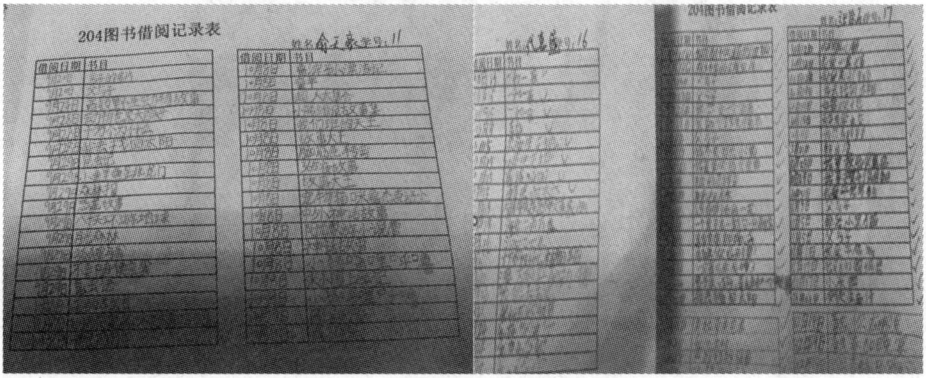

图 9-1 204 班图书借阅记录册

【典型案例 9-8】阅读引导的故事

通过长期观察与调查,班级部分同学一直倾向于选择爆笑系列、火热游戏系列类书籍,鉴于书籍的营养价值,很有必要引导学生学会判断和鉴赏一本图

书的价值。所谓教育就是给人以发展自我的能力,也就是“授之以渔”。首先,选择看书不是为了消遣时间而是为了增长知识;第二,要思考选中书籍会给自己带来哪些帮助:如拼读识字、陶冶情操、传递道理、艺术提升、自然科普等等。我鼓励同学哪怕是查阅字典也能多认识一个汉字朋友,光阴不可虚度,渐渐地他们越来越会合理安排自己的课余时间。

图 9—2 学生日常自主阅读的书籍

2. 开发游戏中的教育资源激发学生的求知欲

为了让他们体验到知识的价值及其快乐,我选择“寓教于乐”的方式,如在“暑假生活交流会”中用流畅的语言分享自己的假期趣事和所见所闻,如通过“讲故事”比赛和同学分享自己阅读过的精彩故事。

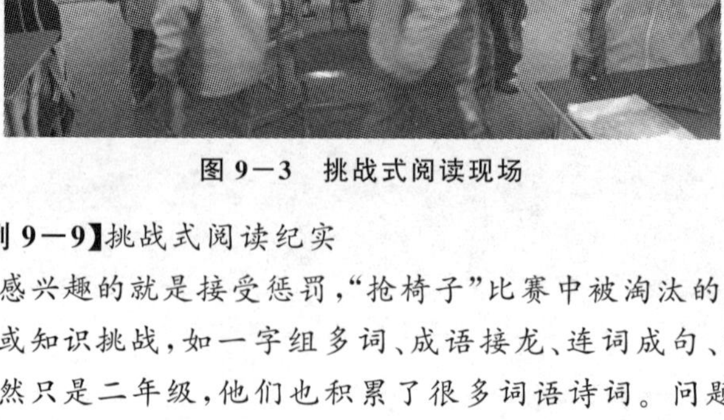

图 9—3 挑战式阅读现场

【典型案例 9—9】挑战式阅读纪实

同学们最感兴趣的就是接受惩罚,“抢椅子”比赛中被淘汰的选手必须要接受同学的智力或知识挑战,如一字组多词、成语接龙、连词成句、背古诗等等项目多选一。虽然只是二年级,他们也积累了很多词语诗词。问题一呈现,所有同学都激动地翻起自己的词语纸,兴致来时便齐声跟着读起来,恰恰体现了课本刚学过的“一人拾柴火不旺,众人拾柴火焰高。一人难挑千斤担,众人能移万座山”。激烈的抢答往往湮灭了挑战者的声音，每次直到比赛结束同学们还是意犹未尽。正因为心系着挑战，也“迫使”着他们走进了书籍。现在每当我走进教室，总是有小朋友要给我出难题，从谜语、成语、动物世界，再到十万个为什么，把我难倒之后仿佛赢得了世界一般的快乐！

3. 有效利用家长资源激发学生兴趣

动员家长力量，为孩子兴趣的发展奠定肥沃的土壤。兴趣的发展离不开肥沃的土壤，不论是参加“2014 市区节能低碳知识竞赛”，还是“嘉兴市科技创新大赛”，还是学习学校的兴趣俱乐部课程，都离不开家长的精神和物质支持，父母的关注和支持是激励学生勇往直前的不竭动力。

【典型案例 9－10】科技发明活动插曲

每次面对学校有关科技发明的号召，一开始学生和家长都因任务复杂耗时而不感兴趣。为了动员他们参与，也为了增强他们对孩子动手能力、发明创新意识的关注，我做了两个工作：一是从学生入手向他们展示优秀科技发明和制作作品，这无不让他们艳羡不已，纷纷扬言回家要和父母一起完成；二是在班级群里通过呈现其他同学荣誉来激发他们的关注。

11	俞天豪	2014/2015	上	二年级	嘉兴教育文化	五水共治金点	地市教育局级	三等奖	其他	东北师范大学
11	俞天豪	2014/2015	上	二年级	东北师范大学	安全教育漫画	学校级	二等奖	美术类获奖	东北师范大学
11	俞天豪	2014/2015	上	二年级	嘉兴	低碳节能知识	地市教育局级	一等奖	信息技术竞赛	东北师范大学
11	俞天豪	2014/2015	上	二年级	东北师范大学	三好学生	学校级		荣誉称号	东北师范大学
12	张嘉晨	2014/2015	上	二年级	东北师范大学	班级三好学生	其他		荣誉称号	东北师范大学
13	刘星雨	2014/2015	上	二年级	东北师范大学	班级三好学生	其他		荣誉称号	东北师范大学
15	袁宇	2014/2015	上	二年级	东北师范大学	三电一模	学校级	二等奖	劳技类竞赛获	东北师范大学
17	张徐乐	2014/2015	上	二年级	东北师范大学	艺术之星	其他		荣誉称号	东北师范大学
18	叶嘉萱	2014/2015	上	二年级	东北师范大学	三电一模	学校级	三等奖	劳技类竞赛获	东北师范大学
18	叶嘉萱	2014/2015	上	二年级	东北师范大学	班级三好学生	其他		荣誉称号	东北师范大学
19	王姝文	2014/2015	上	二年级	东北师范大学	第三届阳光体	学校级	一等奖	体育类竞赛获	东北师范大学
19	王姝文	2014/2015	上	二年级	东北师范大学	第二届阳光体	学校级	一等奖	体育类竞赛获	东北师范大学

图 9－4　科技发明获奖统计

图 9－5　瞧一瞧我们的手工作品

（二）从行为入手培养良好的行为习惯

根据儿童的身心发展规律，特别是处在低段的儿童，他们往往在行为习惯上表现出对外物的好奇、模仿以及自我中心，且对自我的约束和控制力不强，极容易受到外在环境特别是成人的影响。这就是所谓"不知者无畏"，道德认识尚在发展的他们面对危险事物，哪怕老师强调千百遍，他却只当没听见。教育对象是一个个鲜活的个体，作为教育者应该意识到，在儿童成长过程中出现的任何突发和不快事件都是必然的。认识决定行动，通过帮助他们直视或预测行为后果，并引导其积极地去判断、反思和承担其行为责任，并将正确的价值选择内化到心中，才能帮助他们做出正确的行为选择。相信只有经过儿童自己经历或道德判断的经验才能够稳固地内化到儿童心中。由此班规才能在学生的普遍认同下得以生成和贯彻。根据皮亚杰的道德认知发展理论，7～12 岁的儿童在道德发展上已从他律向自律过渡，与其灌输规定或强制命令，莫不如让他知其然更要知其所以然，这才是道德认识螺旋上升和发展的过程，才符合儿童的道德认知发展规律。至于班规的遵守则更需要提高学生的道德认识水平，帮助其由他律转为自律，共同建设民主守信、文明有序的班集体。

认识决定行为，提高学生道德判断能力是培养学生良好行为习惯的关键。

【典型案例 9－11】不做有嘴无脑"小喇叭"

遇到问题时，同学们总会在不知情的情况下习惯地把责任归咎于"常犯错误"的同学，使得这位同学"含冤受屈"。为了教会学生明辨是非、实事求是，我提议和同学做一个传话游戏，游戏分为 6 组，每组出一人听我说"明天可能会有雷阵雨，别忘记带伞"，结果传到最后一人，6 组 6 种说法，让同学哭笑不得。随后我安排同学玩起角色扮演并发问"如果是你，你会有什么感觉"，通过故事启发学生明白在与人沟通时一定不要混淆是非，否则会给别人带来巨大的心理伤害，谣言要止于智者。自此以后，在老师处理问题行为的时候，同学们从不火上浇油，而是直率地坦诚自己当时并不在场或从未听闻，而知情的同学则总能为老师"断案"提供真实信息。

【典型案例 9－12】"我来提醒你慢一点"

打小报告似乎是低段学生的一个普遍习惯。而报告中最普遍的问题就是有关飞跑冲撞了。为了避免这种问题和这种小报告的发生，我首先肯定打小报告的目的是出于关心同学，他考虑到了飞跑的后果要么会撞到自己要么会害到别人，然后我建议他如果想要帮助老师处理问题，可以换一种方式，那就是善意的提醒，听了我的建议，同学们纷纷做起了老师的小助手，大大减轻了老师的工作负担。

【典型案例 9—13】“表达心意要选对方式”

入学一个月时，同学们总是接二连三地举报 L 同学私藏了自己的东西，起初我并不相信，后来同学却总是能从那里搜到证据。当我对他进行批评和教导后，他仍然否认。我联系了他的妈妈，听闻这种情况，她反应强烈并坚持自己已与孩子有过深谈，声称我和同学们冤枉了自己的孩子。直到生活老师因为此类问题也找到了她，她才意识到问题确实存在，于是通过进一步询问，孩子才哭着说：“我就是以为你们不喜欢我，还要生弟弟，所以我就想到这个方法。”了解之后，我们告诉他，父母正是爱他所以才送他到这么好的学校就读，还要这么多住宿的同学陪伴，他一定也可以坚强独立让父母放心；但是选择拿别人东西的方式是不对，不但影响了别人的生活学习，还给自己造成了恶劣的影响。以后有想法要多和老师、父母沟通，我们一起解决问题。

这件事情以后，因为母亲更多的陪伴，他不但生活独立，而且也变得更加懂事。常常因为乐于分享受到同学表扬，也因为最热心投入科技比赛和绘画比赛而取得多项荣誉。

【典型案例 9—14】“撕掉标签，重拾自信”

家庭教育冷漠或欠缺，特别是来自家庭的不良思想的传播对孩子的心理发展会造成严重后果。如班里总是那么一两个同学不能及时地完成作业。通过观察与谈话发现，这些孩子的家长总是给孩子传达消极情绪，如因遗传父母所以某个学科不擅长，或手术遗留问题导致智力无法跟上等，在无形中给孩子施加了沉重压力，使得孩子为自己忽略作业或学业失败提前设置了借口。这就需要家长尽快转变态度配合老师的工作，帮助他们“撕掉标签，重拾自信”。因此，面对问题学生，教育者首先要低下身来，了解问题的根本原因才能真正帮助他们矫正问题行为。经过与家长的深入沟通，出于自责，家长每天都督促和辅导孩子完成作业，也能将孩子的作业及时批改。为了鼓励他对学习产生信心，我也利用他热爱阅读这点时常给他提供表现自己学识的机会，后来的他不仅能及时完成作业还能踊跃发言，在各方面的表现令人刮目相看。

当然，还有学生习惯借助异常行为引起关注。任何人都是期待被赏识和赞美的，至少这类学生有一个优点那就是表现欲强。这和 204 班级理念“在信任与自由的沃土中，让每个学生都有机会秀出自我、展露才华”的理念不谋而合，那么，为何不为他提供一个展示自我的平台或机会，不论是给老师当助手，还是为班级节能关灯，还是担任一日班长，都能从他们的脸上感觉到无限的满足和自豪。

（三）“投其所好”用心愿激励帮助学生保持良好习惯

“学坏容易，学好难”，及时有效的奖励是强化行为的最好手段。而此时便可充分发挥教育评价的多元功能，特别是激励功能，且要将阶段性反馈与终结性评价结合运用。相比于精神奖励,物质奖励会在无形中传导功利性价值取向,而一张奖状又显得略有敷衍,都无法发挥激励的真正作用。因此作为教育者就要站在学生立场想其之所想。

【典型案例 9—15】“心愿激励”纪实

本学期开始试行“心愿激励”。不论是在生活和学习的任何方面,只要被赞赏 3 次及以上的同学,都有资格选择自己的奖励方式,其中,最受欢迎的方式就是向家长致称赞电话,其次就是挑选自己最喜欢的同桌。而在这么多授奖人群中还要选择一位表现最佳者授予“榜样勋章”,成为本周班级学习的对象。试行以来,可以发现心愿激励的方式更能激励学生自主地去向正能量看齐、百帆竞技。

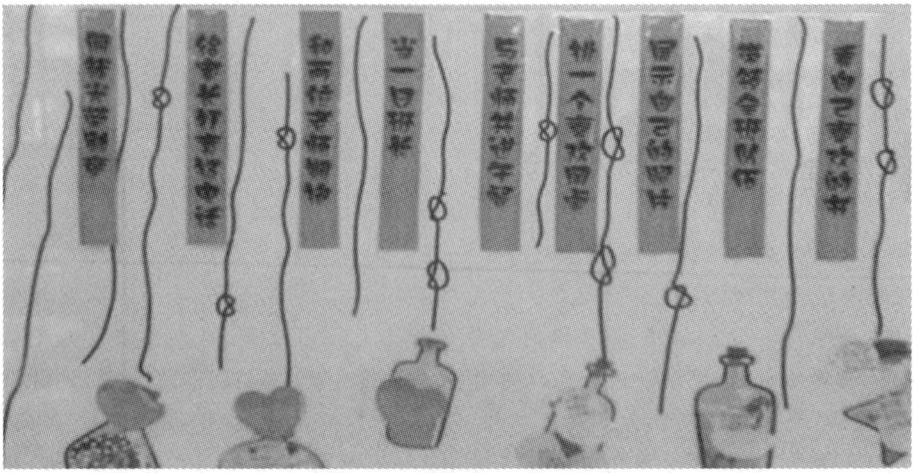

图 9—6 “心愿激励”纪实

(四)多元实践活动培养班干部队伍积极的社会责任感

1. 在活动中培养学生主人翁意识

学生既是学习的主人,也是班级的主人。204 班是由 38 位同学组成的大家庭,在这个温馨和谐的大家庭里,他们相亲相爱,在每一次的竞技比赛中都展示着强大的班级凝聚力和向心力,他们每一个人深深地感受到自己是这个大家庭的一员。不管面对的是班级荣誉还是个体荣誉,他们共同分享着成功的快乐,面对卫生、纪律各方面的每一次差评,他们同样深刻反思,每一个人都对自己严格要求。

【典型案例 9—16】表彰班会课上的意外收获

在期末结业表彰班会课上,我原计划预设让本学期的“三好学生”们给台下同学们分享自己的成功经验,最后我再归纳总结。意外的是,有的同学早已按捺不住自己“奋起直追”的斗志,特意点名自己的奋斗对象并抛出问题。受此启发,我决定把本次班会课改为以“答记者问”形式的经验分享与交流座谈会。每当同学大胆地抛出问题,被点名的小榜样总能主动地起身应答,并把自己的独到体会倾囊相授,使得小伙伴们纷纷投来欣赏与满意的目光。

图 9—7　表彰班会课现场

2. 培养班干部的责任感和服务精神

班级是一个由师生和环境组成的小型社会。既然学生才是班级的主人,那么,教师就要把班级管理的权利归还给他们,哪些人能为这个班级服务,又能胜任哪些岗位,则是同学们需要用行动争取的光荣使命。为了让民主精神深深扎根,从入学起,班干部的选举便实行民主投票,通过聆听同学的演讲和观察其平时的表现,由全班同学自己推选出最值得信赖的同学胜任该职位。但是,班干部队伍的任命并非一成不变,而是能者居之,如果处在服务岗位没有尽到应有职责,自然要被更适合的人取而代之。这样每一位班干部都希望为大家庭出一点力,在享受付出的喜悦和成就的同时,也在锻炼自己的组织管理和协调能力。

204班班干部名单

	班长	副班长	纪律班长	眼操督查	领操模范	图书管理	劳动班长	卫生督查	生活班长	宣传委员	数学课代表
9月	俞天豪（20	王姝文（17	李可心（14	吴亦菲（1	林忆唐（9	周子杰8	季子豪（18	沈周子清	艾宁鹏（17	袁宇（14	裴娅杰、
10月	——	——	——	——	——	——	——	——	——	——	——
11月	——	——	——	——	王钦	马宇妍	周千皓	刘恩哲			
12月	——	——	——	——	——	——	——	——	——	——	——
1月	——	——	——	——	——	——	——	——	——	——	——

图 9—8　轮流班干部名单

3. 在活动中感受“社会人”

为响应国家每一次重大节日,东师南湖校都会为同学们安排富有意义的社会实践活动。如为欢庆国庆节,除了安排班队课学唱国歌和少先队队歌之外,学校还组织学生“向国旗敬礼”,在国庆期间无论他们走到哪里总会虔诚地面旗行礼;重阳节时能够主动提议与父母一起去照顾祖父母或慰问孤寡老人;而在教师节和感恩节来临之前无不煞费苦心地为尊敬的人们制作感恩贺卡,简单稚气的话语足见孩子的心意;特别要提的是,在东师南湖校举办的“东师南湖校第二届读书节活动”——“书市乐淘淘”活动中，家长们从方案的制订到活动的筹备都给予了全程支持。小小书市不仅是热闹非凡，更是爱心满满，在爸爸妈妈的鼓励之下，小朋友们把挣得善款纷纷送入了“爱心箱”，希望在分享知识的同时，更能将无私爱意播撒到需要温暖的各个角落。

图 9—9　与家长一起活动

图 9—10　读书节剪影

（五）在德育主题的班队活动中磨砺坚强意志，打造健全身心

1. 克服自我中心，培养学生团结友爱、互助互信的集体主义精神

图 9—11　班队课剪影

班队课是进行德育教育的主要阵地。204 班的大部分同学是独生子女，在人际交往中往往表现出自我中心倾向，考虑到现阶段正是孩子道德意识渐渐形成的重要阶段，帮助孩子塑造正确的世界观、人生观和价值观尤为重要，为帮助小朋友们建立团结友爱、互助互信的集体主义精神，养成乐于奉献、善于分享的良好习惯，每周我都会为孩子们有针对性地开展不同主题的班队活动，同学们在感恩班会和分享班会中渐渐懂得关心、尊重和包容班集体中的每一位成员，在这种文化的长期熏陶下，便会成为一个充满爱、凝聚爱的班集体。当然，除了班会活动，同学们还通过照顾自己的小盆栽、整理自己的用品等方式让自己渐渐变得更加独立和富有责任心。

2. 克服自卑与脆弱，磨砺坚强意志

现在的孩子当惯了家里的“小皇帝”，往往表现出了极强的自尊心和胜负欲，而其家庭教育也未对孩子进行正面的“挫折教育”；首先是看待成功与失败的态度，认为只许成功不许失败，失败是非常可怕的；再者就是对于失败的错误归因，常常引导孩子将原因归咎于外在条件，而很少从自身做出反省。

【典型案例 9—17】两人三足比赛纪实

运动会比赛的首个团队赛是两人三足，而这个比赛并非我们所擅长。有些同学就开始敲退堂鼓了，“我好紧张”、“老师你换别人吧”，尽管老师给予鼓励，但带着一脸紧张和自卑的他们表现大不如前，结果当然定是不战自败。赛后我

觉得有必要教会他们建立自信、正视比赛，我引用了《曹刿论战》中“一鼓作气，再而衰，三而竭”的故事告诫他们失败并不可怕，经过了一个月的辛苦锻炼正是展现实力收获荣誉的时候，若还没等敌人到来就缴械投降，怎么对得起长久的努力，结果并不重要，重在参与和收获协作的快乐。于是，在接下来的团体比赛中，全班同学齐心合力、勇敢挑战，终于获得总分第二的好成绩，更赢得了可贵的坚持精神！

【典型案例 9－18】“完美主义者”的故事

经过观察，我发现个别学优生对自己要求过于严格，每次考试必须十全十美，一旦出现不会的题目就会面红耳赤，考试出现小小失误就会情绪低落。为了让他摆正心态，正视挫折。我以自己为例，告诉他们，老师在上课时就算再如何精心准备都会出现口误和笔误，人没有十全十美的，这只是一次考试，老师看到的是你一直勤奋努力。失败的原因有很多，不能所有事情都归咎于自己，只要努力了相信下一次依然可以证明自己的实力。无论做任何事情关心则乱，越是看重结果就越紧张，还不如顺其自然，只要有自信加努力，你在你自己眼中就算是成功的！自此以后，考试时他已尽量克服了紧张，虽然及早地完成了考卷，却一遍遍地回顾检查，每每都以优异的成绩让同伴们崇拜不已。

图 9－12 “完美主义者”的故事

（六）在赏识与爱的氛围与良好班风中培养向上的精神

1. 爱与赏识

成长旅程中处处美景，又何畏浮云遮了望眼。204 班班级理念即“促进学生个性化、多元化发展”，“淡化差，尊重异，让每一个孩子都能自信快乐地成长。在七色光的召唤下，在信任与自由的沃土中，让每个学生都有机会秀出自我、展露才华，期待 37 朵蓓蕾能够竞相开放、满园芬芳”。不仅对于教育者而言，要积极地去发掘和赏识学生的闪光点，教师也要引导学生之间互相欣赏，见贤思齐。

在这种文化氛围的熏陶下，在以后每节班队课上，少了的是告状，而多了的则是赞赏！

2. 上进心的培养要去功利化

教育目标的实现本应在潜移默化中进行，以学生自发自觉的行为作为目标，只有这样才能帮助学生培养健全的价值观，因此，激发学生进取心就必须脱掉外在奖励的外衣，以激发学生自发自觉的行为为目的，自然地教育就该自然地发生，教育者要做的就是寻找激励行为的源源活水，生活中每一个细节都可以作为激发学生自律的动力。如某日我收获了一项荣誉，便在班级掀起轰动，这时我顺势启发同学们，“人生也有涯，而知也无涯”，面对知识我们如此渺小，不管是学生还是老师都必须闻鸡起舞、活到老学到老；再如，面对学生早读懒散，令人惊奇的是，不用通过刻意的盖章激励，反而无意中对某同学的特别表扬，或是发出领读员的邀请，倒激发了全班同学的你追我赶；再如想要观察蚕宝宝的生长过程的同学必须通过多次的优异表现才能争取到一张《参观券》，为了更快地看到蚕宝宝，同学们纷纷对自己提出了严格的要求。诸如此类的办法，在激励学生积极性方面屡试不爽，哪怕是孩子能识破用于激励的奖品最终大多人人有份，但是，他们依然会很捧你的“场”，因为他们能够体会到作为老师的你为了能让他们的校园生活更加丰富多彩而花的小小心思！

图 9—13　日常活动纪实

姓 名	平时成绩 (课堂发言+作业质量)		
艾宁鹏	88	44	优
刘李铭浩	50	42	优
杨凯皓	33	29	及
季秭豪	42	22	良
周千皓	57	37	优
沈周子清	58	32	优

图 9—14　活动评价卡

3. 建立自信、自我规划

【典型案例 9—19】内向同学转变记

我相信在每个班级都会存在个别性格内向、表现被动的同学，老师们也在为如何激励他们积极发言而大伤脑筋。既然班级的理念是“让每个学生都有机会秀出自我、展露才华”，那么，我们就要帮助他们建立自信。于是，我和全班同学们商定，如果这些同学能回答一次问题我们就计双倍，如此下来，躲闪的眼神消失了，而自信的小手和脸庞却扬起来了。但是这样还不够，我还要和他们私下里制定规划，让他们各选一个自认为能赶超的对象，首先争取在课堂发言上超越目标,才不过半个学期的尝试,我发现内向的同学们再也不用我的“特殊待遇”了。

4. 在互评和自评中查漏补缺

根据皮亚杰的道德认知发展理论,1、2年级的儿童既能较好的评价自己的能力,也能站在别人的立场较现实地评判他人。因此,我在黑板上写出“吾日三省吾身”,希望同学们能够在反思和比较中提升和完善自己。利用班队课,教师带领同学做出每日反馈:如近期发生的严重问题,或是频繁发生的值得关注的问题的原因和处理方式,或是分享发生在班级的好人好事等。当然,学生个体的每日反思也是必不可少的:今天在学习、纪律、卫生、劳动、娱乐等方面表现如何,有一点进步都是值得鼓励的,哪些地方还有不足,请在班内寻找一个目标,制定赶超计划,自此班级内不知不觉中掀起“你追我赶”的浪潮。

5. 家长的关注成为孩子积极进取的外在动力

很多家长们十分关注孩子在每个学习阶段、每个单元的学业状况,除了周五与学科教师针对孩子的课堂表现进行深入交流,更是在周末与孩子一起分析单元练习、辅导家庭作业。

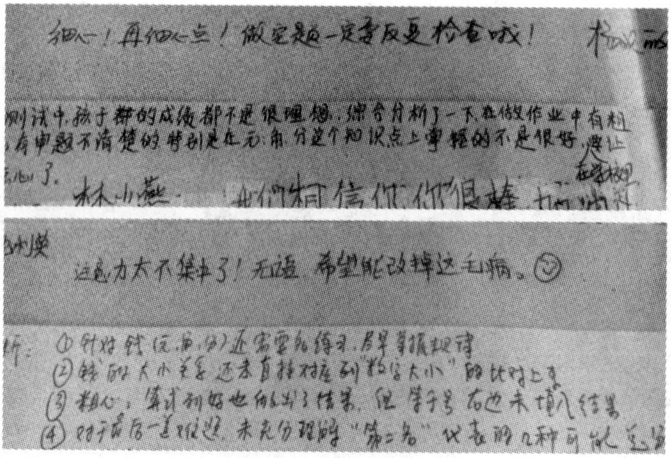

图 9—15　日常评价记录单

6. 名言警句,日日诵读

为了督促学生日日勤勉、珍惜光阴,也为了让学生更多地接触国学经典,我在黑板一侧每日更换名言佳句,希望同学们能在古人的教诲下蓬勃向上、更上一层。

(七) 在校本课程或课余活动的动手操作中释放创造的激情

一二年级的孩子已经开始具体形象思维,在此阶段,更需要我们注重关注孩子,既要关注他们当前的发展,又要为孩子进一步的发展或更高层次的提升创造条件。自古心灵与手巧密不可分，有的时候“尽信书不如无书”“读万卷书不如行万里路”，只有经过动手实践才能发觉隐藏的规律，正是所谓的“玩中学、做中学”。为了培养学生的动手操作能力，也为了激发学生对科技发明的热情，东师南湖校举办的“机器人组装”“科技小发明”等科技竞技类活动纷纷受到同学们的热烈响应；除此以外，为了培养学生的审美观、空间观念和想象力，不论是美术课还是数学课，老师们都会充分地利用校本课程资源为同学们提供一个尽情释放想象力和创造激情的空间和舞台。

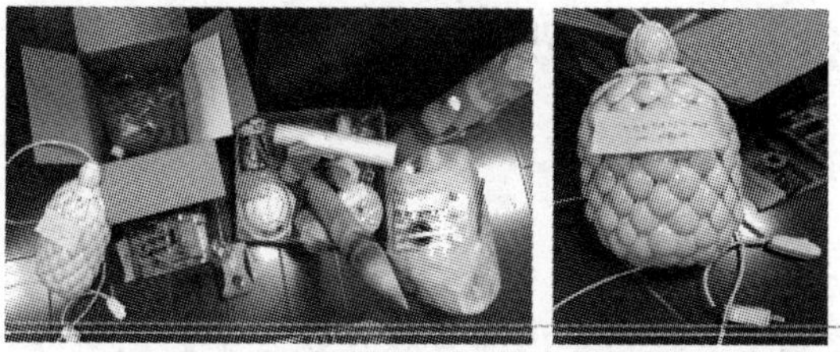

图 9—16　科技发明成果展

图 9—17　我们的收获

俗话说“环境造就人”，一个班级的文化环境对于学生的熏陶是潜移默化的，对学生的成长起到举足轻重的作用。班级文化的建设和管理是一个动态的、发展的有机系统。我们相信，只要通过各班的进一步的努力探索，总能挖掘出更多的，有利于实现培养智慧型学生、创建智慧班级的目标的教育资源，从而充分发挥班级文化的育人功能，使学生在良好的班级文化氛围中智慧成长。

第十章

科研兴校、智慧发展的经营策略与个案分析[①]

学校呼唤“智慧”，时代呼唤“智慧型学校”，中国需要教育家办学。正如《国家中长期教育改革和发展规划纲要（2010—2020年）》中所倡导的：“树名师，建名校，育英才。”

科研对于学校的发展有着举足轻重的作用。早在2004年3月至6月，《中国教育报》就组织开展了“校长如何实施科研兴（强）校”的大讨论，达成三点共识，即“学校必须坚持走科研兴（强）校之路，学校科研务必求真务实，学校科研需要专家亲临一线指导。”[②]同时，科研对于智慧型教师的成长有着不可或缺的作用，正如田慧生在《做一名智慧型教师》一文中指出的：“智慧型教师与研究型教师的共同之处在于教育规律的探索、现实问题的研究，对理论学习抱有很高的热情，将研究视为重要的成长基础等。”[③]科研引领，成为塑造智慧型教师必不可少的因素。

作为一所依托大学与地方政府合作办学的九年一贯制学校，东师南湖校智慧地选择了UGS办学模式这条道路：一是发挥专家治学、高学历师资的双重优势，由大学的教育专家亲临中小学教学一线指导，走科研兴校之路；二是在嘉兴这个特殊地域，文化深厚；三是大学与地方政府合作办学，得到扶持；四是拥有国内外最前沿的资源、学术优势和人力物力资源，借科研的利器，促进教师的智慧成长，为学校快速发展提供平台。

---

① 本章由刘帅执笔完成。

② 王际海，孟万金．我国中小学科研兴校研究综述[J]．当代教育科学，2006，(3)：49．

③ 田慧生．时代呼唤教育智慧及智慧型教师[J]．教育研究．2005，(2)：50－57．

第一节　聚焦学校发展、凝练系列科研主题

东师南湖校是2012年9月正式招生运行的新学校。为了解决“国家级课题如何稳步推进”“如何通过科研促进学校的发展”“如何通过科研加速教师团队的融合”“如何发挥科研引领，促进教师智慧成长”等一系列问题，东师南湖校科研处从科研团队建设、课题过程管理、教师专业成长、科研成果提炼方面入手，有效推进国家级课题的研究，进而实现科研兴校，促进教师的专业发展。

教育部人文社科基金项目《智慧型学校的实践研究与理论分析》课题启动时，课题核心成员在课题负责人的带领下，立足于实践，在学校发展诊断的基础上进行课题剖析，凝练成智慧型学校理论分析、智慧型校园文化、智慧型教师、智慧型课堂的实践研究、智慧型课程、评价六个科研主题，并细化出二级、三级主题，根据这些主题给出参考思路，形成《教育部人文社科基金项目〈智慧型学校的实践研究与理论分析〉子课题认领指南》。力求每个课题以经典案例为支撑，从细微研究点切入，进行深化研究，简单并且容易操作。

对于如何进行子课题的研究，很多教师比较疑惑(尤其是教学经验比较丰富、而科研基础几乎空白的骨干教师)。该选题指南能很好地引领教师们进行课题研究，同时，本选题指南采取留白的方式，给老师们自由发挥的空间，挖掘老师们的研究兴奋点，促进课题的研究。

【典型案例10－1】东师南湖校教育部人文社科基金项目《智慧型学校的实践研究与理论分析》研究选题指南(节选)

东师南湖校力争凸显科研特色，教科研始终秉承“以科研促教研，以教研促教学”的原则。为了使东师南湖校科学快速成为智慧型学校，东师南湖校依托教育部人文社科基金项目《智慧型学校的实践研究与理论分析——依托大学与中小学合作的学校改进的行动研究》(简称《智慧型学校》)，同时，东师南湖校的三年发展规划，确立了将东师南湖校打造成智慧型学校的发展目标。为了有效推进国家级课题的研究进程，落实东师南湖校的三年发展规划，科研处特制定了本选题指南。

附录10－1　本选题指南围绕国家级课题《智慧型学校》进行细化剖析，主要基于智慧型学校创建的理论分析、智慧型校园文化、智慧型教师、智慧型课堂、智慧型课程、评价六个方面展开课题认领①。

① 本选题指南中的课题具有双重身份，既是教育部人文社科基金项目《智慧型学校的实践研究与理论分析》的子课题，又是东师南湖校的独立的校级课题。在日后的科研工作中，学校会推荐优秀校级课题申报区、市、省级课题。

表10-1 《智慧型学校》研究选题指南

一级题目	二级题目	三级题目	参考思路	备注
智慧型学校理论分析			智慧型教育的基本内涵，对智慧型学校的实践研究的相关概念进行界定。 智慧的教育理念的校园物化的基本思路与方法。 智慧型校园的评判标准。	
智慧型校园文化	学校公共区域文化建设研究	基于主题“我长大了”的小学楼公共区域文化建设研究	基于小学、初中的主题文化墙、校园雕塑群、廊桥文化、走廊文化、墙壁文化、主题文化区域（如数学园，历史园等）、图书馆文化的设计与开发等。 也可以以学科为载体设计自己的主题文化气息，例如：“语文——书香园地”、“数学——生活中的数学”等等。	
		基于主题“_____”的初中楼公共区域文化建设研究		
		基于主题“_____”的校园文化墙建设研究		
		基于主题“_____”校园雕塑群文化建设研究		
		基于主题“_____”的廊桥文化建设研究		
		基于主题“_____”的图书馆文化建设研究		
		基于主题“_____”的主题文化区域建设研究		
	基于班级理念下的教室文化研究——基于智慧型学校实践背景	基于班级理念下的教室文化建设的实践研究——以小学部为例。	班级共性+个性的设计思路，班级文化栏目设计（如评比栏、布告栏、图书角、班旗、卫生角、班徽等）及教育意义。	
		基于班级理念下的教室文化建设的实践研究——以初中部为例		
	校园文化活动建设研究	智慧型学校的社团活动开发研究	**学生类**：1. 校内课外活动：社团活动、主题文化活动（阳光体育月、艺术节，体艺 2+1 等）、大型文艺汇演	
		智慧型学校的主题文化活动开发研究		
		智慧型学校的文艺汇演活动开发研究		
		智慧型学校的家长活动开发研究		

		智慧型学校的教工活动开发研究。	（元旦、中秋）等。 2. 校外活动：例如学雷锋活动、植树节活动等。 **家长类：**家长学校、家长会等 **教工类：**工会活动、党总支活动等。	
一级题目	二级题目	三级题目	参考思路	备注
智慧型教师	智慧型教师基本特征个案研究——基于智慧型学校实践背景		1. 收集智慧型教师的典型个案。 2. 对典型个案进行分析，进一步总结智慧型教师的共性特征。	
	智慧型教师专业成长路径研究——基于智慧型学校实践背景		如智慧型教师专业成长的关键事件。影响因素、成长阶段（路径）等。	
	智慧型教师校本培养模式研究——基于智慧型学校实践背景		基于以上两个课题（智慧型教师的典型特征和专业成长路径），从学校层面寻找培养智慧型教师的有效培训模式。	
智慧型课堂的实践研究	智慧型课堂基本特征个案研究——基于智慧型学校实践背景		具体研究切入角度根据自己的科研兴趣选择。如 1. 研究课堂行为中的提问、追问、突发事件处理。 2. 研究课堂实施中的导入、新授、练习、总结等。	可分学科研究
	教给学生智慧的智课堂研究	语文阅读教学中培养学生智慧的策略研究		可分学科研究
		小学____课堂的智慧型课堂研究		
		初中____课堂的智慧型课堂研究		
		“______”主题的同课异构研究 ——基于不同版本教科书的比较研究		
	旨在启迪智慧的有效提高学习力的课堂教学结构（教学模式）研究		如在智慧型课堂下研究提高学习力的模式、方法、途径、影响因素、路径、措施等。	可分学科研究
智慧型课程	智慧型校本课程自主开发及实践的研	旨在启迪智慧的“快乐数学”校本课程开发与实践的研究	实践：可采取问卷和访谈相结合的方式。	可分学科研究
		旨在启迪智慧的“童趣英语”校本课程开发与实践的研究		

	究 ——基于智慧型学校实践背景	旨在启迪智慧的“______”校本课程开发与实践的研究		
		旨在启迪智慧的“校园文化墙”校本课程开发与设计	本校、外校均可。老师先设计一部分墙体，让学生参观，随后给学生一部分墙体，启发学生设计。	
		旨在启迪智慧的______群体性活动开发	例如 花样跳绳活动、体艺健操等。	
	二级题目	三级题目	参考思路	备注
智慧型课程	利用现有设施进行新型校本课程开发的研究	基于“茶士港”周边设施的新型校本课程开发研究	主要是研究如何利用学校现有设施、环境条件进行新型校本课程开发的研究。	
		基于“参与式体育设施”的新型校本课程开发研究		
		基于“菜园地”的新型校本课程开发研究		
		基于__（地方设施）的新型校本课程开发研究		
	关于国家课程校本化处理的实践研究 ——基于智慧型学校实践背景	对_____（学科）课程进行校本化处理的研究 ——基于“智慧的教育”理念	1. 校本化处理的方式如梳理课、精选习题汇编、选择性使用教科书、重组教科书等。 2. 也可研究国家课程校本化处理的有效性，如影响因素和使用效果（可使用问卷和访谈等研究方法）等。	可分学科研究
		利用嘉兴资源对____（学科）课程校本化处理的实践研究		
评价		如，数学口试与笔试的综合应用研究	根据自己的研究兴趣点，围绕“智慧型学校的实践研究”中的评价问题开展实践研究。	

注：各子课题期待研究成果：研究报告、发表论文至少 1 篇。

第二节　组建科研团队、集体攻关

自学校成立以来，学校的师资力量主要由两部分人组成：一部分是来自其他中小学校的富有教学经验的名优骨干教师，另一部分均是毕业于东北师范大学与海外大学的高学历人才。合理地组建科研团队，发挥每位教师的优势，促进教师的融合，发挥合力是至关重要的，学校可以通过科学研究加速教师们的融合，发挥合力，互取长处，促进教师专业发展。

一、名优骨干教师与高学历新教师相融合

学校的两部分教师各有优势，名优骨干教师均为在教育一线工作多年的优秀教师，他们拥有着丰富的教学经验，对于学生、教材、课堂都有诸多感悟；而高学历新教师拥有良好的科研基本功，对于选题、立项、规范的研究过程都很精通。考虑到二者的特点，通过课题研究提供给两类教师依托科研互相学习，互相促进的机会。从而，国家级课题的子课题选题指南中对于子课题组成员组成有明确的指导建议：采取名优骨干教师与高学历新教师相融合的原则，即每个子课题组中既有富有教学经验的名优骨干教师，又有富有科研基本功的高学历新教师。名优教师带领新教师上好课，新教师与名优教师共同研究课题，这样的课题组构成是互利共赢的。名优骨干教师与高学历新教师相融合，势必会促进教师通过课题研究分享研究智慧。

二、典型案例分析

【典型案例 10－2】《教室文化》子课题简介

子课题基于班级理念下的教室文化建设的实践研究，该课题属于智慧型校园文化下的课题，其成员组成如表 10－2 所示：

表 10－2　《教室文化》子课题成员组成表

	姓名	性别	年龄	学历	研究专长	职称	职务	组内分工
主要参加者	朱其亚	女	34	本科	语文	一级	年级主任	立项申请书(二) 总体设计与监督 主要执笔人
	芮冬贤	女	30	本科	阅读	一级	校办副主任	立项申请书(三) 经典个案梳理与设计 101
	祝　鸣	女	28	硕士	文学	一级	班主任	立项申请书(一) 经典个案梳理与设计 102

续表

	姓名	性别	年龄	学历	研究专长	职称	职务	组内分工
主要参加者	李　颖	女	35	本科	语文	一级	班主任	立项申请书(五) 经典个案梳理与设计 103
	汲长艳	女	26	硕士	数学	一级	年级部主任	立项申请书(六) 经典个案梳理与设计 104
	刘　帅	女	25	硕士	数学	二级	科研处主任	立项申请书(四) 经典个案梳理与设计 201
	张佳欣	女	28	硕士	美术教育	二级	美术老师	艺术指导(总体)

分析：该课题组成员共有 7 人，其中 4 位教师具有硕士学历，掌握先进的理论知识，具备良好的科研功底。另外 3 位教师，教龄都在 10 年以上，对于班级管理和建设有丰厚的实践经验。先进的教育理念和丰厚的实践经验以及良好的科研基本功为课题的开展奠定了坚实基础。同时，课题组成员涵盖该课题需要的各个层面的教师，有行政领导提供学校政策上的支持、班主任提供课题研究成果实验的场地、美术老师提供班级文化设计的技术支持。

依托“名优骨干教师”与“高学历新教师”相融合而形成的科研团队，该课题组取得丰硕成果：

(1) 提高了教师综合实践素质及教科研能力。课题组成员共撰写了 13 篇经典案例(论文)，多篇获奖并发表。

(2) 在智慧的教育理念引导下，形成基于班级理念下的教室文化布置。在每个学期的教室文化建设评比中班级文化既体现“智慧的教育”的共性特点，又有根据本班学情因地制宜的个性特征。

(3) 促进和谐的师生关系，完善班级管理制度。从学生德智体美全面发展和个性特长的培养出发，引导学生积极参与班级管理制度的制定，注重发挥班级成员的助手作用，学生整体素质得到了发展，完善班级管理制度。

(4) 学生整体素质得到了发展。在实践过程中，学生逐步树立对教室环境的正确价值观和态度，在用自己的智慧和双手来设计和布置教室的过程中增强主人翁意识和自信心，同时，审美和动手能力得到潜移默化的提高。

(5) 初步形成了物化理念的教室文化建设的模式：理念切入——实践体验——总结提升。

第三节　精细化课题管理过程的实践探索

教育部人文社科一般级项目《智慧型学校的实践研究与理论分析》属于国家级课题，对一所新建的九年一贯制学校来说，落实好国家级课题的研究工作充满挑战与困难。在东师南湖校校长、东北师范大学博士生导师孔凡哲教授的引领下，科研处展开国家级课题的管理工作，精细化的课题管理过程成为智慧型教师科研规范化的助推剂。

一、设立科研工作理念、树立科研的现实意义

理念指导行为，“以科研促教研，以教研促进教育教学”是东师南湖校的科研工作原则，其目的是使工作与科研有机地结合在一起，工作即科研，使科研真正地促进工作进程。将科研工作与日常工作有机地结合在一起，把学校亟待解决的问题揉入到科研中，希望科研不是增加教师的工作量，而是更高效的帮助大家的工作和教学。

【典型案例10－3】科研与工作有机结合的案例

学校教师发展处的职责是围绕学校的教师发展开展工作，日常对于教师的培养是学校教师发展处的核心工作。教师发展处主任作为子课题负责人，与学校的各处室负责人、教研组长构成课题组，申报了《智慧型教师基本特征个案研究——基于智慧型学校实践背景》的国家级课题子课题。这样，课题研究工作就与教师发展处主任的日常工作有效结合在一起。

成功申报的16个课题都是秉承“将工作与科研有机结合在一起”的基本原则进行选题和申报的，如德育处申报了《基于班级理念下的教室文化建设的实践与研究》，以德育处主管小学的老师(一年级部主任)为课题负责人，与小学各班班主任及美术老师构成课题组开展关于教室文化的研究工作，将原本就是班主任工作之一的管理工作与课题研究相结合，在不增加教师工作量的前提下，以课题研究为契机，切实提高工作质量。

二、精细化课题管理过程理论分析

东师南湖校的科研管理模式主要包含六个环节，分别是“专家解构＋自主认领＋实践修改”的子课题认领模式；“专家引领＋案例模板＋同伴互助”的高效科研研讨模式；“广请专家＋细致点评＋精细管理”的有效课题论证模式；“小案例先行＋导研稿促思＋同伴共交流”的高效课题组内研讨模式；“组内自评＋组际交流＋学校评估”的全方位中期检查模式；“提炼总结＋成果梳理＋实践推广”适时推广研究经验。

有效发挥学校现有的硕博团队的优势、并恰当融合骨干教师团队的力量，

是智慧管理学校科研的基本思路。为此,就需要统筹规划、精细管理(如图10－1所示)。

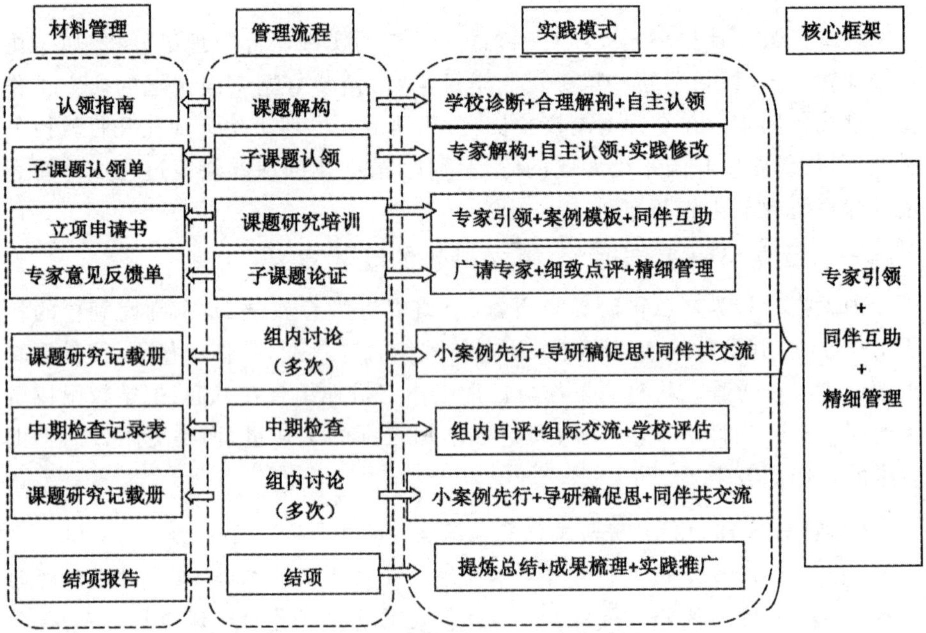

图10－1　智慧型学校精细化课题管理流程图

1.“专家解构＋自主认领＋实践修改”子课题认领模式

(1) 背景

在九年一贯制学校中开展国家级课题的研究是一个实践尝试,也是大学与中小学合作研究的一次探索,采取什么样的方式能够有效地落实好国家级课题的研究工作是学校课题管理的一个难点。万事开头难,一个良好的开端将是成功的前提。

(2) 操作过程及典型案例分析

经过校长孔凡哲教授的专家引领与悉心指导,国家级课题由专家与课题核心组成员进行课题的初步解构,并在全校范围内召开会议,进行解构后的子课题认领,各个课题组在认领后可以根据自己的研究兴趣点及实践情况进行题目的修改与调试。

在“专家解构＋自主认领＋实践修改”子课题认领模式下,“专家解构”保证子课题方向与国家级一致,并保证子课题具有科学性和必要性;“自主认领”保证各子课题组的教师都是自愿地进行课题研究工作,既是自愿选择,便会根据自己的研究兴趣点进行认领,并自愿进行课题研究,这样使课题具有可行性;“实践修改”是保证课题理论与实践的有效对接,课题的适时修改与调试能够使其研究进程更加顺利的开展。

【典型案例 10－4】子课题认领会纪实

2013 年 1 月 28 日上午 9:30，东师南湖校召开了国家一般级课题《智慧型学校的实践研究与理论分析》子课题认领会，会上，校长孔凡哲作为专家阐述了国家级课题的研究意义、研究思路，子课题项目人数、人员构成的相关要求，为顺利开展子课题认领指明了方向。

会上，全校教师自愿分组、选择研究项目，并以子课题组为单位，就研究目标、研究问题、研究思路等进行组内讨论。会后，在一段时间内，各个课题组根据自己组内成员的教育实践对于本子课题组的题目进行了反复修改、调适与确认。

学校子课题认领会是一个很好的开始。通过本次认领会，形成全校教师开展“全民”科研的良好局面，增强了学校教师对选题的认识，对教师施行进一步的课题研究很有启发。同时，“专家解构＋自主认领＋实践修改”子课题认领模式，促进教师科研意愿，激发全民科研的热情。

促使教师将科研工作与日常教育教学工作有机结合，把智慧型学校创建面临的种种问题融入科研当中，使工作即科研，让科研真正起到促进工作的作用，从而更加高效地帮助全体教师提升教育教学质量，使科研成为打造智慧型学校的有效助推力！

2. “专家引领＋案例模板＋同伴互助”高效科研研讨模式

定期的课题负责人交流会是国家级课题正常推进的必备要素之一，“专家引领＋案例模板＋同伴互助”的高效科研研讨模式，作为东师南湖校科研工作的实践探索，已初见成效，不仅实现了规范的教育科学研究与学校教育教学实践自然融合在一起，而且，科研引领教师快速专业成长成为现实。其中，“专家引领”为课题论证会提供的技术保障，从宏观上起到引领作用；“案例模板”为课题负责人提供样板发挥微观示范的能量，使大家知道如何将技术转化为实际，同时，案例中也涉及一些问题，引起大家进行“同伴互助”，使大家可以通过热烈的讨论为共性的问题寻找良好的解决方案，使各个子课题之间能够互相学习交流，取长补短，共同进步。

【典型案例 10－5】课题论证校级交流会纪实

主题为“如何进行课题论证会”的课题负责人交流会，旨在通过会议引导和帮助各个子课题组顺利地进行课题论证。

会议期间，校长孔凡哲发挥专家引领作用，就课题论证的核心内容展开了详细而生动的校本培训，为课题论证指明方向，使与会的子课题负责人感受到课题论证的价值和意义,并掌握了课题论证的核心技术。

随后,科研处主任刘帅从学校科研优势与改进分析、课题论证的含义、课题论证的价值、课题论证会的流程四个方面,介绍2012学年第二学期校级课题进展工作的安排,为课题论证的开展提供了参考意见,并明确课题论证会的流程与要求。

其间,与会教师经过充分交流与商讨,明确学校科研工作应与日常工作紧密结合。落实"工作即科研,让科研指导工作"的科研路线,以期将科研融入到日常教学当中,以科研促教研,以教研促进教育教学。借助科研解决教育教学中的相关问题,以便更好地发挥科研的功能。

会议中子课题负责人汲长艳就《旨在启迪学生智慧的"快乐数学"校本课程开发与实践的研究》子课题进行了现场开题论证,为大家提供了课题论证的模板。学校教务处主任万胜明带领大家对该课题进行了深入的分析与讨论,各个子课题组也纷纷说出自己组内遇到的问题,各位负责人出谋划策,通过同伴互助的热烈讨论使与会人员受到极大启发。

3."广请专家+细致点评+精细管理"有效课题论证模式

详尽细致的课题论证会是国家级课题有效进行的必备要素,课题管理采取"广请专家+细致点评+精细管理"的有效课题论证模式。

每次课题论证会,学校都会从大学层面、基础教育行政层面邀请专家进行课题论证会,目的是大学层面的专家善于从教育理论的角度审查问题,而基础教育行政层面的科研专家了解基础教育的实践,能够从实践层面给出合理建议。

在课题论证会上,各个层面的专家及与会人员对于课题要进行全方位的细致点评,使被论证课题能够了解自己的问题所在,并在大家的点评与指导下找到研究的前进方向。

为做到精细管理,科研处在对子课题进行课题论证时的管理方式更加细化,课题论证会上全程录音,用于帮助各个课题组进行资料的收集,课题论证会上发给每位专家一份专家建议收集表,请各位专家将对于本课题的想法和建议写在上面,保留住最重要的信息。

【典型案例10-6】子课论证会纪实

2013年3月26日,东师南湖校召开子课题论证会,本次论证会采取"广请专家+细致点评+精细管理"的课题论证模式。"广请专家"中不仅邀请校内各个学科的专家,而且还邀请到了区科研专家费岭峰主任到会指点,以期通过多学科多层次的视角审题每个课题,从多个角度对于子课题进行全方位立体式的论证。"细致点评"是规定每个课题组进行论证是都有两位专家主评,其他专家辅评,并邀请每位专家针对于每个课题组的论证内容填写《评审专家反馈意见表》，通过这样的精细化的管理方式使每个课题组都能享受到每位专家的细致点评，使课题论证达到最好的效果，使每个子课题组通过课题论证会得到细致、有用的建议和意见。

此次课题论证会全程近4个小时，专家认真、耐心、细微的点评为各课题组成员进行课题研究指明了方向。值得一提的是与会教师牺牲自己的休息时间，富有科研热情地认真倾听、学习与交流，明确了“工作即科研，让科研指导工作”的科研路线，使科研与工作完美地融合，增强了从事科研的信心，以期将科研融入到日常教学当中，解决教育教学中的相关问题，真正实现学校“以科研促教研，以教研促进教育教学”的科研工作方针。

4．“小案例先行＋导研稿促思＋同伴共交流”高效课题组内研讨模式

子课题在经历课题论证会后便正式立项，课题研究驶入常态化研究轨道，如何进行子课题组内的研讨是优质高效的呢？带着这个问题，科研处进行了积极探索，目前，得到一种初见成效的子课题组内研讨模式：“小案例先行＋导研稿促思＋同伴共交流”：

“小案例先行”即子课题组负责人或课题组核心成员先就本课题研发出小案例（课例或者文章）。在子课题研讨会之前，将“小案例”发至每位课题成员处，为了能够保证课题研讨会优质高效地进行，使课题成员在研讨会之前就对案例有所思考，可以利用“导研稿促思”。将导研稿与小案例一并发到课题成员处，让课题成员将自己的想法先写在导研稿上，这样在组内课题研讨会上，每位成员都会基于自己已有的思考与大家展开热烈的交流，使子课题组内的研讨会能够在较短的时间内解决较多的问题。

【典型案例10－7】旨在启迪学生智慧的数学课外阅读材料设计研究课题组研讨纪实

2013年4月18日上午8:00～9:30，该课题组进行了子课题组内研讨活动。会议召开前一天，课题负责人将精选的3篇课题组初步研发的“小案例”（文章）和按照本次会议主题及案例结构研制的课题导研稿发至每位教师的手中，期望导研稿能促进课题组成员对相关问题的深入思考。通过研讨会现场观察，效果很好，与会教师都带着深入的思考参加会议，现场讨论气氛十分热烈，通过5位教师的同伴交流，最后就相关研讨问题达成共识，共同制定了下一步的课题研发与实施计划。

“小案例先行＋导研稿促思＋同伴共交流”的课题研讨模式使每位教师都参与到研究之中。基于小案例载体，在导研稿的促进下，每位教师都努力地思考问题，成为研究的主角，通过热烈的同伴交流，分享研究智慧，经过激烈的辩论和头脑风暴后，课题组就文章结构和设计说明达成共识。课题研讨的效率大大提高，有效地促进了课题研究的进程。其实，真正有效的研究就应该是在不

断的思考、辩论和研究中深入进行的。

5.“组内自评＋组际交流＋学校评估”全方位中期检查模式

及时的中期检查在科研管理中十分重要,可以很好地激励各个课题组有效开展科学研究活动。在中期检查中,东师南湖校科研管理采取了“组内自评＋组际交流＋学校评估”的检查模式。

组内自评是发挥自我诊断的作用,课题组内根据《课题研究记载册》记录的研究过程进行自查,对照《立项申请书》核对自己完成了哪些研究任务,还有什么研究任务没有完成。组内自评使课题组在研究中及时校正了研究方向,为预定目标的达成奠定坚实基础。

组际交流起到同伴互促的作用,通过交流,每个课题组能够取长补短,共同进步。

学校评估是根据各个课题组的自评报告及下一步的预期研究计划进行评估,推进每个课题组的研究进程。

6.“提炼总结＋成果梳理＋实践推广”适时推广研究经验

子课题结项及推广是课题研究的结束环节,经历了一至两年的研究过程后,各个子课题将自己的思考与研究工作及时进行提炼总结与成果梳理,形成典型案例、论文,以公开课或者文章发表的形式进行推广。全校及时进行观摩学习,将课题研究的成果推广开来。

同时,学校还采取奖励发表获奖、举办专项征文活动等方式,鼓励教师推广研究经验。

第四节　建立科学规范的科研扶持政策

一、申请科研配套经费

学校为了保障教师的智慧成长,课题能够有序地开展研究,建立了科学规范的科研扶持政策,其中包含针对于课题的课题研究经费,用于保障学校各级各类课题能够高质量有保障地完成研究任务。经费中也包括了对于教师论文发表和获奖的奖励经费,激励教师自发地将“科研与工作”结合在一起,遇到问题时,能够自发地用科研意识发现问题、提出问题、分析问题并解决问题。解决问题后将自己的成功经验撰写成案例或文章与其他教师分享,共同进步。

二、课题研究配备相应额度的经费支持保障

学校各级各类课题均配备了相应额度的经费支持,可以保障各个课题开展丰富的研究活动,保障课题研究的顺利开展。经费可以促进课题更加科学地开展研究。

【典型案例 10－8】课题配套经费及其使用

在课题论证阶段，每个课题可以邀请自己领域的权威专家进行课题论证活动，听取专家们的宝贵意见和建议，为课题明确研究方向，厘清研究思路。课题研究阶段，课题成员可以使用相应经费购买相关书籍进行理论学习，还可以组织大型的研究活动。课题结项阶段，研究经费可以保障研究成果的出版和推广等等。

为了确实拓展教师的学术视野、课程教学视野，学校扶持教师立足本职工作、选择国际国内前沿问题开展基于本校实践的实证研究，并资助相应的经费外出参加国际国内学术交流。小学数学团队之所以快速成长，得益于这项扶持政策。

【典型案例 10－9】享国际数学教育盛宴，汲各家教育教学精华——东师南湖校数学团队入选华人国际会议

2014 年 5 月 22 日至 23 日，首届华人数学教育会议在北京师范大学如期举行。本次会议邀请了国内外数学与数学教育领域内的华人学者做大会报告，分享发展中的华人数学教育成果，凝聚华人数学教育力量，商讨华人数学教育发展事宜，激发起关于数学教育的世界性的深度对话。东师南湖校校长孔凡哲、小学数学教师刘佳、汲长艳、马晶参加了本次会议。

图 10－2　东师南湖校孔凡哲校长带领小数团队在大会上发言

本次大会共分 8 个主题会场，从已有的研究成果和反思、1～12 年级数学课程实践与反思、数学学习与评价和民族地区数学教育四个大方面做了汇报和讨论。孔校长应邀做数学学习与评价主题会场的主持人，并与东师南湖校

小学组实践数学多元化评价的汲长艳、刘佳、马晶三位教师一起，就学校在小学数学课堂教学采取激励性评价新方式、口试与笔试相结合的数学学业评价、以游园活动为载体的数学表现性评价等方面的实际工作做了重点汇报，引发会场同仁的广泛关注和深入交流，让与会老师眼前一亮、受益匪浅。

在大会闭幕式上，孔凡哲校长作为“数学学习与评价”专题的首席代表，进行大会发言，孔校长对于“数学学习与评价”专题八个大会报告的简洁概括，以及对于未来评价的发展趋势的见解，得到与会代表的一致好评。

图 10－3　孔凡哲教授代表数学学习与评价组作大会发言

此次北京之行，不仅把东师南湖校在数学教育评价方面的实践探索进行了总结汇报，而且让世界范围内数学教育研究领域内的众多专家、教师关注到了走教育家办学之路的东师南湖校，关注到了采用 UGS 模式进行合作办学的浙江省嘉兴市南湖区在评价改革上的新突破，也是南湖区践行绿色评价的新成果！

三、规范的科研奖励机制

为了促进教师的智慧成长和专业发展，提升教师的科研意识，学校制订了规范的科研奖励机制，对于从国家级到区级的各类奖项都有明确的奖励办法。奖励机制作为外部动力促进教师将科研意识与日常工作结合在一起，使教师在一定阶段里将科研内化为工作习惯，逐渐由外部动力转化为内驱力，变“要我做研究”为“我要做研究”。

四、帮助教师选择智慧途径凝练科研成果

在中小学教学一线，教师们进行科学研究时，看问题、想方法、说观点、开研讨课都没问题，但一说到写论文，就谈虎色变，普遍不会写，不敢写，没时间写。考虑到教师的工作千丝万缕，工作强度大，科研想要凝练科研成果就必须选择智慧的途径，在不增加教师工作量的前下提逐步引领教师凝练科研成果。

凝练科研成果智慧途径1：专家培训引领＋案例征集活动＋专题征文活动

在国家级课题结项阶段，首先由课题负责人及国内专家进行写作的专项培训。

再次，理清课题研究问题，梳理课题研究成果，培训论文写作技巧，为教师凝练科研成果提供技术性保障。

然后，科研处举办案例征集活动，先从教师们拿手的案例开始，让教师们先着手撰写小案例，积累研究资源，操练写作技巧，树立写作信心。

最后，举办大型专题征文活动，在案例征集的基础上引领教师撰写字数较多且科学规范的论文。同时，举办征文活动时，要为每位教师提供“课题概念界定”“课题论文样例”“论文书写规范”等资源帮助教师们进行论文撰写。

正是实施“专家培训引领＋案例征集活动＋专题征文活动”的推进方式，使广大教师在专家的引领下逐渐能写、会写、乐写。

凝练科研成果智慧途径2：变常规工作总结为研究性论文

教师的日常工作强度大，活动多，科学地整合活动，可以激发教师的写作欲望。从而，东师南湖校凝练科研成果智慧途径二就是“变常规工作总结为研究性论文”。

在日常教学工作中，班主任有班主任工作总结，各处室有处室工作总结，东师南湖校要求每位教师的工作总结不需要写常规之事，就写工作中的创新点和改进点，将工作总结变成研究性论文，使科研自然地和融合在日常工作之中。

第五节　利用学术优势和现场培训引领教师智慧发展

学校采取UGS模式办学，拥有国内外最前沿的资源、学术优势和人力物力资源，发挥专家治学、高学历师资的双重优势，由大学的教育专家亲临一线指导，诚邀国内外知名学术专家对于学校教师进行培训，借科研的利器，促进教师的智慧成长，为学校快速发展提供平台。

一、引进校外专家,现场临床会诊、专业引领

(一) 专家深入课堂实地指导、献计献策

针对学校改进中的实际问题,如何提出切合学校教育实际的良策,是每所中小学的难题。东师南湖校充分利用校长作为国内知名学者的资源,有针对性地引进校外专家,临床会诊。

【典型案例 10－10】东北师大专家团队深入东师南湖校临床诊断献计献策

为了更好地促进学校快速发展,东师南湖校 2014 年 9 月 22 日、23 日迎来东北师范大学"学校改进与大学中小学伙伴协作"专家指导团队。

东北师范大学教育学部副部长吕立杰教授(博士生导师)、东北师范大学教育学部初等教育学院院长陈旭远教授(博士生导师)为首,率"学校改进与大学中小学合作"专家指导团队一行六人,于 9 月 22 日自杭州前来嘉兴,针对东师南湖校的办学现实问题进行现场诊断和技术指导。

六位专家深入学校课堂、教师办公室、食堂、阅览室等场馆,进行临床诊断,为学校改进进而快速发展献计献策。

在广泛调查分析的基础上,23 日下午,"学校改进与大学中小学合作"专家指导团队与全体教师进行学校改进专题学术座谈会,针对东师南湖校的校本课程开发、校园文化、教师专业发展对策、优质高效课堂等诸多现实问题,进行深入的分析研讨。

研讨期间,东师南湖校分管小学、初中的教学校长、各位年级部主任、骨干教师和新入职的硕士纷纷现场咨询,专家团队的吕立杰教授、陈旭远教授、田立君教授、李娜博士针对综合实践活动的实施策略、校本课程开发的技巧、国学校本课程的实施策略、教研机制建设和教师专业发展策略,进行了深入、充分的学术研讨,全场教师获益颇丰。其间,来自东北师大的青年硕士、来自嘉兴的骨干教师纷纷向专家提出自己教育教学中的疑难困惑,专家的"妙思、高招"给会场营造了温馨而热烈的研讨氛围。

如何切实促进教师专业发展、实现优质高效课堂进而创建智慧校园、启迪每位学生终生受用的智慧,东师南湖校正在进行一系列"顶天——来源于现代教育理念,立地——根植于中小学教育教学实践"式的学术研讨活动。

(二) 引进校外专家专题化解师生心理难题

由于学校新建、青年教师与骨干教师来源不同、需要融合的实际,为数甚多的教师出现心理问题,有的与自身的教育教学直接相关,有的困囿于学生心理教育的技术、技巧。为此,学校按照原定计划于 2014 年 10 月份开展基于学校实践的教师心理、学习心理的专题活动。

【典型案例 10－11】心理专家亲临指导 UGS 优势凸显—东师刘晓明教授到

东师南湖校培训指导

2014年10月22日，东北师范大学教育学部心理学系教授、博士生导师、教育学博士后、心理学博士、国家基础教育实验中心中小学心理教育研究中心主任刘晓明教授应邀来东师南湖校培训指导。

学校领导高度重视本次活动的开展，特邀请嘉兴市南湖区心理教研员陈尔胜老师出席。全体教师聆听了刘晓明教授关于《中小学生的心理发展与教育策略》、《教师的心理健康与自我调适》两场专题讲座。

上午，学校全体班主任、副班主任在学校三楼会议室参加培训，活动由学校副校长王丽华主持。刘教授以深厚扎实的理论功底，宽广深入的专业视角，通过具体的案例分析，从“现代学习论的发展与演进、现代学习论教学观、建构在现代学校论基础上的教学”三个方面，深入浅出地阐述了现代学习论与有效教学的模式。同时，以促进人的发展为基本出发点，从心理学的专业角度，为大家梳理了教师的专业发展历程、专家型教师的特征，给予教师以学生智慧的生成者、学生学习的引导者、人际关系的调节者、心理发展的促进者、心理健康的维护者的角色定位。为学校教师、尤其是班主任教师的育人理念与方式增添了更多的智慧因素。

下午，在学校四楼会议室开展了针对教师心理健康的专题讲座。活动由学校副校长周勇主持，学校全体教职员工到场参加。刘教授以生动的案例、翔实的数据、社会的现实等为背景，谈了关注教师心理健康的必要性，分析教师心理问题的成因，介绍了促进教师心理健康的策略与自我调适的方法，对教师进行心理素质的培养，促进了教师职业幸福感的提升。

刘晓明教授的讲座生动、精彩、理论性高、实践性强，开拓了学校教师的视野，帮助教师在高负荷的工作中建立良好的积极心态、提升职业幸福感的有效自我调适方法，博得了全体教师的一致好评。

本次活动，凸显了大学与政府合作办学的优势，来自优质大学学术专家的高水平培训讲座，为中小学一线教师带来最新、最好的理论与实践指导，进一步坚定了东师南湖校教师践行“智慧的教育”办学理念的信心。

二、关注教师科研能力在实践中的快速提升

在“以科研促教研，以教研促进教育教学”的科研方针下，东师南湖校全体教师都参加到了科研工作中来，学校形成了良好的科研氛围，教师们的科研能力在实践中得到了快速提升，成为智慧型教师。

【典型案例 10－12】初中数学学科的骨干教师周立志老师两年间的"蜕变"

<table>
<tr><td colspan="2">基本情况介绍：初中数学骨干教师，党员，入职前教龄九年，中学一级教师。入职东师南湖校两年，先后承担了国家级课题子课题和区级课题的研究工作，并晋升为中学高级教师，市级学科带头人。</td></tr>
<tr><td>入职前九年</td><td>入职后两年</td></tr>
<tr><td>2007 年荣获庆元县"优秀教师"称号；
2008 年 11 月荣获庆元县第九届初中数学学科教坛新秀；
2008 年案例《琢"玉"记》获市级三等奖；
2008 年论文《借得东风好扬帆》获市级一等奖；
2008 年论文《浅谈数学实验在数学课堂中的运用》获省级三等奖；
2011 年论文《化"缺憾"为"完美"》获市级一等奖。</td><td>2013 年论文《创设有效教学情境，构建高效课堂》发表于《中学课程辅导.教学研究》2013 年第 3 期；
2013 年论文《巧用课堂中的典型错误提升课堂效率的若干策略》发表于《中学教研(数学)》2013 年第 4 期；
2013 年获得嘉兴市初中数学说题比赛一等奖；
2014 年执教《一元一次不等式组》荣获嘉兴市双高课一等奖；
2014 年被评为南湖区学科带头人；
2014 年被嘉兴市教育局评为嘉兴市第十一批学科带头人；
2014 年论文《巧用课堂中的典型错误提升课堂效率的若干策略》荣获嘉兴市第十九届社会科学优秀成果奖三等奖；
2014 年论文《基于分享式教学的实践与感受》发表在《中学数学教学参考》；
2014 年嘉兴市初中数学学科带头人，"携手农村行动"嘉善县专场活动执教公开示范课；
2014 年被评为南湖区第七届南湖区优秀教师；
2014 年获得南湖区班主任基本功大赛二等奖；
2014 年执教南湖区 90 学时培训说课示范课。</td></tr>
</table>

通过前后对比，我们可以发现具有九年教龄的周老师，入职东师南湖校后承担了国家级课题子课题和区级课题的研究工作，其科研能力和专业能力都有了突飞猛进的发展，其入职后两年的论文发表数量和执教公开课的数量远高于前九年，并且在科研氛围的熏陶下，其专业能力提升迅速，被嘉兴市教育局评为嘉兴市第十一批学科带头人，其执笔的《巧用课堂中的典型错误提升课堂效率的若干策略》论文被嘉兴市人民政府授予"嘉兴市第十九届社会科学优秀成果三等奖"。

回顾以科研优势实现智慧成长、快速发展的历程，选择这条道路其实就是一种智慧选择：不仅在于可以有效发挥专家治学、高学历师资的双重优势，而且，能有效利用嘉兴特殊地域优势和深厚文化；不仅能凭借大学与地方政府合作办学而得到的扶持政策，而且拥有国内外最前沿的资源、学术优势和人力物力资源。这也正是骨干教师能在此环境中得到快速成长的秘诀之一。

【典型案例 10－13】新闻报道：国家级课题助推东师南湖实验学校打造智慧

型学校①

2015 年是东北师范大学与南湖区政府合作办学的第六个年头，也是东师南湖校正式运行的第三年，同时，还是教育部人文社会科学基金项目《智慧型学校的实践研究与理论分析》结项验收的年份。

2011 年 12 月，校长孔凡哲教授牵头，率本校硕博团队力量，组织申报了教育部人文社科基金项目《智慧型学校的实践研究与理论分析》，2012 年 2 月获批。这是嘉兴地区以一所中小学校力量独立申报并获得成功的为数不多的国家级科研项目。

项目之所以获得成功，很重要的一个原因就在于研究问题的前瞻性，即"智慧型学校的实践研究"作为全国中小学校亟待探索的学术前沿问题，一直是国内学术界和中小学领域普遍关注而尚未解决的实践难题。

作为国内基础教育的领军人物，时任东北师范大学校长的史宁中教授 1998 年 10 月在《教育研究》发表的《关于教育的哲学》一文中首次提出"智慧的教育"，并指出教育应该分为三个阶段，即从"经验的教育"到"知识的教育"，再发展为"智慧的教育"。

作为国内教育理论研究领域领军人物之一的田慧生教授 2005 年 2 月在《教育研究》发表《时代呼唤教育智慧及智慧型教师》一文中提出"培养智慧型教师"、"让当今学校教育和课堂教学充满教育智慧"的呼吁。随后，在其倡导下，教育科学出版社策划了系列丛书《教育智慧与智慧型教师研究丛书》，并于 2006 年开始陆续出版发行，内容涉及智慧型教师、智慧型课堂文化等，而唯独缺少关于智慧型学校、智慧型校长的理论分析与实践研究。

2012 年 1 月，田慧生教授在《中国教育报》发表《提升教育品质呼唤智慧型校长》一文，提出了"对个体而言，智慧是人生的一种品质状态和境界；对教育而言，教育智慧则首先体现为教育的一种品质状态和境界"；"智慧型校长应有思想、有能力、有胸怀、有个性"等观点。

自 2012 年 2 月项目批准立项、实施研究，三年间，在东师南湖校全体教师员工的共同参与下取得了很大成就。

一方面，揭示了"智慧的教育""智慧型学校"的基本内涵，探索出"智慧型学校"的运行机制和基本规律。其中，立论的基点沿用从"知识的教育"到"过程的教育"发展而来的"智慧的教育"，并将"智慧的教育"内涵发展为"智慧成长、可持续发展"。

另一方面，以"智慧的教育"作为九年一贯制学校的办学理念，利用三年时

---

① 张艳丽，王琴芬，王韶韵. 让每个儿童获得智慧成长、可持续发展的"金钥匙"——国家级课题助推东师南湖实验学校打造智慧型学校[N]. 嘉兴日报. 2015 年 3 月 5 日第 14 版(综合版). 光明网(http://tech.gmw.cn/newspaper/2015－03/05/content_104894293.htm)、新民网、南湖新闻网等转载.

间,形成与“智慧的教育”办学理念相匹配的校园文化、教育教学运行机制,揭示了“智慧型教师”成长的基本规律,分析“智慧型课堂”的基本特征,探究与“智慧的教育”相匹配的校本课程的具体实施方案及其典型案例,并在两年时间内成功培养出 4 名地市级学科带头人,3 名区级学科带头人、区级教学能手。

课题组在三年内在国内权威学术期刊《中国教育学刊》《人民教育》《教育发展研究》《全球教育展望》等公开发表学术论文 20 篇,出版著作两部,其中,国内核心期刊 17 篇。论文《巧用课堂中的典型错误提升课堂效率的若干策略》《我国小学数学纸笔测试题存在的问题及对策研究》还在 2014 年 12 月被授予嘉兴市第十九届社会科学优秀成果三等奖。

值得一提的是,课题组取得的核心成果《学生可持续发展的评价标准及其保障措施》等在国内学术领域公开发表后获得积极反响。从理论与实践两个层面印证了一种新型的合作办学模式的成功,不仅对周边学校起到良好的辐射作用,起到了“鲇鱼效应”,更在国内中小学校运行机制领域闯出一条新路,即“公办保障、民办运行”。同时,智慧型学校文化建设、特色课程建设的诸多成果,也被分享到周边的许多学校。2014 年 1 月,该校成功创建为浙江省义务教育Ⅰ类标准化学校,2015 年 3 月成功创建(地市级)中小学数字化校园示范学校。

不仅如此,几年来,学校教学质量也快速发展。学校融东师之魂、汇南湖之灵,有效发挥理念引领、专家治校、文化互补的优势,办学质量跃居当地同类学校前列,形成“把握学科本质、平时学得轻松、考试发挥水平”的办学特色。

目前,专家治学、科研强校、硕博团队,骨干教师团队和特色强校,已成为该校办学的一大亮点。正所谓,合作办学激活优质资源,专家治学孕育智慧文化,科研兴校助推师生成长,专业团队创造专业成效。

第十一章
特色课程与智慧考试

特色是一所学校发展的不竭动力，也是智慧型学校所必需的。发展特色课程，尤其是，发展以启智为中心的特色课程，是创建智慧型学校的一项核心工作。

第一节 学法指导课程化的实践路径[①]

长期以来，受应试教育、功利主义的影响，我国中小学教师习惯于“教会”，学生习惯于“学会”。而教育的根本目的在于促进学生的终生可持续发展。为此，“会学”比“学会”更重要。已有研究表明，“学法指导是学生主动学习的核心”[②]“学习方法是可教的”[③]。学法指导是学生由“学会”到“会学”必不可少的有效途径，杜郎口中学、洋思中学等的改革亮点似乎在其“形”——教学模式创新，而本质却在其“魂”——学法指导。

在我国，学法指导兴起于20世纪70年代末80年代初，20世纪90年代后，随着国外学习理论传入国内，学法指导被渗透在中小学若干学科教学之中，不仅有研究者认为学法渗透课是亟待关注的教学研究领域[④]，而且有研究者提出，“在理解研讨学习法的基础上，学会运用研讨学习法进行学习，实现学会的同时达到会学、乐学”[⑤]以及“元认知能力是学法指导的核心”[⑥]等观点。这些理论思考层面的研究，相对零散，难以物化在中小学实践之中。

---

① 本节主要参考：万胜明，王丽华，刘帅，穆闫琨. 学法指导课程化的路径探析——以九年一贯制学校N校为例[J]. 中国教育学刊，2015，(3)：75－79.

② 孙富强. 初中数学教学五种指导策略探究[J]. 上海教育科研，2010，(4)：80－81.

③ 刘晓明，迟毓凯. 学习策略研究与学法指导内容的重构[J]. 中国教育学刊，1999，(1)：49－51.

④ 张相学. 学法渗透课：亟待关注的教学研究领域[J]. 教育理论与实践，2012，(34)：56－59.

⑤ 陈伟，谢铁丽. 基于研讨式五步教学法的学习方法指导[J]. 兰州教育学院学报，2012，(3)：161－162.

⑥ 庞超波，蒋振宇. 学法指导与学生元认知能力[J]. 才智，2011，(14)：150－151.

为了切实营造"平时学得轻松""智慧学习、快乐成长"的学风,帮助学生"会学""学会",东师南湖校统筹设计学法指导系列课程,并与国家课程、地方课程融为一体,在学校层面全面推行学法指导系列课程,包括学法指导专题讲座、学法指导校本课程、学法指导渗透式教学、学法指导主题班会、心理疏导类课程、学法指导个案诊断等。

其中,学法指导专题讲座从全年级层面解决学法指导的共性问题;学法指导校本课程、渗透式学法指导、学法指导主题班会、心理疏导类课程,是常态开设课程,从班级层面保障多学科学法指导的有序进行;学法指导个案诊断则是从"淡化差、尊重异"的角度对个体进行学法指导,满足学生个性发展需要。三类课程之间相互协调,共同组成"会学"与"学会"兼顾的新型课程体系。

一、学法指导专题讲座

开展学法指导专题讲座,在国内中小学校并非鲜见,但散见于数学等个别学科,而且往往出于教师无意识、无计划的个人行为。

东师南湖校从学校层面统一规划,通过定期举行的专门讲座,对初中全员学生进行学法指导,不仅能够帮助学生找到适合自己的学习方法,平时学得轻松,而且,系列学法讲座能够营造良好的学习氛围,形成"比、学、赶、帮、超"的良性学习环境。

从内容上划分,专题讲座包含通识性讲座和学科类讲座两种,前者旨在揭示学习的整体思路,后者旨在诠释每个学科特有的学习规律。

(一)通识性讲座

通识性讲座是指对全员学生进行基础性培训,在学科之间不存在较大差别。比如,针对七年级新生,聚焦初中与小学的学习差别,重点开展中小学衔接类的学法讲座,分析初中的听课方法、课堂笔记技巧、错题整理方法、课堂提问窍门等等,旨在帮助学生明确中小学学习方式的异同,避免学习过程中出现不必要的失误,确保学习效率和学习效果;针对八年级学生的讲座则能够帮助其调整心态、优选学习方法,进一步提升自己;针对九年级学生的讲座则重在明确毕业班的学习侧重点、每个阶段的努力方向,避免学生不必要的学习焦虑,甚至学习迷茫、考试恐惧等。

(二)学科类讲座

与通识性讲座相比,学科类讲座更具针对性,能够针对不同学科特点、学生心理发展水平,选择适合该年级学生特点和该学科特点的讲座内容。

凭借系列化的学科类学法指导课程,学生对相应学科所特有的学习方法,有了更深刻的认识。这为学生迅速掌握相应的学习策略、提高学习效率,提供了有力保障。

【典型案例 11－1】面向七年级新生的学法指导数学讲座

针对七年级数学学习，周老师在讲座中首先明确指出中小学数学学法的差异，诸如小学数学知识属于初步介绍，其抽象程度较低。随着抽象程度的不断加深，尤其是数学从具体到抽象，由文字发展到符号、图形，从确定数学走向不确定数学，学习内容发生根本变化。然后，根据学习的四个环节（预习、听课、作业、反思），对数学学法进行分层次、分步骤的指导，要求做到"多思、勤思、深思、善思"，用耳朵听、用眼睛观察，主动联想、猜想、归纳，逐步树立批判意识，学会反思。周老师还以平时形成性练习为例，重点分析了数学中的直接法、间接法、数形结合法、特殊值法等常用解法的特点、利弊，帮助学生进一步明确数学试题的来源，进而能够从试题命制视角思考问题，而不仅仅从答题者视角把题目答对，更要学会分析数学题目背后的内涵及普适规律，学会联想、善用变式。

二、学法指导校本课程

开设校本课程是国家倡导、许多中小学校积极探索的重要话题。长期以来，由于受课程开发技术、专门人才等限制，校本课程开发、实施举步维艰。同时，实际运行的校本课程开发主要集中于国家课程校本化（或"二次开发"），以及开发具有地域特色的乡土类校本课程。而"学习策略不仅应该而且能够成为校本课程开发的重要领域"①，其难点和焦点在于这类课程究竟包含什么内容、与国家课程如何呼应等等。

东师南湖校的实践表明，与国家课程"数学""语文"等平行开设学法指导校本课程，是学法指导课程化、显性化的关键。其主要目的在于有计划、有目标、成体系地培养学生所需的学法，其内容与国家课程内容同步而各有侧重。东师南湖校目前开设了《快乐数学》《科学殿堂》《英语影视欣赏》等多学科相互配合的学法指导校本课程，并每周一课时列入日常课程表之中，确保其有序实施。同时，这些课程与相应学科课程同步推进，并在课程内容上适当拓展。

【典型案例 11－2】《快乐数学》校本课程

（1）《快乐数学》的课程目标与开设形式

作为东师南湖校学法指导校本课程之一，《快乐数学》亦称《数学梳理》，是以相应年级数学内容的激趣、系统梳理和适度拓展为切入点，结合数学活动、数学史话、生活中的数学、国外教科书等为学习材料，培养学生"多观察、勤动手、善思考、巧梳理、敢应用"的习惯，旨在激发学生的数学学习兴趣，感受数学学习的作用和价值，帮助学生实现"乐学"。该课程注重数学学习基本方法的系统诠释，注重提升学生的数学思维品质，培养勤反思、善思考的自觉

① 刘电芝，田良臣. 学习策略：校本课程开发的重要领域[J]. 课程·教材·教法，2000，(7)：6－8.

意识，注重引导学生发现问题、提出数学问题并加以分析和解决问题的自觉意识，学会“戴一副数学的眼镜看问题”，形成主动寻找最优方法、最佳途径的意识和能力，提升“能学”的本领。《快乐数学》每周五开设一节，教学重点放在及时梳理本周新学内容，即，将每节、每天、每周、每月、每学期的学习结果系统化，建立相对完善的认知结构，形成自主学习能力和良好的反思能力，切实提升学生“会学”的本领。

(2)《快乐数学》的课程内容

《快乐数学》校本课程的内容主要包含：生活中的数学、活动中的数学、思考中的数学、实践中的数学和梳理后的数学五部分内容。

其中，“生活中的数学”和“活动中的数学”主要通过数学内容的实用性和活动性，激发学生的数学学习兴趣，变“要我学”为“我要学”，达到“乐学”目的。

“多角度想数学”和“实践中的数学”主要是拓展数学内容的认识角度，在实践中感受数学之有用。例如，对于七年级数学“绝对值”概念，教学不局限于教科书给出的传统定义“点到数轴原点的距离”，而是全面展示绝对值的代数意义，即数 a 的绝对值其实就是 max{a，－a}。如此，可以在核心概念的本质内涵的对比分析之中，拓展思维、提升认识。

“梳理后的数学”主要是数学梳理图的制作，包含预梳理、单元梳理和模块梳理，旨在帮助学生通过制作梳理图进行自我管理，坚持每节、每天、每周、每月、每学期的学习结果的系统化，引导学生由“学会”到“会学”。针对学生的问卷调查和聚焦式访谈显示，开设《快乐数学》课后，半数以上的学生用“有用”“有趣”“好玩”来刻画上数学课的真实感受。

(3) 单元梳理图简介

每单元结束时，教师组织学生、立足本单元知识的内在联系，自己制作“单元梳理图”，内容涵盖本单元的基本概念、基本技能、重要思想方法和单元学习感悟等；每学期结束时，学生根据已有的“单元梳理图”，构建本学期的内容结构体系图。例如，有的学生按照每个单元中的核心内容进行梳理，而每个核心内容包含基本概念、基本技能、思想方法、注意事项(或重难点、易错点)等等内容；而另外一些学生则是利用思维导图的形式，以单元核心内容为中心，制作数学梳理图(如图 11－1 所示)，梳理每单元的数学内容。如此，学生根据自己的理解分别制作个性化的梳理图，既能系统归纳总结所学内容，又能“淡化差、尊重异”，实现学生的个性化发展。

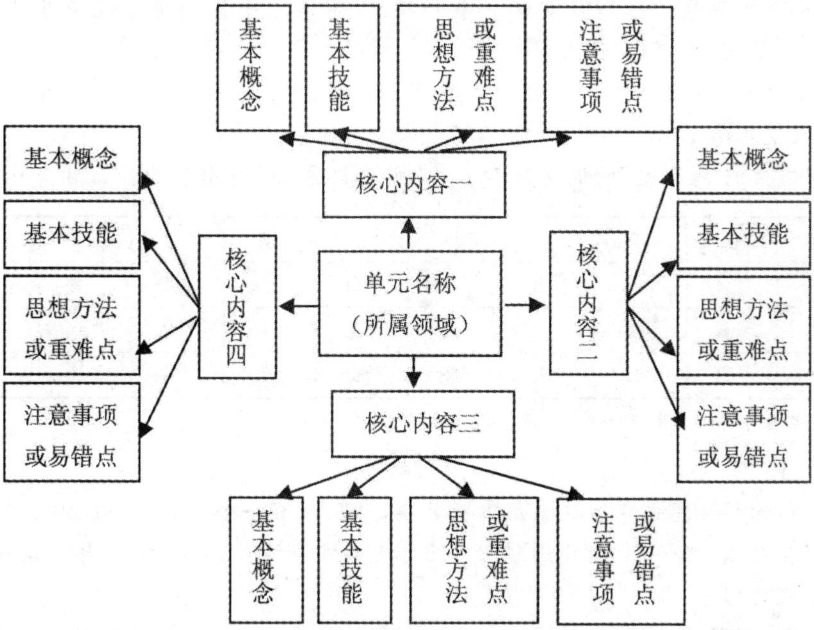

图 11－1　利用思维导图形式制作的教学梳理图

三、渗透式学法指导

渗透式学法指导是指在国家规定课程内，根据教学进程和课程内容特点、在日常课堂教学之中有意识渗透学法指导，“学法渗透课……是学习指导经常化、具体化并能获取实际效果的根本途径”①，尽管渗透式学法指导未必系统，但因其针对性较强而成为学法指导课程不可缺少的部分。而在实际实施中，由于教师自己对此问题认识程度不同，加之学校并无具体要求，在学科教学中，渗透式学法指导往往低效、虎头蛇尾。为了避免出现这种情况，东师南湖校日常教学管理上明确规定：“各科教师在学科教学中不仅要让学生学会学科内容，更要通过课堂教学主动渗透学法指导，使学生会学”，即不仅要“授之以鱼”，更要“授之以渔”。在学校系统组织、督促检查和技术指导下，东师南湖校的渗透式学法指导逐渐成为所有教师教学的共性行为。

【典型案例 11－3】有余数的除法教学片断

在执教人教版二年级下册第六单元起始课“有余数的除法”时，东师南湖校汲老师设计了一个有趣的游戏导入②：

师：教室后面有一些小柜子（如图 11－2 所示），老师分别给每个小柜子编

① 庞超波，蒋振宇. 学法指导与学生元认知能力[J]. 才智，2011，(14)：150－151.

② 本案例源自汲长艳老师设计、实施的课堂教学。

了1～40的序号。你们随便说一个号码，我不看柜子就能快速说出是什么颜色，你相信吗？我们试试看！

游戏规则：学生任意说出一个序号，老师背对柜子猜出该号对应柜子的颜色。反复几次。

（学生们"哇""哇"的惊叹声不断，"老师怎么这么厉害啊！为什么呀？"……）

1红	2蓝	3黄	4白	5红	6蓝	7黄	8白	9红	10蓝
11黄	12白	13红	14蓝	15黄	16白	17红	18蓝	19黄	20白
21红	22蓝	23黄	24白	25红	26蓝	27黄	28白	29红	30蓝
31黄	32白	33红	34蓝	35黄	36白	37红	38蓝	39黄	40白

注：因实物的实际颜色无法表述，这里采用文字表述。

图11—2

师：你想不想也变得这么厉害？其实，这里面有一个小秘密，让我们一起开始"探秘之旅"吧……（老师通过分夹子、摆小棒等活动，帮助学生自主构建"余数"等概念。）

即将下课时，通过展示图片、找出排列规律，教师说序号、学生回答，历经数次尝试，学生不禁惊叹：**谜底原来是这样的——序号被4除，余数为1的全是红色，余数为2的全是蓝色，余数为3的全是黄色，余数为0的全是白色。**

"猜一猜"游戏使学生在"有余数的除法"起始课上，就能按余数将数字分类，序号被4除，余数为0、1、2、3的分别归为一类。这种巧妙设计，在激发学习兴趣、掌握"带余除法"概念的同时，帮助学生浅入深出地感受分类思想——而**这种思想恰恰是学生通过自主探索活动直接感悟的。**

四、学法指导主题班会

学法指导主题班会是师生、生生就各种学法问题开展的主题讨论，并通过这种形式有针对性地解决学法的某一共性问题。与学校层面集体举行的学法指导讲座相比，学法指导主题班会更符合因材施教，更有利于化解班内学法的共性问题，推广成功学法，规避学法误区。现有研究中，为数甚少的研究者虽涉猎学法指导主题班会，但缺少具体的操作方法。

东师南湖校通过实践摸索，逐渐形成了"教师引领＋典型示范＋同伴互助＋针对性辅导"的学法指导主题班会实施模式，其中，"教师引领"是从宏观上针对于本班学法进行引领，使全班学生能就某一学法达成共识，并自觉物化在自己的日常学习之中。"典型示范"是发挥榜样的带头作用，搭建学法交流互动、生生相互启发的平台。"同伴互助"是指在学法指导主题班会上，就某一学法问题，先由小组进行讨论，最后全班交流，凭借集体智慧解决问题。"针对性辅导"主要是针对后进生群体进行辅导。此时，诊断基础之上的针对性辅导变得至关重要。当然，上述四个核心要素未必全部在每节班会中同时实施，而需要根据学法主题灵活组合应用。

【典型案例 11－4】“意会言传、智慧共享”学法指导主题班会[①]

班会前，寇老师和学生共同推出“学霸”作为典型，邀请“学霸”们将自己关于各学科的学习方法撰写成文，提交寇老师审核，审核通过后，在班会上讲演，然后同学小组讨论，提出问题和建议，最后“学霸”进行解答，并由“学霸”对相应学科的薄弱同学进行针对性辅导。其中，英语“学霸”的学法金点子如下：

同学们！你们好！英语是全球通用语言，凭着英语便可走遍天下全不怕，所以，我们必须学好英语。同时，从全球语言情况分析，英语也是全世界最简单的语言之一，比如，表达“你好”一词，西班牙语用 Hola，法语用 Bonjour，俄语用 Здравствуйте，阿拉伯语用مرحبًا(márћaban)！相比之下，英语的 Hello 更易懂、易读。明白了这个道理，需要我们掌握科学方法、秉持求真态度。英语课上，建议做到以下几点。第一，课前预习。课前的翻译很重要，只有经过独立思考，核对单词表，才能更好地理解课文，如果只是在《教材全解》上摘几段话的话，那么，谷歌翻译不是更好？还省了不少钱呢！又提高了打字速度，多好，老师也少批几本本子。到头来，亏得是谁呢？第二，做书上的练习。练习是巩固知识的重要途径，好记性不如烂笔头，把笔头都写烂了，你说，学习能不好吗？第三，上课听讲勤记笔记，并且要背出。把英语学习比作一场长跑，我多跑 5 米，你少跑 5 米，俩人相差 10 米，时光如白驹过隙，哪一天我跑完了，而你却还在半路呢。第四，认真完成作业，不论是书面的还是口语的。正如寇老师所说：“英语没有语境，即使一大段好词好句放在你面前，你连单词都不认识几个，何来感受美？”如果有一天外国人问你“How can I get there? Please...”假如你用方言版的口语回答，外国人就问你，“What are you talking about?”你也会尴尬脸红的吧！所以，口语作业很重要。这只是我个人的成功学习经验。此外，人与人最大的区别就是坚持，坚持对英语的热爱，坚持认真的态度，坚持每天的努力！

五、心理疏导类课程

人一生的幸福并不取决于地位、财富、学历等外在条件，而在于拥有健康积极的心态。心理健康是学生会学的重要前提和加速器。为此，学校很有必要开设心理疏导类课程，激发学生内在的学习动力，培养积极进取的乐观心态；引导学生发现生活细节之美，学会调节情绪、调整心态，创造出积极、快乐

---

① 此案例由初中部班主任寇雅静提供。

的人生。

心理疏导类课程采取主题式，其效果最佳。其中，在学习心理辅导方面，可设置学习动机、学习策略、思维能力训练、应试心理、时间策略等主题；在人际交往心理辅导方面，可设置人际交往的艺术、拒绝的艺术、竞争与合作等主题；在情意心理辅导方面，可设置做情绪的主人、快乐生活、学习焦虑的调节和控制、意志力培养等主题。

通过一系列主题式的指导，帮助学生了解自己目前的学习状态，制订符合自己的学习目标，开拓思路、激发兴趣、拓展思维空间，掌握解决图形、文字等问题的常用方法和技巧，进而从容面对困难、以积极心态迎接各种挑战。

【典型案例 11－5】学习策略主题训练

首先，专职的心理教师白冰通过设置三个问题引导学生思考、讨论，说出学习方法、学习策略的重要性。个别同学看上去不是特别用功，经常参加课外活动，课余时间也没有请家教，可是学习成绩还是挺好的；而有的同学花很多时间学习，但学习成绩并不理解，这是什么原因呢？联合国教科文组织曾经指出："未来的文盲不再是不识字的人，而是没有学会怎样学习的人。"我们怎么样来理解这句话呢？学习策略有哪些，它包括哪几个方面？

接着，白老师指出学习的四个环节，即课前预习——持之以恒；课堂学习——专心致志；巩固复习——及时经常；作业练习——认真仔细，并发放问卷，指导学生填写问卷进行自测和自评。通过自我测试，学生能够发现自己学习的薄弱环节。在此基础上，学生就有针对地去改进和提高，达到全面掌握学习策略、培养良好的学习习惯、促进学习进步的目的。

最后，师生一起讨论、总结每个学习环节上所用的学习策略，让每位学生对学习方法是否正确有了初步判断，对学习策略有了更明确的认识，并进一步体会学习方法的重要性。

六、学法指导的个体诊断

以尊重学生的个性差异为价值取向的个性化教学，既是对我国因材施教思想的弘扬与发展，又是对班级授课制单一的集体教学弊端的超越与创新[①]，学法指导更需要个性化教育。不同学生往往需要不同学法。在帮助学生之前，常常需要教师"诊断"学情、"对症下药"。学法诊断通常包括学习性格诊断和学习知识诊断。

常言道本性难移。性格不同，学法往往不同。在常态下，学生的学习性格

---

① 熊梅，卜庆刚．个性化教学组织形式的实践探索[J]．中国教育学刊，2014，(7)：42－47．

通常包括社交型、活跃型、慎重型、自卑型、依赖型、刻板型几大类。对于依赖型的学生，引导其独立思考最重要；而帮助自卑型的学生，重树学好的信心是当务之急，为此，需要帮助其找到闪光点。

在日常教学中，学生的学习困难往往千差万别，其解决方案也迥然不同。此时，实施“导师制”效果最佳，即一位任课教师每学期带若干名学生。一方面，可与这些学生经常谈心，及时了解学生在校情况，洞察其生活、学习的困难；另一方面，可以帮助学生主动反思，明确学习薄弱环节，并根据其学习需求，搭建他们与名师之间的桥梁，通过学法指导诊断、首席教师学法指导有针对性地解决疑难，形成学习的良性循环。

【典型案例 11－6】学法指导诊所

东师南湖校学法指导诊断室被学生们称为“学法指导诊所”，深受学生喜爱。该活动固定在每天中午课余时间进行，分为学科“诊所”、通识“诊所”，采取学生问诊式和教师追踪式两种形式。学生问诊式是学校向全体学生发放诊疗单，自认为学法有问题的学生可以根据自己的情况填写诊疗单，而后携带诊疗单找教师“医生”进行咨询，根据学生的具体问题，诊断教师给出针对性建议。教师追踪式是教师根据日常教学观察和过关检测中发现“学法问题生”，由教师对该生进行针对性的辅导，开出相应“处方”，并及时追踪、督促其矫正。无论“诊疗单”，还是“处方”，学生都可以留存，记录自己学法的提升足迹，在不断改进中自我激励。

“学法指导诊所”聚焦学法困难生的改进，并与学法指导讲座、校本课程相呼应，共同构建学校层面到个体学生层面的学法指导课程体系，确保学生学业水平质量的稳步提升。

总之，学法指导课程化是物化、落实学法指导的有效渠道。东师南湖校作为一所九年一贯制学校，从学校层面建构系统化的学法指导课程体系，并持续开展了三年的学法指导课程化的实践探索，具体包括学法指导专题讲座、学法指导校本课程、渗透式学法指导、学法指导主题班会、心理疏导类课程和学法指导个案诊断等。研究发现：学校统筹规划、全面实施是学法指导系列课程落实的关键，“淡化差、尊重异”帮助学生优选学法是实施的要领，结合特点、分类落实是实施的手段。

第二节　“快乐数学”特色课程的设计与实施[①]

随着基础教育改革日益深化，在教育理念的指导下，在教育部门的大力倡

① 本节由汲长艳、王丽华执笔，小学数学组全体教师共同参与，合作完成。

导下，校本课程得到了前所未有的重视，正式进入课堂教学中。与国家课程相比，校本课程更能尊重和满足学校教育的独特性和差异性。因此，校本课程的开发也得到越来越多的重视。

如何在校本课程开发中融入学校的教育思想和办学理念，是各学科要深入思考和研究的问题。东师南湖校以创办“智慧型学校”“启迪学生终生受用的智慧”为办学理念，在“智慧的教育”办学理念指导下，作为小学数学学科，应在传统数学学习的基础上，积极搜集相关教学资源，开发“快乐数学”校本课程，通过校本课程的实施和评价，进一步培养智慧型学生、打造智慧型教师，从而促进了学科特色、学校特色的形成。

一、“快乐数学”课程及其内涵

（一）“快乐数学”概念界定

以相应年级的知识点为载体，以活动课和梳理课为主要课型，以系列或主题开展，以弹性课时为保障，让学生在快乐中学习数学，在数学学习中感悟快乐，旨在丰富学生数学情感、激发数学学习兴趣、提高数学学习能力、发展数学思维的校本课程，是国家课程的补充和延伸。

“快乐数学”具有灵活性，趣味性，让学生在快乐中学习数学。对于“快乐”，有两个层次，一个是通过组织形式让学生感受到快乐，即形式是快乐的；另一种让学生感受到数学思维的快乐，即内容是快乐的。

（二）“快乐数学”目标设定

1. 让学生想学、乐学数学

通过整合、补充、拓展、创新课程等形式，让学生在快乐中学习数学，在数学学习中感悟快乐。丰富学生的数学情感、激发数学学习的兴趣。

2. 让学生能学、会学数学

通过“快乐数学”的学习，培养学生良好的数学学习习惯，提炼总结有效的数学学习方法，感悟数学思想，发展数学思维，提高数学学习的能力，提升学生的数学思维品质、创新意识与创新能力。

（三）研究意义

“快乐数学”校本课程的开发与实施，对于激发学生学习数学的兴趣，促使学生的思维水平和数学学习能力的提升，并最终打造智慧型学生有着重要的现实意义和研究价值。

此外，针对刚刚使用的人教版小学数学新版教材，开发与之相适应的“校本课程”，不仅能使人教版小学数学教材得到更好的应用和拓展，更能让教师的教学智慧、潜能得到开发，更好地激发儿童的数学学习兴趣，提高学生数学学习能力，提升学生数学学习品质。

（四）“快乐数学”校本课程的构成

1. 快乐数学课

“快乐数学课”主要包含两大类，一是活动课，还有一类是梳理课。快乐数学课由组内教师经历不断修改、不断反思、不断完善的过程，最终形成一个个典型的“快乐数学”案例。案例涵盖数学各个领域。

①活动课

【典型案例 11－7】快乐小调查

结合实际生活，面对真实问题，让学生通过较大范围的调查，初步体验统计的全过程，了解数学收集、数据整理、数据分析等统计重要环节。在老师指导下，借助小小调查单，培养学生语言表达能力和合作能力，并根据调查出的结果，给餐厅提出建议，建议多送什么样的水果或者是多做什么菜，让学生成为学校的小主人。

【典型案例 11－8】快乐的图形

借助“猜一猜”的小游戏，让学生进一步了解和明确几种常见的平面图形的特征。然后发挥孩子们的想象力，用简单的图形拼组出美丽的图案。最后借用一个小小的统计表，让学生统计出自己的作品中用了几个长方形、正方形等，兼顾了“图形与几何”和“统计与概率”两个领域的内容。

②梳理课

【典型案例 11－9】知识梳理课

以“知识树”“知识金字塔”“知识小房子”等形式各异的方法来梳理学过的知识，培养孩子梳理、总结的能力，不仅巩固了知识，还培养了学生逻辑思维能力。为学生以后的学习打下基础。其中，梳理知识点时，必须举出一个例子，能够举出例子，说明知识点已经深刻理解。

【典型案例 11－10】退位减中的秘密

“数与代数”领域，低年段以计算为主，学生本身学起来就较为枯燥。尤其是进位加、退位减对于一年级孩子来说是个难点，因此，有必要帮助孩子梳理一下，找出计算规律，提高计算能力。把几十几减几都转化成十几减几，渗透学生转化的思想。

2. 快乐数学节

为了更好地彰显《快乐数学》特色课程的魅力，进一步提高学生学习数学的兴趣，提升和评价学生数学学习的能力，小学数学组教师通过精心准备，在每年的六一儿童节前后，在小学部举办快乐数学节，给学生带来一场智慧与快乐并存的数学游园活动。

通过快乐数学节的开展,一是向全校师生展示《快乐数学》校本课程开发与实施取得的进展,展示学生的数学思维和创造才能;二是通过活动激发学生快乐学数学、快乐用数学的热情,营造出“人人参与、快乐数学、智慧成长”的校园氛围;三是通过活动对学生的数学能力进行适时评价。

图 11-3 数学游园活动

图 11-4 数学趣味小故事比赛

二、《快乐数学》校本课程的实践探索

课程开发原则上遵循“泰勒原理”,即确定课程目标、根据目标选择课程内容、根据目标组织课程内容、根据目标评价课程。在具体操作中,亦参照课程标准及教师参考用书的编制,以期开发出有价值、可操作性强的“快乐数学”校本课程。

(一) 确定《快乐数学》校本课程的目标

泰勒认为,课程目标的设置应根据学习者本身的需要、当代校外生活的要求以及专家的建议三方面提出。在课程开发之前,课题组认真解读了课程标准,从理论和实践两个层面广泛了解当代数学学习的现状,倾听小学生对于数学学习的看法和期望,并寻求相关专家给出指导建议,最终将《快乐数学》课程目标设定为:

1. 让学生想学、乐学数学。

即,通过整合、补充、拓展、创新课程等形式,让学生在快乐中学习数学,在数学学习中感悟快乐。丰富学生的数学情感、激发数学学习的兴趣。

2. 让学生能学、会学数学。

即,通过《快乐数学》的学习,培养学生良好的数学学习习惯,提炼总结有效的数学学习方法,感悟数学思想,发展数学思维,提高数学学习的能力,提升学生的数学思维品质、创新意识与创新能力。

(二) 选择《快乐数学》校本课程的内容

《快乐数学》校本课程开发的内容选择不同于常规的数学课本知识,但又不能完全脱离常规数学知识,而应该是在现有知识基础上的一种综合、拓展和延伸，形式上也要有所突破，不拘泥于常规课堂40分钟，地点按需选择，课时也按需调整。

1. 课程内容选择的范围

为了更好地让学生在快乐中学习数学，激发学生数学学习的兴趣，小学数学组依据数学课程标准和数学教科书，按照数与代数、空间与图形、统计与概率、综合实践活动四大领域进行筛选，细致选取合适的知识点，在形式和内容上进行拓展和创新。

2. 课程内容选择的基本原则

(1) 趣味性。既然是快乐数学，或课程内容本身，或课程内容可利用形式都应该具有趣味性，这样才能更好地激发学生数学学习的兴趣。

(2) 生活性。校本课程的内容要更加突出数学与现实生活之间的密切联系，使学生感受到数学的现实意义和应用价值，从而激发小学生学习数学的兴趣，提高数学应用能力，增强学生发现问题、分析问题和解决问题的能力。

(3) 综合性。这里的综合性包含两种含义，一是知识与知识之间的联系，二是学科与学科之间的联系。现在的数学书编排强调螺旋上升，突出知识之间的前后关联，但固化在常规数学学习框架中，知识点与知识点之间的联系还是很难体现在一节课中。因此，作为常规数学课的补充和延伸，“快乐数学”担负的一个重要责任就是创造某个学习活动或游戏活动，将多个数学知识联合起来，共同解决某个问题。或是将多个学科联系起来，增强趣味性。

(4) 发展性。校本课程选择的内容，应系统而有步骤地渗透数学思想方法，让学生逐步形成有序地、严密地思考问题的意识，养成探索数学奥秘的兴趣与欲望。

(5) 活动性。《快乐数学》选择的内容基本都可以开发成一个以活动为主的课程，这里的活动既指脑力活动，也指动手操作活动，让学生手眼脑全方位参与，发展动手能力和思维能力。

(三)《快乐数学》课程的组织实施

选择了合适而有价值的课程内容之后，关键要把这些课程内容用合适的、学生喜欢的形式呈现出来，并需要不断地试行和修改，最终形成适合老师教和学生学的课程。校本课程的顺利进行，更离不开学校的支持和保障。

1. 校本课程组织原则

(1) 可操作性

这里的可操作性既指针对教师有具体可实施的指导思路，又指对于学生有可参与体验的机会。如，任课教师将数学单元整理课细化为六类课，即“梳理入门课”“梳理流程课”“梳理巩固课”“梳理互评课”“梳理拓展课”和“自主梳理课”。通过这样的设置，教师和学生都能更加明确梳理课的流程，具体可操作。

(2) 形式多样化

《快乐数学》校本课程既然有别于常规数学课，其组织形式必然要求多种多样，具有创新性。在时间、地点上也根据具体情况而调整改变。

2.《快乐数学》校本课程实施保障

(1)“弹性课时”保证案例的实施

为了保障《快乐数学》校本课程的顺利开展，在数学老师的建议下，学校教务处特地将《快乐数学》呈现在课程表中，作为小学部学生的必修课。为了方便弹性调整，特将下午的第三节作业整理课和最后一节课合并起来，如果课时需要的短，可选择其中的一节课(30 分钟)进行；如果课时需要的长，那么，可以两节连上，保证活动的时间充足。

(2) 专家指导促进案例成熟

一个典型案例的出现，不是一次设计、一次施教就可以的，而是在全组教师和专家的共同努力下，经历不断修改、不断反思、不断完善的过程，才最终形成一个典型的《快乐数学》案例。

(四)《快乐数学》课程的评价

四	体育	美术	音乐	语文	语文
五	音乐	英语	体育	品生	美术
六	整理	整理	整理	整理	体育
七	体艺 2+1 (书法)	体艺 2+1	快乐数学	体艺 2+1	

图 11-5 小学课程表

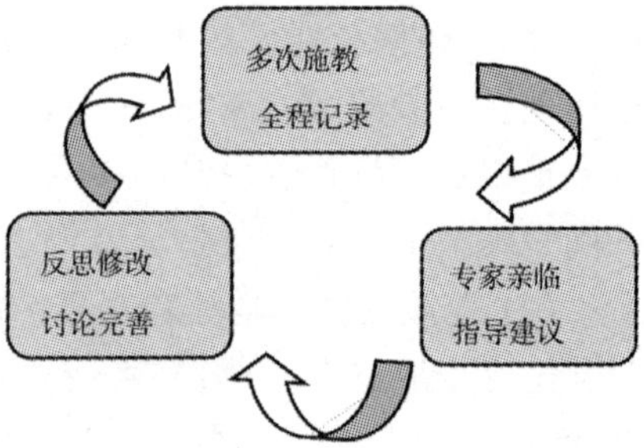

图 11-6

《快乐数学》校本课程本身就区别于常规的数学课，其目标达成的重点也不再偏重于知识掌握，因此，评价方式也没有采用传统的纸笔测试，而是采取**过程性评价和综合性评价**两种主要形式。

1. 过程性评价

主要以“快乐数学文件袋”为载体，将学生每节课的作品及任务单等纸质材料放入其中(老师对作品等进行评价)，作为过程性材料的积累。并在每节课结束时随机访谈学生，及时反馈。

图 11-7 数学记录袋

2. 综合性评价

主要以综合性的活动为载体，如第一届“快乐数学节”中的游园活动，将数学融入游戏中，并结合板块设计了评价卡，综合评价学生的数学应用能力和数学思维。

（1）借助趣味数学活动，评价学生“四基”达成情况

在“基础知识、基本技能、基本思想、基本活动经验”评价中，知识和技能的评价显性而直接，而基本思想和基本活动经验往往隐藏于学生的思考过程和操作过程之中，偏重于结果的纸笔测试很难测试出学生对于基本思想、基本活动经验的理解和运用状况。从此，凭借活动方式，当面、当时地观察学生思考问题、分析问题和解决问题的全过程，全面而深入地评价学生的数学学习，是数学评价方式创新的途径之一。

①趣味活动中体现基本知识、基本技能的掌握程度

针对知识技能的评价，纸笔测试简便而有效，但缺乏趣味性。在快乐数学节游园活动中，以数学小游戏为载体进行评价，可以实现在“玩”中学、在“玩”中评价的效果。

在数学游戏“小猫钓鱼”中，虽然游戏评价的侧重点是学生的口算技能，却比书面测试的简单口算题更有趣、形式更活泼，也能更直观地诊断学生对于加减乘除运算方法的运用状况。如先钓上一个数字“9”，又钓出一个符号“－”，再钓下一个数字的时候，有的学生就一直执著地寻找比“9”小的数字，但有的学生思维灵活，再钓任何一个数字都可以，大于等于9的数字，可以用这个数字减去9，小于9的数字可以用9减去这个数字，都能组成算式，算出结果。通过学生的操作和回答，辅以教师的观察和及时追问，可以相对准确地评估学生对某个知识技能的掌握和运用程度。

②在体验过程中展现基本思想、基本活动经验的运用情况

图 11－8　数学评价卡

在快乐数学节的数学小游戏中，通过每位学生与教师面对面的对话交流，结合口试的优点，透过学生的操作过程、思考过程，能够相对准确地测评学生对于已有的基本活动经验、基本思想的理解和运用程度。

例如，“趣味果冻摆起来”的游戏，可以相对准确地折射出学生所拥有的几何操作经验。在学习图形的时候，让学生充分经历摸一摸、摆一摆、拼一拼的活动过程，帮助学生积累几何操作经验。一旦有了之前的操作体验、经验，面对“用果冻摆出规则封闭图形”问题，大部分学生能迅速调动已有经验，顺利完成任务，而教师根据学生操作情况可以进行等级评价。

在“趣题乐园”中，教师设计了颇具代表性、能覆盖各领域的系列趣题，学生

利用以往的思考经验，开展归纳和类比等思维活动，进而分析解决问题。教师通过聆听和分析学生的思维过程，对学生的数学学习能力做出恰当评判。

而整个数学游园活动充分渗透“统筹思想”。在最终的评价卡印章数据统计过程中，大约5%的学生没有全部完成任务，对其中的部分学生进行访谈得知：他们牢牢按照评价卡上的游戏顺序参加各项活动——尽管这个游戏前面有很多人排队，却没有想到先去人少的地方排队，表明他们缺乏必要的生活经验和统筹优化意识。

(2) 快乐数学“评价卡”展示学生的数学活动结果

评价卡包含两部分内容，一是数学学科方面，二是文明礼仪方面。负责每个数学小游戏的教师，事先明确具体的评价重点及其评价标准。在学生参与活动时，根据学生的语言表达、操作过程，教师全程观察，综合评判学生在活动中表现出的数学综合能力，并给出相应的“印章”标志。活动结束之后，组织者统计每位同学游园卡上的全部印章数量，筛选出获得20个以上印章的学生，评为“快乐数学之星”。这有效激发了学生数学学习的热情，激励学生快乐学习。

(3)《快乐数学》评价活动的设置原则

数学评价活动的设置应遵循四个原则——形式新颖、核心内容、目标清晰、四基为本。

作为评价载体的数学活动，形式上一定要有创新，这样才能激发学生的兴趣；而活动的数学内涵，要从相应年级所学内容中选出具有典型代表性的重点内容，可独立，亦可综合；设置活动时，应明确详细的评价标准，并将评价重点放在常规纸笔测试较难涉及的方面，尤其注重对基本思想和基本活动经验的测评。

(4)“快乐数学评价结果”的呈现方式

作为呈现评价结果的最常用方式，评价卡的设计一定要合理，量化等级和质性分析相结合。评价的标准宜细化；而记录结果采用“1星、2星、3星”等级制，并辅以一些质性分析；学生在回答问题和操作过程中，可运用一些数学名词进行简要记录，如“抽象、推理、归纳、类比”等。

(五)《快乐数学》课程实施效果

学校将“智慧的教育”细化为七项指标：浓厚的学习兴趣、科学的学习方法、良好的学习习惯、健全的身心、初步的社会责任感、向上的精神、创造的激情。“快乐数学”正是为了依托校本课程的开发与实施，更好地落实东师南湖校“智慧的教育”办学理念，因此，“快乐数学”的意义也显现在这些细化的内容中。

1. 取得良好的课程实施效果

通过数年的理论指导下的实践研究，共形成了7个快乐数学经典案例，并装订成案例集；成功开展第一届、第二届“快乐数学节”，获得学生、家长一致喜欢;形成了“以过程性和发展性为主”的快乐评价新方式,借助“快乐数学文件袋”和“数学活动”进行过程性评价和综合性评价;组内成员梳理出5篇关于“快乐数学”的文章,对于实践经验进行了及时的总结和升华。此外,在研究过程中,探索出一条“以科研促教研”的新型研究路径。

1)形成“快乐数学”经典案例集

“快乐数学”案例集一共收集了7个经典案例,适用于1、2年级。案例集包括:封面、目录、案例内容、案例说明、案例实施建议以及相关图片等。

【典型案例11-11】“快乐数学”案例展

(1)“快乐小调查”

结合实际生活,面对真实问题,让学生通过较大范围的调查,初步体验统计的过程,了解数学收集、数据整理、数据分析等统计重要环节。在老师指导下,借助小小调查单,培养学生语言表达能力和合作能力,并根据调查出的结果,给餐厅提出建议,建议多送什么样的水果或者是多做什么菜,让学生成为学校的小主人。

(2)“快乐的图形”

借助“猜一猜”的小游戏,让学生进一步了解和明确几种常见的平面图形的特征。然后发挥孩子们的想象力,用简单的图形拼组出美丽的图案,最后借用一个小小的统计表,让学生统计出自己的作品中用了几个长方形、正方形等,兼顾了“图形与几何”和“统计与概率”两个领域的内容。

(3)“和角做朋友”

通过实际“拼一拼”的操作活动,直观形象地呈现出“同一顶点出发几条边组成几个角”的问题;然后借助“数一数”的操作活动,使学生逐步总结归纳出数角的方法,即从角的一边开始,按照一定顺序数过去,即可保证不重不漏;然后逐渐增加角的边数,归纳提升出“角的个数与边的条数之间的关系”。继续开展“剪一剪”活动,让学生感受同样剪去长方形的一个角,会出现不同的结果。通过活动的层层推进,激发了学生对于数角的兴趣,培养了学生的思维灵活性和数学归纳推理能力。

(4)“乘法口诀手环”

通过手环的制作过程,渗透长度的相关知识。借助直尺制作“长几厘米,宽几厘米”的纸条,让孩子感受数学的神奇和趣味,并将枯燥的乘法口诀练习融入到手环游戏中去,激发学生学习数学的兴趣,培养学生知识的应用能力,提高学生操作能力,培养学生认真细致、严谨科学的数学态度。

(5)“向天安门出发”

围绕“去天安门参观”的故事主线,通过创设具体的情境,一步步设置问题,从而让学生能够进一步体验和感受物体的前后、上下、左右等位置关系,并体会具体位置的相对性。在培养学生解决问题的意识和能力的同时,也有助于学生养成按照一定顺序进行观察的良好习惯,体会到数学与生活的密切联系和广泛应用,感受到数学的魅力。最后通过"走一走"和"拼一拼"的活动,进一步用所学知识解决现实问题。

(6)"知识梳理课"

以"知识树""知识金字塔""知识小房子"等形式各异的方法来梳理学过的知识,培养孩子梳理、总结的能力,不仅巩固了知识,还培养了学生逻辑思维能力,为学生以后的学习打下基础。其中,梳理知识点时,必须举出一个例子,能够举出例子,说明知识点已经深刻理解。

(7)"退位减中的秘密"

"数与代数"领域,低年段以计算为主,学生本身学起来就较为枯燥。尤其是进位加、退位减对于一年级孩子来说是个难点,因此,有必要帮助孩子梳理一下,找出计算规律,提高计算能力。把几十几减几都转化成十几减几,渗透学生转化的思想。

2)开展"快乐数学节"系列活动

图 11—9 "快乐数学节"活动颁奖仪式

学校每年度举行一届快乐数学节游园活动。通过快乐数学节,一是向全校师生展示快乐数学校本课程开发与实施取得的进展,展示学生的数学思维和创造才能;二是希望通过活动激发学生快乐学数学、快乐用数学的热情,营造"人人参与、快乐数学、智慧成长"的校园氛围。

其中,游园活动主要以数学故事比赛和数学小游戏构成,如:谜语小站、神奇规律、趣味果冻、趣题乐园、七巧板、小猫钓鱼等。孩子们不仅玩得开心,还在游戏中感受到了数学的趣味性。

每届游园节之后,数学组老师及时对孩子们进行深入访谈和问卷调查,听得最多的就是"数学好好玩啊""我今天真开心""我希望明年还有数学节"等等。

孩子们的肯定说明“快乐数学”带给孩子们的不仅仅是在快乐中学数学，更是让孩子们感受到数学是快乐的、好玩的！

（3）形成“以过程性和发展性为主”的快乐评价新方式

①快乐数学文件袋

快乐数学文件袋的建立为学生发展性评价提供了依据。快乐数学作为校本课程、特色课程，本身评价方式就不再采用传统的纸笔检测，而是通过学生的综合表现、相关作品等方式进行评价。每位学生一个文件袋，里面装着每次快乐数学课相关资料，如调查单、统计表、设计的作品、梳理图、快乐数学游园卡等。教师根据学生平时表现和文件袋内资料的评定进行综合评价。

②活动评价

活动评价主要包括日常的“趣味比赛”和每年一届的“快乐数学节”。它们既是“快乐数学”校本课程案例的课外模式，又作为评价的一个媒介，检验学生在比赛和活动中展现出的数学能力。

如“快乐数学节”游园活动中的“神奇的规律”板块，就是作为“手帕中的规律”这节快乐数学课的综合评价，教师将活动难度分为三个等级：

1 星题：给定图案，说出接下来的规律。

2 星题：手环涂色，有规律的奖励 2 星，无规律的奖励 1 星。（手环上有美丽的图案。）

3 星题：空白手环设计，有规律的奖励 3 星，无规律的奖励 1 星。（手环上没有图案。）

教师根据学生的综合表现和完成的几星题，在游园评价卡上盖上相应数量的章，这样就能反馈出学生对于规律的认知，以及是否具备发现规律、利用规律的数学能力。

（4）总结出“快乐数学”校本课程开发的实践论文

通过实践研究，组内教师对于“快乐数学”校本课程的开发和实施都有了一定的思考和积淀。目前为止，共有五位老师梳理出 6 篇关于“快乐数学”的文章，系统地阐述了校本课程开发的实践经验，全部都在区级教学论文比赛中获奖。其中两篇一等奖，两篇二等奖，一篇三等奖，还有一篇在省级刊物发表。

如《单元梳理课：由他律到自律的转变，促进学生学习力的提升》一文，详细地阐述了单元梳理课的设计理念和设计思路；再如《在基本技能的教学过程中进行数学基本思想教学的实践尝试——以小学一年级“退位减法”为例》一文中写到：孩子们的反馈不仅是对课堂教学内容本身的一种理解，更是对数学内部规律化的一种感叹；理解运算技能背后、“窍门”背后的规律性的东西这一过程，正是学生经历类比、归纳、发现、猜想、验证等数学活动的过程，这样的教学内容作为一种课程资源，也正是有效渗透数学思想、培养数学思维、提升学生学习力的着力点。

(5) 探索出一条“科研助推,依托课题,稳步推进”的研究路径

①做足准备,是校本课程开发和实施的前提,要做到:

人员选择——纵向分层,横向补充
理论基础——广度梳理,深度聚焦
目标明晰——讨论修改,完善确定
课题支撑——科研助推,形成合力
计划翔实——计划统领、思路执行

②踏实推进,是校本课程开发和实施的关键。推进过程中,要全方位、大面积、多样式地展开,认真细致地落实计划;还要获得学校的全力支持,在课时上得以保障。

③及时反思,是校本课程开发和实践的保障。在快乐数学开发过程中包括“案例反思、活动反思、阶段反思”等,并借助数据及时反馈。

④总结梳理,是校本课程开发和实践的提升。在做足准备的前提下,在脚踏实地、稳步推进之时,在深刻反思之后,对课程开发工作的梳理、对阶段成果的整理和总结是不可或缺的一个环节。

(6) 设计出经典案例和趣味活动,激发了学生数学学习的兴趣

本研究通过开发结合生活实际、学生喜欢的“快乐数学”校本课程,改变了原来时间、地点、形式局限的常规数学课堂,将学生带入到一个全新的、快乐的数学世界,大大激发了学生数学学习的兴趣,也通过课程的实施,丰富了学生的数学情感,提高数学学习的能力,发展了数学思维。

此外,课题组成员创造性地开展了“快乐数学节”,并通过徽标设计、数学故事、数学游园活动等环节,展现数学的独特魅力,展现学生的无限创造力和数学应用能力。在“快乐数学节”之后的问卷调查中(共 195 名学生),表示开心的同学为 184 人,占总体的 96%,其中 89%的学生感到非常开心。喜欢快乐数学节游园活动的学生为 183 人,占总体的 95%,其中 87%的学生非常喜欢。有 183 名学生表示明年还想过快乐数学节,占总体的 95%,其中非常想再过快乐数学节游园活动的学生占 89%。

课题组通过对学生进行随机访谈和课堂观察,也发现越来越多的学生更加喜欢数学,数学知识的应用能力以及发现问题、分析问题和解决问题的能力有所增强。

(7) 构建了校本课程开发的模式,提高了数学教师课程开发的能力

通过这个项目的研究,所有参与教师经历体验了校本课程开发的每个环节,教师的课程开发能力有了很大提高。在案例的设计讨论反思交流过程中,教师的专业能力不断提高。通过研究与实践过程,组内教师对于校本课

程开发有了新的、系统性的认识，随时记录自己的心得和体会，有效促进了组内教师的专业成长。

(8) 将学校“智慧的教育”办学理念物化到“快乐数学校本课程”，形成学校特色

“快乐数学”校本课程开发作为紧密联系教学的实践工作，坚持在学校“智慧的教育”办学理念指导下，在常规数学学习的基础上，积极搜集相关教学资源，开发“快乐数学”校本课程，通过校本课程的实施和评价，进一步培养智慧型学生、打造智慧型教师，从而促进了学科特色、学校特色的形成。

在学校历次举办大型活动时，“快乐数学”课例的展板以及“快乐数学节”的展板都摆放在外，展现学校特色课程的魅力。

2. 对学生的发展起到良好的促进作用

(1) 激发学生浓厚的学习兴趣

常规数学学习对于大多数学生来说是抽象的、略显枯燥的。因此，通过创新数学课堂内容和形式，让学生在学习中感受到数学带来的快乐，在快乐的情绪中更好地学习数学，能大大激发学生学习数学的兴趣。

【典型案例 11－12】快乐的图形

学生本身对于“图形与几何”领域就比较感兴趣，尤其是各种各样的图形比较能吸引孩子的注意力。因此，在学习完这部分内容之后，老师将“平面图形的初步认识”这一内容进行拓展和深化，通过剪出各种图形感受边是直直的，体会各种平面图形的特征；结合学生社会实践活动地点—杭州嘟嘟城，通过拼一拼“你眼中的嘟嘟城”活动，感受图形之间的关系和图形的美。自身的直接经历加上内容的趣味性，再加上形式上的趣味性，这样的呈现带给学生的无疑是一种快乐与智慧的体验。

图 11－10　制作乘法口决手环

【典型案例 11－13】巧手小制作——乘法口诀手环

乘法口诀内容本身并没有多大的乐趣可言，甚至是枯燥，随着口诀不断学习，大部分学生从一开始的新鲜期进入到疲劳期，这样就影响了学生对于乘法口诀的熟记程度。为了激发学生学习乘法口诀的热情，老师选择将这个原本枯燥的内容进行创新和改编，通过制作乘法口诀手环，让孩子感受数学的好玩，将枯燥的乘法口诀练习融入到手环游戏中去，大大激发了学生学习数学的兴趣。

开设《快乐数学》课程后，通过问卷与访谈

调查，学生对于数学学习的兴趣更加浓厚，越来越多的学生喜欢学数学，觉得数学真好玩。有的数学活动甚至能延续到课外，持续很长时间。

(2) 引导学生探索科学的学习方法

数学学习应系统而有步骤地渗透数学思想与方法，让学生逐步形成有序地、严密地思考问题的意识，探索并掌握科学的学习方法。

【典型案例 11－14】退位减法中的秘密

退位减对于初学的学生而言是一个难点，而退位减的关键就是让学生明白其中的算理。因此，老师在退位减学习完之后，通过一节梳理课的形式，利用合适的、有规律的题目设置，把几十几减几都转化成十几减几，渗透学生转化的思想。通过《快乐数学》课中体验类比、归纳、发现、猜想、验证的学习过程，学生积累了更多更好的数学学习方法。相信通过这节课的探索，学生会找到学习退位减法的秘诀和有效方法，数学学习变得更具科学性。

【典型案例 11－15】和角做朋友

通过对角的学习后，发现学生在数“同一顶点多个角”时存在一定困难，因此，教师将“数角”问题进行拓展延伸，指导学生从杂乱无章的数到有序的数，渗透数学中的“有序思想”；并归纳出“同一顶点出发，边的条数和角的数量的关系”，培养学生的数学归纳能力。这样的经历会让学生在以后的数学学习中积累“归纳”的基本活动经验，从而借助这样的归纳、推理等方法获得新知。

数学学习重在方法，《快乐数学》正是通过教师精心设计的环节，让学生在实践和探索中，寻找、感悟数学中的重要思想和方法，进而将这些方法拓展迁移，提高数学学习的效率、增强数学学科素养。

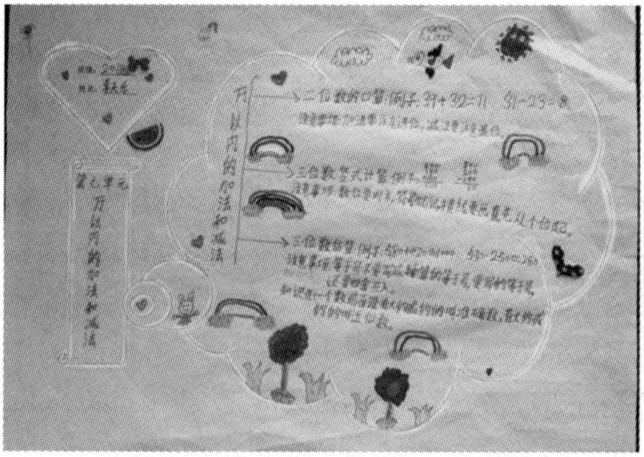

图 11－11　学生梳理图

(3) 帮助学生养成良好的学习习惯

良好的学习习惯是学好数学的重要保障。在平时的数学学习中，应注重培养学生养成良好的学习习惯，习惯成自然，好的学习习惯会终生受用。

【典型案例 11－16】单元梳理课

初始年级的初始数学单元梳理课，是需要老师一步一步指导的。主要细化为六节课："梳理入门课""梳理流程课""梳理巩固课""梳理互评课""梳理拓展课"和"自主梳理课"。单元梳理课的最终目标就是让学生从他律到自律，最后单元梳理课达到自主梳理，即学生自己主动梳理、归纳所学内容的目的，梳理的主体是学生，教师适时指导。

从教师一步一步带着走，然后逐渐放手，让学生从被动行为转化为主动行为，养成良好的数学学习习惯，及时将学过的内容进行梳理、归纳。相信从小学开始形成梳理所学知识的好习惯，在以后的中学学习，甚至以后的学习和工作中都会让学生受益。

(4) 帮助学生形成初步的社会责任感

可能很多人会想：数学学习怎么能和社会责任感产生联系呢？实际上现在的数学教材设计中很多情境和环节都渗透了一些与现实生活之间有密切联系的内容，使学生感受到数学的现实意义和应用价值，并从中体验和感受作为社会公民的应有的文明和责任。

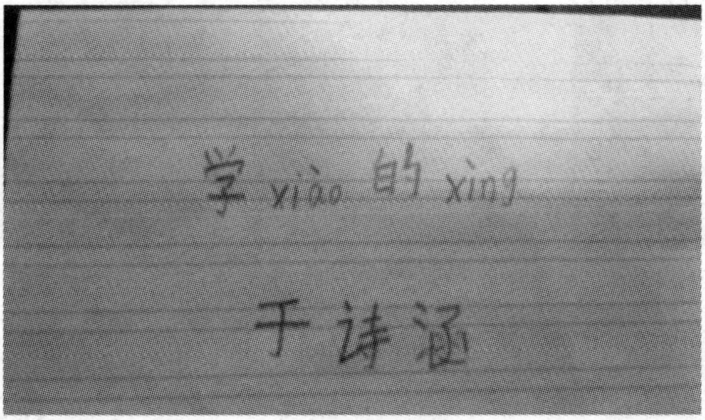

图 11－12　写给餐厅的一封信

【典型案例 11－17】快乐的小调查

在学习完分类与统计，初步了解了简单的统计图和统计表之后，为了让学生更加明白统计的价值和应用，教师选择了与小朋友日常生活密切相关的"最爱吃的水果/蔬菜"为调查问题，通过实地较大范围的调查，收集数据、分析数据，根据数据给学校食堂提出合理性建议(如图 11－12 所示)。

通过切实体验和亲身经历，学生更加明确生活中处处有数学、用数学，提高了学生用数学知识解决生活中实际问题的能力。在这次活动中，学生更是体会到了"我是学校小主人"，每个人都应该为学校出一份力，为学校的共同发展尽到自己应尽的义务。

(5) 促进学生迸发创造的激情

在设计“快乐数学节”伊始，数学组老师就将活动定性为以学生为主体的活动，并通过精心设计各种小活动，如第一届“快乐数学节”中设计徽章活动，第二届“快乐数学节”中设计吉祥物活动，结合“快乐数学”主题，让学生积极参与，充分发挥想象力和创造力，提高学生的创造能力。

【典型案例 11－18】设计徽章活动

第一届“快乐数学节”中，在为孩子们准备一场快乐与思维并存的“快乐数学节游园活动”时，数学组的老师们就已经萌发设计一个活动徽标想法，说做就做，从跟孩子们介绍活动主题，到指导孩子设计，再到家长帮助，一步一步，紧张而有序，短短的一周时间，收齐所有作品，并推选出创意无限的 24 幅优秀设计作品。其中，101 班张浩楠小朋友设计的徽标作品让各位老师眼前一亮，荣选为设计一等奖，也成为本次快乐数学节活动徽标的蓝本，并设计制作成徽章，每人一枚，参加游园活动时佩戴。

图 11－13　徽标设计作品展

图 11－14　“快乐娃娃”手绘稿

图 11－15　“快乐娃娃”徽章实物

图 11－16　吉祥物设计稿

图 11－17　吉祥物“小豆芽”

【典型案例 11－19】吉祥物征集

第二届“快乐数学节”中吉祥物的征集，延续了第一届征集徽标的活动环节，从设计要求到收集创意再到制作成型，小学部的孩子们发挥自己无限的创造能力，积极参与，203 班的张浩楠小朋友再次夺得胜利，他设计的吉祥物作品被选为“快乐数学节”吉祥物的蓝本。

正是通过这样的活动，激发了学生创造的激情，有效提高了学生的创新意识与创新能力，为学生的可持续发展奠定基础。

(6) 推进学生创建积极向上的学习氛围

通过快乐数学课程的开发与实施，尤其是快乐数学节的举办，让数学变得灵动起来，“数学好玩”是孩子们常挂在嘴边的话。全校小学生在“快乐数学”的陪伴下，正在形成积极向上、乐学、爱学的浓厚氛围，互帮互助、共同进步的良好学习风气，为智慧学生的培养增添动力。

深受学生喜爱的“快乐数学”校本课程，改变了因时间、地点、形式局限的常规数学课堂，将学生带入到一个全新的、快乐的数学世界，大大激发了学生的数学学习兴趣，也通过课程的实施，丰富了学生的数学情感，提高数学学习的能力，发展了数学思维。同时，在学校历次举办大型活动时，“快乐数学”课例的展板以及“快乐数学节”的展板都摆放在外，展现了学校特色课程的魅力。

虽然《快乐数学》校本课程开发取得了预期的成效，但是，校本课程开发是一个持续过程，需要不断探索和总结。如何通过学校特色课程更好地展现学校“智慧的教育”办学理念，也需要我们继续深入研究、不懈努力，努力达到智慧的校本课程体系，为学校的智慧发展贡献力量！

第三节　“把握学科本质、平时学得轻松”的操作实务①

课堂是学校教育的主渠道，“把握学科本质、平时学得轻松”是智慧型学校得以良性运行的基本保障和重要前提。

其中，“把握学科本质”，对教师而言，属于典型的智慧施教策略，即，在教学中，必须抓住重点、击破难点、找准关键，而不能平均用力；对学生而言，主张选准学习内容中的核心和要害，开展智慧学习，尤其是，对于核心内容（核心概念、核心命题、核心思想、主要方法等）必须融会贯通。

“平时学得轻松”聚焦学生的学习心态，也是针对教师营造课堂教学氛围提出的纲领性要求，亦即，对学生的学习而言，需要心态放松、快乐愉悦、积极应对、智慧学习；对教师的施教而言，需要营造轻松学习的氛围，并在学习策略方法、典型案例分析、学法诊断等诸多方面给学生提供帮助，并对学生个性化的学习需求给予及时的帮助。

① 本节由孔凡哲、穆闫琨执笔完成。

一、聚焦课堂主渠道

“把握学科本质、平时学得轻松”需要依托课堂教学主渠道加以落实,不仅需要师生共同营造轻松学习的课堂学习氛围,实现乐学,而且需要学校引领教师把握学科本质、抓住核心内容,进而智慧施教;同时,帮助学生及时梳理、总结,不仅“学会”,更要“能学”“会学”。

(一)营造轻松学习的课堂学习氛围

1. 教师是营造轻松学习氛围的第一责任人

(1) 精心设计课堂教学环节,提高课堂效率。

课堂实践表明,“熬了一锅汤、满锅没个豆”式的课堂教学,不仅废话连篇,而且“眉毛胡子一把抓”、重点不突出,无法实现轻松学习、愉悦掌握的课堂教学目标。

为了改变这种状况,需要教师科学规划课堂教学环节,既生动有趣地导入,又能围绕核心内容展开深层次的课堂参与,切实提升课堂有效活动时间。并且,采用恰当的课堂教学结构、模式方法,是既轻松愉悦、又提升课堂教学效率的关键。

(2) 提高课堂教学的趣味性、生动性。

利用音频视频带来的视觉效果,通过创设恰当的问题情境,可以有效吸引学生的注意力,从而促进良好课堂气氛的营造。依据学科教学内容的特点精心设计“山重水复疑无路,柳暗花明又一村”式的教学悬念,给学生选择内容的空间,给学生合作的空间,给学生交流互动的平台,不但营造了良好课堂气氛,而且突破了教学难点,促进了学生学习方式的转变,收到了良好的学习效果。

(3) 创设民主、和谐的课堂氛围,诱发学生的课堂参与。

民主、和谐、平等、友好的交流对话空间,是诱发学生主动参与课堂、形成愉悦、轻松氛围的重要渠道。只有各抒己见、主动思考、分享交流,才能有效减缓学生的课堂压力。毕竟,做自己喜欢的事情,时间才会在愉悦之中瞬间即逝。

(4) 提升课堂交往的渠道和效率。

课堂教学是师生交往互动、共同发展的过程,有效的课堂交往不仅包含师生交往,而且包含生生交往,一旦课堂交往聚焦学科核心内容的构建、聚焦深层次的学科思维活动,学科的学习效率必然大大提升。

(5) 建立良好的师生关系。

良好的师生关系、心理相容,是教学双方轻松愉悦的基本前提。亲其师才能信其道、乐其道。在此基础上,教师能够充分再现自己对于学科的深层次情感、展现鲜活的学科思维活动,激情满怀,生动传神,学生的学习才能全神贯注、兴趣盎然。教师只有充分展现自己与学科之间的“情感场”，并将这个“情感场”与师生之间的“信任场”，巧妙地融合在一起，才能诱发学生产生积极的情感体验，诱发学生对于学科的正面的情感场，将学生引上学科发展的坦途。

2. 科学规范的教学制度，是营造课堂学习氛围的首要条件

为了保证良好的教学秩序，营造轻松的学习氛围，提高学生的学习效率，让每位学生都参与到课堂中的活动中来，东师南湖校制定了相应的课堂教学制度，规范课堂教学行为。

【典型案例 11－20】东师南湖校课堂教学制度

Ⅰ. 课堂教学兴趣为先，注重培养学生浓厚的学习兴趣、良好的课堂学习习惯；教师需要精心设计教学内容，帮助学生乐学、会学。

Ⅱ. 教师要注重培养学生的课堂主体意识，使学生充分认识自己是学习的主体，积极参与、主动学习、独立思考、勇于尝试、大胆质疑，充分激发学生的内在潜能和创造意识。

Ⅲ. 教师要面向全体、因材施教。要关注个体差异，为不同学习水平的学生提供与之相应的学习活动内容，充分调动学生学习的积极性，使每位学生都得到充分发展。

Ⅳ. 教学活动要成为师生积极参与、交往互动、共同享受成功喜悦、实现共同发展的活动。倡导自主、合作、探究等学习方式，杜绝机械式、填鸭式方式。

Ⅴ. 在教学中，要恰当地运用现代信息技术手段，努力实现教学最优化，培养学生利用信息技术的主动意识和能力。

Ⅵ. 教师上课要讲普通话。教学语言要准确、生动、精练，条理清晰，深入浅出。

Ⅶ. 板书要工整、规范，科学合理。(使用图片时，勿用双面胶等物品直接粘贴在黑板上)

Ⅷ. 教师上课要衣着整洁、仪表端庄、精神饱满，教态亲切、自然。尊重学生的人格、人性，民主、平等地对待每位学生，不损害学生的自尊心，杜绝羞辱、体罚和变相体罚。

Ⅸ. 上课时要关闭手机(或调至静音状态)。无极特殊情况不准接打电话，不能坐着上课，不做与上课无关的事，上课期间不得擅自离开课堂或接待客人和家长。

Ⅹ. 教师要关注教学卫生，培养学生良好的课堂习惯，包括听讲、读书、写字姿势等。

3. 贯彻课堂教学评价标准，是营造良性课堂氛围的制度保障

为了营造民主、平等的学习氛围，仅靠教学制度是远远不够的，必须拥有相应的课堂教学评价标准为其保障。东师南湖校从教学设计、教学过程、教学效果、教学反思四个维度，确立并实施课堂教学评价标准。

【典型案例 11－21】东师南湖校课堂教学评价标准

表 11－1　东师南湖校课堂教学课价标准

评价项目	评价标准
教学设计	1. 教学目标：教学目标明确、具体，具有层次性和可操作性，充分体现知识与技能、过程与方法、情感态度价值观目标。 2. 教学内容：体现面向全体学生的原则，对学生进行全面分析，教学内容能够适应不同学生的学习基础；根据课程标准分析和设计教学内容，重点、难点突出，准确地把握教材内容的编排意图，并体现“用教材教”的理念。 3. 教学资源：教学准备充分，开发和使用的教学资源符合教学活动的实际需要，并有效促进学生学习。
教学过程	1. 教学方式：教学中注意新旧知识之间的关联，能指导学生利用已有知识和经验解决问题；合理运用多种教学方法组织教学，指导学生开展有效的合作、探究等学习活动，教学活动具有启发性；能指导学生形成合理的适合自己的学习方式方法。 2. 教学组织：教学环节流畅、紧凑，层次清楚，时间分配合理，教学效率较高；知识与技能，过程与方法，情感、态度、价值观目标能自然恰当地融入教学过程之中。 3. 教学互动：师生互动积极、充分；教师能够尊重、爱护学生，具有一定的亲和力；关注学生个体差异，为学生创设自主学习的空间；问题设计效度较高，容量恰当，难度层次清晰，有助于激发学生的思维；提问宜面向全体、关注学生差异。 4. 教学评价：能对学生的学习活动做出有效及时的评价和反馈；对学生的评价客观、合理、恰当，具有激励性；课堂教学评价能够做到由点到面，点面结合。 5. 教学手段：能运用多种教学手段开展教学活动，恰当、合理地使用多媒体手段和课程资源。 6. 教师素质：教师教学语言清晰、生动，板书设计恰当，仪态自然大方；具有教学机智，恰当处理课堂中的生成性问题。 7. 教学特色：教学活动富有个性，特色鲜明。

续表

评价项目	评价标准
教学效果	1. 学生表现:学生有强烈的学习热情和学习愿望,积极主动地开展学习活动;全体学生能够积极参与到课堂学习之中;学生能够主动思考,敢于提出问题,发表见解,并能与他人分享学习成果;能够尝试解决学习中遇到的问题或困惑;能有效利用教师和同伴提供的信息,能将学习的内容整合到已有知识之中。 2. 面向全体:不同学习程度和具有不同个性特点的学生在课堂学习中都有相应的收获;教师能根据学生的学习程度,有意识地关注每一位学生的发展及个性化的学习需求。 3. 课堂生成:教师及时捕捉并与学生一起有效处理课堂教学中的生成性问题,学生由此获得新的收获。 4. 教学氛围:课堂教学民主、合作;课堂氛围活跃、融洽。 5. 任务完成:顺利完成既定的教学任务,实现知识与技能,过程与方法,情感、态度、价值观目标的有机整合;课堂教学时间分配合理,按时上下课;课后作业难度与作业量适宜,具有一定的开放性。
教学反思	1. 课后反思:教师能围绕课堂教学实际,对教学设计、教学过程、教学效果及课堂教学行为进行全面、深刻的反思,提出的问题真实、富有针对性。 2. 改进思路:教师能在反思的基础上,结合自己的教育教学水平,提出合理、有效的改进思路和策略。

4. 精讲、精练、精选作业,是营造轻松学习氛围的必要条件

为了减轻学生的课业负担,东师南湖校要求教师在布置作业时,语文、数学、外语、科学、社会每科书面作业量不超过30分钟,且必须在学生自修时间内能完成。既然时间是有限的,如何让学生在有限的时间内掌握所学知识呢?这就需要教师的"智慧"。只有精选和设计具有典型性和代表性的作业,才能有助于巩固和加深所学知识,有助于基本技能的掌握,有助于学生能力的发展。

此外,教师布置的作业要及时批改,标明错误,利用上课的前五分钟处理习题中的典型错误,及时解决学生心中的疑惑。

(二) 引领教师把握学科本质、抓住核心内容进而智慧施教

1. 首席教师引领

从一位新手到一位名师,需要引领,更需要领悟。在东师南湖校,教务处根据学校决议实施学科导师和首席教师负责制,明确各个学科的首席教师(由地市级学科带头人、区学科带头人担任),并聘请校外的名师担任学科导师(一般是地市级学科教研员、省内名师)。首席教师在本学科的教学中起到引领、把关、示范、辐射作用,学科导师或首席教师经常性地参加教研组、备课组活动,与

教研组、备课组和教师一起研究教学过程，解决教学中存在的实际问题，做好教学过程管理中的服务工作，帮助教师解决教学过程中，特别是教学改革中遇到的实际困难。

2. 师徒结对

学校以“师徒结对”的方式，促进新教师快速成长。师徒听课自行串课，师傅每两周听徒弟1节课，并作适当的点评与指导。徒弟每周听师傅1节课，做好听课记录与反思笔记。每学期上交教务处进行检查备案。

3. “三案定教”的备课模式

只有课前准备充分，对教材研究透彻，才能更好地把握学科本质，进而抓住课堂的核心内容。为此，东师南湖校运行“个人备课突出独创——集体备课突出共享——二次备课突出生本”的“三案定教”的备课模式。

(1) 个人备课

按照任务分工，假期独立完成所承担的备课任务，在广泛学习、借鉴吸纳的基础上形成个人独立备课的教案。

(2) 集体备课

①每周集体备课一次，每次备出下一周的教学内容。集体备课期间不做与备课无关的事，保证集体交流研讨的时间，有事到教务处请假。

②学科组长在每次备课前要确定备课形式（中心发言式、问题聚焦式、课例观摩式、实践反思式），事先落实备课的时间、地点、内容和中心发言人。

③每次中心发言人介绍1—2篇前沿文章的核心观点（观点分享）。

④备课过程中要分析教学内容、剖析学生基础、制定教学目标、确定重点难点、规划教学流程、设计练习与作业，重点凸显以学定教的理念，确定符合学生学习规律的学习方法，设计有过程的开放的学习活动，探索启发式、因材施教的有效途径。

⑤集体备课时间：

每个学科都有自己的集体备课时间，具体安排如表11—2：

表11—2 各科集体备课时间安排表

<table>
<tr><th>学科</th><th>时间</th><th>参与人员</th></tr>
<tr><td>语文</td><td>周四下午</td><td rowspan="5">相关学科教师</td></tr>
<tr><td>数学</td><td>周二下午</td></tr>
<tr><td>英语</td><td>周三下午</td></tr>
<tr><td>科学学科</td><td>周四下午</td></tr>
<tr><td>历史与社会学科</td><td>周三下午</td></tr>
</table>

(3) 二次备课

①针对学生的个性化需求，围绕学习任务、学习方法、学习进度、学业评价等，对集体备课的方案进行个性化调整。

②在教案上进行二次备课。

(4) 课后反思

①教师结合课堂教学中的成功与不足、教学机智、学生见解等进行课后反思，突出对教学目标、教学过程、教学效果的反思。

②建立教科研案例反思簿。

③组织进行优秀教学反思的交流与评比，推广优秀教学经验。

(5) 整理电子备课包

①根据预设方案、教学实践，每位教师对自己承担的电子备课包中的原有教案进行二次修改。

②实名充实本学期电子备课包中的相关资料、教学课件、纸笔测试等内容。

4. 每学期一节公开课

教务处规定每位教师每学期要开一节能充分体现改革精神、具有研究价值的研讨课。每位老师开公开课前，教务处都会通过发送手机短信或在学校的群里公布这位老师开课的时间、地点和内容，只要有兴趣，全校任何科目的老师都可以听开课教师的公开课，交流和学习。

通过开公开课的形式，促进教师在教研组里反复研课、磨课，从而更加透彻地理解教材，最终提高教学效果。

(三) 帮助学生不仅“学会”，更要“会学”

学生“乐学”“能学”“会学”，才能更好地“学会”，才能智慧成长、可持续发展。

1. 为从“学会”到“会学”开设梳理系列课程

常规单元复习课，常用模式是以教师总结复习为主、学生进行练习为辅，或是讲练结合。大量课堂观察发现，学生对新授课都有很高的兴致，可每次到了单元复习课时，对于已经学习过的知识，就显得有点不耐烦，部分学生会注意力不集中。究其原因往往在于，学生对于对已学知识的复习、重复性练习，缺乏吸引力、挑战性。

为此，东师南湖校，立足课堂实践研究，构建一个新型的复习课型——单元梳理课程。

单元梳理课旨在帮助学生整理每周、每单元、每学期所学的知识，使学生将微观的零散的知识形成宏观的整体的知识网络，使学生通过梳理一方面巩固复习已学的内容，了解知识发生的顺序；另一方面知道所学内容发生的脉络，帮助学生在“学会”的基础上“会学”。

2. 以科学理论为指导,深化梳理系列课程研究

他律和自律最初是皮亚杰描述儿童道德、判断发展所用的术语。单元梳理课借助皮亚杰的心理发展理论,期望在单元梳理课堂中,学生能由起初在教师的引导下进行所学知识的梳理,即他律,逐渐发展成能够对于不同学科不同单元的知识进行自主梳理,即自律。换言之,通过单元梳理课,培养学生的单元整理兴趣,发展单元梳理能力,最后使学生善于用梳理的方法对不同知识进行自觉梳理、自我评价反思、自我评价,进而促进学生自我提高的智慧发展。

二、分层·保底·个性发展

(一) 首席教师与保底教学目标

为了检验学生一周的学习效果,从 2013 学年第一学期开始,东师南湖校启动"周周清"制度,其主要目的在于帮助学生巩固本周学习的基础内容,认识自我,让所有的学生都能够掌握最基本的学习内容。

东师南湖校为住宿制学校,学生周日下午返校,为了更加合理地利用晚自修时间,学校决定每周日晚上利用晚自修的时间开展"周周清"活动。从 17:40 分开始,每节小课进行相关科目的形成性测试,试题的分值均为 100 分,八年级题量不超过 16K 正反面,七年级为 16K 一面(七年级原则上考试时间不要超过 20 分钟,留下 10 分钟的时间,让学生进行自主的知识梳理)。

"周周清"测试的内容是上周所学的内容,但不拘泥于此,对于核心的知识和难点的内容可以在试卷中重复出现。"周周清"的结构分为三个部分:知识梳理(40 分,难度值 0.85—0.95),要求掌握基础内容(单词、公式、定理、笔记等);整理应用(50 分,难度值 0.75—0.85),原则上要求有 20 分来自作业本上的错题或典型试题,有 10 分是教师自编的新试题;中考链接(10 分,难度值 0.5—0.7),要求习题是选自历年的中考试题。

"周周清"活动从实施至今 2 年的时间,教师、学生、家长越来越重视这项活动,教师命制的题目越来越符合课程标准,能够把握本周的核心内容、准确反映学生学习的疑难;学生能通过"周周清"及时查缺补漏;家长能及时了解孩子的在校表现,及时与孩子沟通,帮助孩子少走弯路。

(二) 领衔教师与分层教学

学生的层次不同,学习的效果也不同。为了让每一位学生都能得到发展,在原有的水平上加以提高,东师南湖校从 2013 学年第一学期开始实施分层教学。所谓分层教学,并不是简单地根据学生的成绩,将所有的学生分成"尖子班"和"普通班",而是部分分层。简单来说,就是每周五的上午四节课安排理科分层,下午安排文科分层。两个班级为一个班组,上午,两个班中理科较好的上 A 班,教师授课的重点是"提优";理科较弱的上 B 班,教师授课的重点是"补弱",将学生的短板补齐。下午,两个班中文科较好的上 A 班,文科较弱的上 B 班,进行查缺补漏。

我们都知道，很多学生是偏科的。在分层教学中，我们没有按照总成绩分层，而是按照文、理分层，这样就避免了按照总成绩分层的弊端，明明某个学科较好，却要补习基础知识的情况。文、理分层的确能够帮助学生“扬长避短”。

（三）学法诊断与个性发展

教学的根本目的，不仅仅是传授知识，而是让学生的学习真正发生，引导学生会学，实现“智慧的教育”。要实现“智慧教育”，不仅要加强教法研究，更要重视学法研究，加强学法指导，教会学生学习。

1. 确定学生名单

根据学生的成绩及平时在学校的表现，确定学生名单，然后以年级为单位，采取导师制的方式，一位导师带 3～4 名学生，以便及时发现学生在情绪状态与成绩波动状况。

2. 导师及辅导教师

导师由初三任课教师担任。

辅导教师由任教初三年级的主课教师及学校的首席教师担任。

3. 具体实施流程

首先，东师南湖校在行政楼三楼和教学楼四楼设立“首席教师学法诊断室”、“名优教师学法辅导室”，为学生提供诊断场所；其次，为成绩优异的学生发放学法辅导（诊断）卡（如图 11－18 所示），如果学生在某一学科的某一个知识点方面存在问题，有两种解决方案。

第一种解决方案是学生可以找导师，由导师帮助学生约定学生指定的辅导教师及辅导时间，解决他们在学习方面存在的问题。

第二种解决方案是“领衔教师”挂牌制度。每周，教务处会安排三位不同学科的老师为本周的学习辅导诊断“领衔教师”，并将他们的名字贴在橱窗的公告栏中。如果学生看到自己比较喜欢的老师挂牌，并且那个学科有知识还需要老师进一步讲解，他（她）就会将学习辅导（诊断）卡放到“问题盒”中，每个星期的周五下班前，领衔教师会查看“问题盒”，并与问问题的学生做进一步沟通，于本周日下午两点半在“首席教师学法诊断室”“名优教师学法辅导室”解决学生的问题。

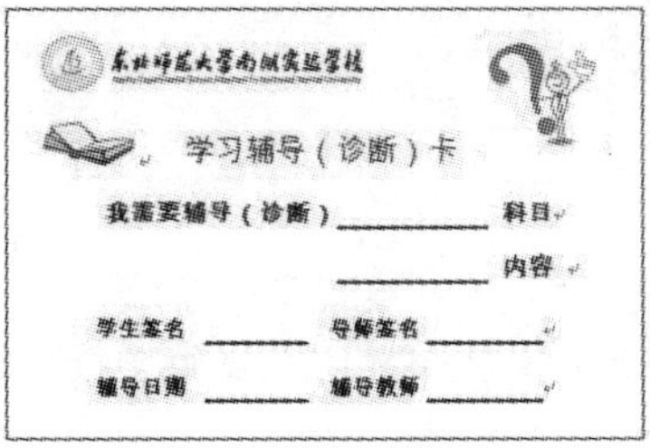

图 11－18　学习（辅导）诊断卡

图 11－19　挂牌

图 11－20　诊断卡片

此外，导师要及时发现所带学生出现的情绪波动及成绩波动，及时与所带学生沟通，提出诊断方案，并做好记录。

三、建立保障学生学习心理常态发展的良性体系

（一）针对不同年级开展相应的学习心理辅导制度

例如，小学生对于学习一般有一个心理上的阶段性变化，即憧憬、热爱奋斗、腻烦厌倦。

结合不同年龄段学生的特点，有针对性地开展心理辅导，可以确保学生身心的健全发展。

【典型案例 11－22】初中毕业班学生心理辅导方案[①]

初三学生尚未成熟，就要面临择业或继续求学的人生选择。来自社会压力、家长期望和自身的迷茫，需要进行及时的疏导。

I. 学生学业焦虑及其缓解方法

初三学生学业焦虑主要表现为考试焦虑和学习动力不足。

(1) 学生考试焦虑体现在对考分的过分看重，说到底是对自己未来前途的焦虑。一方面原因在于群体效应，将分数作为衡量学生能力的唯一指标；另一方面在于将升重点高中等同于自己的人生价值，而学生渴望自我实现与现实学业成绩的反差，导致认知不协调。只有减轻心理负担与学习负担，才能减轻学习上和精神上的压力，才能健康愉快地成长。为了缓解和消除考试焦虑，需要选择适合自己的目标动机水平，过强或过弱的动机水平都容易使自己产生失败体验而导致心理压力。考前作好知识准备以及应付考试突发事件的对策和心理准备，有备才能无患。

(2) 学习动力不足(即学习动机问题)也常常令学生苦恼。一方面，学生都有提高成绩的需要，而另一方面，又容易产生浮躁、厌烦情绪，导致学习无动力或动力不足。学习者只有“知学”“好学”并且“乐学”，从价值上给自己的学习以较高的评价，才会产生持久的学习动机。当然，学习的外在动机也是必要的，只有二者和谐作用，才会相辅相成，相得益彰。

II. 正确处理学生的自信心不足问题

正如精神分析者阿德勒在《超越自卑》一书中所说：“事实上，每一个人都是自卑的，只是程度不同而已。因为我们发现我们所处的现状都是可以进一步改善的。”从这个意义上说，自卑也可成为一个人进步的动力，人生正是在对自卑的不断超越中而渐入佳境的。

但是，持久的、过分的自卑感则容易造成心理疾患。在遭遇挫折时，非常有必要引领学生对自己有一个客观、全面的评价，善于将成功归结为自己的能力，体验

① 由心理咨询教师白冰硕士执笔。

内心的喜悦感和成就感，要相信之所以失败是由于自己努力不够或无效努力。不妨制定阶段性目标，在不断达到目标的过程中体验成就感，不断增强自信心。

III. 建立良好人际关系的方法

有许多学生因在生活、学习中存在与父母、与老师、与同学沟通困难而感到苦恼，究其根源在于人与人之间彼此立场、观点的差异。为了改善这种状况，不妨学会“换位思维法”，也就是我们常说的“将心比心”，增进人与人之间的相互理解。同时，引导学生学习一些沟通的技巧，帮助学生进一步改善特殊时期的人际关系。

IV. 帮助学生学会克服精力分散的技巧

毕业班的学生在学习中常常会出现注意力不集中、精力分散、“走神儿”现象。造成注意力分散的原因可能有以下几点：因单调刺激而引起的厌倦感，如学习材料重复、枯燥；否定注意对象的价值导致意志努力失败或放弃努力；还有一种情况是由于精神疲劳而引起的疲劳效应。“注意紧张状态”理论提出学习单元时间概念。由于个性差异，每个人的学习单元时间可能不尽相同，有人认为一个人的最佳学习单元时间约为 25 分钟，通俗地讲，一个学习单元时间即是一个注意紧张状态，学习者应避免在一个既定学习单元时间内分心。

可以引导学生尝试以下克服注意力分散的三步控制法：第一步，当出现某种滞涩情绪时，学习者应敏感地意识到，并提醒自己不能成为情绪的俘虏；第二步；尽快着手按已定的复习计划学习；第三步，继续学习，直到完成。明白了上述道理，学习者就可以克服在一个学习单元时间内注意力分散的不良习惯，从而提高学习的效率。

V. 帮助学生摆脱郁闷自卑心理

复习备考，自信心是非常重要的。为此，必须引导学生：

首先，要正确看待自己。充分看到自己的实力，不要求每次考试成绩都能十分理想，不要因一两次考试成绩不好而否定自己。不要总拿自己的成绩跟班上成绩拔尖的同学比。你在这个班成绩是中下的，在全校也许是中等的，在全市也许就是中上等的了。

其次，要认真分析考不好的原因。也许是没有复习好，也许是心理紧张没有发挥出应有的水平，也许老师出题太难。

最后，要经得起失败的考验。就算自己学习基础较差，接连考试成绩都不理想，也不应自卑。正确的态度是赶快找出原因，改变方法，调整计划，补缺补漏，再接再厉，争取中考发挥出自己的最高水平。两军相战勇者胜，“鹿死谁手”，还未可知，没有理由轻视自己。

VI. 帮助学生学会缓减心理压力

心理研究发现，保持适度的心理压力有利于考试复习、备考。但压力过大，会造成紧张、急躁心情；没有压力，也不利于学习效率的提高。从而，必须引导考生学会调节自身的心理压力。

（1）临近中考，积极备考是正常的，正如军队临战前要练兵，运动员比赛前要训练一样。有了这样的认识，就能把压力变为动力。

（2）指导学生科学规划自己的复习，紧而不乱。以平静的心情来复习、备考，“把大考当小考”才能发挥理想的考试水平。

（3）在宽松友爱的氛围中复习，才会收到更好效果，考试时也会有最佳的发挥。

VII. 教师要主动协助家长共同支持理解孩子

在中国的今天，家有中考高考毕业生，与其说考学生不如说考家长。做好家长的心态、有效发挥家校合作的优势，才能为学生的备考营造良好的外部环境。

（二）建立常态的学法指导、学法诊断、个性化辅导的制度

东师南湖校从2014学年第一学期开始实施学法辅导（诊断）制度。通过开展学习辅导（诊断）活动，从心理上干预学生，从成绩上对学生进行辅导，解决学生在某一学科或某一知识点上的疑难问题，从而让这些学生各个学科均衡发展，个性发展。

【典型案例11—23】学生对于学法诊断的感悟

学法辅导（诊断）活动一经推出，深受学生喜爱，以下是学生的真实感受：

相比往年，我现在的成绩有了很大提高，这与学校安排的学习辅导（诊断）是分不开的。

学法指导解决了我的薄弱环节的问题，同时也给我解题提供了新的思路。给我们诊断、辅导的领衔教师，会根据我们的实际需要，制定详细的计划，并准备相应的专题和有针对性的习题，同时，也会适当添加一些含中考元素的信息和试题，让我们感知它的难易度，让我们更深入地了解中考。

领衔教师针对我们每个人的学习实际，进行诊断、辅导，为每位同学仔细分析答题风格和存在问题。通过她对我做题思路的分析，加上自己耐心的练习，我对原本失望的数学重拾了信心。

（三）发挥心理咨询辅导的保障制度

根据中小学生的生理、心理、学习方面的特点，综合国内外心理学者对中小学生的心理健康的不同看法，东师南湖校确立了较为完善的心理健康教育保障制度，不仅引进中小学心理咨询专业的心理学硕士（心理咨询师，国家职业资格二级），而且，设立专业的心理咨询室，常态开设心理咨询专题课程。

“行为”的本质是将优化的认知在生活中实践。心理咨询室是优化学生“认

知"的重要途径。专职心理教师、健全的辅导制度、完整的个案记录,为心理危机干预、避免极端事件的发生提供有力保障。同时,在每届中小学生入学面谈中,将心理健康普查作为重要参考指标之一(为每个拟录取学生建立心理档案),为班主任日常工作奠定基础。

与其同时,每个班常态开设的特色课程"阳光心态",为全体学生的心理健康提供保障。为此,必须抓住课堂契机,以活动体验为平台,针对各年龄层次学生的心理特点,选定适宜的课程内容,以普及适量的心理学知识为手段,帮助学生正确了解自我,纠正错误认知,树立正确自我意识和社会认知。

学校同时开设阳光心理社团,举行形式多样的心理主题活动(包括考前心理疏导、青春期心理辅导专题等),其根本目的都在于普及心理自我调适策略、方法。从矫正行为到优化认知双向指引,以此营造和谐发展的外部环境,给学生享受乐学、乐活的校园生活,促进其身心协调、健全发展提供保障。

第四节 "积极迎接评价"的操作实务①

在中国基础教育改革发展的今天,考试作为评价的一种主要形式,尽管问题颇多,但是,依然是中小学校不可缺少的重要形式;而"积极迎接评价"就成为学生智慧成长、可持续发展的重要保障。

为此,不仅需要教师切实提升自己的评价技术水平、洞察期中期末考试发展趋势,分析学情、考情,而且,需要及时洞察学生的考试心理,遵循学生的身心规律帮助学生"积极迎接评价",实现在评级中健康成长。

一、引导学生正确理解评价、以积极的心态备考

考试是学校教育无法回避的问题,没有考试的学校教育也是不完整的,但是,片面追求应试,导致师生反感、负担严重,形成逆反,这样的情绪在客观上影响了初三阶段的复习和备考。

如何科学应对初中毕业期间的考试,需要整体治理。

一方面,必须正确看待备考和应试,毕竟"应试"与"应试教育"是两个不同的概念。虽然中考制度还不够完善,有待于进一步改革,但在优质教育资源相对短缺、高中教育尚属于非义务教育的今天,中考仍不失为一种较公平的选拔人才的手段。

另一方面,中考对每一位初三学生来说也是一次人生的锻炼机会,无论是继续读高中,还是走向社会创业,都需要坚强的毅力,特别是,经受磨炼的经历,不断提升自己的"挫折商"AQ,连同 IQ、EQ,才能适应未来社会,成为未来社会

① 由孔凡哲、穆闫琨执笔完成。

的合格公民。

【典型案例 11—24】东师南湖校九年级学法指导讲座“中考答题策略之二”

2015 年 4 月 7 日中午,学校在图书馆报告厅举办了主题为“中考答题策略”的学法指导讲座系列活动,本次活动由教务处组织,全体九年级学生参加了此次活动。此次学法指导讲座的主讲人为学校的骨干教师:周晓伟、吴标清、吴小明三位老师,他们具有丰富的中考教学经验,能够针对学生在中考复习及答题中出现的问题提出解决策略。

首先,英语任课教师周晓伟做了关于英语中考答题策略的讲座。周老师从英语中考的题型入手,分析各种题型的应对策略。比如,学生在做听力的时候,要快速浏览,做好预测;先听整体,再听细节。针对分值增大的词汇填空题,周老师指出,单词的填空和拼写不只是简单意义上的写单词,而应注意把它放入句子中加以理解、转化和运用,根据句子的需要填入其适当的形式,填词时要注意,给你名词时,有可能是名词的复数形式;给你的形容词或副词,应考虑比较等级;若填动词,要注意动词的时态和语态。

接着,科学任课教师吴标清老师做了九年级科学学法指导讲座。吴老师围绕学习状态、学习效率、学习方法、学习心理四个方面展开。吴老师认为,科学是一门综合性的考试,每一部分内容都要有较好的掌握,中考科学总体成绩才会提高。对于做练习或各种测验中出现的一些错误,不能只简单更正一下就完事,而要认真地加以分析,找出造成错误的症结所在。学生在学习过程中,要注意知识自身的体系,学会归纳和总结,从整体结构上把握所学知识。

最后,历史与社会任课教师吴小明老师做了关于社会中考答题策略的讲座。社会是开卷考试,所以,吴老师为学生分析了开卷考试的五大特点:突出开放性、凸显能力性、体现时代性、趋向情境性、注重基础性,并且指出了开卷考试的几大误区:平时抄题,考试找题;大题小题,题题翻书;不细审题,盲目翻书;注重教材,忽略时政。接着,吴老师提出了解决这些问题的应对策略:依托课本,夯实基础,灵活运用;强化专题,理清脉络,延伸能力;关注时政,联系知识,聚焦热点;调适状态,运筹帷幄,从容答题。最后,吴老师告诉同学们,在考试中,要学会以平静的心态对待考试,在解题的过程中,要学会读题,寻找解题的关键和解题的落脚点,合理分配答题时间。

当然,每个人的学习习惯不一样,学习方法也不一样,具体问题具体分析,希望同学们能够领悟到中考答题的真谛,在中考中取得优异的成绩。

二、切实提升教师群体的评价技术水平

精通评价技术、熟悉考试规律的教师,不会惧怕考试,反而能有效利用评价

杠杆更好地进行课程实施，这既需要教师个人的努力，更需要学校提供良好的组织保障和制度保障。

（一）开展试卷试题命制技术的专项培训和基本功比赛

开展试卷试题命制技术的专项培训和基本功比赛，可以加强教师对试题的研究，从而把握考试的方向，对提高课堂教学水平具有针对性。同时，通过命题，可以促进教师深入钻研课程标准和教材，是进行高水平教学设计与反思的有效途径之一。

1. 试卷命题技术的专项培训

掌握试题试卷命制的技术是新型教师的基本功之一。而把握恰当的试卷命制、试题编制的技术，不仅能够有针对性地设计教学，而且可以洞察评价（考试）发展脉络。

东师南湖校校长孔凡哲教授指出，命制一道好题要包括立意新、情境活、设问巧、题干"清爽"、可读性强、基于学生实际六个基本要素。

（1）立意新

创新试题是时代的要求，是一份试卷的亮点。命题人应大胆地对试题的命制进行创新，以适应教师与学生新的需求。

（2）情境活

灵活的题干，有助于抓住学生的眼球，也更容易引起学生对题目的兴趣。

（3）设问巧

提问的方式与方法直接影响学生对题目的理解程度，通过巧妙的设问，开放性的设问，可以诱发学生开展积极的思维活动，对知识有更深层次的思考。

（4）题干"清爽"

在命制试题过程中，试题的文字表述要与教科书中的表述相吻合，语言表达精简、简练。

（5）可读性强

在命题过程中，要采用通顺、规范的学科语言，学生阅读题干后能够明确需要解答的内容，不存在理解题意的不必要障碍。倘若试题表述模棱两可，产生歧义，就会对学生正确理解题意产生不良影响。

（6）基于学生实际

从学生的实际生活经验和已有的知识出发，旨在考查学生在熟悉的事物和具体的情境中经历从生活中发现问题和提出问题的能力。

总之，一道好的试题，既要体现学科知识、技能与经验、能力的内在价值，又要体现学科的人文价值，关注学生的精神世界、情感需求和个性差异，使之成为学生与知识、情境、教师（或试题设计者）之间自然对话的良性载体，成为心灵交汇、情感交流的畅通渠道。

2. 试卷命题基本功比赛

命制试题是一位教师的基本功。在日常教学中,面对"题海",教师要从中精选试题;而每周的"周周清",更是要求教师独立自主命题,这些都突出了命题的重要性。

每个学期末,东师南湖校教务处组织开展命题比赛活动,通过命题比赛,加强教师的命题水平。此外,教师命制的试题将作为平时测试的题目,一方面,教师能够根据学生的答题状况检验试题的合理程度及难度系数;另一方面,这也是资源的合理利用,一举两得。

最终,教务处将在学校的公告栏中展出优秀的题目,供所有老师参观、学习(如图 11－21 所示)。

图 11－21

【典型案例 11－25】2013 学年第一学期命题比赛纪实

2013 学年第一学期末,教务处在前期布置开展试题研究的基础上,举行命题比赛。此次比赛分为初中部和小学部两部分。

初中参赛教师为我校初中部语、数、英、科、社学科的教师。教务处要求命题教师以本学期所上教学内容为命题范围,题型以课程标准为蓝本,以中考考试说明为依据,题目必须为原创题或改变题,并且有标准答案。各学科命题数量及题型如下:

语文:语文知识与积累 2 题,现代阅读 1 题,古诗文阅读 1 题。

数学:选择题 2 题,填空 1 题,解答题 1 题。

英语:完形填空 1 题,阅读理解 1 题,词汇运用 1 题,任务型阅读 1 题。

科学:选择题 2 题,解答 1 题,探究 1 题。

社会:选择题 2 题,非选择题 2 题(1 题为填空形式,1 题为材料解答题)。

教师命题的试题将于 2014 年 1 月 4 日进行"周周清"活动。通过组内教研活动进行打分，推选出一位一等奖入选者和二等奖、三等奖获得者名单。校级领导对组内推选出一等奖入选者进行再次审核，审核通过的确定为一等奖，不通过的为二等奖。

小学评选办法与初中部一致，参赛教师为语文、数学教师，命题内容为本学期的教学内容，各学科命题数量及题型如下：

语文：课外阅读分析一篇，配有标准答案及设计说明（难度系数0.75～0.8，关注题目的梯度，本册教材重难点的覆盖度）。

数学：结合发展性评价，命制主观口试题1道，配有评价等级说明及设计说明。

（二）开展系列的说题大赛、名题赏析等系列活动

高质量的测试题，不仅能够发挥评价的诊断功能，而且，有时也能有效发挥评价的激励、改进功能。而针对试题的分析是一项技术性很强的工作，一般从命题意图（题目的考查目标、立意）、命题技术（题目的思想性、科学性、规范性）、命题效应（题目的难易度和区分度及对自己的教学启示）三个维度分析。而教师针对"好题"的评价素养，需要在实践中不断磨炼、积淀。

东师南湖校的校级领导深知说题的重要性。为此，每学期都会举办说题大赛、名题赏析等类似的活动，从而增强教师对试题的敏感性，进而指导自己的教学，提高教学水平，为成为"智慧型教师"做努力。

【典型案例11－26】东师南湖校初中部说题展示与评比活动纪实

2013年1月6日，为了提高教师对题目的分析能力，对学科本质的把握能力，东师南湖校在四楼会议室举行了初中部说题展示与评比活动。本次活动由教务处主任万胜明主持，副校长张凯、校长助理周勇、教务处主任万胜明及七、八年级部主任担任本次比赛的评委。

经过精心的准备，参赛选手展示出自己对学科本质的深刻理解，现场的分析声情并茂，博得了在场评委和老师们的阵阵掌声。这边跟随李金晏老师一起穿越古今，吟诗弄词，那边就要与项洪丽老师一起思考理性。刚刚走出方芳老师的名词、动词、形容词，就要跟随邓洪亮老师"联时事、创情景"，"高起点、低落脚"。最后再随着沈剑军老师一起讨论时事。

随后，张校长对本次活动进行了生动的总结。他说，分析一道好的题目，要把握学科本质，熟悉命题特点，明确重点、难点。通过本次比赛，老师们对说题本身有了更深刻的认识，明确了分析试题的维度，为今后的优质教学打下良好的基础。本次活动为东师南湖校的青年教师提供了一个学习借鉴、反思提高、展示自我的良好机会与平台，促进学校教师关注学科本质，积极提高自身专业能力，营造出良好教研氛围。

（三）以省级课题、市区课题为载体开展评价技术的系统研究

评价是中小学教育至关重要的环节。东师南湖校将考试评价作为研究重点，申报了省级、市区级课题构成课题群开展评价技术的系统研究，并通过教师对评价技术的研究，切实提升教师的评价技术，进而提升学生的学业水平。

1. 以核心课题引领构成课题群组，分工合作共研评价技术

学校以《新版课标下的学生数学发展性评价新体系的实践研究》为题，组织硕博团队的专门力量，成功申报浙江省 2012 年教研课题。经过三年的实践研究，逐步形成“平时（过程性评价）评价＋笔试评价＋口试评价＋数学活动评价”的发展性评价新体系。研究不仅深入调查分析现有评价的优势、不足，形成《嘉兴小学低段现行数学试卷的调查与分析》的研究成果，以及《小学低段学生数学学业评价的非纸笔测试的实践研究》的研究成果，而且基于笔试、口试的结合形成《小学低段口试与笔试相融合的数学学业评价实践研究》《“以活动为载体”的小学低段学生学业评价方法的实践研究》，并在小学、初中开展大面积的数学口试，将面试全方位应用于小学招生工作和初中招生工作，获得优良效果。

2. 深入开展学生可持续发展评价标准的研究

学校聚焦学生的终生可持续发展，密切结合学校常态的工作，将评价渗透在教育教学的每个环节，不仅关注学生浓厚的兴趣、良好的习惯、科学的方法、健全的身心、向上的精神和创造的激情，而且，通过平时作业、随堂测验、单元验收测验等方式对学生达成阶段性目标的程度进行考核，小学低年级期末考试时采用游戏、活动评价（初中采取“笔试＋口试”）方式，形成了“平时评价（过程性评价）评价＋笔试评价＋口试＋活动评价”的发展性评价新体系，深受到学生、家长的一致喜爱，达到良好的实践认同，研究成果不仅在国内权威刊物发表，而且在首届华人数学教育大会进行展示，发表的五篇论文中文章**《基于可持续发展的学生评价的具体内容与实践案例》《利用数学口试进行期末学业测试的实践研究》**被人大报刊复印资料**《小学数学教与学》2014 年第 9 期、第 10 期**全文转载，获得积极的学术反响。

三、洞察考试评价的发展规律，主动迎接各类评价

为此，不仅需要形成主动分析期中期末各科考试发展特点规律的制度和文化，而且，需要形成考前系列培训、指导的常态制度。

以初中为例，每学期大型的考试有两次：期中考试和期末考试。期中考试由本校老师自己命制试题，自己学校的老师批卷、讲评。期末考试的试卷由嘉兴市统一命题，部分年级南湖区统一批改。因此，对于一所学校来讲，每学期会命制一套正规的试题，组织两次大型的考试。这样，考前的命题培训、考务培训就显得尤为重要。

（一）期中考试命题培训

每次期中考试的前一个月，东师南湖校初中部教务处都召开命题会议，安排期中考试的命题工作，并将检测的具体日期、科目、试卷命制要求，以及上一次期中命题出现的问题告知命题教师，从而给予教师充分的时间命制试题，审核试题，反复推敲，最终提高命题水平，规范命题。

（二）大型考试的考务培训

每次大型考试的前一天，东师南湖校教务处都组织考务人员培训，进一步明确考场安排、考场布置、试场监考场次、监考纪律、阅卷规则、成绩录入等事项。

（三）形成主动研究考情的常态机制

东师南湖校正式运营三年以来，逐步形成了以年级组为单位和以教研组为单位分析学生学情、主动研究考情的常态机制。

1. 以备课组为单位研究试卷的机制

知己知彼，方能百战百胜，考试也是如此。

【典型案例 11－27】初中数学教研组期中试卷分析会

2014 年 11 月 18 日下午，正值初冬的凉意侵袭校园，初中数学组的教研热情却没有因此而消减，大家齐聚综合楼三楼会议室，就刚刚结束的期中试卷展开了分析。此次会议有幸邀请到了市教研员时爱荣老师和校长孔凡哲教授。在长达 2 个多小时的会议中，七、八、九年级期中试卷的命制人分别进行了详细的命题汇报和说明，教研组成员就核心问题和重要困惑积极讨论，同时两位专家适时适当地给出相应的点评和专业的指导。

本次活动加强了组内教师对于试卷命题的基本认识，提高了命制试卷的基本技能，为教育教学带来了极大的帮助，并丰富和提升了数学组教师的整体业务水平。

2. 考情分析研究机制

【典型案例 11－28】东师南湖校八年级召开期末复习会议

为了迎接八年级期末统考，2014 年 6 月 10 日上午，东师南湖校在三楼会议室召开了八年级期末复习工作会议。此次会议由教务处主任万胜明主持，校长孔凡哲、副校长张凯、校长助理周勇及八年级科任教师参加了此次会议。

首先，孔校长肯定了各位教师的辛勤付出，并布置八年级统考统批的准备工作，孔校长亲切地询问老师在工作中遇到的困难，并帮助老师们现场解决疑难问题。

孔校长指出，在时间充裕的情况下，各个学科可以复习两轮，以数学为例，第一轮可以分章复习，让学生明确各个章节的重要知识点；第二轮要进行综合复习，注重章与章之间的联系，侧重培养学生解决综合性的问题的能力。

在学习氛围的营造上，在班级层面上，班主任可以开一些主题班会，让学生制定自己的目标;在学校层面上,开展学习交流会,让优秀的学生介绍自己的学习方法,成功之处。

八年级统考的脚步近了,各班都在紧张的复习中。加油!八年级的优秀学子们,你们是东师南湖校的骄傲!

正是采取了积极备考、主动参加评价的策略,凭借学校雄厚的评价技术优势和科学管理、系统的学法指导,以及优质高效课堂,东师南湖校尽管有建校时间短、生源不佳等天然缺陷,但是,历经七次大型的统考统批和各类活动性评价(包括区级运动会、学生体育健康测试,各类文艺活动等),学校成绩稳步上升,提升幅度迅速,不仅跃居全区教育教学质量前列,而且顺利成为浙江省义务教育Ⅰ类标准化学校、嘉兴市中小学数字化校园示范学校、嘉兴市中小学标准化实验室,成为深受市民拥戴的优质学校。

附录

大学与中小学合作实现学校改进的焦点：以专业引领促学校发展[①]

——以大学与地方政府合作办学为例

大学与中小学合作、实现共同发展的研究，最近几年给中小学校带来了诸多机遇，从最初的国外经验介绍[②]，到国内许多高校自己的实践尝试[③]，无论是部属院校，还是地方大学，纷纷介入其中。而相关研究在国内时常出现。区域性大学与中小学合作的类型涉及“单向传递报告型、项目研究合作型、咨询合作型、试验推广型和教育实习型”[④]，这些合作的中心在于局部性的业务合作，诸如东北师大“教师教育创新东北试验区”——UGS模式（U即大学、G即地方政府、S即中小学校），对于大学而言，其中心任务在于解决大学生实习问题、扶持本校从事教师教育的教师提升实践智慧，而首都师大的US合作模式[⑤]旨在通过“教师发展学校”，实现大学与中小学校的合作建设。

相比之下，大学与地方政府合作创建中小学校，既是一种新型合作模式——在全国已经有数以百计的活案例（北京师大在全国各地设立了50多所“附属学校”，其中不乏合作办学的成功案例），也是中小学校快速发展的一个捷径，正所谓“名校＋新校”办学模式。

然而，大学与中小学伙伴合作过程中，也频发诸多难题[⑥]和困境[⑦]，诸如“大学理论性和研究性文化，与中小学实践性和日常性文化的冲突”、大学教师文化“霸权”与中小学教师文

---

① 本文作者孔凡哲作为设计者之一，1999—2012年全程参加了国家基础教育实验中心与辽宁省鞍山市铁东区UGS合作项目（其中的U即大学、G即政府、S即中小学校），并担任两所学校的“优质特色学校创建与名校长培养”的项目负责人；同时，2010年10月至今，设计并实施了东北师范大学与浙江省嘉兴市南湖区人民政府合作创建“东北师范大学南湖实验学校”项目，并担任项目实际直接执行人，以及学校法人、校长。

原文发表于：孔凡哲、彬彬. U-S合作的焦点：以专业引领促进学校发展——以大学与地方政府合作办学为例[J]，教育发展研究，2014，(8)：61－65.

② 赵玉丹. 大学与中小学伙伴合作：国外研究的现状及述评[J]，内蒙古师范大学学报（教育科学版）. 2007，(03)：31－34.

③ 马云鹏、金宝等著. 三方合作与支持：学校改进的U-A-S模式探索[M]，北京：教育科学出版社，2013.

④ 王长纯. 教师发展学校研究[M]，北京：北京师范大学出版社，2009.

⑤ 肖正德. 冲突与共融：大学与中小学伙伴合作的文化理路[J]，社会科学战线，2011，(07)：216－220.

⑥ 肖正德. 冲突与共融：大学与中小学伙伴合作的文化理路[J]，社会科学战线，2011，(07)：216－220.

⑦ 彭虹斌，袁慧芳. 大学与中小学合作的困境、原因与对策[J]，集美大学学报（教育科学版），2011，(02)：60－64.

化“缺位”的冲突，以及“大学合作主义教师文化与中小学个人主义教师文化的冲突”等问题，其中的缘由，正如已有研究①②指出的，在于“大学与中小学属于不同的文化圈，各种类型的教育理论与实践都存在脱节现象”。

真的是“文化差异”“理论与实践脱节”这么简单吗？

作为大学与中小学合作办学的执行者、当事人③，对上述诸多观点基本认同，但是，从实践层面看，大学与中小学合作办学的核心在于，如何有效发挥合作双方各自优势、弥补对方的不足、实现共同发展，而其中的难点和焦点在于**如何切实有效发挥专业引领对学校发展的特殊作用。**

为此，本文结合国内十余年来大学与中小学伙伴合作的典型案例加以分析。

一、专业引领的类别

所谓“引领”，通常的解释是“专指事物的导引群体或独立的个体，引领事物的发展方向”。而“专业引领”自 2002 年国内发行的翻译文献中首次提出④、2003 年首次在大陆学者撰写的文献⑤⑥中出现以来，已经成为教师成长的核心词之一。

事实上，专业引领不仅体现在教师成长之中，而且体现在学校发展之中。无论是教师个体与群体的成长，还是一所中小学校的发展、校长的成长，都需要专业引领。

对于校长的成长，正所谓从“经验办学”到专家治学、教育家办学，绝对离不开“高人指点”，而“高人”对学校发展状况的“把脉”“开处方”都属于具体的专业引领。

在大学与中小学合作过程中，专业引领能否有效发挥出来，直接制约合作的成效（甚至决定合作的成败）。

从中小学校的现实需要出发，专业引领的具体作用大致体现为“舵手”作用、“领头雁”作用、“高人指点”和“量身定做”等诸多方面。

（一）专家型校长的“舵手”作用

在大学与中小学合作过程中，专家型校长的“舵手”作用，一方面具体体现在，从专家的视角切实引领教师快速发展、引领学校文化快速凝练；另一方面具体体现为，专家型校长成为学校发展的设计者（特别是“量身定制”）。

正所谓校长引领学校快速发展、校长引领教师专业发展⑦，无论是设计教师专业发展的内容，还是选择最适合本校的教师专业发展模式，都迫切需要校长是教师专业发展方面的真正专家（而不仅仅是一位经验丰富的实践者）。此时，校长的角色更像体育运动中的“教练”——能给本校教师提供实实在在的专业引领。

---

① 庞丽娟，洪秀敏．破解教师教育难题：政府、大学与中小学合作[J]．沈阳师范大学学报（社会科学版），2011，(02)：1－3．

② 何嘉．近年来国内教师专业引领研究述评[J]，上海教育科研，2011，(06)：17－20．

③ 本文曾刊登于《教育发展研究》2014 年第 8 期第 38－43 页，作者：孔凡哲、彬彬．题目为：U－S 合作的焦点：以专业引领促学校发展．

④ 何嘉．近年来国内教师专业引领研究述评[J]，上海教育科研，2011，(06)：17－20．

⑤ 余文森．论以校为本的教学研究[J]，教育研究，2003，(04)：53－58．

⑥ 顾泠沅，王洁．教师在教育行动中成长—以课例为载体的教师教育模式研究[J]，课程·教材·教法，2003，(1)：9－15，2003，(2)：14－19．

⑦ [美](Mariyn)玛丽莲著、卢立涛译．校长引领教师专业发展[M]，北京：中国轻工业出版社，2008．

与其同时,“校长之魂就是办学思想,它将引领着学校的改革与发展,它将决定着学校的培养目标及师生的教育教学行为”①。不仅如此,校长是学校文化塑造的核心人物,无论是历史学家的角色、人类学侦探的角色,还是幻想家、行走的符号、陶工、诗人、演员、治疗师的角色②p.118—119,都是校长应该扮演的角色。就当前我国中小学校而言,迫切需要有效发挥专家型校长作为校园文化的鼓动者、塑造者的特殊作用。

特别地,“对于一所新成立的学校或处于变化期的学校来说,学校领导的责任就更大”③p.134。的确,对于一所新成立的学校,如果采取常规发展模式“从筹建到建立——摸索中前进、积淀经验——成为一所名校”,在短期内新校很难快速发展。而以“高起点、高标准的精心设计”为前提,在高平台之上快速发展,也是一种可能。为此,“先(按照办学理念等)精心设计、规划,再付诸实施,高起点、高水平的现代化学校在短期内快速发展”可以成为现实。

(二) 专家型教师的“领头雁”作用

对于一所中小学而言,专家型教师的专业引领不仅体现在同伴互助之中,而且体现在“师傅带徒弟、手把手式”的专门引领、“量体裁衣”式的精心指导,特别是,按照发展中教师的实际(先天条件),帮助教师设计适合他(她)的专业发展道路,最终形成独具个人魅力的教学艺术④——以课堂教学风格为例,或是“慷慨激昂”型、“疯疯癫癫”型,或是沉默寡言型、“笑比哭还难看”型,或是娓娓道来型、挥洒自如型,或是调侃型、智慧型,都需要“量体裁衣”。

(三) “身怀绝技的高人”现场诊断与“锦囊妙计”

在高校中,学科专业、研究方向一般划分得非常精细,为数甚多的教授往往是精通某一特别狭窄领域的专家、权威,但对于其他领域、方向,未必熟知(甚至是陌生)。对于中小学校的各个领域而言,来自大学的专家、教授,或者精通教育基本理论,或者精通教育管理的理论,或者精通课程论,或者精通课堂教学等等,而样样精通的专家十分鲜见。

因此,在大学与中小学的伙伴合作过程中,如何有效发挥大学特定领域的专家的学术专长,为中小学校所用,亦即,有效发挥专家型教授对学校相应领域的引领作用,就成为伙伴合作能否成功的关键。

在鞍山“优质特色学校创建与名校长培养”项目⑤中,二一九小学“绿色校园的创建”的设计与实施、东长甸小学“国学校本课程”在经验中的迅速提升、胜利小学“纸浆画校本开发”从零散的经验层面到规范化、系统化⑥,以及鞍山 26 中“问题驱动、研训一体、共同发展”教研机

---

① 陆玉凤. 校长怎样引领学校的发展[J],辅导员,2011,(3):44—46.

② [美]特伦斯·E·迪尔,肯特·D·彼德森著、王亦兵译. 校长在塑造学校文化中的角色[M],北京:中国青年出版社,2006.

③ [美]特伦斯·E·迪尔,肯特·D·彼德森著、王亦兵译. 校长在塑造学校文化中的角色[M],北京:中国青年出版社,2006.

④ 孔凡哲. 实现优质高效课堂的三个秘诀——我所认识的数学课堂与我所追求的课堂教学艺术[J],小学教学(数学版),2013,(7—8):6—10.

⑤ 马云鹏,金宝等著. 三方合作与支持:学校改进的 U-A-S 模式探索[M],北京:教育科学出版社,2013.

⑥ 孔凡哲,张新慧,梁红梅. 问诊学校发展的焦点:解决常态问题的行动研究[J],东北师大学报(哲学社会科学版),2012,(3):153—157.

制[①]的成功创建，都是借助特定专长的专家现场诊断、贡献“锦囊妙计”和系列指导的成功案例。其间，既饱含评价专家对中考的专项指导、对非毕业班课堂教学的临床诊断[②]，课程专家对于校本课程开发的适时点拨、对校园文化创建的智慧贡献，也经历了“学校问题诊断→学校改进策略拟定→实践尝试→问题再诊断→改进方案常态化”的行动流程，来自大学的专家指导团队“每学期累计一个月的现场指导、帮学校组织一次大型活动、帮助学校重点培养两名骨干教师”等的实实在在的专业引领[③④]，学校改进立竿见影、学校发展突飞猛进。

（四）定身培养、“量体裁衣”式的人才引进

随着中小学教育教学改革的深入（特别是基础教育课程改革的深化），中小学校在校本课程开发、课堂观察、发展性评价、课程资源有效利用和广泛开发等诸多领域，其“短板”暴露无遗，而这些领域恰恰是经过科班训练的、面向中小学的硕士、博士的强项。为此，引进专门“定做”的硕士、博士（最好是“量体裁衣”式的人才引进），有效发挥其在中小学校的科研骨干带头作用、学术引领作用，就成为必然。其实，这是“引领”的一种变形、特殊的引领方式。

二、专业引领的范围

在大学与中小学合作过程中，适用于中小学校的专业引领，其范围非常广泛，既有整体的、全局性的专业引领，也有聚焦某个核心问题解决的定向引领。

（一）学校的整体设计、规划：高起点、快发展

学校发展离不开顶层设计，而这种顶层设计既包括学校的整体规划、设计，也包括局部发展规划的设计（诸如三年发展规划、中期发展规划、学科专业教室的设计等），需要吸收来自一线教师的意见、建议而集思广益，更需要接受专家的专业引领。这里的专业引领包括两个方面：

一是学校顶层设计要符合学校教育的基本原理，理论上能“立住脚”。此时，来自大学的理论类专家的专业引领，就成为“及时雨”。

二是学校顶层设计既要接受来自国内外众多名校成功的经验，也要广泛吸取中小学校顶层设计的失败教训。此时，来自中小学的知名校长（尤其是经验丰富的成功校长）给予的专业引领乃是最重要的。

（二）学校的改进：注入新活力（激活学校新的增长点）

对于有着几十年（甚至上百年）办学历史的诸多“老”学校而言，如何激活学校新的动力、寻找新的增长点，就成为为数众多的老学校的学校改进的难点和焦点。解决常态问题的行动研究，成为问诊学校发展的焦点[⑤]。而这一切都离不开对于这所老学校办学传统的梳理、

---

① 孔凡哲，张胜利．中小学教研模式创新的基本思路与操作方法—“问题驱动、研训一体、共同发展”教研新模式实证分析[J]，中国教育学刊，2010，(11)：67—69.

② 李中华，孔凡哲．数学课堂教学问题诊断与案例改进研究[J]，中国教育学刊，2011，(11)：66—69.

③ 李中华，孔凡哲．数学课堂教学问题诊断与案例改进研究[J]，中国教育学刊，2011，(11)：66—69.

④ 马云鹏，金宝等著．三方合作与支持：学校改进的 U-A-S 模式探索[M]，北京：教育科学出版社，2013.

⑤ 孔凡哲，张新慧，梁红梅．问诊学校发展的焦点：解决常态问题的行动研究[J]，东北师大学报（哲学社会科学版），2012，(3)：153—157.

提升,而继承中发展、创新中发展都是可取之路。

(三) 学校问题诊断:寻找恰当的良方

在学校日常教育教学活动中,总是包含技术性很强的诸多专题。很多情况下,校长、教师"整天埋于繁琐、细小的事务之中,无法理清难题症结",无论是课堂教学的低效甚至无效、还是教研的形式化,无论是国家课程校本化、课程资源的有效利用与适度开发,还是校本课程的开发和学校特色的凝练,往往都需要相应领域的专家进行现场会诊,此时,中医常用的"望、闻、问、切"是非常有效的策略方法①,而"道行深厚"的专家往往一眼就能看透问题的症结所在、给出拍案叫绝的良方。

(四) 评估型:"旁观者清"

与大学教学任务相对轻松、自由时间相对宽裕相比,中小学校的日常工作紧张、忙碌。长期满负荷工作带来的职业倦怠、工作的"简单"重复,往往导致"当局者迷——只缘身在此山中",而恰当的学校教育教学评估,有时能起到"旁观者清"的奇效。

三、专业引领的实现渠道

最近二十余年来,国内关于大学与中小学合作办学的实践中,专业引领的实现渠道大致可以区分为五种类型,即主管型、军师型、辅助型、诊断型、遥控指导型等。

(一) 主管型

即由精通中小学教育、来自大学的专家型教授直接出任中小学校的校长,而这里的校长是实质性的校长(法人)而非名誉校长。最近十余年来,东北师范大学附中、附小、幼儿园、附属学校的校长,几乎都采取这种方式产生。东北师范大学附属的中小学校之所以能成为全国名校(享誉大江南北),与此密切相关。

(二) 军师型

即专家型教授担任的校长属于名誉型,而学校的实质工作由副校长(往往同时兼任学校党总支书记)执行。北京师范大学在全国设立的50余所附属学校中,有若干所学校的管理模式属于这种类型。这里的校长大多是北京师范大学面向全国高校公开招聘,长期从事基础教育研究或教师教育研究的大学教授参与应聘而被录用。

这种类型的校长其国内声誉良好,有效发挥其国内知名度和影响力、为中小学校能够带来诸多发展机遇。而其中的难点和焦点就是"两种文化的冲突"及其妥善化解。建立平等合作、相互尊重的工作氛围、将大学教授的"军师"作用有效物化在中小学校的各项工作之中,是这种模式能否成功的关键。

(三) 辅助型

这种合作类型在全国许多地方都正在广泛采用。诸如,首都师范大学与北京市中小学校的合作方式就是如此。其中,来自大学、具有一技之长(特别是精通中小学教育科研的)的专家型教授,担任分管科研的副校长,对于短期内迅速提升中小学校的科研实力、寻找科研兴校的突破口,非常有效。杭州师范大学在长三角地区设立的诸多附属学校,也大多采取这种模式。

---

① 李中华,孔凡哲.中小学教研问题诊断的基本策略方法[J],教育科学,2012,(5):63—66.

(四) 诊断型

来自大学的专家团,定期到中小学现场会诊、实质性指导。对此,笔者在鞍山项目中针对鞍山26中课堂教学问题的专题指导就是成功的案例①,其中,针对数学课堂教学存在问题的"望、闻、问、切"诊断方法,以及"矩形的概念与性质"课堂教学案例改进,对于其他类的中小学课堂也普遍适用。

不仅如此,"跟进式支持与辅导"②也是成功的策略,其中,基于及时诊断基础之上每个环节的专项辅导,的确有效。

(五) 遥控指导型

专家团队通过通讯网络实现遥控式指导。对此,无论是国内,还是国外都有很多成功的实践尝试,诸如加拿大拉瓦勒大学的网络合作伙伴,"信息技术与交流合作成为大学与中小学伙伴关系的新亮点,在线合作工具成为大学与中小学合作研究的'知识共同体'"③。

事实上,在"地球村"的今天,通讯网络与信息技术已经成为沟通彼此、缩短空间距离的主渠道,各类网络平台上的专业群(诸如QQ群)、博客群、网络视频、异地(多地)空中课堂等等,都已成为家常便饭。笔者指导的硕士、博士、特级教师、骨干教师组成的"孔府师门"就是时时刻刻关注中小学校的常态问题及其解决的专业QQ群,"遥控指导"为师门成员所在学校的发展提供了诸多及时的建议和指导。

四、专业引领的若干改进对策

在大学与中小学校的伙伴合作进程中,为了切实提高合作实效,及时解决合作中出现的新情况、新问题,有效发挥专业引领对合作双方的促进作用,大学与中小学校伙伴合作中的专业引领,必须开展"顶天立地"式的研究。这里的"立地",亦即根植于中小学校教育教学实际;而"顶天"则是符合现代教育规律、引领学校教育面向未来、走向世界。

(一) 专业引领必须"接地气"

扬长避短方可走向成功,否则,校长与教师的"二元"对立关系、理论与实践的严重脱节现象,将凸显出来,专业引领必将导致"水土不服"的尴尬。

专业引领必须"接地气",意味着,必须实现理论与实践的真正融合,必须立足中小学校的真实需要,而不是拿来主义——或者由"专家"直接从海外搬来套用,或者凭着"专家"的想当然,硬性推行。

数年前国内某沿海城市曾出现大学教授、博士(通过公开竞聘)执掌附中校长现象,提出了诸多前卫的办学理念、办学思路和几乎"完美"的教育目标、管理体系等"一揽子"计划。然而,事与愿违,第二任期间,不仅没有实现"激活原有的一潭死水"的预期,而且,教学质量急剧下滑,骨干教师怨声载道,校长与教师之间的对立日趋严重,最终的结局是,教授校长被迫请辞出走他乡,而精通教学管理、在中学"土生土长"的新任校长,上任不到一年,教学秩序井

① 李中华,孔凡哲.数学课堂教学问题诊断与案例改进研究[J],中国教育学刊,2011,(11):66-69.

② 王陆,张静然,张敏霞.在知识社会重建大学与中小学的伙伴关系[J],教师专业发展与教育信息化,2015,3(4)(总第16期):17-23.

③ 谌启标.加拿大大学与中小学合作伙伴关系的教师教育改革[J],湖南师范大学教育科学学报,2009,8(3):72-74.

然有序，社会反响强烈。反思其中的缘由，根源在于，这位博士(兼教授)级的校长，对中小学校没有足够的了解，自己缺乏中小学教学的直接经历和经验(对于来自教学一线的呼声缺乏足够的洞察)，而其推行的相对完整的管理体系，终因大部分政策始终未触及学校底层、未能有效激发教师参与学校教育教学的热情，“上不着天、下不着地”，导致大学与中小学的合作以失败而告终。

而要真正实现“接地气”，最基本的思路就是开展“基于实践的理论提升”或“基于理论的实践探索”。对于“基于实践的理论提升”，核心和要害在于，研究采取实践取向，而丰富的实践需要符合现代教育理念，经过学校实践检验是正确的、对师生的可持续发展是有益而无害的。对于“基于理论的实践探索”，核心和要害在于，理论必须符合国情、校情，必须与中小学校的实际相结合、并有恰当的变通。

（二）“开天眼”：从“走马观花”到“一起做”

“开天眼”佛家称之为天眼通，亦称天眼证智通，按照佛家的说法，就是色界天的眼根超越了大地的远近，时间的过去和未来，一切现象都能明见。

在这里，我们是借用“开天眼”这种形象的比喻，特指开阔眼界、打通视野。亦即，借助大学与中小学合作平台，让中小学真正实现开阔眼界，尤其是，对于现代教育、国内外成功办学的范例、学科发展的前沿等等，帮助中小学师生建立宽广的学科视野，最佳途径是，大学学者需要从“走马观花”，到与中小学教师、校长“一起做”，尤其是立足中小学实际，开展“顶天立地”式的行动研究，诸如“纸浆画校本课程开发”①，在来自大学的专家指导团的“穿针引线”下，精通美术的教授亲临学校，与美术组的教师一起讨论用纸浆画这种特定的形式所可能表达的美术内涵。而精通课程论的专家与纸浆画研制组的教师不厌其烦地讨论每一个主题的课程呈现形式、课程编制的具体技术，具有海外背景的专家就“纸浆画能否成为中小学的课程”的问题，带到德国、加拿大等国家与相应领域的专家进行深入讨论、并在欧洲的小学收集到以零散状态出现的“纸浆画课程内容”。这些信息综合在一起，加之胜利小学纸浆画研制组成员们与指导专家们的执著，最终促成了一门崭新的校本课程《纸浆画》的诞生和系统化。

（三）专业引领之中的共同发展

在大学与中小学校的伙伴合作进程中，“这种共同体为所有的参与者改进专业实践提供了强有力的情境”②。从学术视角分析，这种相互作用其实就是专业引领，而这种专业引领是相互的，既有大学对中小学校的纵向引领，也有中小学校对大学相关实践领域的专业引领(即实践诉求)。

对于前者，中小学校对大学的特定专业领域(诸如教师教育等实践性很强的领域)的专业引领作用，在国外所谓的“U-S联合的教育研究和发展模式”中体现得非常充分，尤其是，英国“以中小学为基地的教师培养模式”最为典型③；而东北师大“UGS”模式中，“三年的伙

---

① 孔凡哲、张新慧、梁红梅.问诊学校发展的焦点：解决常态问题的行动研究[J]，东北师大学报(哲学社会科学版)，2012，(3)：153－157.

② Putnam，R.，& Borko，H. What Do New Views of Knowledge and Thinking Have to Say About Research on Teacher Learning? [J]. Educational Researcher. 2000，29(1)：4－15.

③ 赵玉丹.大学与中小学伙伴合作：国外研究的现状及述评[J]，内蒙古师范大学学报(教育科学版).2007，(03)：31－34.

伴合作,极大促进了东北师范大学从事课程与教学论、教育管理、教师教育等领域的教授、博士、硕士自身的发展"①,不仅极大丰富了理论的实践支撑,而且在伙伴合作中发现了一系列颇有研究价值的现实问题。这种实践探索也印证了 Putnam & Borko (2000)提出的"教师学习与教师知识的特性",即"教师知识乃是在个人与情境的互动过程中产生的"②观点。

对于后者,在诸多研究中得以充分体现,无论是美国的专业发展学校,还是国内的 UGS、US、UAS 以及首都师范大学的"教师发展学校"③,以及上海"伙伴合作、共同发展"模式④等等(后者实践检验了"教师发展服务区(RDDA)""美国专业发展学校(PDS)""教师发展学校"三种类型)。而国内最近十余年的实践探索充分证实,大学对中小学校的专业引领可以细化为舵手作用、领头雁作用、专家特定领域的特定引领,以及通过"量身定做"引进专门人才,实现科研兴校、快速发展,而专业引领的作用范围几乎涉及中小学校的方方面面,既有整体规划,也包括激发新活力,既包括现场问诊巧施良方,也包括面对中小学校丰富的成功经验进行恰当的理论提升、"包装"升华。

总之,近年来国内外颇为盛行"大学—中小学合作伙伴"的研究,对实践层面而言,合作的焦点与难点在于专业引领能否发挥、如何有效发挥。一方面,专业引领是相互的,既有大学对中小学校的纵向引领,也有中小学校对大学相关实践领域的专业引领(即实践诉求)。另一方面,大学对中小学校的专业引领需要从作用类别(舵手作用、领头雁作用、特定领域的专家的特定引领、"量身定做"式的人才引进等)、作用的范围(整体规划,注入新活力,现场问诊、巧施良方,旁观者清)、渠道(主管型、军师型、辅助型、诊断型、遥控指导型)等加以细化。而这种专业引领必须"接地气""开天眼",才能实现大学与中小学校的共同发展。

① 马云鹏,欧璐莎,金宝.从双方合作到三方合作:学校改进模式新探索——以鞍山市铁东区为例[J].中国教育学刊,2011,(04):25-28.

② Putnam,R.,& Borko,H. What Do New Views of Knowledge and Thinking Have to Say About Research on Teacher Learning? [J]. Educational Researcher. 2000,29(1):4-15.

③ 王长纯.教师发展学校研究[M],北京:北京师范大学出版社,2009.

④ 赵洁慧.伙伴关系 共同发展——上海教师继续教育的新模式,教育发展研究,2007,(4B):52-55.

主要参考文献

1. 史宁中.关于教育的哲学[J].教育研究.1998,(10):9—13,44.
2. 田慧生.时代呼唤教育智慧及智慧型教师[J].教育研究.2005,(02):50—57.
3. 史宁中,柳海民.素质教育的根本目的与实施路径[J].教育研究.2007,(8):10—14,57.
4. 史宁中.试论教育的本原[J].教育研究.2009,(8):3—10.
5. 孔凡哲.教育究竟能给学生带来什么[J].新世纪文学选刊·教育文学.2009,(8):1—2.
6. 孔凡哲.数学教育究竟能给学生带来什么[J].小学教学(数学版).2013,(7—8):4—5.
7. 陶行知.我之学校观[A].陶行知教育名篇[C].北京:教育科学出版社,2005.
8. 卢乃桂."照顾学习差异":走向优质的时代命题基于香港实施"优质学校改进计划"15年的视角[J].上海教育,2012,(10):60.
9. 孔凡哲,张新慧,梁红梅.问诊学校发展的焦点:解决常态问题的行动研究[J].东北师大学报(哲学社会科学版).2012,(3):153—157.
10. 孔凡哲.追求智慧的课堂——智慧型课堂教学案例解读[J].小学教学(数学版).2013,(7—8):11—14.
11. 史宁中,盛连喜等."尊重的教育":东北师大的教育理念[N].光明日报.2001—01—06:专版.
12. [苏联]B. A.苏霍姆林斯基著,杜殿坤编译.给教师的一百条建议[J].北京:教育科学出版社,2000年1月第二版.
13. 田慧生.提升教育品质　呼唤智慧型校长[N].中国教育报.2012—01—16.
14. 李润洲.智慧型教师的动态审视[J].中国教育学刊,2014,(06):78—80,88.
15. 孔凡哲.从评价"学会"走向评价"会学"[J].小学教学(下半月·数学版).2015,(3):卷首语.
16. 田慧生.做一名智慧型教师[J].天津教育.2006,(03):1.
17. 马云鹏,金宝等著.三方合作与支持:学校改进的U-A-S模式探索[M].北京:教育科学出版社,2013.
18. 张楚廷.课程与教学哲学[M].北京:人民教育出版社,2003.
19. 傅敏,田慧生著.课堂教学叙事研究:理论与实践[M].北京:教育科学出版社,2009.
20. 顾明远(主编).教育大辞典(增订合编本).上海:上海教育出版社.1998.
21. 艾述华,吴霓.校长引领教师专业发展要解决哪些基本问题[N].中国教育报.2013—12—27.
22. 袁丽,蔡沁知.智慧型教师:智慧学校的基石——访北京市东城区板厂小学冯雅男校长

[J]. 中国教师. 2014,(19):29－31.
23. 浙江省教育厅. 浙江省教育厅文件(浙教基[2015]36号文件,编号ZJSP04－2015－0002):浙江省教育厅关于深化义务教育课程改革的指导意见[S]. 浙江省教育厅办公室2015年3月27日印发. 参见:浙江省教育厅网站 http://www.zjedu.gov.cn/news/142778441751261711.html,2015年4月7日引用.
24. 路琳. 论校园文化的要素与结构[J]. 河南师范大学学报(哲学社会科学版). 1998,(4):109－111.
25. 李亦菲. 对学校文化的要素与结构的分析[J]. 天津师范大学学报(基础教育版). 2008年3月,9(1):11－16.
26. 孔凡哲. "导学案"与"先学后教"异化现象及其问题诊断[J]. 教育科学研究. 2012,(9):27－30. 人大报刊复印《中小学教育》2013年第1期全文转载.
27. 亚历山大·莱希特,王咸娟. 联合国可持续发展教育十年(2005－2014)国际实施计划:迈向2014年及以后[J],教育科学研究,2013,(6):25－29.
28. 孔凡哲. 从理念到行为把握方法最重要[N]. 中国教育报,2012－3－8:第7版.
29. 薛国凤. 仪式与学校文化建设[J]. 基础教育研究. 2010年10月,(19):10－11.
30. [美]特伦斯·E. 翌迪尔. 肯特·D. 翌彼德森. 校长在塑造学校文化中的角色[M]. 北京:中国青年出版社. 2006.
31. 杨志成. 文化是学校建设的灵魂[N]. 人民日报. 2013－10－28:教育版.
32. 徐继存. 论教学智慧及其养成[J]. 西北师大学报(社会科学版). 2001,38(1):28－32.
33. 杨国荣. 论实践智慧[J]. 中国社会科学. 2012,(4):4－22.
34. 吴晓静,傅岩. 智慧课堂教学的基本理念[J]. 教育探索,2009,(9):11－13.
35. 孔凡哲,崔英梅. "巧算"背后的学科韵味——对知识技能教学的重新审视[J],人民教育(半月刊),2011年(6月),(11):44－46. 被中国人民大学书报资料中心《小学数学教与学》. 2011年第10期第31－33页全文转登.
36. 孔凡哲,崔英梅(编著). 课堂教学新方式及其课堂处理技巧:基本方法与典型案例[M],福州:福建教育出版社. 2011.
37. 靖国平. 从狭义智慧教育到广义智慧教育[J]. 河北师范大学学报(教育科学版). 2003,(3):48－53.
38. 刘玉玲,宋孝忠. 现代教育改革的走向——智慧教育[J]. 教育理论与实践. 2005,(8):4－6.
39. 肖甦主编译. 苏霍姆林斯基教育智慧格言[M]. 北京:人民教育出版社. 2014.
40. 孔凡哲,朱秉林. 数学情感及其规律[J]. 数学教育学报. 1993,(02):64－68.
41. 苏霍姆林斯基. 帕夫雷什中学[M]. 北京:教育科学出版社. 1981.
41. 王长纯. 教师发展学校研究[M]. 北京:北京师范大学出版社. 2009.
43. 余文森. 论以校为本的教学研究[J]. 教育研究. 2003,(04):53－58.
44. [美]玛丽莲著、卢立涛译. 校长引领教师专业发展[M]. 北京:中国轻工业出版社. 2008.
45. 顾泠沅,王洁. 教师在教育行动中成长—以课例为载体的教师教育模式研究[J]. 课程·教材·教法. 2003,(1):9－15. 2003,(2):14－19.
46. 孔凡哲. 实现优质高效课堂的三个秘诀——我所认识的数学课堂与我所追求的课堂教学

艺术[J].小学教学(数学版).2013,(7－8):6－10.
47. 孔凡哲,张胜利.中小学教研模式创新的基本思路与操作方法—“问题驱动、研训一体、共同发展”教研新模式实证分析[J].中国教育学刊.2010,(11):67－69.
48. 李中华,孔凡哲.数学课堂教学问题诊断与案例改进研究[J].中国教育学刊,2011,(11):66－69.

后　记

在江南烟雨正胜之际，随着东师南湖校名誉校长史宁中教授每年一度的来校指导，书稿《智慧型学校：创建、经营与发展》杀青，历时三年两个月的“智慧型学校的实践研究与理论分析”项目进入尾声，无论是作为东师南湖校的创始人、第一任校长，还是作为教育部人文社科基金项目“智慧型学校的实践研究与理论分析”的主持人，我的内心都是阳春三月。

书稿的完成，是对五年办学历程的回顾，是对成功办学经验的梳理、总结和提炼，更是对中小学校快速发展旅途之中的苦苦摸索经验的升华。

还是五年前的这个时间，作为一名酷爱基础教育的大学学者，接到时任东北师范大学校长的史宁中教授的电话，讨论东北师范大学异地办学的可能性和可能地点，浙江嘉兴始入眼帘——尽管南湖是中国共产党的诞生之地，但是，夹在国际大都市上海和美丽如画杭州之间的这所宜居城市，如同当地名酿“禾城老窖”一样，貌似平淡无奇却深藏不露，颇具特色的江南水乡文化、深厚的历史文化地润，渐渐浸入我的心底。而 2010 年 9 月，陪同史宁中教授到访嘉兴实地考察，无论是当地的经济产值（一个乡级镇的 GDP 竟然超过十个亿——与东北省会城市的县级区的产值相当），无论是当地尊师重教的历史传统，还是大量引进名校优质教育资源激活当地教育、期望“鲶鱼效应”的当今政策，都给禾城教育带来发展机遇、办学挑战和繁荣前景。特别是，北京师范大学、上海外国语大学率先与当地政府合作创办中小学校，激活了区域生机，不仅房地产业繁荣，而且区域文化迅速发展。而第二批进入该地的东北师范大学、华东师范大学、杭州师范大学，分别在县级区创办不同体制、不同形式的中小学校。刚一踏入禾城教育，就迎来前所未有的竞争、挑战。

作为东北师范大学与嘉兴市南湖区人民政府合作创办的“公办保障、民办运行”的九年一贯制学校，东师南湖校地处南湖区大桥镇，属于嘉兴市工业园区管委会辖区，特殊的地域优势给学校发展带来更多资源，特别是，随着大桥镇 2014 年闯入中国中小城市综合实力百强镇之列（全国 4 万余个乡镇综合排名第 64 名，嘉兴市唯一进入榜单的镇），共同发展、共同繁荣成为嘉兴东城的显著特征。

从2010年5月商谈合作办学事宜、10月10日签署合作办学协议，至今天整整五年。五年的创业心路，五年的发展历程，业已渗透在刚刚完成的这本书稿的字里行间之中——只不过，篇幅的限制导致大量鲜活的资料、生动的故事无法一一呈现，而不得不忍痛割爱。

本书稿是集体智慧、合作同心的结晶，东师南湖校大部分教师参与了本书稿的撰写工作。对于所有撰稿执笔人，除在书稿作者名单中列出外，还在每章节的脚注中分别加以说明。

创建、经营智慧型学校是一个有开始而没有结束的旅程，而学校发展却是一个永恒话题。本书稿再现了一群志同道合者合作创建一所九年一贯制学校的心路，这些酸甜苦辣，既是东师南湖校员工的亲身经历，也是国内外众多学校创建、经营和发展旅途中无法回避的难题。书中的诸多尝试、做法和提炼的结晶，既可以作为参考借鉴的素材，也可以作为学校改进策略的原始工具，同时，期待更多的兄弟学校能分享他们的类似收获。

孔凡哲烟雨时节于禾城南湖畔

2015年4月23日星期四